신라 상대 정치와 불교

문현인문학총서 **5**

신라 상대 정치와 불교

김덕원 지음

문현
MUN HYUN

대학원에 진학하면서부터 본격적으로 시작한 공부도 어느덧 30여 년이 넘었다. 지나온 시간을 되돌아보면 처음 공부를 시작할 때 마음에 새겼던 초심이 과연 얼마나 남아있을지 내심 의문이 든다. 비전임 연구자로서 때로는 현실의 냉혹한 한계에, 때로는 삶의 무게에 지쳐서 자신도 모르게 서서히 무뎌져 버린 것은 아닌지 걱정이 되는 것도 사실이다. 이러한 시점에서 지나온 일부분을 정리하는 기회를 갖는 것도 의미가 있을 것으로 생각한다. 이것은 앞으로 한 걸음 더 나아가기 위해 거쳐야 하는 과정이기도 하다.

본서는 필자가 박사학위를 취득한 이후에 쓴 논문들 중에서 신라 상대와 관련된 몇 편을 모은 것이다. 처음부터 어떤 한 주제를 정해서 체계적으로 쓴 것이 아니기 때문에 여러 가지 다양한 내용들로 이루어졌지만, 그 속에 관통하고 있는 큰 주제는 '인간'이다. 역사는 '인간'이 살아온 삶의 '결과'이다. 그 중에서도 '인간'의 가장 큰 관심사는 정치와 종교인데, 이것은 삶과 죽음 곧 생사와도 밀접하게 관련된 문제이다. '인간'은 살아서는 정치, 그리고 죽어서는 종교에 많은 관심을 가지고 있다. 그러므로 이것은 금석문의 비문 속에, 또는 정치의 흥망 속에, 또는 불교의 신앙 속에 고스란히 스며들어 있다.

본서는 제1부 신라 상대의 금석문, 제2부 신라 상대의 정치상, 제3부 신라 상대의 불교 등의 체제로 구성하였고, 말미에 보론을 첨부하였다.

처음 발표한 논문에서 다소 어색한 문장을 매끄럽게 다듬고, 한자를 한글로 변환한 것을 제외하고는 원래의 내용을 그대로 수록하였기 때문에 처음의 논지를 일관되게 유지하고 있다. 그리고 필자가 논문을 발표한 이후 이와 관련된 주제로 이루어진 연구 성과들을 일일이 보완하지는 않았다. 이러는 것이 학설사적으로도 나름 일정한 의미가 있다고 생각하기 때문이다.

본서의 출간을 앞두고 한없는 부끄러움과 두려움을 감출 수 없다. 동학 제현의 연구에 작은 도움을 줄 수도 있을 것이라는 소박한 기대는 고사하고, 오히려 문제를 더 복잡하게 만드는 것이 아닐까 걱정된다. 부디 불쏘시개나 장독을 덮는 데 쓰이지 않기만을 바라는 것이 솔직한 심정이다.

본서는 주변에 계시는 많은 분들의 도움에 의해서 이루어졌다. 자만하지 말고 항상 겸손하라며, 학문보다 먼저 인간이 되라는 가르침을 주신 故 신천식 교수님께 머리 숙여 감사드린다. 한편으로는 좀 더 건강하셨더라면 필자의 인생 여정도 분명 지금과는 많이 달랐을 것이라는 생각에 안타까움과 아쉬움이 많이 든다. 그래서일까? 요즘 들어 교수님이 더욱 그립다. 귀찮고 번거로운 부탁을 드려도 언제나 말없이 도와주시며 든든한 버팀목이 되어 주셨던 엄익성·신학태 등 여러 선후배들의 후의도 잊을 수 없다. 또한 공부하는 과정에서 여러 가지로 많은 도움을 주신 김창겸·박남수·조범환·장일규·장창은 선생님 등을 비롯한 학회의 여러 선생님들께도 감사의 인사를 드린다. 앞으로도 학문의 도반으로서 함께 동행 했으면 하는 바람이다.

출판계의 어려운 여건 속에서도 상업성이 없는 책을 흔쾌히 출판해 주신 문현출판사의 한신규 사장님께도 마음에서 우러나오는 고마움을 전한다. 평소에도 항상 신세를 지고 있지만, 오래도록 선후배의 정을 이어 갔으면 좋겠다. 그리고 편집하는 과정에서 몇 차례에 걸쳐 반복된 번거로운 수정 요구에도 불구하고 아담한 책자로 꾸며주신 김영이 선생님에게도 감사드린다.

끝으로 못난 자식을 위해 항상 희생하시며 노심초사하시는 부모님께 감사드린다. 앞으로도 그저 건강하시길 바랄 뿐이다. 그리고 모든 면에서 부족한 필자를 이해해주는 아내와 무엇보다 인생의 큰 선물인 수형이에게도 미안하고 고마운 마음을 전하고 싶다. 이 모든 소중한 이들에게 이 책을 바친다.

2021년 2월
불암산 끝자락에서
김 덕 원

차 례

보 론 _285

<原 논문의 서지사항>

제1부 신라 상대의 금석문
제1장 「영일냉수리비의 '재(물)'에 대한 재검토」(『국학연구』 15, 한국국학진흥원, 2009)
제2장 「신라의 동해안 진출과 울진봉평비 −사민정책과 '노인'의 관계를 중심으로−」(『금석문을 통한 신라사 연구』, 한국학중앙연구원, 2005)

제2부 신라 상대의 정치상
제1장 「신라 중고기 반란의 원인과 성격」(『민족문화논총』 38, 영남대 민족문화연구소, 2008)
제2장 「신라 진평왕대 김유신의 활동」(『신라사학보』 10, 신라사학회, 2007)

제3부 신라 상대의 불교
제1장 「신라 불교의 민간 수용에 대한 일고찰 −일선군 모례를 중심으로−」(『신라사학보』 창간호, 신라사학회, 2004)
제2장 「신라 선덕왕대 불교정책에 대한 고찰」(『신라사학보』 31, 신라사학회, 2014)
제3장 「원효와 의상의 여성관에 대한 고찰」(『한국사학보』 33, 고려사학회, 2008)

보 론
제1장 「불교 경전의 사상이 한국 전통신앙에 끼친 영향 −천신(태양)·산신·수신(용)사상을 중심으로−」(『한국고대사탐구』 12, 한국고대사탐구학회, 2012)
제2장 「신라 인물 왜곡상」(『일제강점기 언론의 신라상 왜곡』, 한국학중앙연구원 출판부, 2017)

제1부

신라 상대의 금석문

제1장 「영일냉수리비」와 ‘재(물)’

1. 머리말

문헌사료가 절대적으로 부족한 고대사에서 금석문을 비롯한 새로운 자료의 발견은 당시의 상황을 기록한 1차 사료라는 점에서 그 중요성이 강조되고 있다. 이러한 의미에서 1988년에 발견된 「울진봉평신라비」(이하 「봉평비」라 함)와[1] 1989년에 발견된 「영일냉수리신라비」(이하 「냉수리비」라 함)는[2] 『삼국사기』 등의 문헌사료에 기록되어 있지 않은 새로운 사실들을 전해줌으로써 여러 부분에서 학계에 많은 영향을 주었다.

그럼에도 불구하고 「냉수리비」는 가장 기본적인 비의 건립연대를 비롯하여 비문에 기록된 내용 중에서도 아직까지 연구자들 사이에서 의견이 일치되지 않는 문제들이 있는 것도 사실이다. 그 중의 하나가 바로 ‘재(물)’의 실체에 대한 문제이다.

「냉수리비」는 신라 상고에서 중고로 이행하는 시기의 정치·경제적인 내용을 담고 있다. 따라서 「냉수리비」는 당시의 시대적인 상황을 그대로 보여주고 있을 뿐만 아니라 그 이후의 변화도 파악할 수 있는 척도가 될 수 있을 것으로 생각한다. 그러한 의미에서 「냉수리비」에 기록된 ‘재(물)’

---

1) 한국고대사연구회 편, 『한국고대사연구』 2, 1989 참조.
2) 한국고대사연구회 편, 『한국고대사연구』 3, 1990 참조.

는 당시 신라가 국가적으로 성장·발전하는 과정에서의 여러 정치·경제적인 모습을 가장 확실하게 보여주는 자료라고 할 수 있다.

'마립간기'의 신라는 고구려로부터 정치적인 간섭을 받았던 이른바 '고구려 간섭기'를[3] 극복하기 위하여 눌지마립간대부터 적극적인 노력을 기울인 결과 소지마립간대에는 그 결실을 맺게 되었다.[4] 이와 함께 농업에 대한 관심을 지속적으로 표방하여 농업생산력의 증대를 위해서 노력하였고, 특히 4~6세기에 철제농기구가[5] 광범위하게 보급됨으로써 농업생산력은 비약적으로 증대되었다. 그러므로 당시 이러한 신라의 대내외적인 상황이 「냉수리비」의 '재(물)'에 반영되었을 것이다.

또한 「냉수리비」는 재산 분쟁과 관련된 문제가 중요한 내용이기 때문에 「단양적성비」(이하 「적성비」라 함)와[6] 2009년 5월에 새롭게 발견된 「포항중성리신라비」(이하 「중성리비」라 함)를[7] 함께 비교하여 고찰해

---

3) 이른바 '고구려 간섭기'에 대한 연구성과는 김덕원, 「신라 불교의 민간 수용에 대한 일고찰 −일선군 모례를 중심으로−」『신라사학보』 창간호, 2004, 79쪽 주 4) ; 본서 제3부 제2장 참조.
4) '마립간기' 고구려와의 관계에 대한 연구성과는 우선정, 「마립간 시기 신라의 대고구려 관계」『경북사학』 23, 2000 : 주보돈, 「5~6세기 중엽 고구려와 신라의 관계 −신라의 한강유역 진출과 관련하여−」『북방사논총』 11, 2006 : 장창은, 『신라 상고기 정치변동과 고구려 관계』, 신서원, 2008 참조.
5) 4~6세기 철제농기구에 대한 연구성과는 東 潮, 「朝鮮三國時代の農耕」『橿原考古學研究』 4, 1979 : 김광언, 「신라시대의 농기구」『민족과 문화』I, 정음사, 1988 : 전덕재, 「4~6세기 농업생산력의 발달과 사회변동」『역사와 현실』 4, 1990 : 이현혜, 「한국고대의 犁耕에 대하여」『국사관논총』 37, 1992 ;『한국 고대의 생산과 교역』, 일조각, 1998 : 양승필, 「철제농기구 소유변화에 대한 검토」『신라문화』 12, 1995 : 김재홍, 「살포와 鐵鋤를 통해서 본 4~6세기 농업기술의 변화」『과기고고연구』 2. 1997 : 김재홍, 「농업생산력의 발전단계와 전쟁의 양상 −철제농기구의 발달과 소유를 중심으로−」『백제사상의 전쟁』, 서경문화사, 2000 : 김재홍,『신라 중고기 촌제의 성립과 지방사회구조』, 서울대 박사학위논문, 2001 : 김도헌, 「고대의 철제농구와 농업생산력」『울산사학』 11, 2004 : 김도헌, 「선사·고대의 농구 조합과 생산력의 변화 −영남지역을 중심으로−」『영남고고학』 47, 2008 : 김도헌, 「선사·고대의 농구의 소유형태 검토 −영남지역을 중심으로−」『한국상고사학보』 64, 2009 참조.
6) 단국대 사학회,『사학지』 12, 1978 참조.

야지만 「냉수리비」의 '재(물)'의 실체를 좀 더 명확하게 구명할 수 있을 것이다.

지금까지 「냉수리비」의 '재(물)'와 관련된 연구들은 '재(물)'가 구체적으로 무엇인가를 파악하는 것이 대부분이었다. 그러나 「냉수리비」의 '재(물)'는 4~6세기 신라의 정치·경제적인 상황과 함께 '재(물)'를 소유하였던 節居利의 신분과 그가 '재(물)'를 취득하게 된 이유 등을 연결하여 함께 파악할 필요가 있다.

2. '재(물)'에 대한 연구사 검토

「냉수리비」에 기록된 '재(물)'에 대해서는 비가 발견된 직후부터 많은 관심과 논란을 불러일으켰으며, 이후 다양한 관점에서 여러 가지의 견해가 제기되었다.[8] 그리고 '재(물)'의 실체를 어떤 특정한 것 하나로만 이해하는 것이 아니라 그것과 유사하게 관련되는 몇 가지를 같이 연결해서 파악하는 특징을 보이고 있다. 이러한 이유는 「냉수리비」의 '재(물)'가 무엇인지 명확하게 표현되어 있지 않고 막연하게 '재(물)'라고만 기록되었기 때문에 비롯된 현상이라고 생각된다. 한편 「냉수리비」의 '재(물)'는 비문에 나오는 절거리라는 인물과 밀접하게 관련되었고, 또 그가 거주하는

---

7) 「중성리비」가 최초에 발견되었을 때에는 '포항 학성리비'(가칭)라고 하였으나 이후 포항시의 현지 측량 결과 정확한 행정구역이 중성리로 확인되었기 때문에 '포항 중성리신라비'로 새롭게 명명되었다(국립경주문화재연구소,『포항 중성리신라비』, 2009, 10쪽 주 1) 참조).
8) 「냉수리비」의 '재(물)'에 대한 연구성과는 이문기, 「영일냉수리비와 울진봉평비」,『한국고대사 연구의 새동향』, 서경문화사, 2007, 459쪽 참조.

珍而麻村이라는[9] 지역뿐만 아니라 그의 지위와도 관계된 것으로 파악하였다.[10] 그리고 이것은 국왕과 갈문왕을 비롯한 중앙 귀족들이 '재(물)'의 승인과 밀접하게 관련되어 있어서 궁극적으로는 국가와도 연결된 것으로[11] 이해함으로써 '재(물)'의 실체와 그 범위를 더욱 확대시키는 원인이 되었다.

이와 같이 「냉수리비」의 '재(물)'에 대해서는 지금까지 다양한 관점에서 논의가 진행되면서 대체로 다음의 몇 가지 견해로 구분할 수 있다. 먼저 「냉수리비」의 '재(물)'를 일반적인 의미의 재산이나[12] 또는 재물과 재화로 해석하는 견해이다. 특히 '재'는 재물을 간략히 표현하거나[13] 또는 값나가는 물건으로[14] 이해하고, 토지와 노비보다는 금은·곡식·포백 등의 보화일 가능성이 높은 것으로 파악하였다.[15] 이러한 견해는 이후 일반적인 의미의 재를 모두 포함한 것이며, 곡식·牛馬·옷감·집·금은 보화뿐만 아니라 토지와 노비 등 일체의 재산을 포함하는 것이라는[16] 견해가 제기되어 '재(물)'의 범위는 더욱 확대되었다.

다음은 토지와 관련된 것으로 파악한 견해이다. 이 견해는 4~6세기

---

9) 주보돈, 「영일냉수리신라비에 대한 기초적 검토」,『신라문화』6, 1989 ;『금석문과 신라사』, 지식산업사, 2002, 62~63쪽 : 박향미, 「영일냉수리비를 통해 본 5~6세기 신라의 재산상속」,『경북사학』17·18, 1995, 28쪽.
10) 안병우, 「영일냉수리신라비와 5~6세기 신라의 사회경제상」,『한국고대사연구』3, 1990, 119쪽.
11) 주보돈, 앞의 논문, 1989 ; 앞의 책, 2002, 61쪽 : 안병우, 앞의 논문, 1990, 119~120쪽 : 박향미, 앞의 논문, 1995, 15쪽.
12) 김영만은 절거리가 다른 사람의 소유였던 재산을 불공정한 계약으로 취득한 것이라고 하였다(김영만, 「냉수리 신라비의 내용 고찰」,『냉수리 신라비 발굴연구』, 모산학술재단, 1989, 62~63쪽).
13) 안병우, 앞의 논문, 1990, 119쪽.
14) 이종욱, 「영일냉수리비를 통하여 본 신라의 통치체제」,『이기백선생고희기념한국사학논총』(상), 일조각, 1994, 143쪽.
15) 안병우, 앞의 논문, 1990, 117~119쪽 : 이종욱, 앞의 논문, 1994, 143쪽.
16) 박향미, 앞의 논문, 1995, 29쪽.

철제농기구의 보급에 따른 농업생산력의 발달이라는 당시 신라의 사회·경제적인 변화의 측면을 중요시하는 입장에서 제기된 것이다. 특히 '재(물)'를 구성하는 중요한 요소인 토지와 노비를 포함하거나[17] 또는 토지로부터의 생산물을 주목하기도 하였다.[18] 그리고 토지의 중요성이 강조되면서 조세와 역역수취의 과정에서 발생하는 이득이나 조세수취권과 같은 권리와[19] 관련된 것으로도 이해하였다.

또 다른 하나는 금과 철 등의 광물이나 이를 기반으로 한 광산과 관련된 것으로 파악하는 견해이다. 즉 「냉수리비」의 '재(물)'는 토지 등과 같은 보편적인 것이 아니고 금·은·철 등의 광산과 같은 특수한 것으로 이해하였다.[20] 특히 진이마촌은 '돌막골이나' '돌막촌'으로[21] 불렸는데, 이곳에서 쇠[철]를 생산하면서 이와 관련된 이권을 주목하거나[22] 또는 단순히 광물뿐만 아니라 광물에 대한 권리로 파악하기도 하였다.[23] 또한 '재(물)'는 금이나 은과 같은 귀중한 것이고,[24] 따라서 '재(물)'는 금광의 채굴이나 제련과 관련된 이권이며, 절거리를 광산의 소유자 겸 기술자로 파악함으로써[25] 그 범위가 더욱 확대되었다.

마지막으로 기타의 견해는 「냉수리비」의 '재(물)'는 어떤 전략물자와

---

17) 한국고대사연구회 편, 앞의 책, 1990, 244쪽 김엽 발언, 248쪽 김영만 발언, 248~249쪽 정구복 발언 참조 : 박향미, 앞의 논문, 1995, 29쪽.
18) 안병우, 앞의 논문, 1990, 128쪽.
19) 주보돈, 앞의 논문, 1989 : 앞의 책, 2002, 63쪽 : 안병우, 앞의 논문, 1990, 128쪽 : 최광식, 「영일냉수리신라비의 석문과 내용분석」『신라문화제학술발표회논문집』11, 1990, 44~45쪽 : 박향미, 앞의 논문, 1995, 29쪽.
20) 김창호, 「영일냉수리신라비의 건립 연대」『한국고대사연구』3, 1990, 104쪽.
21) 김영만, 「영일냉수리신라비의 어문학적 고찰」『한국고대사연구』3, 1990, 71~72쪽.
22) 한국고대사연구회 편, 앞의 책, 1990, 138쪽 권병탁 발언 참조
23) 김재홍, 「신라 중고기의 촌제 지방사회 구조」『한국사연구』72, 1991 40쪽.
24) 이우태, 「영일냉수리비의 재검토 -재의 성격을 중심으로-」『신라문화』9, 1992, 111~112쪽.
25) 이우태, 앞의 논문, 1992, 116쪽.

같은 것일 가능성이 그 실체에 가까울 것이라고 이해하거나[26] 또는 동해안에서 생산되는 해산물로 파악하는 견해도 있다.[27]

이상에서 살펴본 바와 같이 「냉수리비」의 '재(물)'에 대해서는 다양한 관점에서 여러 가지의 견해가 제시되었으나 아직까지 명확하게 규명되지는 않았다고 할 수 있다. 그러므로 이 문제는 당시 신라의 정치·경제적인 여러 가지 상황과 연결하여 살펴보아야 할 것이다.

3. '재(물)'의 실체와 절거리의 취득

「냉수리비」에서 '재(물)'와 관련된 부분은 전면의 4곳에 기록되어 있다. 먼저 해당 부분의 비문을 제시하고,[28] 이것을 바탕으로 논지를 전개하고자 한다.

<前面>

斯羅喙斯夫智王乃智王此二王敎用珍而

麻村節居利爲證尒令其得財敎耳

癸未年九月廿五日沙喙至都盧葛文

王斯德智阿干支子宿智居伐干支

---

26) 한국고대사연구회 편, 앞의 책, 1990, 249~250쪽 안병우 발언 참조.
27) 조범환, 「영일냉수리비를 통하여 본 신라 촌과 촌주」『금석문을 통한 신라사 연구』, 한국학중앙연구원, 2005, 14~15쪽.
28) 한국고대사회연구소 편, 『역주 한국고대금석문』 II, (재)가락국사적개발연구원, 1992, 5~6쪽.

喙尒夫智壹干支只心智居伐干支
本彼頭腹智干支斯彼暮斯智干
支此七王等公論敎用前世二王敎
爲證尒取財物盡令節居利
得之敎耳別敎節居利若先
死後令其第兒斯奴得此財
敎耳別敎末鄒斯申支
此二人後莫更噵此財

위의 자료는 「냉수리비」의 '재(물)'가 기록되어 있는 비문의 전면 부분이다. 「냉수리비」의 '재(물)'는 그것이 구체적으로 무엇인지 명확하게 표현되어 있지 않고 막연하게 '재(물)'라고만 기록되어 있기 때문에 그 실체가 어떤 것인지 정확하게 알 수가 없다. 그러므로 당시 신라의 정치·경제적인 여러 가지 상황과 연결하여 '재(물)'의 실체에 대해서 살펴보아야 할 것이다.

1) '재(물)'의 실체

신라는 2세기 이후에 대외적인 영토 확장을 활발하게 전개하여 주변의 소국들을 차례로 병합하면서[29] 국가적으로 성장하는 기반을 마련하였다. 이와 더불어 농업생산력에 대한 관심도 지속적으로 증대하였는데,

---

29) 이형우, 『신라초기국가성장사연구』, 영남대 출판부, 2000.

이에 대한 기록은 다음과 같다.

A-1. 왕이 6부를 두루 돌면서 위무하였는데, 알영이 따라 갔다. 농
사와 누에치기에 힘쓰도록 권장하여 토지의 이로움을 다 얻
도록 하였다.[30]

2. 봄 정월에 令을 내리기를 "지금 창고는 텅 비었고 병기는 무
디어져 있다. 만약 수재나 한재가 있거나 변방에 변고가 있으
면 무엇으로써 그것을 막겠는가? 마땅히 담당 관청으로 하여
금 농사와 누에치기를 권장하고 병기를 벼리어서 뜻밖의 일
에 대비하라!"고 하였다.[31]

3. 가을 7월에 사자 10명을 나누어 파견하여 州主와 郡主를 감
찰하고, 공무에 힘쓰지 않거나 밭과 들을 크게 황폐하게 한
자의 관직을 강등시키거나 파면하였다.[32]

4. 봄 2월에 영을 내리기를 "농사는 정치의 근본이고 먹는 것은
백성이 오로지 하늘로 여기는 것이니, 여러 주와 군은 제방을
수리·보완하고 밭과 들을 널리 개간하라!"고 하였다.[33]

5. 봄 3월에 주와 군에 영을 내려 토목공사를 일으켜서 농사의
때를 빼앗는 일이 없도록 하였다.[34]

6. 봄 2월에 영을 내리기를 "무릇 농사짓는 일에 방해가 되는 것

---

30) 『삼국사기』 권1, 신라본기1 혁거세거서간 17년.
31) 『삼국사기』 권1, 신라본기1 파사이사금 3년 봄 정월.
32) 『삼국사기』 권1, 신라본기1 파사이사금 11년 가을 7월.
33) 『삼국사기』 권1, 신라본기1 일성이사금 11년 봄 2월.
34) 『삼국사기』 권2, 신라본기2 벌휴이사금 4년 봄 3월.

들을 일절 없게 하라!"고 하였다.[35]

7. 봄 2월에 영을 내리기를 "지난번에 가뭄의 재해로 농사가 순
   조롭게 되지 않았다. 지금은 땅이 기름지고 생기가 일어 바야
   흐로 농사가 시작되었으니, 무릇 백성을 수고롭게 하는 일은
   모두 중지하라!"고 하였다.[36]

8. 봄 정월에 놀고먹는 백성들을 몰아 농사일로 돌아가도록 하였
   다.[37]

9. 3월에 州主와 郡主에게 각각 명하여 농사를 권장케 하였다.[38]

　　위의 기록은 신라 상대에 농업과 관련된 내용이다. 이 시기에 신라는
농업생산력을 증대시키기 위하여 지속적인 관심을 기울였음을 확인할
수 있다. 그 결과 중앙에서는 담당 관청으로 하여금 농사와 누에치기를
권장하였고, 토지에 대한 중요성을 인식하여 농경지를 개간하였을 뿐만
아니라 농사짓는 일에 방해가 되는 일들을 모두 중지시켰다. 또한 놀고
먹는 백성들을 농사일로 돌아가도록 하고, 주주나 군주 등의 지방관들에
게도 농사를 권장하게 함으로써 농업생산력을 증대하기 위하여 여러 가
지 정책을 추진하였다.

　　이러한 정책과 더불어 작물의 품종 개량을 통해서도 농업생산력의 증
대를 꾀하였는데, 이에 대한 기록은 다음과 같다.

35) 『삼국사기』 권2, 신라본기2 미추이사금 11년 봄 2월.
36) 『삼국사기』 권2, 신라본기2 흘해이사금 9년 봄 2월.
37) 『삼국사기』 권3, 신라본기3 소지마립간 11년 봄 정월.
38) 『삼국사기』 권4, 신라본기4 지증마립간 3년 3월.

B-1. 남신현에서 보리줄기가 가지를 쳤다.[39]

2. 가을 7월에 남신현에서 상서로운 벼이삭을 바쳤다.[40]

3. 고타군에서 상서로운 벼이삭을 바쳤다.[41]

4. 가을 7월에 다사군에서 상서로운 벼이삭을 바쳤다.[42]

5. 가을 7월에 대산군에서 상서로운 벼이삭을 바쳤다.[43]

위의 기록은 지방의 여러 지역에서 상서로운 벼이삭인 嘉禾를 바쳤다는 내용이다. 가화는 한 줄기의 벼에서 두 개 이상의 이삭이 패어나는 현상인데, 王者의 덕이 성할 때 생겨나는 것으로써 고대로부터 상서의 대상으로 여겨졌다.[44] 그러나 이 시기에 철겸을 이용한 수확이 이루어진 것은 작물의 품종 개량이 어느 정도 진행되었음을 시사한다는 연구성과를 참조한다면,[45] 작물의 품종 개량을 통한 우량 벼종자를[46] 가화라고 표현하였을 것으로 생각된다. 따라서 이러한 기록을 통해서 당시 작물의 품종 개량에 대한 사실을 유추할 수 있다.

이와 같이 농업생산력의 증대를 위한 노력과 작물의 품종 개량을 바탕으로 4~6세기에 철제농기구가 광범위하게 보급됨으로써 농업생산력은 획기적으로 증대되었는데, 이에 대한 기록은 다음과 같다.

---

39) 『삼국사기』 권1, 신라본기1 파사이사금 5년.
40) 『삼국사기』 권2, 신라본기2 벌휴이사금 3년 가을 7월.
41) 『삼국사기』 권2, 신라본기2 조분이사금 13년.
42) 『삼국사기』 권2, 신라본기2 유례이사금 11년 가을 7월.
43) 『삼국사기』 권3, 신라본기3 눌지마립간 36년 가을 7월.
44) 이희덕, 『한국고대 자연관과 왕도정치』, 혜안, 1999, 211~212쪽.
45) 김도헌, 앞의 논문, 2008, 79쪽.
46) 사회과학원 력사연구소, 『조선전사』 4, 1979, 205쪽.

C-1. 비로소 보습[犁耜]과 얼음 창고를 만들고, 수레를 만들었다.[47]

2. 처음으로 소[牛]를 부려서 논밭갈이를 하였다.[48]

위의 기록은 보습[犁耜]의 제작과 이를 바탕으로 소[牛]를 부려서 논밭갈이를 하였다는 牛耕에 대한 내용이다. 삼국시대 농업생산력의 발전을 고찰할 때 가장 주목되는 것은 철제농기구의 사용이며,[49] 4세기 초 이후에는 철기 제작기술에서 용도에 맞게 주조와 단조방법을 적절히 적용함으로써 철기의 수명을 보장하는 기술이 발전되었다.[50]

철제농기구는 크게 起耕具(보습·따비·괭이·쇠스랑), 摩田具(쇠스랑), 除草具(살포·鐵鋤·낫), 開墾具(괭이·도끼), 灌漑具(살포), 收穫具(낫·철겸) 등으로 구분할 수 있다.[51] 특히 4세기 이후에는 낫이 수확도구로서 지배적인 위치를 차지함으로써[52] 농업생산은 갈이작업과 수확작업에서 두드러진 변화가 나타났다.[53] 이와 더불어 이전부터 실시해오던 우경을[54] 이 시기에 국가적인 차원에서 적극적으로 장려하였다.[55]

우경의 보급은 농업생산력을 획기적으로 증대시킴과 동시에 노동체계

---

47) 『삼국유사』 권1, 기이2 제삼노례왕.
48) 『삼국사기』 권4, 신라본기4 지증마립간 3년 3월.
49) 이현혜 「삼국시대의 농업생산과 사회발전」 『한국상고사학보』 8, 1991 ; 앞의 책, 1998, 135~136쪽.
50) 김광언, 앞의 논문, 1988, 46쪽.
51) 김재홍, 앞의 논문, 1991, 19쪽 : 김도헌, 앞의 논문, 2009, 37쪽.
52) 이현혜, 앞의 논문, 1991 ; 앞의 책, 1998, 152쪽 : 전덕재, 앞의 논문, 1990, 22쪽
53) 전덕재, 앞의 논문, 1990, 19쪽 : 박향미, 앞의 논문, 1995, 5쪽
54) 김재홍은 5세기 단계에 우경이 행해졌을 가능성이 있다고 하였다(김재홍, 앞의 논문, 1991, 20쪽).
55) 이춘녕, 「한국농업기술사」, 『한국문화사대계』 Ⅲ, 고대 민족문화연구소, 1968 ; 『한국농학사』, 민음사, 1989, 41~42쪽.

의 변화가 발생하면서 노동력이 절감되었다. 이러한 우경은 기존의 농업
경영방식을 변화시키는 결정적인 계기가 되었으며, 또한 잉여노동력의
창출로 사회계층의 분화를 촉진시키는 결과를 초래하였다.[56]

이와 같이 4~6세기에 철제농기구과 광범위하게 보급되고 우경을 실
시함으로써 농업생산력이 증대하였고 노동력은 절감되었다. 그리고 이러
한 것을 바탕으로 저수지 등의 수리관개시설을 축조하거나 저습지를 비
롯하여 구릉지와 황무지를 새롭게 개간하였다. 또한 작물의 품종 개량뿐
만 아니라 施肥法이나 '水陸兼種'과 같은 새로운 농법도 발전하였는데,
이에 대한 기록은 다음과 같다.

> D-1. 봄 2월에 영을 내리기를 "농사는 정치의 근본이고 먹는 것은
> 백성이 오로지 하늘로 여기는 것이니, 여러 주와 군은 제방을
> 수리 · 보완하고 밭과 들을 널리 개간하라!"고 하였다.[57]
>
> 2. 처음으로 벽골지를 만들었는데, 둑의 길이가 1,800보였다.[58]
>
> 3. 기축년에 처음으로 벽골제를 쌓았다. 주위가 (1)7,026보이고,
> □□가 166보이며, 수전이 14,070(결)이다.[59]
>
> 4. 시제를 세로 쌓았는데, 둑의 길이가 2,170보였다.[60]
>
> 5. 봄 3월에 담당 관청에 명하여 제방을 수리하게 하였다.[61]

---

56) 전덕재, 앞의 논문, 1990, 27쪽 : 고경석, 「삼국 및 통일신라기의 노비에 대한 고찰」, 『한국
    사론』 28, 1992, 13쪽 : 김도헌, 앞의 논문, 2008, 79쪽.
57) 『삼국사기』 권1, 신라본기1 일성이사금 11년 봄 2월.
58) 『삼국사기』 권2, 신라본기2 흘해이사금 21년.
59) 『삼국유사』 권1, 왕력1 제십육걸해니질금.
60) 『삼국사기』 권3, 신라본기3 눌지마립간 13년.
61) 『삼국사기』 권4, 신라본기4 법흥왕 18년 봄 3월.

6. 땅이 매우 비옥하여 논곡식과 밭곡식[水陸兼種]을 모두 심을
  수 있다.[62]

위의 기록은 철제농기구과 광범위하게 보급되고 우경을 실시한 이후
에 나타난 변화에 대한 내용이다. 신라에서는 3세기 이후에 池와 堤堰에
대한 기록이 나타나기 시작하여 5~6세기에는 전국적인 규모로 수리시
설이 축조되었다.[63] 특히 철제도구의 생산이 증가하면서 토목기술이 향
상되었고, 더욱이 노동력이 뒷받침됨으로써[64] 저수지와 같은 수리관개
시설의 축조와 정비를 훨씬 수월하게 할 수 있는 기반이 마련되었다. 따
라서 당시에는 저수지를 비롯하여 새롭게 축조된 수리관개시설이 많이
존재하였음을 쉽게 짐작할 수 있다.[65] 또한 이 당시의 수리관개시설의
축조와 정비는 536년(법흥왕 23)에 건립된 「영천청제비」와[66] 578년(진지
왕 3)에 건립된 「대구무술오작비」[67] 등과 같은 금석문의 자료를 통해서
도 확인할 수 있다.
  이와 같은 수리관개시설의 축조와 함께 저습지를 비롯하여 구릉지와
황무지 등을 농업용지로 개간함으로써 可耕地를 확대하였다.[68] 철제괭

---

62) 『수서』 권81, 열전46 동이 신라.
63) 김재홍, 「신라 중고기의 저습지 개발과 촌락구조의 재편」, 『한국고대사논총』 7, 1995, 70쪽.
64) 박향미, 앞의 논문, 1995, 7~8쪽 : 김도헌, 「선사·고대 논의 관개시설에 대한 검토」, 『호남
  고고학보』 18, 2003, 76~77쪽.
65) 이병도는 堤(隄)나 水堤와 같은 제방시설이 지명과 인명에도 남아있다고 하였다(이병도, 『한
  국사』 -고대편-, 을유문화사, 1959, 294쪽 및 『국역 삼국사기』, 을유문화사, 1977, 11쪽). 이
  러한 사실을 통해서도 당시 제방시설이 많이 존재하였음을 알 수 있다.
66) 이기백, 「영천 청제비의 병진축제기」, 『고고미술』 106·107, 1970 ; 『신라정치사회사연구』,
  일조각, 1974.
67) 임창순, 「무술오작비소고」, 『사학연구』 1, 1958.
68) 김도헌은 가경지의 확대는 동일한 품종과 농법으로도 생산량의 증대를 꾀할 수 있기 때문
  에 고대 농경에 있어서 농업생산력을 증대시키는 가장 효과적인 방법이라고 하였다(김도헌,

이가 출현한 이후 개간구와 기경구의 종류가 다양해짐으로써 개간 작업이 활발히 이루어졌던 것으로 추정된다.[69] 또한 가경지를 확대하기 위해서 구릉지나 황무지와 같은 곳에 많은 노동력을 투입하여 새롭게 농업용지로 개간하였다. 그리고 대체로 6세기를 전후하여 저습지가 본격적으로 개발되어 읍락에서 이용 가능한 토지가 늘어나고 읍락의 영역이 팽창하였다.[70]

이 시기에 개간 작업이 활발하게 이루어지는 것은 사다함과 관련된 기록을 통해서도 확인할 수 있는데, 이에 대한 기록은 다음과 같다.

> E-1. 9월에 가야가 반란을 일으키자 왕이 이사부에게 명하여 토벌케 하였는데, 사다함이 부장이 되었다. … 전공을 논할 때 사다함이 으뜸이었으므로 왕이 좋은 토지와 포로 200명을 상으로 주었으나 사다함이 세 번이나 사양하였다. 왕이 굳이 주므로 이에 받아서 포로는 풀어 주어 양인이 되게 하고, 토지는 군사들에게 나누어주었는데, 나라 사람들이 (그것을) 아름답게 여겼다.[71]
>
> 2. … 진흥왕이 이찬 이사부에게 명하여 가라국<또는 가야로도 썼다.>을 습격하게 하였다. 당시 사다함은 나이가 15~16세였는데, 종군하기를 청하였다. 왕은 나이가 아직 어리다고 하여 허락하지 않았으나 여러 번 진심으로 청하고 뜻이 확고하였

앞의 논문, 2004, 416~417쪽).
69) 김도헌, 앞의 논문, 2008, 79쪽.
70) 김재홍, 앞의 논문, 1995, 87쪽.
71) 『삼국사기』 권4, 신라본기4 진흥왕 23년 9월.

으므로 드디어 명하여 귀당의 비장으로 삼았는데, 그 낭도 중
에서 따르는 자가 또한 많았다. … 군사가 돌아오자 왕은 공
을 책정하여 가라 사람 300명을 (사다함에게) 주었다. 또 전지
를 하사하였으나 굳이 사양하였다. 왕이 강권하므로 알천의
쓸모없는 땅만을 주도록 청할 따름이었다. … 72)

위의 기록은 562년(진흥왕 23) 가야의 반란을 진압하는데 공을 세운
사다함에게 준 포상에 대한 내용이다. 큰 공을 세운 사다함은 진흥왕에
게 좋은 토지를 사양하고 대신에 알천 주변의 쓸모없는 땅을 주도록 청
하였다. 이 기록을 통해서 당시 알천 주변은 아직까지 개발이 되지 않았
던 지역이었음을 알 수 있다. 그러나 신라는 6세기에 불교사원의 조영과
궤를 같이하며 경주시내에 있는 저습지를 본격적으로 개발하기 시작하
였다.73) 따라서 그는 앞으로 새롭게 개발할 수 있는 알천 주변의 넓은 지
역을 하사받았음을 알 수 있다.

이 당시에는 개간 작업을 통해서 새로운 경작지를 확보하는 것이 하나
의 시대적인 현상이었던 것 같다. 그리고 사다함은 알천 주변의 땅이 지
금은 비록 쓸모가 없지만, 앞으로 개간을 하면 새로운 경작지를 확보할
수 있다는 사실을 이미 예상하고 있었을 것이다. 그러므로 개간 작업을
통한 새로운 경작지의 확대와 관련하여 다른 귀족세력들도 사다함과 같
은 생각을 하였고, 또 이러한 문제에 많은 관심을 가지고 있었을 것이다.

---

72) 『삼국사기』 권44, 열전4 사다함.
73) 김재홍, 앞의 논문, 1995, 65~67쪽 : 정운용, 「『삼국사기』 사다함전을 통해 본 신라 사회상」,
『신라문화제학술논문집』 25, 2004, 209~210쪽.

따라서 사다함의 기록을 통하여 당시 신라의 귀족세력들이 가지고 있었던 토지에 대한 정치·경제적인 인식의 한 단면을 유추할 수 있을 것으로 생각된다.

이 외에도 농업생산력을 증대시키기 위해서 시비법도 발달하였다. 일본에서는 이미 5세기에 草木肥를 이용한 시비의 가능성이 알려졌을 것이라는 연구결과를 참조하면,[74] 신라에서는 적어도 4세기대에 이미 시비법을 이용하였을 가능성이 크다. 또한 水田과 旱田의 확산과 더불어 '수륙겸종'의[75] 실시, 그리고 우경과 같은 새로운 농법이 발달함으로써 이 시기 신라의 농업생산력은 획기적으로 증대하였다.

이와 같이 신라는 2세기 이후에 대외적인 영토 확장을 활발하게 전개하여 주변의 소국들을 차례로 병합하면서 국가적으로 성장하는 기반을 마련하였으며, 이와 더불어 농업생산력에 대한 관심도 지속적으로 증대하였다. 이와 함께 작물의 품종 개량과 저수지의 축조, 저습지를 비롯하여 구릉지와 황무지를 개간함으로써 가경지를 확대하였다. 또한 시비법과 '수륙겸종'의 실시, 그리고 우경과 같은 새로운 농법이 발달함으로써 이전보다 토지에 대한 중요성을 더욱 크게 인식하였을 것이다. 더욱이 「냉수리비」가 건립된 503년(지증마립간 4)을 전후한 4~6세기에는 철제

---

74) 곽종철, 「한국과 일본의 고대 농업기술 −김해지역과 북부 구주지역과의 비교검토를 위한 기초작업−」『한국고대사논총』 4, 1992, 126~128쪽.
75) '수륙겸종'에 대한 연구는 논농사와 밭농사가 매년 교대로 시행되는 輪作의 '回換農法'으로 보는 설과(김용섭, 『조선후기농학사연구』, 일조각, 1992, 20~25쪽 : 사회과학원 력사연구소, 앞의 책, 1979, 203쪽 : 강동진, 『한국 농업의 역사』, 한길사, 1982, 39쪽 : 전덕재, 앞의 논문, 1990, 29쪽) 논농사와 밭농사가 공간적으로 병존하는 개략적인 농업상으로 보는 설로(김기흥, 「신라의 '수륙겸종' 농업에 대한 고찰 −'회환농법'과 관련하여−」『한국사연구』 94, 1996, 40 ~43쪽 : 이현혜, 「한국 고대의 밭농사」『진단학보』 84, 1997 ; 앞의 책, 1998, 256~257쪽) 구분된다.

농기구가 광범위하게 보급됨으로써 농업생산력이 획기적으로 증대하였다. 그러므로 이 시기는 확실히 신라의 농업사상에서 하나의 전기를 이루었던 시기였음을 알 수 있다.[76]

지금까지 살펴본 내용을 바탕으로 이제 「냉수리비」에 기록된 '재(물)'의 실체가 무엇인지에 대하여 살펴보자. 「냉수리비」의 '재(물)'는 4~6세기 신라의 정치·경제적인 상황과 함께 이것을 소유하였던 절거리의 신분과 그가 '재(물)'를 취득할 수 있었던 이유 등을 연결하여 함께 파악해야지만 그 실체를 좀 더 명확하게 구명할 수 있을 것으로 생각된다.

철제농기구가 광범위하게 보급되었다고 하더라도 이것을 소유할 수 있었던 것은 경제적으로 상당한 부를 소유하던 일부 소수 계층에 불과하였으며, 특히 우경을 이용할 수 있는 계층은 더욱 그러하였을 것이다.[77] 이들은 경제적인 부를 바탕으로 철제농기구를 소유하고 농업생산력을 증대하여 부를 더욱 축적하였고, 결국에는 촌주 같은 그 지역의 유력한 세력으로 존재하였을 것이다.

그러나 '재(물)'를 소유하였던 절거리는 촌주 같은 유력한 세력은 아니었을 것으로 생각된다. 따라서 절거리는 조세와 역역수취의 과정에서 발생하는 이득과 관련된 조세수취권이나 또는 철·금과 관련된 철광이나 금광의 소유권을 가지지는 못하였을 것이다. 왜냐하면 조세수취권은 촌주를 비롯한 다른 유력한 세력들이 소유하였고,[78] 철광이나 금광은 국가

---

76) 이기백, 「영천 청제비 정원수치기의 고찰」 『고고미술』 102, 1969 ; 『신라정치사회사연구』, 일조각, 1974, 285쪽 : 안병우, 앞의 논문, 1990, 131쪽.

77) 전덕재, 앞의 논문, 1990, 35쪽 : 이현혜, 앞의 논문, 1991 ; 앞의 책, 1998, 171쪽.

78) 木村誠, 「新羅郡縣制の確立過程と村主制」 『朝鮮史研究會論文集』 13, 1976 ; 『古代朝鮮の國家と社會』, 吉川弘文館, 2004 : 이우태, 「신라의 촌과 촌주」 『한국사론』 7, 1981.

가 소유하면서 직접 관리하였을 것이기 때문이다. 그러므로 유력한 세력이 아니었던 절거리가 소유하기에는 이러한 것들이 가지는 비중이 너무 크기 때문에 과연 현실적으로 가능하였는지 의문이 아닐 수 없다. 따라서 「냉수리비」의 '재(물)'는 조세와 역역수취의 과정에서 발생하는 이득과 관련된 조세수취권이나 또는 철·금과 관련된 철광이나 금광의 소유권은 아니었을 것이다.

이 시기는 신라의 농업사상에서 하나의 전기를 이루었던 시기였다. 그러나 이것이 철제농기구가 광범위하게 보급됨으로써 토지에 대한 관심이 높아지고 그 결과 농업생산력이 증대하였는지, 아니면 토지를 소유한 이후에 이것을 기반으로 철제농기구를 소유함으로써 농업생산력이 증대하였는지를 확인하기는 무척이나 어려운 일이다. 그러나 아마도 후자가 당시의 상황에 좀 더 가깝지 않았을까 생각된다.

이와 같이 당시 신라에서는 토지를 소유하며 경제적으로 부를 축적하였던 계층이 이것을 바탕으로 철제농기구를 소유한 이후에 농업생산력을 증대하면서 부를 더욱 축적하였고, 결국에는 그 지역의 유력한 세력으로 새롭게 등장하기 시작하였다.[79] 이러한 당시의 상황은 절거리에게도 그대로 적용되었을 것이다. 즉 절거리는 국가를 위해서 공을 세우면서 국가로부터 일정한 규모의 토지를 하사받은 이후에 경제적으로 부를 축적하기 시작하였을 것이다. 그리고 이를 바탕으로 철제농기구를 소유한 이후에는 농업생산력을 증대하면서 부를 더욱 축적하였고, 결국에는 진이마촌의 유력한 세력으로 새롭게 등장할 수 있는 기반을 마련하였을

---

79) 고경석은 읍락내부의 계층 분해는 읍락사회의 생산력 발전이 전제되어야 하고, 그것은 생산도구의 발전이 있을 때 가능하다고 하였다(고경석, 앞의 논문, 1992, 12~13쪽).

것이다. 이러한 상황을 참조하면 「냉수리비」의 '재(물)'는 토지로[80] 파악
하는 것이 타당할 것이다.

「냉수리비」의 '재(물)'를 토지로 파악할 수 있다면 「냉수리비」에 '재
(물)'의 실체가 명확하게 기록되어 있지 않은 이유도 설명할 수 있을
것이다. 즉 당시에는 토지를 소유하면 비교적 쉽게 경제적으로 부를
축적할 수 있었을 것이다. 따라서 당시의 사람들은 '재(물)'는 '토지'로
인식하고 있었기 때문에 굳이 '토지'라고 명확하게 기록하지 않았을 것
이다.

2) 절거리의 '재(물)'의 취득

「냉수리비」에는 절거리가 아무런 관직과 관등을 소유하지 않은 것으
로 기록되어 있다. 이러한 이유 때문에 절거리의 신분에 대해서는 그가
비록 관직과 관등을 소유하지는 못하였지만 진이마촌의 유력한 계층으
로 파악하거나[81] 아니면 유력한 계층이 아니었을 것으로 파악하는[82] 등
크게 두 가지의 견해로 구분하고 있다. 아마도 절거리는 진이마촌에서
세력을 가지고 있지 못하였던 지방민의 신분이었던 것으로 추정된다.

이러한 성격의 절거리가 '재(물)'를 소유하게 된 것은 그가 국가를 위해
서 어떤 공을 세웠기 때문에 국가로부터 일정한 규모의 토지를 하사받으

---

80) 한국고대사연구회 편, 앞의 책, 1990, 244~245쪽 김 엽 발언, 248쪽 김영만 발언, 248~249
   쪽 정구복 발언 참조.
81) 안병우, 앞의 논문, 1990, 120~121쪽 : 최광식, 앞의 논문, 1990, 42~43쪽 : 김재홍, 앞의 논
   문, 1991, 40쪽.
82) 이종욱, 앞의 논문, 1994, 144쪽 : 조범환, 앞의 논문, 2005, 20쪽.

면서 비롯되었을 것으로 생각된다. 그가 언제 어떤 공을 세웠는지는 구체적으로 알 수는 없지만, 당시의 여러 가지 정황을 통해서 대략적인 추정은 가능할 것이다.

절거리는 「냉수리비」가 건립된 503년(지증마립간 4)에 생존하였던 것으로 기록되어 있기 때문에 그가 활동하였던 시기는 대체로 소지마립간대 무렵이었을 것으로 추정할 수 있다. 이 시기는 신라가 고구려로부터 정치적인 간섭을 받았던 이른바 '고구려 간섭기'였다. 신라는 이러한 상황을 극복하기 위하여 눌지마립간대부터 적극적인 노력을 기울인 결과 소지마립간대에는 그 결실을 맺게 되었다. 특히 소지마립간대에는 이전과 달리 고구려와의 전쟁이 빈번하게 발생하였는데, 이에 대한 기록은 다음과 같다.

> F-1. 3월에 고구려가 말갈과 함께 북쪽 변경에 쳐들어와 호명성 등 7성을 빼앗고, 또 미질부에 진군하였다. 우리 군사가 백제와 가야의 구원병과 함께 여러 길로 나누어서 그들을 막았다. 적이 패하여 물러가므로 뒤쫓아가 니하의 서쪽에서 공격하여 깨뜨렸는데 1천여 명의 목을 베었다.[83]
>
> 2. 가을 7월에 고구려가 북쪽 변경에 침입하였으므로 우리 군사가 백제와 함께 모산성 아래에서 공격하여 크게 깨뜨렸다.[84]
>
> 3. 가을 9월에 고구려가 북쪽 변경을 갑자기 쳐들어와서 과현에 이르렀다.[85]

---

83) 『삼국사기』 권3, 신라본기3 소지마립간 3년 3월.
84) 『삼국사기』 권3, 신라본기3 소지마립간 6년 가을 7월.
85) 『삼국사기』 권3, 신라본기3 소지마립간 11년 가을 9월.

4. 겨울 10월에 (고구려가) 호산성을 함락하였다.[86]

5. 가을 7월에 장군 실죽 등이 고구려와 살수의 들판에서 싸우다가 이기지 못하고 물러나서 견아성을 지키고 있었는데, 고구려 군사가 (그곳을) 에워쌌다. 백제의 왕 모대가 군사 3천 명을 보내어 구원하자 (고구려가) 포위를 풀었다.[87]

6. 가을 8월에 고구려가 백제의 치양성을 에워쌌는데, 백제의 왕이 구원을 요청하였다. 왕이 장군 덕지에게 명하여 군사를 이끌고 구원하게 하자 고구려의 무리들이 도망하였다. 백제의 왕이 사신을 보내어 고마움을 표하였다.[88]

7. 가을 7월에 고구려가 우산성을 공격해 왔다. 장군 실죽이 나아가 니하 가에서 공격하여 깨뜨렸다.[89]

8. 8월에 고구려가 우산성을 공격하여 함락시켰다.[90]

위의 기록은 소지마립간대 고구려와의 전쟁에 대한 내용이다. 고구려는 481년(소지마립간 3)에 말갈과 함께 미질부(지금의 흥해)까지 침입하여 신라의 왕도를 위협하였다. 이 사건은 고구려의 간섭으로부터 벗어나려는 신라를 응징하기 위한 것이었으며,[91] 475년 백제의 한성을 함락시켰던 경험을 바탕으로 단기간에 신라의 왕도를 함락시키기 위한 '왕도함락작전'이었다.[92] 그러나 신라는 백제·가야와 연합하여 이를 격퇴시킴

---

86) 『삼국사기』 권3, 신라본기3 소지마립간 11년 겨울 10월.
87) 『삼국사기』 권3, 신라본기3 소지마립간 16년 가을 7월.
88) 『삼국사기』 권3, 신라본기3 소지마립간 17년 가을 8월.
89) 『삼국사기』 권3, 신라본기3 소지마립간 18년 가을 7월.
90) 『삼국사기』 권3, 신라본기3 소지마립간 19년 8월.
91) 양기석, 「고구려의 충주지역 진출과 경영」 『중원문화논총』 6, 2002, 70~71쪽.

으로써 비로소 고구려의 간섭으로부터 벗어나게 되었다.

한편 소지마립간대에는 고구려와의 전쟁뿐만 아니라 왜의 침입도 빈번하게 발생하였는데, 이에 대한 기록은 다음과 같다.

> G-1. 5월에 왜인이 변경을 침입하였다.[93]
>
> 2. 여름 4월에 왜인이 변경을 침범하였다.[94]
>
> 3. 가을 7월에 임해진과 장령진 두 진을 설치하여 왜적에 대비하였다.[95]
>
> 4. 여름 4월에 왜인이 변경을 침범하였다.[96]
>
> 5. 봄 3월에 왜인이 장봉진을 쳐서 함락시켰다.[97]

위의 기록은 소지마립간대 왜의 침입과 관련된 내용이다. 왜는 신라 초기부터 동해안을 비롯하여 여러 지역을 침입하여 신라의 또 다른 부담으로 작용하고 있었다. 특히 489년(소지마립간 11) 이후에는 3월부터 5월까지는 왜의 침입을 받았고, 7월부터 10월까지는 고구려의 침입을 받음으로써 전쟁이 끊이지 않았다.

절거리는 고구려와 왜의 침입이 빈번하던 이러한 시기에 활동하였을 것이다. 즉 그는 이른바 '고구려 간섭기'에 신라가 고구려의 간섭으로부터 벗어나려고 노력하였을 때나 아니면 왜가 동해안의 변경을 침입하였

---

92) 김덕원, 앞의 논문, 2004, 89쪽 주 33) 참조.
93) 『삼국사기』 권3, 신라본기3 소지마립간 4년 5월.
94) 『삼국사기』 권3, 신라본기3 소지마립간 8년 여름 4월.
95) 『삼국사기』 권3, 신라본기3 소지마립간 15년 가을 7월.
96) 『삼국사기』 권3, 신라본기3 소지마립간 19년 여름 4월.
97) 『삼국사기』 권3, 신라본기3 소지마립간 22년 봄 3월.

을 때 신라에 적극적으로 협조함으로써 공을 세웠을 것이다.[98] 좀 더 구체적으로 추정하면 그는 아마도 481년(소지마립간 3) 고구려가 미질부까지 침입하여 신라의 왕도를 위협하였을 때 이를 물리치는데 큰 공을 세웠을 것으로 생각된다. 이러한 공으로 그는 신라 정부로부터 진이마촌에 있는[99] 일정한 규모의 토지인 '재(물)'를 하사받았을 것이다. 그는 토지인 '재(물)'를 바탕으로 경제적인 부를 축적하였고, 더욱이 철제농기구를 소유한 이후에는 농업생산력을 증대하여 그 지역의 유력한 세력으로 성장할 수 있는 기반을 마련하였을 것이다.

이와 같이 '마립간기'의 신라는 고구려와 왜와의 전쟁을 할 때나 또는 우역의 설치와 관도의 정비[100] 등과 같이 국가적인 제도를 실시할 때 여기에 적극적으로 협조하여 공을 세운 지방세력들에게 일정한 포상을 함으로써 이들을 적극적으로 끌어들이는 정책을 실시하였을 것이다. 왜냐하면 앞으로 신라가 대내외적으로 발전하기 위해서는 이러한 지방세력들의 협조와 도움이 절실하게 필요하였기 때문이다. 더욱이 505년(지증마립간 6)에 주군제를 실시한[101] 이후에는 신라의 영토로 편입된 지방민들의 재산보호와 관련된 문제들이 새롭게 대두되면서 이러한 정책은 더욱 필요하였을 것이다.

이러한 상황에서 末鄒·斯申支가 절거리가 소유한 '재(물)'에 대해서

---

98) 이와 관련하여 이명식은 (당시 고구려와 왜구와의 관계에서) 영토를 보전하는 데 따른 재물, 영토를 보전하는 데 대한 절거리의 임무, 여기에 따른 절거리에 대한 어떤 보상 등을 고려해야 한다고 하였는데(한국고대사연구회 편, 앞의 책, 1990, 237~238쪽 이명식 발언 참조), 시사하는 바가 크다.
99) 주보돈, 앞의 논문, 1989 ; 앞의 책, 2002, 62~63쪽 : 이우태, 앞의 논문, 1992, 104쪽.
100) 『삼국사기』 권3, 신라본기3 소지마립간 9년 3월.
101) 『삼국사기』 권4, 신라본기4 지증마립간 6년 봄 2월.

이의를 제기하여 분쟁이 발생하였다. 절거리와 말추·사신지가 어떤 관계인지는 정확하게 알 수가 없다. 「냉수리비」에는 두 사람 역시 절거리와 마찬가지로 아무런 관직과 관등을 소유하지 않은 것으로 기록되어 있다. 이러한 이유 때문에 말추·사신지의 신분에 대해서는 두 사람이 비록 관직과 관등을 소유하지는 못하였지만 절거리의 '재(물)'에 대하여 일정한 권리와 분쟁을 제기할 수 있을 정도의 유력한 세력이라고 파악하거나[102] 아니면 절거리와 일정한 혈연적인 관계를 형성하였을 것으로 파악하는[103] 등 크게 두 가지의 견해로 구분되어 있다. 아마도 말추·사신지는 관직과 관등을 소유하지는 못하였지만, 촌주보다는 낮고 절거리보다는 높은 신분의 진이마촌의 토착세력이었을 것으로 추정된다.

그러면 말추·사신지가 왜 절거리가 소유한 '재(물)'에 대해서 이의를 제기하였고, 신라 정부에서는 지도로갈문왕을 비롯하여 七王等의 최고 지배층이 왜 여기에 직접 개입하였는지를 살펴보아야 할 것이다. 앞에서 살펴본 바와 같이 절거리는 481년(소지마립간 3) 고구려가 미질부(지금의 흥해)까지 침입하여 신라의 왕도를 위협하였을 때 이를 물리치는데 큰 공을 세웠기 때문에 진이마촌에 있는 일정한 규모의 토지인 '재(물)'를 하사받았을 것으로 파악하였다. 따라서 말추·사신지가 절거리가 소유한 '재(물)'에 대해서 이의를 제기하였다면, 이것은 절거리의 '재(물)'의 취득 과정과 관련되었기 때문일 것이다. 아마도 절거리가 신라 정부로부터 하사받았던 진이마촌에 있는 일정한 규모의 토지인 '재(물)'는 이전부터 이곳의 토착세력이었던 말추·사신지와 밀접하게 관련되었던 것 같다. 그

---

102) 김창호, 앞의 논문, 1990, 95쪽 : 안병우, 앞의 논문, 1990, 115~116쪽 : 최광식, 앞의 논문, 1990, 37쪽 : 김재홍, 앞의 논문, 1991, 40쪽 : 이종욱, 앞의 논문, 1994, 145쪽.
103) 박향미, 앞의 논문, 1995, 22~24쪽 : 조범환, 앞의 논문, 2005, 21쪽.

런데 절거리가 '재(물)'을 하사받았기 때문에 이와 관련된 기득권을 침해 받은 두 사람이 이러한 조치에 대하여 불만을 품고 이의를 제기함으로써 분쟁이 발생하였을 것이다.

당시 신라에서는 국가를 위해서 공을 세운 지방세력들에게 일정한 포상을 실시하며 이들을 적극적으로 끌어들이는 정책을 실시하였는데, 절거리의 '재(물)'에 대한 분쟁이 발생하였기 때문에 신라 정부에서 여기에 직접 개입하게 되었을 것이다. 신라 정부에서는 지방사회의 토착세력인 말추·사신지보다는 국가를 위해서 공을 세운 절거리와 같은 세력들의 협조와 도움이 절실하게 필요하였다. 따라서 신라 정부에서는 공식적으로 절거리의 '재(물)'에 대한 소유를 인정하였고,[104] 만약 이후에도 말추·사신지가 '재(물)'에 대해서 다시 분쟁을 일으킨다면 重罪에 처한다고 敎하였다.

이와 같이 신라 정부는 절거리의 '재(물)'의 분쟁에 직접 개입하여 그를 우대하고 포상함으로써 다른 지방세력들의 적극적인 협조와 참여를 유도하며 이들을 관리하고 통제하였을 것이다. 그러므로 신라 정부가 절거리를 어떻게 대우하는 지의 여부가 이들에게는 깊은 관심의 대상이었다. 왜냐하면 절거리에 대한 대우는 이들의 협조 여부에도 중요하게 작용함으로써 앞으로 전개되는 상황에 결정적인 영향을 미칠 수도 있기 때문이다. 더욱이 지방사회와 지방세력들에 대한 변화가 발생하면서 이들을 새롭게 편제하기 위해서는 그 동향을 염두해 두고 예의 주시할 필요가 있었다. 이러한 이유로 신라 정부에서는 절거리의 '재(물)'에 대한 분쟁에 적극적으로 개입하여 공식적으로 그의 소유를 인정하였다. 따라서 말

---

104) 안병우는 절거리의 '재(물)'는 그의 지위와 관계가 있고, 이것은 국가와 밀접한 관련이 있기 때문에 국가로부터 인정되었다고 하였다(안병우, 앞의 논문, 1990, 119~120쪽 및 127쪽).

추·사신지의 불만은 절거리가 소유한 '재(물)'에 대한 것일 수도 있지만, 지방사회의 변화에 따라서 지방세력의 해체를 추진하려는 신라 정부에 대한 반발일 수도 있다.

당시 신라는 정치·사회적인 변화로 인하여 절거리의 '재(물)'의 상속 문제와 같은 재산과 관련된 분쟁이 많이 발생하였던 것으로 보인다. 이러한 정황은 「냉수리비」의 '前世二王敎'라는 기록을 통해서도 확인할 수 있을 것이다. 대부분의 연구자들은 '전세이왕교'의 기록을 실성이사금과 눌지마립간인 斯夫智王과 乃只王이 절거리가 '재(물)'를 얻도록 교한 것이라고 이해하고 있다. 그러나 이 '전세이왕교'는 실성이사금과 눌지마립간이 사유재산의 보호를 위해서 내린 교, 다시 말해서 절거리만을 위한 것이 아니라 일반적인 재물소유권을 인정한 교로 추정된다.[105] 즉 신라는 '마립간기'에 대내외적으로 발전하면서 신라에 적극적으로 협조하는 지방세력들의 재산을 인정해 주는 교를 내렸지만, 정치·사회적인 변화 과정에서 재산과 관련된 다양한 원인의 분쟁이 발생하였을 것이다.

이러한 사실은 2009년 5월에 포항에서 새롭게 발견된 「중성리비」를 통해서도 어느 정도 추정할 수 있을 것이다. 아직까지 건립 연대나 내용 등이 명확하게 판명되지는 않았지만 441년(눌지마립간 25) 또는 501년 (지증마립간 2)에 건립된 것으로 추정되는 「중성리비」는 「냉수리비」와 비슷한 체제와 내용으로 이루어졌으며, 그 내용은 재산 분쟁과 그 처리 과정에 대한 것으로 파악하고 있다.[106]

---

105) 이종욱, 앞의 논문, 1994, 113~114쪽 및 117쪽.
106) 국립경주문화재연구소, 앞의 책, 2009 : 국립경주문화재연구소, 『포항 중성리신라비 발견기념 학술심포지엄』, 2009 : 포항정신문화연구원·한국고대사학회, 『신발견 포항 중성리 신라비에 대한 역사학적 고찰』, 2009 참조.

「중성리비」와 「냉수리비」를 통해서 이 당시에는 중앙 귀족들 사이의 재산 분쟁뿐만 아니라 중앙 귀족과 지방민, 그리고 지방민들 사이에도 재산과 관련하여 다양한 원인의 분쟁이 발생하였음을 확인할 수 있다. 그리고 이 중에서 적어도 신라 정부가 적극적으로 개입하여 분쟁이 해결되었을 경우에는 그 지역에 비석을 세워서 그 결과를 여러 사람들에게 알리고, 이후에 또 다시 발생할 지도 모르는 분쟁을 사전에 방지하였을 것으로 추정된다.[107] 이러한 사실을 통해서 당시 신라의 정치·사회적인 변화과정의 한 단면을 살펴볼 수 있다.

이와 같이 절거리는 자신이 소유한 '재(물)'를 그가 죽으면 상속할 수 있는 권리를 신라 정부로부터 공식적으로 인정받았다. 절거리의 '재(물)'를 상속받을 수 있는 사람은 '其第兒斯奴'인데, 그에 대해서는 절거리의 아들인 사노,[108] 또는 그의 동생인 아사노나[109] 동생의 아들인 사노라고[110] 하여 절거리와의 혈연관계로 파악하거나 아니면 절거리와 혈연관계가 없는 진이마촌에서 절거리 다음의 세력가나[111] 편의상 '기제아사노'로 사용하는[112] 등으로 파악하고 있다. 절거리의 '재(물)'를 상속받을 수 있는 '기제아사노'는 그의 아들인 '사노'일 것으로 생각된다. 즉 절거리는 자신이 소유한 '재(물)'를 그가 죽으면 아들인 사노에게 상속할 수 있는

107) 이와 같이 이해할 수 있다면 「중성리비」와 「냉수리비」 이 외에도 앞으로 새로운 비석이 발견될 가능성이 높다고 생각된다.
108) 문경현, 「영일냉수리신라비에 보이는 부의 성격과 정치운영문제」 『한국고대사연구』 3, 1990, 148쪽 : 박향미, 앞의 논문, 1995, 20~21쪽.
109) 김영만, 앞의 논문, 1990, 77쪽 : 김창호, 앞의 논문, 1990, 90~92쪽 : 선석열, 「영일냉수리신라비에 보이는 관등·관직문제」 『한국고대사연구』 3, 1990, 186쪽 : 이우태, 앞의 논문, 1992, 105쪽 : 이종욱, 앞의 논문, 1994, 145쪽.
110) 이종욱, 앞의 논문, 1994, 145쪽.
111) 한국고대사연구회 편, 1990, 270쪽 이명식 발언 참조.
112) 주보돈, 앞의 논문, 1989 ; 앞의 책, 2002, 59쪽 주 24) 참조.

권리를 신라 정부로부터 공식적으로 인정받았다.

절거리가 소유한 '재(물)'를 그의 아들인 사노가 상속받을 수 있는 권리를 인정받은 것은 부자상속을 의미하는데, 이러한 현상은 당시 신라의 정치·사회적인 변화과정의 하나였을 것이다. '마립간기'의 신라는 눌지마립간대 이후에 왕위의 부자상속이 이루어지면서 정치·사회적으로 부자상속이 점차 확대되었다. 따라서 절거리의 '재(물)'의 상속을 통해서 「냉수리비」에도 당시 이러한 시대적인 상황이 반영되었음을 확인할 수 있다. 그러나 이 당시에는 부자상속이 이루어지기는 하였지만 이것이 완전하게 확립되지는 않았을 것으로 보인다. 즉 '마립간기'에는 이전의 형제상속에서 부자상속으로 전환되는 일종의 과도기적인 상황이었을 것으로 생각된다.[113]

이와 같이 절거리는 '재(물)'인 토지를 국가로부터 하사받음으로써 경제적으로 성장하였고, 이것을 바탕으로 철제농기구를 소유하면서 농업생산력을 증대시켰을 것이다. 또한 이것을 자신의 아들인 사노에게 상속할 수 있는 권리를 신라 정부로부터 공식적으로 인정받음으로써 그 세력을 더욱 신장시킬 수 있는 토대를 마련하였을 것이다. 그럼에도 불구하고 절거리와 그의 아들인 사노는 진이마촌의 지방민이었을 것으로 추정되기 때문에 아직까지는 기존의 토착세력을 능가하는 세력을 형성하지는 못하였을 것이다. 그러나 이들은 경제적인 부를 바탕으로 점차적으로 외위를 소지하게 되면서 세력을 형성하였고, 기존의 토착세력들을 대체하면서 이후에 지방사회와 그 구성원의 계층 변화를 주도하는 세력으로 새롭게 등장하였을 것으로 생각된다.

---

113) 박향미, 앞의 논문, 1995, 30쪽.

이러한 상황은 520년(법흥왕 7)에 율령이 반포되면서[114] 새롭게 변화되었을 것이다. 즉 절거리와 같이 신라에 적극적으로 협조하였던 지방세력들을 신라 정부에서는 율령에 입각하여 법적으로 그들의 신분과 지위를 보상하였을 것이다. 이것은 절거리의 아들인 사노 역시 마찬가지였을 것이다. 즉 사노는 율령이 반포된 이후에 자신의 신분과 지위를 법적으로 공식적인 인정을 받음으로써 호민이나[115] 자영농민,[116] 또는 '士類'[117] 등의 유력한 지방세력으로 성장·발전하였을 것이다.

이것은 524년(법흥왕 11)에 건립된 「봉평비」와 551년 이전에 건립된[118] 「적성비」를 통해서 확인할 수 있다. 즉 「봉평비」의 '大敎法' 또는 '奴人法'과 「적성비」의 '國法' 또는 '佃舍法' 등의 기록을 통해서 율령이 반포된 이후에는 이와 관련된 문제를 법으로 확실하게 명기하였는데, 이것은 이전의 「냉수리비」와는 차이가 있다. 특히 「적성비」에는 신라가 적성지역을 공략할 때 적극적으로 협조하여 공을 세웠던 也尒次의 공적과[119] 관련하여 그를 포상하는 내용이 기록되어 있기 때문에 「냉수리비」와 유사한 점이 많다. 적성 출신의 야이차에 대해서는 일반 백성으로[120] 파악하거나 적성의 유력계층 가운데 가장 상층부의 세력으로[121] 파악하

---

114) 『삼국사기』 권4, 신라본기4 법흥왕 7년 봄 정월.
115) 김재홍, 앞의 논문, 1991, 15쪽.
116) 이현혜, 앞의 논문, 1991 ; 앞의 책, 1998, 152쪽.
117) 남희숙, 「신라 법흥왕대 불교수용과 그 주도세력」『한국사론』 25, 1991, 29쪽.
118) 변태섭, 「단양진흥왕척경비의 건립연대와 성격」『사학지』 12, 1978, 32~33쪽.
119) 변태섭, 앞의 논문, 1978, 35쪽 : 武田幸男, 「眞興王代における新羅の赤城經營」『朝鮮學報』 93, 1979, 21쪽 : 주보돈, 「단양신라적성비의 재검토 -비문의 복원과 분석을 중심으로-」『경북사학』 7, 1984 ; 앞의 책, 2002, 154쪽 : 이우태, 「단양 신라 적성비 건립의 배경 -야이차의 공적과 은전의 성격을 중심으로-」『태동고전연구』 8, 1992, 21~23쪽.
120) 정구복, 「단양신라적성비 내용에 대한 일고」『사학지』 12, 1978 : 『한국고대사학사』, 경인문화사, 2008, 305쪽.
121) 주보돈, 앞의 논문, 1984 ; 앞의 책, 2002, 169쪽.

는 것으로 구분된다. 아마도 야이차는 적성 출신의 지방민의 신분으로 추정하는 것이 타당할 것 같다.

「냉수리비」에는 신라에 협조하였던 절거리에게 '재(물)'인 토지를 하사하였고, 이것을 지도로갈문왕을 포함한 칠왕등이 공론하여 이를 '교'로 인정하였다. 그러나 「적성비」에는 적성지역을 공략할 때 신라에 협조하다가 죽은 야이차의 妻를 비롯하여 공이 있는 사람들의 女·小女·小子 등에게 토지로 추정되는 포상을 하고 이를 '전사법'으로 인정하였다. 이러한 차이는 520년(법흥왕 7) 율령이 반포된 이후에 나타난 변화라고 할 수 있다. 이러한 변화를 통해서 「냉수리비」는 「적성비」의 선구적인 성격을 가지고 있었던 것으로 파악할 수 있다.

4. 맺음말

신라는 2세기 이후에 대외적인 영토 확장을 활발하게 전개하여 주변의 소국들을 차례로 병합하면서 국가적으로 성장하는 기반을 마련하였으며, 이와 더불어 농업생산력에 대한 관심도 지속적으로 증대하였다. 이와 함께 작물의 품종 개량과 저수지의 축조, 그리고 저습지를 비롯하여 구릉지와 황무지를 개간함으로써 가경지를 확대하였다. 또한 시비법과 '수륙겸종'의 실시와 같은 새로운 농법이 발달함으로써 이전보다 토지에 대한 중요성을 더욱 크게 인식하였을 것이다. 더욱이 4~6세기에는 철제 농기구가 광범위하게 보급됨으로써 농업생산력이 획기적으로 증대하였고, 특히 우경의 실시로 노동체계의 변화가 발생함으로써 노동력이 절감되어 사회계층의 분화를 촉진시키는 결과를 초래하였다.

이와 같이 당시 신라에서는 토지를 소유하며 경제적으로 부를 축적하였던 계층이 이를 바탕으로 철제농기구를 소유한 이후에 농업생산력을 증대하면서 부를 더욱 축적하였고, 결국에는 그 지역의 유력한 세력으로 새롭게 등장하기 시작하였을 것이다. 이러한 상황을 참조하면 「냉수리비」의 '재(물)'는 토지로 파악하는 것이 타당할 것이다.

「냉수리비」의 '재(물)'를 토지로 파악할 수 있다면 「냉수리비」에 '재(물)'의 실체가 명확하게 기록되어 있지 않은 이유도 설명할 수 있다. 즉 당시에는 토지를 소유하면 비교적 쉽게 경제적으로 부를 축적할 수 있었을 것이다. 따라서 당시의 사람들은 '재(물)'는 '토지'로 인식하고 있었기 때문에 굳이 '토지'라고 명확하게 기록하지 않았을 것이다.

「냉수리비」의 '재(물)'를 소유한 절거리는 진이마촌에서 세력을 가지고 있지 못하였던 지방민의 신분이었던 것으로 추정된다. 그는 아마도 481년(소지마립간 3)에 고구려가 미질부(지금의 흥해)까지 침입하여 신라의 왕도를 위협하였을 때 이를 물리치는데 큰 공을 세웠을 것으로 생각된다. 이러한 공으로 그는 신라 정부로부터 진이마촌에 있는 일정한 규모의 토지인 '재(물)'를 하사받았고, 이것을 바탕으로 경제적인 부를 축적하였으며, 철제농기구를 소유한 이후에는 농업생산력을 증대하여 그 지역의 유력한 세력으로 성장할 수 있는 기반을 마련하였을 것이다.

이러한 상황에서 진이마촌의 토착세력이었을 것으로 추정되는 말추·사신지가 절거리의 '재(물)'에 대해서 이의를 제기하여 분쟁이 발생하였다. 분쟁이 발생하였던 원인은 아마도 절거리가 하사받았던 '재(물)'인 토지는 이전부터 이곳의 토착세력이었던 말추·사신지와 밀접하게 관련되었는데, 절거리가 이것을 하사받았기 때문에 이와 관련된 기득권을 침해 받은 두 사람이 이에 대하여 불만을 품고 이의를 제기함으로써 분쟁이 발생하였을 것이다.

당시 신라에서는 국가를 위해서 공을 세운 지방세력들에게 일정한 포상을 실시하며 이들을 적극적으로 끌어들이는 정책을 실시하였기 때문에 신라 정부에서 분쟁에 직접 개입하게 되었을 것이다. 신라 정부에서는 지방사회의 토착세력인 말추·사신지보다는 국가를 위해서 공을 세운 절거리와 같은 지방세력들의 협조와 도움이 절실하게 필요하였기 때문에 공식적으로 절거리의 '재(물)'에 대한 소유를 인정하였다. 그러므로 말추·사신지의 불만은 절거리가 소유한 '재(물)'에 대한 것일 수도 있지만, 지방사회의 변화에 따라서 지방세력의 해체를 추진하려는 신라 정부에 대한 반발일 수도 있다.

당시 신라는 정치·사회적인 변화로 인하여 중앙 귀족들 사이의 재산 분쟁뿐만 아니라 중앙 귀족과 지방민, 그리고 지방민들 사이에도 재산과 관련하여 다양한 원인의 분쟁이 많이 발생하였던 것으로 보인다. 이러한 사실은 새롭게 발견된 「중성리비」를 통해서도 확인할 수 있다.

절거리는 자신이 소유한 '재(물)'를 그가 죽으면 아들인 斯奴에게 상속할 수 있는 권리를 신라 정부로부터 공식적으로 인정받았다. 이러한 부자상속은 당시 신라의 정치·사회적인 변화과정에서 점차 확대되었을 것이지만, '마립간기'에는 이전의 형제상속에서 부자상속으로 전환되는 일종의 과도기적인 상황이었을 것으로 생각된다.

이러한 상황은 520년(법흥왕 7)에 율령이 반포되면서 새롭게 변화되었을 것이다. 즉 절거리의 아들인 사노는 율령이 반포된 이후에 자신의 신분과 지위를 법적으로 공식적인 인정을 받았으며, 점차적으로 외위를 소지하고 세력을 형성하면서 기존의 토착세력들을 대체하였을 것이다. 그리고 지방사회와 그 구성원의 계층 변화를 주도하는 세력으로 새롭게 등장하여 호민이나 자영농민, 또는 '사'류 등의 유력한 지방세력으로 성장·발전하였을 것이다.

「냉수리비」의 '재(물)'와 관련하여 「적성비」가 주목되는데, 「적성비」에는 신라가 적성지역을 공략할 때 적극적으로 협조하여 공을 세웠던 야이차의 공적과 이와 관련된 포상 내용이 기록되어 있기 때문에 「냉수리비」와 유사한 점이 많다. 그런데 「냉수리비」에는 절거리에게 '재(물)'인 토지를 하사하고 이를 '敎'로 인정하였는데, 「적성비」에는 야이차의 처를 비롯하여 공이 있는 사람들의 여·소녀·소자 등에게 토지로 추정되는 포상을 하고 이를 '전사법'으로 인정하였다. 이러한 차이는 520년(법흥왕 7) 율령이 반포된 이후에 나타난 변화라고 할 수 있으며, 이러한 변화를 통해서 「냉수리비」는 「적성비」의 선구적인 성격을 가지고 있었던 것으로 파악할 수 있다.

[부기]

본고를 탈고한 이후인 2009년 5월에 새롭게 발견된 「중성리비」를 주제로 국립경주문화재연구소와 포항정신문화연구원·한국고대사학회에서 학술대회를 개최하여 각각 『포항 중성리신라비 발견기념 학술심포지엄』과 『신발견 포항 중성리 신라비에 대한 역사학적 고찰』이라는 발표문을 간행하였다. 본고에서는 이러한 연구성과를 구체적으로 반영하지 못하였는데, 이것은 이후에 보완하고자 한다.

제2장 「울진봉평비」와 '노인'

1. 머리말

한국 고대사를 연구하는데 있어서 가장 어려운 문제 가운데 하나는 자료가 절대적으로 부족하다는 점이다. 그래서 고고학의 발굴 성과를 비롯하여 인접 학문의 연구성과를 적극적으로 반영하여 부족한 부분을 보충하고 있는 것도 사실이다. 이러한 상황에서 「울진봉평신라비」(이하 「봉평비」라 함)와 같은 금석문의 발견은 이와 같은 문제를 어느 정도 해결해 줄 수 있다는 점에서 중요한 의미를 지니고 있다.

「봉평비」는 1988년 발견된 직후부터 이와 관련된 연구가 이루어졌고,[1] 이후 한국고대사연구회 주최의 학술세미나에서 종합적인 검토가 이루어졌다.[2] 이어 문화재관리국에서 조사보고서가 간행됨으로써[3] 「봉평비」의

---

1) 김창호, 「울진봉평신라비의 검토」 『제31회 전국역사학대회 발표요지』(별쇄), 1988.
2) 이때 발표된 논문들은 조유전, 「울진봉평신라비의 위치확인 발굴조사」 : 이명식, 「울진지방의 역사·지리적 환경과 봉평신라비」 : 남풍현, 「울진봉평신라비에 대한 어학적 고찰」 : 임세권, 「울진봉평신라비의 금석학적 고찰」 : 최광식, 「울진봉평신라비의 석문과 내용」 : 주보돈, 「울진봉평신라비와 법흥왕대 율령」 : 이문기, 「울진봉평신라비와 중고기 육부문제」 : 노태돈, 「울진봉평신라비와 신라의 관등제」 : 이우태, 「울진봉평신라비를 통해 본 지방통치체제」 『한국고대사연구』 2, 1989 등이며, 이 중에서 주보돈의 논문은 『금석문과 신라사』, 지식산업사, 2002에, 이명식의 논문은 『신라정치변천사연구』, 형설출판사, 2003에 재수록 되었다.
3) 임창순, 「울진봉평신라고비 조사연구」 : 이기백, 「울진거벌모라비에 대한 고찰」 『울진봉평신라비조사보고서』, 문화재관리국, 1988.

중요성이 재확인되어 국보 제242호로 지정되었다. 이와 더불어 그 동안 「봉평비」에 대한 개별적인 연구가 활발하게 진행되었으며,[4] 또한 1998 년에는 한국고대사연구회와 울진군의 주최로 「봉평비」 발견 10주년 기념 학술대회를 개최하였다.[5]

지금까지 「봉평비」에 대한 연구는 주로 신라의 육부와 율령 및 관등 문제를 중심으로 이루어졌다. 그러나 이후 대복속민과 관련된 문제와[6] 수취체제에 대한 문제에도[7] 관심을 가지게 됨으로써 연구의 주제도 확대되고 있다.

「봉평비」는 신라가 고대국가로 성장하는 과정에서 대외적인 정복활동

---

4) 「봉평비」에 대한 연구성과는 김창호, 「울진봉평신라염제천비의 재검토」, 『가야통신』 18, 1988 : 김창호, 「울진봉평염제비의 검토」, 『향토문화』 4, 1988 : 이기백, 「울진 거벌모라비에 대한 고찰」 『아시아문화』 4, 1988 ; 『한국고대정치사회사연구』, 일조각, 1996 : 강봉룡, 「울진 신라 거벌모라비의 재검토」, 『역사와 현실』 창간호, 1989 : 도동열 · 정재교, 「6세기 신라의 율령 · 육부문제에 대한 일고찰 −신발견 봉평비를 중심으로−」『동의공전논문집』 15, 1989 : 李成市, 「蔚珍鳳坪新羅碑の基礎的檢討」 『史學雜誌』 98-6, 1989 : 신종원, 「6세기 초 신라의 희생례 −영일냉수리비와 울진봉평비의 비문을 중심으로−」『진단학보』 70, 1990 ; 『신라초기불교사연구』, 민족사, 1992 : 이우태, 「울진봉평신라비의 재검토 −비문의 판독과 해석을 중심으로−」『이원순교수정년기념역사학논총』, 1991 : 김희만, 「울진봉평비와 신라의 관등제」『경주사학』 10, 1991 : 문경현, 「거벌모라 남미지비의 새 검토」『수촌박영석교수화갑기념한국사학논총』 (상), 1992 : 조법종, 「울진봉평비에 나타난 '노안'의 성격 검토 −신라의 대복속민 파악방식의 내용을 중심으로−」『신라문화』 13, 1996 : 김기섭, 「울진봉평신라비에 보이는 '공치오'의 의미와 계연의 기원」, 『한국사연구』 103, 1998 : 전미희, 「냉수비 · 봉평비에 보이는 신라 6부의 성격 −단위정치체설에 대한 검토를 중심으로−」『한국고대사연구』 17, 2000 : 武田幸男, 「新羅 · 蔚珍鳳坪碑の「教事」主体と奴人法」『朝鮮學報』 187, 2003 : 武田幸男, 「新羅 · 蔚珍鳳坪碑の「教事」執行階層と受刑者」『朝鮮學報』 191, 2004 참조
5) 이때 발표된 논문들은 임세권, 「한국 고대 금석문과 울진봉평신라비」 : 이영호, 「울진봉평신라비의 내용과 성격」 : 김영하, 「삼국과 남북국시대의 동해안지방」 : 연민수, 「고대 한일관계와 울진지방」 : 백두현, 「울진봉평신라비의 지명에 대한 어학적 고찰」 : 노중국, 「고대 울진의 역사 개관」 등이며, 『한국고대사회와 울진지방』, 울진군 · 한국고대사학회, 1999에 수록되었다.
6) 조법종, 앞의 논문, 1996.
7) 김기섭, 앞의 논문, 1998.

을 활발하게 전개할 때 동해안 지역으로의 진출과 밀접한 관련을 맺고 있다. 이와 함께 최근에는 신라의 해상활동에 대한 연구와[8] 더불어 동해안 지역에 대한 관심도 높아지면서[9] 울릉도와 독도에 대한 연구도 이루어지고 있다.[10] 따라서 「봉평비」는 신라의 동해안 지역으로의 진출과 관련하여 중요한 자료를 제공하고 있다.

2. 신라의 동해안 진출

1) 이사금기의 동해안 진출

신라는 경주를 중심으로 하는 사로국에서 출발하여 주변의 소국들을 차례로 복속하면서 발전하였다. 신라는 탈해이사금대에 이미 우시산국과 거칠산국을 멸망시켰고,[11] 또 102년(파사이사금 23)에는 음즙벌국·실직(곡)국·압독국이 항복하였으며,[12] 108년(파사이사금 29)에는 비지국·다벌국·초팔국을 병합하였다.[13] 이후에도 신라는 3세기까지 이서국·

---

8) 신라의 해상활동과 관련된 연구성과는 권덕영, 「삼국시대 신라의 해양진출과 국가발전」 『Strategy 21』 2-2, 1999 : 김호동, 「삼국시대 신라의 동해안 제해권 확보의 의미」 『대구사학』 65, 2001 : 서영일, 「사로국의 실직국 병합과 동해 해상권의 장악」 『신라문화』 21, 2003 참조.
9) 김정숙, 「고대 각국의 동해안 운영과 방어체계 -신라를 중심으로-」 : 김호동, 「고·중세 동해안 지역 통치 운영상에 있어서의 사원 역할」 『전근대 동해안 지역사회의 운용과 양상』, 경인문화사, 2005.
10) 최근 영남대 민족문화연구소에서 울릉도와 독도에 관한 연구를 활발하게 진행하고 있는데, 이와 관련된 연구성과는 영남대 민족문화연구소 편, 『울릉도·독도의 종합적 연구』, 영남대 출판부, 1998 : 영남대 민족문화연구소 편, 『울릉도·독도 동해안 주민의 생활구조와 그 변천·발전』, 영남대 출판부, 2003 참조.
11) 『삼국사기』 권44, 열전4 거도.
12) 『삼국사기』 권1, 신라본기1 파사이사금 23년 가을 8월.

골벌국·조문국·감문국·사벌국 등의 소국들을 복속하였다.[14]

이와 같이 신라는 주변의 소국들을 차례로 복속하면서 강력한 세력으로 성장하였고, 이러한 것을 바탕으로 진한을 대표하는 맹주의 지위를 차지하였다. 또한 신라는 주변의 소국을 복속하는 과정에서 이들에게 많은 영향을 주었으며, 이것은 주로 신라의 제도정비와도 밀접한 관련을 맺고 있었는데, 이에 대한 기록은 다음과 같다.

> A-1. 겨울 11월에 왕이 나라 안을 순행하다가 한 노파가 굶주리고 얼어서 죽어가고 있는 것을 보고 말하기를 "내가 미미한 몸으로 왕위에 있으면서 백성을 능히 기르지 못하여 늙은이와 어린아이로 하여금 이 지경에까지 이르게 하였으니, 이는 나의 죄이다."라고 하였다. (왕이) 옷을 벗어서 덮어주고 밥을 주어 먹게 하였다 그리고 담당 관청에 명하여 곳곳에 있는 홀아비[鰥]와 홀어미[寡], 부모가 없는 아이[孤], 자식이 없는 늙은이[獨]와 늙고 병들어 스스로 살아갈 수 없는 사람을 위문하고 양식을 나누어주어 부양하게 하였다. 이에 이웃 나라[隣國]의 백성들이 소문을 듣고 옮겨오는 자가 많았다.[15]
>
> 2. 봄 정월에 박씨의 귀척으로 나라 안의 주·군을 나누어 다스리게 하였는데, 이름을 주주·군주라 하였다.[16]

---

13) 『삼국사기』 권1, 신라본기1 파사이사금 29년.
14) 신라가 주변의 소국들을 복속하는 과정에 대한 연구성과는 이형우, 『신라초기국가성장사연구』, 영남대 출판부, 2000, 70~172쪽. 한편 양정석은 소국의 병합이 이사금기에 이루어지고 있으며, 마립간기에는 지방화된 군·현만이 기록되어 있다고 하였다(양정석, 「신라 마립간기 왕권강화과정과 지방정책」, 『한국사학보』 창간호, 1996, 247~248쪽 주 90) 참조).
15) 『삼국사기』 권1, 신라본기1 유리이사금 5년 겨울 11월.

위의 기록은 굶주린 백성들을 구제하고, 주·군을 설치하여 주주와 군주를 파견하였다는 내용이다. 주목되는 것은 이 기록들이 신라가 주변의 소국을 복속하는 과정과 밀접한 관련을 맺고 있다는 사실이다. 즉 사료 A-1에서의 '隣國'은 비록 구체적으로 기록되어 있지는 않지만, 신라 주변의 소국을 의미하는 것이라고 생각된다.[17] 신라에서 굶주린 백성들을 구제한다는 소식은 같은 처지에 있었던 주변 소국의 백성들에게 알려졌고, 이들이 신라로 자진하여 찾아옴으로써 결과적으로 주변의 소국을 복속할 수 있는 계기를 마련할 수 있었을 것이다.

사료 A-2는 신라에서 최초의 주·군에 대한 기록이다. 신라에서의 주·군은 505년(지증마립간 6)에 본격적으로 실시되었기 때문에 이 기록은 후대의 사실이 소급된 것으로 이해하고 있다.[18] 그러나 신라는 이미 탈해이사금대에 우시산국과 거칠산국에 대한 복속을 시작하였기 때문에 그 지역을 영역화하고 또한 효과적인 지배를 위해서 노력하였을 것이다. 이러한 노력이 이후 주·군과 같은 지방제도를 실시하면서 주주와 군주를 파견하였다는 기록으로 나타났다. 따라서 이 기록은 주변의 소국을 복속하여 지배하였던 사실을 표현한 것이다. 이와 같이 주변의 소국을 복속하는 것은 대외적으로 영토를 확장하는 것이고, 대내적으로 제도를 정비하는 것이다. 그러므로 주변의 소국을 복속하는 과정은 곧 신라의 성장과 발전을 의미하는 것이다.

---

16) 『삼국사기』 권1, 신라본기1 탈해이사금 11년 봄 정월.
17) 서기 4년(남해차차웅 원년)에도 '인국'이 기록되어 있지만, 이때의 '인국'은 당시 신라를 침략하였던 낙랑이다(『삼국사기』 권1, 신라본기1, 남해차차웅 원년 가을 7월). 신라 초기 낙랑에 대한 연구성과는 문창로, 「신라와 낙랑의 관계 −신라사에 보이는 '낙랑'의 실체와 그 역사적 의미를 중심으로−」 『한국고대사연구』 34, 2004 참조.
18) 정구복 외, 『역주 삼국사기』 3, 한국정신문화연구원, 2001, 45~46쪽 주 162) 참조.

신라는 탈해이사금대부터 주변의 소국을 복속하였지만, 본격적으로
이루어지는 것은 파사이사금대부터라고 할 수 있는데, 이에 대한 기록
은 다음과 같다.

> B. 가을 8월에 음즙벌국과 실직곡국이 강역을 다투다가 왕을 찾아
> 와 해결해 주기를 청하였다. 왕이 일을 어렵게 여겨서 말하기를
> "금관국의 수로왕은 나이가 많고 지식이 많다."라 하고, 그를 불
> 러 물었더니 수로가 의논하여 다투던 땅을 음즙벌국에 속하게
> 하였다. 이에 왕이 육부에 명하여 수로를 위한 연회에 모이게
> 하였는데, 5부는 모두 이찬으로서 접대 주신을 삼았으나 오직
> 한기부만은 지위가 낮은 사람으로 주관하게 하였다. 수로가 노
> 하여 종[奴] 탐하리에게 명하여 한기부의 우두머리 보제를 죽이
> 게 하고 돌아갔다. 그 종은 도망하여 음즙벌국의 우두머리 타추
> 간의 집에 의지해 있었다. 왕이 사람을 시켜서 그 종을 찾았으
> 나 타추가 보내주지 않았으므로 왕이 노하여 군사로 음즙벌국
> 을 치니, 그 우두머리가 무리와 함께 스스로 항복하였다. 실직
> 국과 압독국 두 나라의 왕도 와서 항복하였다.[19]

위의 기록은 신라가 음즙벌국과 실직(곡)국을 복속시키는 과정에 대한
내용이다. 음즙벌국은 지금의 안강이고,[20] 실직(곡)국은 지금의 삼척으로

---

19) 『삼국사기』 권1, 신라본기1 파사이사금 23년 가을 8월.
20) 대부분의 연구자들은 음즙벌국을 안강으로 보고 있지만, 김철준은 울진이나 그 부근이라고
    하였다(김철준, 「신라 상고세계와 그 기년」, 『역사학보』 17·18, 1962 ; 『한국고대사회연구』,
    서울대 출판부, 1990, 181쪽).

이해하고 있다. 따라서 위의 기록은 신라가 동해안으로 진출하는 과정을 보여주는 것이기도 하다. 그러나 음즙벌국과 실직(곡)국이 서로 멀리 떨어져 있기 때문에 위의 기록을 믿을 수 없는 것이라고 부정하거나[21] 또는 실직(곡)국의 위치를 경주의 주변으로 인식하기도 하였다.[22] 이러한 견해들은 실직(곡)국을 삼척으로 이해하면서도 당시의 신라가 이 지역에 진출하지 못하였다는 생각에서 비롯된 것이다. 그러나 최근에 신라의 해상활동에 대한 주목할 만한 연구들이 발표되면서[23] 새로운 견해가 제기되었다. 즉 음즙벌국과 실직(곡)국의 분쟁은 경상도 동해안 일대에서의 해상활동과 관련된 것으로 영토를 둘러싼 분쟁이 아니라 경상도 동해안 지역의 소규모 항구를 자국의 세력권에 포함시켜서 교역체계를 구축하려는 과정에서 발생한 사건이었고, 신라는 음즙벌국과 실직(곡)국을 복속시킴으로써 동해안 일대의 해상권을 장악하여 김해의 금관국과 적극적으로 대결하였다는 것이다.[24]

---

21) 천관우, 「삼한의 국가형성 -「삼한고」 제3부-」 (상) 『한국학보』 2, 1976 ; 『고조선사·삼한사연구』, 일조각, 1989, 292쪽.

22) 강석준은 실직(곡)국의 위치와 관련하여 『삼국유사』 신라시조 혁거세왕조의 한기부 즉 가덕부에 속한 상서지와 하서지 부근의 일대라고 하였다(강석준, 「실직국에 대하여」, 『력사과학』 1964년 제1호, 1964, 58쪽). 이후 신형식은 흥해라고 하였으며(신형식, 「신라군주고」, 『백산학보』 19, 1975, 68쪽 주 27) 참조), 이병도는 안강 부근이라고 하였다(이병도, 『역주 삼국사기』, 을유문화사, 1977, 17쪽). 또한 최병운은 월성군 북천면 북부라고 하였으며(최병운, 「서기 2세기경 신라의 영역확대」 『전북사학』 6, 1982, 25쪽), 방용안도 흥해나 포항이라고 하였다(방용안, 「실직국에 대한 고찰」 『강원사학』 3, 1987, 56쪽). 그리고 이종욱도 구체적으로 언급하지 않고 동해안이나 또는 그 근처라고 하였고(이종욱, 『신라국가형성사연구』, 일조각, 1982, 85쪽 주 216) 참조), 이형우는 삼척의 실직국과 계통을 같이하는 집단이 영일지역에 위치하고 있었다고 하였다(이형우, 「사로국의 동해안 진출」 『건대사학』 8, 1993 ; 앞의 책, 2000, 80쪽). 그러나 실직국이 흥해나 안강 부근에 위치하였다면 『삼국사기』 지리지나 『고려사』 지리지 등에 이와 관련된 내용이 기록되어야 하는데, 그러한 기록은 없다. 한편 김영하는 강릉에서 삼척에 이르는 태백산맥의 帶狀의 공간을 실직국의 범위로 추정하였다(김영하, 앞의 논문, 1999, 74쪽).

23) 권덕영, 앞의 논문, 1999 : 김호동, 앞의 논문, 2001 : 서영일, 앞의 논문, 2003.

이와 같이 신라가 금관국과의 충돌로 이어질 수도 있는 위험이 있었음에도 불구하고 파사이사금대에 이 두 세력을 복속시켰다는 것은 동해안 지역으로 진출하려는 의지가 강하였음을 의미하는 것이다. 그리고 이 사건으로 신라는 해상권을 장악함으로써 동해안으로 진출하는데 하나의 획기적인 전환의 계기를 마련하게 되었으며,[25] 뿐만 아니라 이 지역에 분포하고 있는 철을 이용함으로써[26] 강력한 세력으로 성장할 수 있게 되었다.

사실 신라는 파사이사금대 이전부터 이미 동해안에 위치하였던 것으로 추정되는 세력들과 일정한 관계를 맺고 있었는데, 이에 대한 기록은 다음과 같다.

> C-1. 동옥저의 사신이 와서 좋은 말 20필을 바치면서 말하기를 "저희 임금이 남한에 성인이 나타났다는 소문을 듣고 신을 보내어 (말을) 바치게 하였습니다."라고 하였다.[27]
>
> 2. 봄 2월에 북명 사람이 밭을 갈다가 예왕의 인장을 얻어 (나라에) 바쳤다.[28]
>
> 3. 가을 9월에 화려현과 불내현 두 현의 사람들이 모의하여 기병을 이끌고 북쪽의 변경을 침범하였는데, 맥국의 우두머리가

---

24) 서영일, 앞의 논문, 2003, 333~336쪽.

25) 서영일도 음즙벌국의 정복은 사로국의 국가적 성장에 상징적인 사건이라고 하였다(서영일, 앞의 논문, 2003, 336~337쪽).

26) 이성주, 「1~3세기 가야 정치체의 성장」『한국고대사논총』5, 1993, 102~103쪽 ; 『신라·가야사회의 기원과 성장』, 학연문화사, 1998, 147~149쪽 : 정운용, 「6세기 신라의 가야 병합과 그 의미」『사총』52, 2000, 26쪽.

27) 『삼국사기』 권1, 신라본기1 혁거세거서간 53년.

28) 『삼국사기』 권1, 신라본기1 남해차차웅 16년 봄 2월.

곡하의 서쪽에서 군사로써 막아 물리쳤다. 왕이 기뻐하여 맥
국과 우호를 맺었다.[29]

4. 가을 8월에 맥국의 우두머리가 사냥하여 얻은 새와 짐승을 바
쳤다.[30]

위의 기록은 신라 초기에 동해안을 중심으로 존재하였던 세력들과 일
정한 관계를 맺고 있었다는 내용이다. 특히 위의 기록에서 주목되는 것
은 사료 C-1의 동옥저와의 관계이다. 동옥저는 지금의 함흥 일대를 중심
으로 위치하였는데,[31] 『삼국지』 동옥저의 '濱大海而居'라는[32] 기록을 통
해서 주로 동해안과 가까운 바닷가에서 생활하였던 것으로 보인다. 이러
한 동옥저가 시조인 혁거세거서간대부터 신라와 관계를 맺었다는 사실
이 주목된다. 특히 '寡君問[33]南韓有聖人出'이라는 기록을 통해서 동해
안을 통해서 활발한 교류를 하고 있었음을 알 수 있다. 이때 동옥저는 함
흥만 근처나 원산에서 출발하여[34] 동해안의 연안항로를 따라 남쪽으로
내려왔을 것이다. 그리고 이 길은 이미 선사시대부터 중요한 교역로로
이용되었을 것으로 생각된다.

신라 초기 동해안을 통한 해상활동과 관련하여 주목되는 것은 탈해의

---

29) 『삼국사기』 권1, 신라본기1 유리이사금 17년 봄 2월.
30) 『삼국사기』 권1, 신라본기1 유리이사금 19년 가을 8월.
31) 이병도, 「옥저와 동예」 『한국고대사연구』, 박영사, 1976, 229쪽.
32) 『삼국지』 권30, 위서30 동이전 동옥저.
33) 『삼국사절요』 권1, 병진에는 '聞'으로 기록되어 있다.
34) 윤명철은 고구려에서 왜로 가기 위해서는 원산이나 함흥만 근처의 항구에서 출발하였을 가
능성이 높다고 하였다(윤명철, 「해양조건을 통해서 본 고대 한·일 관계사의 이해」 『일본학』
15, 1995 ; 『한민족의 해양활동과 동아지중해』, 학연문화사, 2002, 147~148쪽). 이것은 동옥
저도 마찬가지였을 것이다.

등장과정이라고 할 수 있다. 즉 『삼국사기』와 『삼국유사』에는 탈해는 다파나국(또는 용성국) 출신으로 해로를 이용하여 금관국(가락국)을 거쳐서 신라의 아진포에 도착하였다고 기록되어 있다.[35] 따라서 일찍부터 탈해의 출자에 대하여 여러 가지 다양한 견해가 제기되었으며,[36] 그가 해상을 통해서 신라로 들어왔다는 사실을 공통적으로 지적하고 있다. 이것은 탈해가 해상활동과 밀접하게 관련되었다는 사실을 의미하는 것이며, 이러한 기반을 토대로 파사이사금대에 동해안으로 진출할 수 있었을 것이다.

2) 마립간기의 동해안 진출

신라의 동해안 진출은 일찍부터 이루어졌지만, 마립간기에는 영역의 확장과 함께 더욱 활발하게 진행되었다. 그리고 이러한 과정은 주로 고구려와의 관계를 통해서 이루어졌는데, 이에 대한 기록은 다음과 같다.

> D-1. 가을 8월에 말갈이 북쪽 변경을 침범하였으므로 군사를 내어
> 그들을 실직의 들판에서 크게 쳐부수었다.[37]
> 2. 가을 7월에 고구려의 변방 장수가 실직의 들에서 사냥하는 것
> 을 하슬라성 성주 삼직이 군사를 내어 불의에 공격하여 그를

---

35) 『삼국사기』권1, 신라본기1 탈해이사금 즉위년 및 『삼국유사』권1, 기이2, 제사탈해왕.
36) 탈해의 출자에 대한 연구성과는 김호동, 앞의 논문, 2001, 18쪽 : 장창은, 「신라 박씨왕실의 분기와 석씨족의 집권과정」『신라사학보』창간호, 2004, 44~46쪽 : 문창로, 앞의 논문, 2004, 197~199쪽.
37) 『삼국사기』권3, 신라본기3 내물이사금 40년 가을 8월.

죽였다. 고구려의 왕이 그것을 듣고 노하여 사신을 보내어 말하기를 "내가 대왕과 우호를 닦은 것을 매우 기쁘게 여기고 있었는데, 지금 군사를 내어 우리의 변방 장수를 죽이니 이는 어찌 의리있는 일이겠는가?"라고 하였다. 이에 군사를 일으켜 우리의 서쪽 변경을 침입하였다. 왕이 겸허한 말로 사과하자 물러갔다.[38]

3. 신라 사람들이 변방의 장수를 습격해서 죽였다. 왕은 노하여 군사를 일으켜 토벌하려고 하였으나 신라의 왕이 사신을 보내어 사죄하였으므로 그만두었다.[39]

4. 봄에 고구려가 말갈과 함께 북쪽 변경의 실직성을 습격하였다.[40]

5. 봄 2월에 왕은 말갈 군사 1만 명으로 신라의 실직주성을 쳐서 빼앗았다.[41]

6. 3월에 고구려가 말갈과 함께 북쪽의 변경에 쳐들어와 호명성 등 7성을 빼앗고, 또 미질부에 진군하였다. 우리 군사가 백제·가야의 구원병과 함께 여러 길로 나누어서 그들을 막았다. 적이 패하여 물러가므로 뒤쫓아가 니하의 서쪽에서 공격하여 깨뜨렸는데, 천여 명을 목베었다.[42]

---

38) 『삼국사기』 권3, 신라본기3 눌지마립간 34년 가을 7월.
39) 『삼국사기』 권18, 고구려본기6 장수왕 38년.
40) 『삼국사기』 권3, 신라본기3 자비마립간 11년 봄.
41) 『삼국사기』 권18, 고구려본기6 장수왕 56년 봄 2월.
42) 『삼국사기』 권3, 신라본기3 소지마립간 3년 3월.

위의 기록은 마립간기에 동해안을 중심으로 이루어졌던 신라와 고구려에 대한 내용이다. 신라는 내물이사금이 즉위한 이후에 백제를 중심으로 하는 가야·왜의 국제관계에서 고립된 상황에 처하게 되었다. 이러한 상황을 벗어나기 위하여 신라는 고구려에게 도움을 요청하였다. 그리하여 392년(내물이사금 37)에 이찬 대서지의 아들인 실성을 고구려에 볼모로 보낸 이후부터 정치적으로 고구려의 간섭을 받았던 이른바 '고구려 간섭기(392~481)'에[43] 접어들었다.

그러나 '고구려 간섭기'에 접어든 이후에도 신라는 동해안을 중심으로 말갈과 고구려와의 충돌을 계속하였다. 이때의 말갈은 고구려에 복속되었던 동예로 고구려에 군사적 동원의 의무를 부담하던 존재였다.[44] 이러한 상태에 있었던 말갈이 단독으로 신라를 공격하기는 어려웠을 것이다. 더욱이 말갈이 고구려와 함께 신라를 공격하였다는 사실은 고구려의 일정한 영향력이 작용하였을 것으로 생각된다.[45]

여기에서 몇 가지 사실을 주목할 수 있는데, 첫째는 고구려와 말갈과

---

43) 김덕원, 「신라 불교의 민간 수용에 대한 일고찰 －일선군 모례를 중심으로－」『신라사학보』 창간호, 2004, 79쪽 주 4) ; 본서 제3부 제2장 참조. 정운용도 5세기 전반에 신라의 고구려에 대한 외교적 예속도가 심화되었다고 하였다(정운용, 「5~6세기 신라·고구려 관계의 추이 －유적·유물의 해석과 관련하여－」『신라문화제학술발표회논문집』 15, 1994, 44~49쪽). 한편 장창은은 눌지왕대에 고구려 세력을 축출하여 그 간섭에서 벗어난 것으로 파악하였다(장창은, 「신라 눌지왕대 고구려세력의 축출과 그 배경」『한국고대사연구』 33, 2004).
44) 문안식, 「『삼국사기』 신라본기에 보이는 낙랑·말갈사료에 관한 검토 －동해안로를 통한 신라의 동북방 진출과 토착세력의 재지기반의 운동력을 중심으로－」『전통문화연구』 5, 1997 ; 『한국 고대사와 말갈』, 혜안, 2003, 170쪽 : 김영하, 앞의 논문, 1999, 81쪽.
45) 문안식은 신라와 고구려와의 관계는 433년 나제동맹의 체결과 450년 고구려 변장이 살해당한 것을 계기로 경색되어 이때부터 말갈이 고구려의 영향력 아래에서 신라 북변 침략의 첨병적인 전위세력이 되었다고 하였다(문안식, 앞의 논문, 1997 ; 앞의 책, 2003, 168쪽). 한편 김영하는 395년 말갈이 신라를 침범하였을 때 고구려는 신라와 우호관계를 맺고 있었기 때문에 직접 개입할 수 없었지만, 450년 고구려 변장이 살해당한 것을 계기로 말갈과의 연합작전으로 신라를 공격한 것으로 이해하였다(김영하, 앞의 논문, 1999, 80~81쪽).

의 충돌이 실직(지금의 삼척)을 중심으로 이루어지고 있다는 사실이다. 특히 신라는 사료 D-2 · 3에서와 같이 하슬라성의 성주인 삼직이 실직의 들에서 사냥을 하던 고구려 '변장'을 살해하였다. 이러한 사실은 '고구려 간섭기'에 동해안 지역은 적어도 하슬라(지금의 강릉) 부근까지 신라의 영향력이 미치고 있었음을 의미하는 것이다.

둘째는 고구려 '변장'에 대한 문제이다. 지금까지 사료 D-2 · 3에 기록된 고구려 '변장'에 대해서는 신라와 고구려의 관계가 악화되는 계기가 되었던 사건으로만 언급하였을 뿐 그 이외의 부분에 대해서는 특별하게 주목하지 않았다. 그러나 고구려 '변장'은 '고구려 간섭기'에 신라와 고구려 관계의 일단을 보여주고 있다는 점에서 주목할 필요가 있다.

이 문제와 관련하여 기본적으로 의문이 드는 것은 고구려 '변장'이 어떻게 실직까지 올 수 있었는가? 하는 점이다. 아마도 고구려 '변장'은 신라와 국경을 접하고 있던 고구려 남쪽의 최전선 지역을 방어하고 있었던 '변장'은 아니었을 것이다. 왜냐하면 당시 신라의 영향력이 적어도 하슬라 부근까지 미치고 있었기 때문이다. 즉 신라와 국경을 접하고 있던 고구려 남쪽 최전선 지역의 '변장'이 신라의 영향력이 미치고 있던 하슬라를 거쳐서 실직까지 오기는 어려웠을 것으로 보이기 때문이다. 따라서 고구려 '변장'은 고구려 남쪽의 최전선 지역에서 온 것이 아니라 다른 곳에서 왔을 가능성이 크다.[46] 이와 관련하여 「중원고구려비」의 기록이 주목된다. 즉 고구려 '변장'은 「중원고구려비」의 '新羅土內幢主'라는[47] 기

---

46) 문안식은 고구려에서 신라의 국경 부근으로 직접 장수를 파견한 것이라고 하였다(문안식, 앞의 논문, 1997, 31쪽). 한편 강석준은 고구려 '변장'은 삼척이 아니라 경주 부근의 西知로 사냥을 하러 갔으며, 삼직은 하슬라 성주가 아니라 서지 성주라고 하였다(강석준, 앞의 논문, 1964, 59쪽).

록과 같이 당시 신라의 영토 내에 주둔하고 있었던 인물이었을 것으로 생각된다.

'고구려 간섭기'의 일정 기간 동안에 고구려는 신라의 영토인 지금의 경북 북부지역에 이르기까지 군사를 파견하여 주둔하고 있었다.[48] 따라서 고구려 '변장'도 당시 신라의 영토 내에 주둔하고 있었던 고구려의 여러 장수들 가운데 한 명이었을 것이다. 그가 어디에 주둔하고 있었는지 정확하게 알 수는 없지만, 지금의 경북 북부지역이었을 것으로 생각된다. 이와 같은 상황이었기 때문에 고구려 '변장'은 소수의 군사를 이끌고 실직에서 한가롭게 사냥을 하다가 하슬라 성주인 삼직에게 살해당하였을 것으로 생각된다. 이러한 견해가 어느 정도 타당하다면, '변장'이라고 표현된 기록과 함께 이 사건에 대한 고구려 장수왕의 반응과 신라 눌지마립간의 대응과정에서 보이는 일련의 모습도 자연스럽게 이해할 수 있다.

이와 같이 '고구려 간섭기'에도 동해안 지역에서는 신라의 독자적인 활동이 꾸준히 전개되었는데, 이에 대한 기록은 다음과 같다.

> E-1. 가을 7월에 북쪽 변방의 하슬라에 가뭄이 들고 누리의 재해가 있어 흉년이 들었으며, 백성들이 굶주렸다. 죄수를 살펴서 사면하고, 1년의 租와 調를 면제해 주었다.[49]
>
> 2. … (제상이) 왕 앞에서 직접 명령을 받고 곧바로 북해의 길로

---

47) 한국고대사회연구소 편, 『역주 한국고대금석문』 Ⅰ, (재)가락국사적개발연구원, 1992, 44쪽.
48) 이에 대한 연구성과는 장창은, 「신라 자비~소지왕대 축성·교전지역의 검토와 그 의미 —소백산맥 일대 신라·고구려의 영역향방과 관련하여—」 『신라사학보』 2, 2004, 2쪽 주 1) 참조.
49) 『삼국사기』 권3, 신라본기3 내물이사금 42년 가을 7월.

62 제1부 신라 상대의 금석문

가서 변장을 하고 고구려로 들어갔다. 보해가 있는 곳에 나아가 함께 도망할 날짜를 약속하고, 먼저 5월 15일에 고성의 水口로 돌아와 기다리고 있었다. 약속한 기일이 가까워지자 보해가 병을 핑계로 며칠 동안 조회에 나가지 않다가 밤중에 몰래 도망쳐 고성의 해변에 이르렀다. (장수)왕이 이를 알고 수십 명을 시켜서 뒤쫓게 하였다. 고성에 이르러 따라 미쳤으나 보해가 고구려에 있을 때에 항상 가깝게 상종하는 사람에게 은혜를 베풀었던 까닭에 군사들이 그를 매우 동정하여 모두가 화살촉을 뽑고 쏘았으므로 드디어 살아서 돌아왔다. … 50)

3. 가을 9월에 하슬라 사람으로서 15세 이상인 자를 징발하여 니하에 성을 쌓았다<니하를 니천이라고도 하였다>.51)

4. 봄 2월에 비열성에 거둥하여 군사들을 위로하고, 솜을 넣어 만든 군복을 내려주었다.52)

위의 기록은 '고구려 간섭기'에 동해안 지역에서의 신라의 활동에 대한 내용이다. 주목되는 것은 신라가 독자적인 활동을 전개하였던 지역이 하슬라를 중심으로 하여 그 북쪽지역이라는 사실이다. 이것은 앞의 사료 D에서와 같이 고구려와 말갈과의 충돌이 실직을 중심으로 하였던 것과 비교하면 큰 차이라고 할 수 있다. 또한 당시 신라의 영향력이 적어도 하슬라 부근까지 미치고 있었음을 확실하게 보여주는 것이다.53)

---

50) 『삼국유사』 권1, 기이2 내물왕 김제상.
51) 『삼국사기』 권3, 신라본기3 자비마립간 11년 가을 9월.
52) 『삼국사기』 권3, 신라본기3 소지마립간 3년 봄 2월.
53) 1993년 강릉시 초당동유적에서 삼국시대의 출자형금동관을 비롯하여 환두대도와 은제조익

특히 사료 E-2의 기록에서와 같이 박(김)제상은[54] 눌지마립간의 동생인 복호(보해)를 구출할 때 동해안의 뱃길을 이용하고 있다. 박(김)제상이 고구려로 가기 위해서 출발하였던 항구가 어디인지 정확하게 알 수는 없지만, 영일만이었을 것으로 추정된다.[55] 이곳은 연오랑·세오녀가 왜로 갔다는 기록을[56] 통해서 알 수 있듯이 비교적 일찍부터 연안항로의 중심지 역할을 하였던 항구로서의 기능을 갖추고 있었다. 박(김)제상이 해로를 이용하여 고구려에 갔던 이유는 육로보다 잠입하기가 쉽고, 또 '徑趣'라는 표현과 같이 육로보다 빠르기 때문일 것이다.[57] 따라서 박(김)제상은 이러한 사실들을 이미 알고 있었기 때문에 이를 적극 이용하여 복호(보해)를 구출하기 위한 계획을 사전에 치밀하게 세워서 진행하였을 가능성이 크다고 생각된다.

이와 같은 박(김)제상의 활동을 통해서 신라가 동해안 지역에서 지속적으로 독자적인 활동을 하였음을 확인할 수 있다. 그리고 이러한 활동의 결과 사료 E-4에서와 같이 소지마립간대에는 비열성(지금의 안변)까지 순행할 수 있었고, 사료 D-6과 같이 미질부(지금의 흥해)까지 침입한

형관식이 출토되어 신라의 영향력이 이 지역에 미치고 있었던 것을 고고학적으로 입증되었다(강릉대 박물관, 『강릉 초당동 129-5번지 현대아파트 신축부지내 문화유적 긴급 수습발굴조사 약보고서』, 1993). 또한 최근에 같은 초당동에서 5세기 초반 무렵에 조성된 수혈식석실묘에서 호접형금동관모가 출토됨으로써 다시 한번 확인할 수 있게 되었다(지현병, 「강릉 초당동 84-2번지 유적발굴조사 개보」, 『신라사학보』 4, 2005).

54) 박제상에 대한 연구성과는 김용선, 「박제상소고」, 『전해종박사화갑기념사학논총』, 일조각, 1979 : 홍순창, 「김제상설화에 대한 일고찰 -4~5세기 한일관계사 재조명을 위한 시론-」, 『한국전통문화연구』 2, 1986 : 高寬敏, 「新羅の堤上奈麻と奈勿王三子」, 『東アジア研究』 9, 1995 ; 『三國史記の原典の研究』, 雄山閣, 1996 : 선석열, 「박제상의 출자와 관등 내마」, 『경대사론』 10, 1997 : 주보돈, 「박제상과 5세기 초 신라의 정치 동향」, 『경북사학』 21, 1998 참조.

55) 노중국, 앞의 논문, 1999, 259쪽.

56) 『삼국유사』 권1, 기이2 연오랑·세오녀.

57) 노중국, 앞의 논문, 1999, 259쪽.

고구려를 격퇴함으로써 마침내 신라는 '고구려 간섭기'를 벗어나게 되었다.[58] 따라서 '고구려 간섭기'를 벗어나는 과정에서도 신라의 동해안 지역으로의 진출과 활동은 매우 중요한 의미를 가지고 있다.

'고구려 간섭기'를 벗어난 이후 신라의 동해안 진출은 소지왕마립간대에 이르러 더욱 체계화되었는데, 이에 대한 기록은 다음과 같다.

> F-1. 3월에 사방에 우역을 설치하고, 담당 관청에 명하여 관도를 수리하게 하였다.[59]
>
> 2. 가을 7월에 가물고 누리의 재해가 있었다. 여러 관리들에게 명하여 백성을 다스릴만한 재주가 있는 사람을 각기 한 명씩 천거하도록 하였다.[60]

위의 기록은 소지마립간대에 실시되었던 지방제도의 정비에 대한 내용이다. 사료 F-1과 같이 487년(소지마립간 9)에 사방에 우역을 설치하고,[61] 관도를 수리하였다. 이것은 각지에 지방관을 파견하기 위한 사전

---

58) 이명식은 450년(눌지마립간 34)에 발생한 고구려 변장의 피살사건을 계기로 고구려가 남진하는 명분을 제공하여 소지왕 때에 지금의 흥해까지 고구려의 영토가 되었으며, 481년(소지마립간 3)부터 505년(지증마립간 6)까지 약 24년 동안 동해안을 직접 지배하였다고 파악하였다(이명식, 「신라 중고기의 장수 이사부고」, 『신라문화제학술논문집』 25, 2004, 77쪽).
59) 『삼국사기』 권3, 신라본기3 소지마립간 9년 3월.
60) 『삼국사기』 권3, 신라본기3 소지마립간 19년 가을 7월.
61) 주보돈은 중앙과 연결하기 위한 우역을 각 지방의 중요한 거점에 설치한 것이라고 하였으며(주보돈, 「마립간시대 신라의 지방통치」, 『영남고고학』 19, 1996 ; 『신라 지방통치체제의 정비과정과 촌락』, 신서원, 1998, 63쪽), 서영일은 우역제의 확대 실시나 법제화를 의미하는 것이라고 하였다(서영일, 『신라 육상교통로 연구』, 학연문화사, 1999, 61쪽). 한편 이부오는 당시에 우역이 체계적으로 정비되었다고 보기는 어렵고 각 방면의 도사[당주]-성주에 대한 연락 체계가 체계적으로 정비되었음을 의미하는 것이라고 하였다(이부오, 『신라 군·성[촌]제의 기원과 소국집단』, 서경, 2003, 209쪽).

조치로 실시된 것이다. 이러한 조치를 바탕으로 사료 F-2와 같이 497년 (소지마립간 19)에는 지방관으로 추정할 수 있는 '牧民者'를 천거하도록 하여[62] 지방에 대한 지배권을 강화해 나가는 기반을 체계적으로 마련하였다.

이와 같이 소지마립간대 이후 신라는 각지에 지방관을 파견하여 해당 지역에 대해 직접지배를 실시함으로써 지방통치체제를 강화해 나갔다. 이러한 조치는 동해안 지역도 예외는 아니었는데, 이것은 「냉수리비」와 「봉평비」에 보이는 道使라는 기록을 통해서 확인할 수 있다. 그러나 신라의 동해안 지역에 대한 보다 확고한 지배는 지증마립간대에 이루어졌는데, 이와 관련된 기록은 다음과 같다.

> G-1. 봄 2월에 왕이 몸소 나라의 주·군·현을 정하였다. 실직주를 설치하고 이사부를 군주로 삼았는데, 군주의 명칭이 이로부터 시작되었다.[63]
>
> 2. 여름 6월에 우산국이 항복하여 해마다 토산물을 바쳤다. 우산국은 명주의 정동쪽 바다에 있는 섬으로 혹은 울릉도라고도 한다. 땅은 사방 100리인데, 지세가 험한 것을 믿고 항복하지 않았다. 이찬 이사부가 하슬라주 군주가 되어 말하기를 "우산국 사람은 어리석고도 사나워서 힘으로 복속시키기는 어려우나 꾀로는 복속시킬 수 있다."라 하고, 이에 나무 사자를 많이

---

62) 주보돈은 497년(소지마립간 19)의 기록을 새롭게 주목하고, 이 기록의 '牧民者'를 道使라고 하였다(주보돈, 앞의 논문, 1996 ; 앞의 책, 1998, 62~63쪽).
63) 『삼국사기』 권4, 신라본기4 지증마립간 6년 봄 2월.

만들어 전함에 나누어 싣고 그 나라의 해안에 이르러 거짓으로 말하기를 "너희가 만약 항복하지 않으면 이 사나운 짐승을 풀어 밟아 죽이겠다."라고 하자 그 나라 사람들이 두려워 곧 항복하였다.[64]

위의 기록은 지증마립간대에 실시된 지방제도와[65] 우산국 복속에 대한 내용이다. 특히 사료 G-1과 같이 505년(지증마립간 6) 실직주를 설치하고 이사부를 군주로 파견하였다는 기록을 토대로 이때에 지방관이 처음으로 파견되었다고 이해하여 일찍부터 주목되었다.[66] 그러나 503년에 건립된 「냉수리비」에 이미 도사라는 지방관의 명칭이 기록되어 있어서[67] 이미 그 이전에 지방관이 파견되었음을 확실히 알 수 있게 되었다.[68]

한편 신라는 512년(지증마립간 13)에 이사부가 우산국을 정복하였다. 신라는 이사금기부터 선박을 수리하고 담당하는 관부에 대한 기록은 있지만,[69] 실제로 수군의 활동에 대한 기록은 없다. 따라서 이 기록은 실질

---

64) 『삼국사기』 권4, 신라본기4 지증마립간 13년 여름 6월.
65) 木村誠은 중고기 지방제를 縣制가 결여된 郡制를 특징으로 한다는 점에서 州郡制라고 하였다(木村誠, 「新羅郡縣制の確立過程と村主制」『朝鮮史研究會論文集』13, 1976 ; 『古代朝鮮の國家と社會』, 吉川弘文館, 2004, 44쪽).
66) 이에 대한 연구성과는 주보돈, 「6세기 신라 지방통치체제의 정비과정」『한국고대사연구』 17, 1997 ; 앞의 책, 1998, 76~78쪽 참조.
67) 한국고대사회연구소 편, 『역주 한국고대금석문』 II, (재)가락국사적개발연구원, 1992, 6쪽.
68) 주보돈, 앞의 논문, 1996 ; 앞의 책, 1998, 61~62쪽 및 78쪽. 한편 「냉수리비」의 도사에 대해서 이우태는 이 지역이 왕경과 지근한 지역에 위치하고 있는 특수성에 기인하는 것으로 전국적인 지방관의 파견은 아니라고 하였고(이우태, 「신라 중고기의 지방세력 연구」, 서울대 박사학위논문, 1991, 58쪽), 이수훈은 구체적인 관할 지역에서 상주하는 지방관이 아니라 행정사무가 발생할 때마다 수시로 중앙에서 파견되었을 것이라고 하였다(이수훈, 「신라 촌락의 성격 -6세기 금석문을 통한 행정촌·자연촌 문제의 검토-」『한국문화연구』 6, 1993, 11쪽).

적으로 신라의 수군 활동에 대한 첫 번째 사례라고 할 수 있다. 이때 이사부는 우산국이 지세가 험하고 사람들이 사납기 때문에 계략을 사용하여 나무 사자를[70] 만들어 거짓으로 위협하여 손쉽게 정복할 수 있었다.[71] 신라는 우산국을 정복함으로써 동해안 지역의 경제력과 제해권을 확보하여 이후 진흥왕대에 함경도까지 진출할 수 있는 기반을 마련하였다. 뿐만 아니라 서해안과 동해안에서 고구려를 상대로 동시에 작전을 수행할 수 있게 되었으며,[72] 또한 남해와 서해로 진출하여 해상활동을 확대할 수 있게 되었다.[73]

이와 같은 지증마립간대의 동해안 진출은 동해안을 통한 해상으로의 진출과 함께 육상으로의 진출도 병행하여 이루어졌을 것이다.[74] 결국 신라는 동해안 지역에서의 활동을 바탕으로 한강유역을 확보한 이후에는 중국과의 교섭도 가능하게 되었으며, 삼국을 통일할 수 있는 역량을 더욱 증대시킬 수 있게 되었다.

---

69) 『삼국사기』 권2, 신라본기2 유례이사금 6년 여름 5월 : 동 신라본기3, 자비마립간 10년 봄 : 동 신라본기4, 지증마립간 6년 겨울 11월.
70) 김윤곤은 이사부가 만든 나무 사자는 사자 모형의 새로운 무기라고 하였다(김윤곤, 「우산국·우산도인의 해상활동과 韓동해문화권」, 『울릉도·독도 동해안 주민의 생활구조와 그 변천·발전』, 영남대 출판부, 2003, 18~19쪽).
71) 권덕영은 이사부가 우산국으로부터 쉽게 항복을 받아낼 수 있었던 것은 신라 수군의 무력 시위 또는 위용 때문이라고 하였다(권덕영, 앞의 논문, 1999, 210쪽). 한편 김윤곤은 신라가 우산국을 공격한 목적은 그들을 완전 소멸하려는 것이 아니라 우호적인 동맹세력으로 삼으려고 한 것으로 파악하였다(김윤곤, 앞의 논문, 2003, 16쪽).
72) 김호동, 앞의 논문, 2001, 57~58쪽.
73) 권덕영, 앞의 논문, 1999, 211쪽.
74) 김호동, 앞의 논문, 2001, 77쪽.

3. 지방민 복속과 사민정책

삼국은 고대국가로 성장하면서 활발한 대외적인 정복활동을 수행하였고, 그 과정에서 새롭게 복속한 지역과 주민들을 자국의 세력으로 편입하기 위하여 사민정책을 실시하였다. 이러한 사실은 『삼국사기』에 삼국의 거의 전시기에 걸쳐서 보이는 '徙'·'移'라고 표현된 기록을 통해서도 어느 정도 이해할 수 있다.[75]

사민정책은 복속민에 대한 처리 문제를[76] 비롯하여 기인제와 관련되어 있다.[77] 또한 복속민의 처리과정에서 발생한 것으로 생각되는 부곡제와도 밀접하게 연결되었기[78] 때문에 일찍부터 연구가 이루어졌다. 그 결과 사민정책은 대외적인 정복활동을 통해서 복속된 지역의 주민들을 그들의 본거지와 정반대 방향의 변경이나 특정한 지역으로 이주시켜서 그들이 원래의 본거지로 돌아갈 수 없게 하여 복속민들의 세력기반을 없애려는 것을 목적으로 실시한 정책으로 이해하고 있다.[79]

이와 더불어 사민정책은 전쟁포로의 처리와 관련하여 노비의 발생과도 긴밀하게 연결되어 있다. 지금까지의 연구에서는 대부분의 연구자들

---

75) 김영관, 「삼국시대 사민의 정치적 성격」, 단국대 석사학위논문, 1992, 3~13쪽.
76) 한우근, 「고대국가 성장과정에 있어서의 대복속민시책 ─기인제 기원설에 대한 검토에 붙여서─」 (상) 『역사학보』 12, 1960 ; 『기인제연구』, 일지사, 1992.
77) 김철준, 「신라상대사회의 Dual Organization」 (하) 『역사학보』 2, 1952 ; 『한국고대사회연구』, 서울대 출판부, 1990 : 이광린, 「기인제도의 변천에 대하여」 『학림』 3, 1954 : 김성준, 「기인의 성격」 (상) 『역사학보』 10, 1958 ; 『한국중세정치법제사연구』, 일조각, 1985.
78) 松田甲, 「朝鮮の部曲について」 『朝鮮』 1930-7 ; 『續日鮮史話』 2, 1931 : 白南雲, 「部曲制の歷史的意義」 『朝鮮社會經濟史』, 改造社, 1933 : 김용덕, 「향·소·부곡고」 『용재백낙준박사환력기념국학논총』, 1954 : 안일환, 「부곡의 연구」 『부대사학』 1, 1961 : 임건상, 『조선의 부곡제에 관한 연구』, 과학원출판사, 1963 ; 『임건상전집』, 혜안, 2001 : 이홍두, 「고대 신분제와 부곡 ─부곡의 발생·발전을 중심으로─」 『동국사학』 40, 2004.
79) 한우근, 앞의 논문, 1960 ; 앞의 책, 1992, 29쪽 : 김영관, 앞의 논문, 1992, 12쪽 및 19~20쪽.

이 전쟁포로들은 대체적으로 노예가 되어서 농업생산에 종사하였다고 보았다.[80] 그리하여 전쟁포로는 공을 세운 군사들에게 분배되거나 사여 되기도 하였고, 또는 일정한 지역에 사민되어 집단적으로 국가에 예속되어 신분적인 차별을 받으면서 예민적인 존재로서 각종의 역역을 담당하였던 것으로 이해하였다.[81] 그러나 이러한 견해를 비판하고 삼국에서는 많은 노예가 전쟁포로에서 얻어지지도 않았고, 또한 전쟁이 노예생산의 원천이 되지도 않았다는 연구가 새롭게 제기되었다.[82] 이와 같은 견해 는 결국 삼국의 사회경제적 구조를 어떻게 이해할 것인가에 대한 인식의 차이에서 비롯된 것이라고 할 수 있다.

「봉평비」가 건립된 524년(법흥왕 11) 이전까지 신라에서 실시하였던 사민정책과 관련된 기록은 다음과 같다.

H-1. 가을 7월에 실직이 반란을 일으켰으므로 군사를 보내어 토벌
하여 평정하고, 그 남은 무리들을 남쪽의 변방으로 옮겼다.[83]

2. 겨울 10월에 압독이 반란을 일으켰으므로 군사를 보내어 토벌

---

80) 백남운, 앞의 책, 1933, 137쪽. 이에 대한 연구성과는 김종선, 「전쟁포로의 처리문제에 대한 제 학설과 노예제사회」『한국 고대국가의 노예와 농민』, 한림대 출판부, 1997, 49~60쪽 참조.
81) 한우근, 앞의 논문, 1960 ; 앞의 책, 1992, 27쪽 : 김현숙, 「광개토왕비를 통해 본 고구려 수묘 인의 사회적 성격」『한국사연구』65, 1989, 31쪽 : 지승종, 「한국 고대사회의 노비의 창출과 이전」『최재석교수정년퇴임기념논총 한국의 사회와 역사』, 일지사, 1991, 442~443쪽 : 조법 종, 『삼국시대 신분제 연구 -피지배층의 신분양상을 중심으로-』, 고려대 박사학위논문, 1995, 261~262쪽. 한편 이희관은 백제의 경우에 살해되지 않은 전쟁포로들은 지배계급 공동 의 소유에서 국가의 공노예로 전화되었다고 하였다(이희관, 「한성시대 백제의 전투원포로 처리에 대한 몇 가지 문제 -사회경제적 측면을 중심으로-」『백제사상의 전쟁』, 서경문화 사, 2000, 264~265쪽).
82) 김종선, 「삼국시대의 전쟁포로에 관하여 -특히 그 처리문제에 관한 그리스·로마와의 비 교학적 고찰-」『역사학보』136, 1992 ; 앞의 책, 1997, 116쪽.
83) 『삼국사기』 권1, 신라본기1 파사이사금 25년 가을 7월.

하여 평정하고, 그 남은 무리를 남쪽지방으로 이주시켰다.[84]

3. 봄 2월에 사도성을 고쳐 쌓고, 사벌주의 부유한 백성 80여 집을 이주시켰다.[85]

4. 가을 7월에 육부와 남쪽지방의 사람들을 옮겨서 그곳(아시촌소경)을 채웠다.[86]

위의 기록은 「봉평비」가 건립된 524년 이전까지 신라에서 실시하였던 사민정책에 대한 내용이다. 신라에서는 초기부터 사민정책을 실시하였지만, 같은 사민정책이라도 사료 H-1·2와 사료 H-3·4를 비교하면 일정한 차이가 있다. 즉 사료 H-1·2는 신라에 복속된 실직국과 압독국이 일으킨 반란을 진압하고 그 무리들을 남쪽지방으로 사민한 것에 대한 기록이고, 사료 H-3·4는 사벌주(지금의 상주)의 백성을 사도성으로, 또 육부와 남쪽지방의 사람들을 아시촌소경(지금의 의성)으로 사민하였다는 기록으로 사료 H-1·2와는 그 성격이 다르다.

『삼국사기』 지리지에 의하면 신라는 첨해이사금대에 사벌주를 빼앗았으며,[87] 열전에는 석우로가 토벌하여 멸망한 것으로 기록되어 있다.[88] 신라는 이미 탈해이사금대에 우시산국과 거칠산국을 멸망시켰고,[89] 또 102년(파사이사금 23)에는 음즙벌국·실직(곡)국·압독국이 항복하였으

---

84) 『삼국사기』 권1, 신라본기1 일성이사금 13년 겨울 10월.
85) 『삼국사기』 권2, 신라본기2 유례이사금 10년 봄 2월.
86) 『삼국사기』 권4, 신라본기4 지증마립간 15년 가을 7월.
87) 『삼국사기』 권34, 지3 지리1 상주.
88) 『삼국사기』 권45, 열전5 석우로. 그러나 이 기록을 부정하는 견해도 있다(이병도, 앞의 책, 1977, 665쪽).
89) 『삼국사기』 권44, 열전4 거도.

며,[90] 108년(파사이사금 29)에는 비지국·다벌국·초팔국을 병합하였다.[91] 이러한 기록을 통해서 신라는 첨해이사금대에도 사벌국을 포함한 주변의 소국들을 복속하였음을 알 수 있다. 따라서 사료 H-3의 기록도 사료 H-1·2와 마찬가지로 복속된 소국의 주민들을 대상으로 실시하였던 사민정책이라고 할 수 있다.

한편 사료 H-4는 마립간기의 기록으로 사민의 대상을 왕경의 육부까지 포함하여 확대되어 가는 모습을 통해서[92] 복속한 소국을 대상으로 하였던 이사금기와는 그 성격이 변화하였음을 알 수 있다.[93] 또한 사료 H-1·2와 같이 주로 다른 지역의 사람들을 남쪽지방으로 사민하였던 것과는 달리 오히려 남쪽지방의 사람들을 다른 지역으로 사민한 것으로 기록되어 있어서 이전과는 차이를 보이고 있다.

여기서 주목되는 것은 사료 H-1·2·4와 같이 사민정책의 대상이 되는 지역이 대부분 남쪽지방이라는 사실이다. 사료 H-1·2·4의 남쪽지방이 어디인지는 정확하게 알 수 없지만, 가야와 국경을 접하고 있던 지역이라고 생각된다.[94] 즉 신라는 당시 가야와의 관계를 고려하면 주로 가야와 국경을 접하고 있던 지역을 중심으로 사민정책을 실시하였을 것이다. 신라와 가야의 교섭은 건국 초기인 기원전 39년(혁거세거서간 19)

---

90) 『삼국사기』 권1, 신라본기1 파사이사금 23년 가을 8월.
91) 『삼국사기』 권1, 신라본기1 파사이사금 29년.
92) 신라 육부를 포함하여 국내 민호에 대한 사민은 특별한 경우에 해당되기 때문에 기록된 것으로 보이고, 복속민에 대한 사민은 일반적으로 실시되었기 때문에 기록이 많지 않았던 것으로 생각된다.
93) 김병곤도 왕경의 육부민이 사민정책의 대상이 된 사실에서 다른 사민정책과 구별되어야 할 필요성이 존재한다고 하였다(김병곤, 「신라 중고기의 화랑도 ─골품제를 뒷받침하는 화랑도의 역할에 대하여─」 『동국사학』 30, 1996, 94쪽).
94) 김병곤은 남쪽지방을 막연하게 마립간시대에 복속된 지역민을 의미하는 것으로 파악하였다(김병곤, 앞의 논문, 1996, 93쪽 주 16) 참조).

부터 이루어졌지만,[95] 이후 백제하고도 관련을 맺으면서 대체로 대립적인 관계를 형성하였다. 이러한 상황에서 신라는 가야와 국경을 접하고 있던 지역을 방비하기 위한 목적으로 사민정책을 실시하였을 것이다.

이와 같이 신라는 초기부터 복속된 소국을 대상으로 그들의 세력기반을 약화시키는 한편 대외적으로 중요한 지역을 방비하기 위한 목적으로 사민정책을 실시하였다. 그 과정에서 주로 이사금기에는 왕경을 중심으로 북쪽지역의 주민들을 가야와 국경을 접하고 있던 남쪽지역으로 사민하였고, 마립간기에는 남쪽지역의 가야 주민들을 반대로 북쪽지역으로 사민하였다. 이러한 사실은 사민을 실시하는 대상지역이 막연하게 본거지와 정반대 방향의 변경지역이나 특정한 지역이 아니라 그 당시의 전략적인 중요성에 따라 결정되었고 또 변화하였음을 의미하는 것이다. 따라서 사민정책은 대외관계와도 밀접하게 관련을 맺으며 실시하였음을 확인할 수 있다.

4. 「봉평비」 '노인'의 성격

1) '노인'의 실체

「봉평비」가 발견된 이후에 여러 가지 새로운 사실들을 알 수 있게 되

---

95)『삼국사기』권1, 신라본기1 혁거세거서간 19년 봄 정월. 한편 이 기록을 변한의 對辰韓 근연관계 내지 복속관계를 반영하는 것으로 이해하거나(천관우,「삼한의 성립과정 -「삼한고」제1부-」『사학연구』26, 1975 ; 앞의 책, 1989, 182쪽) 또는 변한 12소국 중의 한 나라가 사로국에 투항해 온 것으로 파악하기도 한다(정구복 외, 앞의 책, 2001, 23쪽 주 34) 참조).

었으며, 그 중의 하나가 바로 '奴人'에 대한 기록이다. '노인'은 「봉평비」가 발견되기 이전에는 기록에 없었는데, 이때에 비로소 새롭게 알려지게 되었다. 이후 1992년과 1994년에 함안 성산산성(이하 성산산성이라 함)에서 '奴' 또는 '奴人'이 기록된 목간이 출토되면서 이에 대한 관심은 더욱 증대되었으며,[96] 최근에는 지금까지 알려진 한국의 목간을 정리한 종합적인 연구성과도 이루어졌다.[97] 따라서 현재까지 '노인'에 대한 기록은 「봉평비」와 성산산성 출토 목간에서 보이는 사례가 전부라고 할 수 있다.[98]

성산산성에서 출토된 목간의 상한연대는 대체로 561년(진흥왕 22) 무렵으로 이해하는데 큰 이견이 없다.[99] 따라서 '노인'이라는 용어는 적어도 현재까지는 「봉평비」가 건립된 6세기 초기인 524년(법흥왕 11) 이전, 좀 더 정확하게 말하면 율령이 반포된 520년(법흥왕 7)을 전후부터 성산산성 출토 목간이 사용된 6세기 중엽인 561년 무렵까지 사용되었음을 확인할 수 있다.

「봉평비」의 내용 중에는 '노인'이라는 용어가 기록되어 있다. 이 '노인'은 지금까지 알려지지 않았던 전혀 새로운 사실로 「봉평비」가 발견됨으로써 처음으로 알려지게 되었는데, 이에 대한 기록은 다음과 같다.

---

96) 국립창원문화재연구소, 『함안 성산산성』, 1998 : 한국고대사학회 편, 『한국고대사연구』 19, 2000.

97) 국립창원문화재연구소, 『한국의 고대목간』, 2004. 성산산성에서 출토된 목간에 대한 연구성과는 이경섭, 「함안 성산산성 목간의 연구현황과 과제」, 『신라문화』 23, 2004 참조.

98) 현재까지 판독된 성산산성 출토 목간에서 '노' 또는 '노인'이 확인되는 것은 5번·35번·36번·37번·38번 등 모두 다섯 곳이다. 이 중에서 36번·37번·38번은 '노'로 기록되어 있고, 5번·35번은 '노인'으로 기록되어 있다. 목간의 번호는 국립창원문화재연구소, 앞의 책, 2004를 따른다.

99) 성산산성 출토 목간의 연대에 대한 연구성과는 이경섭, 앞의 논문, 2004, 216~218쪽 참조.

I. 別敎令居伐牟羅男弥只本是奴人雖　是奴人前時王大敎法 …

　太奴村貪共值▨其餘事種種奴人法 …

　위의 기록은 「봉평비」의 내용 중에서 별교령에 대한 부분이다. 이 부분은 「봉평비」의 핵심적인 내용이 기록되어 있어서 그 중요성을 인식하고 있음에도 불구하고 판독의 어려움으로 인하여 정확한 내용을 파악하지 못하고 있는 실정이다. 이러한 이유 때문에 여러 연구자들도 각자 다양한 해석을 시도하고 있다.

　「봉평비」의 '노인'이 새롭게 알려진 이후에 '노인'을 비신라계였다가 신라에 점령당해 포로로서 집단적으로 노예적 존재가 된 집단적 예속민이라 하고, 노인법은 이러한 집단적 예속민을 대상으로 한 법령이라고 파악하였다.[100] 이러한 견해를 토대로 연구자들 사이에 약간의 차이는 있지만, 대체로 '노인'의 성격을 새롭게 신라에 복속된 변방지역의 복속민 또는 지방민으로 이해하고 있다.[101] 그리고 '노인'은 국호의 확정과 율령의 반포 이후 民의식이 성장하면서 거의 소멸되고 신라의 공민이 되었다고 하였다.[102] 이러한 이해는 마립간기 신라의 활발한 대외적인 영토확장과정에서 이루어진 지방지배와 함께 제도정비와도 밀접한 관련을

---

100) 주보돈, 앞의 논문, 1989, 118~119쪽 ; 앞의 책, 2002, 95~96쪽. 한편 이기백은 노인법은 거벌모라 지방 주민의 법으로 그 지방에서 전해 오던 재래법일 가능성이 있다고 하였다(이기백, 앞의 논문, 1988 ; 앞의 책, 1996, 220쪽).
101) '노인'에 대한 연구성과는 조법종, 앞의 논문, 1996, 393~394쪽 참조. 이와 함께 고경석은 '노인'을 집단예민과 관련하여 이해하였으며(고경석, 「삼국 및 통일신라기의 노비에 대한 고찰」『한국사론』28, 1992, 19~21쪽), 문안식은 동해안의 濊人이라고 파악하였다(문안식, 앞의 책, 2003, 174~175쪽).
102) 주보돈, 「신라 국호의 확정과 민의식의 성장」『구곡황종동교수정년기념사학논총』, 1994 ; 앞의 책, 1998, 324~330쪽. 그러나 성산산성 출토 목간이 발견되면서 적어도 561년 무렵까지도 '노인'이 사용되었음이 확인되었다.

맺고 있는 것이다.

이와 같은 견해들은 기본적으로 타당하지만, 한편으로는 너무 막연한 것이 아닐까 하는 의문이 든다. 왜냐하면 신라가 영토를 확장해 가는 시기와 방법이 다양하였고, 또한 모든 지방민을 일괄적으로 '노인'으로 파악하였다는 것도 조금은 지나친 것으로 생각되기 때문이다. 따라서 '노인'은 새롭게 신라에 복속된 복속민 또는 지방민이지만, 그들 사이에는 복속된 시기나 방법에 따라서 많은 차이가 있었을 가능성이 크다고 생각된다. 그러므로 '노인'을 좀 더 세분하여 다양하게 이해할 필요가 있을 것이다. 여기에서는 이와 관련된 몇 가지 문제에 대해서 살펴보고자 한다.

먼저 '노인'이라는 용어에 대한 문제인데, '노인'은 '노+인'으로 구성된 것으로 이것은 '노'가 기본적으로 포로로서의 성격이 전제된 것이다.[103] 또한 '노인'은 '비노인'을 전제로 한 것이다. 즉 거벌모라 남미지촌의 주민이 다른 촌과는 달리 '노인'이었다는 것은 같은 지역 내에서도 자연촌과 노인촌의 구별이 있었으며,[104] '노인'과 '비노인'의 차별이 존재하였음

103) 조법종, 「한국고대 노비의 발생 및 존재양태에 대한 고찰」, 『백제문화』 22, 1992, 20쪽. 지승종도 사민은 배반이나 또는 배반에 대한 염려가 원인이 되고, 또 실제 전투를 치렀다는 점에서 포로상태가 되었을 것이라고 하였다(지승종, 앞의 논문, 1991, 443쪽). 한편 이영훈은 자기 공동체를 보유하고 있는 존재는 개념상 노예가 될 수 없기 때문에 노인법하의 예속공동체의 주민을 '노예적 존재'로 보기는 곤란하다고 하였다(이영훈, 「한국사에 있어서 노비제의 추이와 성격」, 『노비·농노·노예 ─예속민의 비교사─』, 일조각, 1998, 320쪽). 이러한 견해는 거벌모라가 신라에 복속되었음에도 불구하고 공동체를 보유하고 있었음을 의미하는 것이다. 그러나 거벌모라는 신라에 복속되면서 피지배의 상태가 되었기 때문에 공동체를 상실하였을 것이다. 왜냐하면 지배세력은 새롭게 복속된 피지배세력의 혈연적·지연적인 공동체 사회의 유대를 해체하기 위하여 사민정책과 같은 다양한 정책을 시도하기 때문이다.
104) 하일식은 거벌모라의 예하에는 남미지촌과 같이 주민이 '노인'인 노인촌도 있었지만, 주민이 '비노인'인 자연촌이 있을 수도 있음을 전제로 해야 한다고 하였는데(하일식, 「6세기 신라의 지방지배와 외위제」, 『학림』 12·13, 1991, 15~16쪽 및 주 26) 참조), 시사하는 바가 크다. 한편 이수훈은 성산산성 출토 목간 중에서 35번 목간에 기재된 2인 중에서 1인은 복속민인 노인이고, 다른 1인은 비복속민인 일반민이 되는 것이 가능한 것인지 의문이라고 하였으나(이수훈, 「함안 성산산성 출토 목간의 패석과 부」, 『지역과 역사』 15, 2004, 35쪽) 이와 같이

을 보여주는 것이다.[105] 이것은 거벌모라 지역의 주민들 사이에서도 서로 '노인'과 '비노인'으로 구별하여 인식하고 있었음을 생각할 수 있게 하는 것이다. 그리고 이러한 성격의 '노인'을 대상으로 시행하였던 것이 노인법이다. 이와 같이 생각할 수 있다면 '노인'은 복속민의 의미와 함께 사민과도 연결시킬 수 있을 가능성도 가지고 있다.

'노인'의 용어와 관련된 또 다른 문제는 대노촌에 대한 것이다. 대노촌에 대해서는 이미 여러 가지 견해가 제기되었지만,[106] 대체로 '큰 노인촌'의 뜻으로 사용되었을 것으로 보인다. 그런데 '노인'은 '비노인'이 전제가 되었듯이 대노촌 역시 '중노촌'과 '소노촌'을 전제로 하였을 것이다.[107] 결국 이것은 '노인'이 복속민의 경우에만 해당하는 것이 아니라 매우 다양하였음을 의미하는 것이다.[108] 이러한 다양한 성격의 '노인'을 통제하기 위한 방법으로 실시한 것이 바로 '種種奴人法'이다. '종종'은 글자 그대로 '여러 가지' 또는 '가지가지'의 뜻을 갖고 있으므로 결국 '종종노인법'은 '여러 가지 노인법' 또는 '가지가지 노인법'의 뜻이며, 이것은 곧 '노인'의 성격이 매우 다양하였음을 확실하게 보여주는 것이라고 생각된다.

이와 같은 추론을 바탕으로 '노인'에 대하여 새롭게 이해할 수 있을 것

이해하면 충분히 가능하다고 생각된다.

105) 하일식, 앞의 논문, 1991, 21쪽.

106) 최광식은 거벌모라 남미지에 있는 큰 노인촌이라 하였고(최광식, 앞의 논문, 1989, 99쪽), 주보돈과 이문기는 거벌모라와 남미지로 보았으며(주보돈, 앞의 논문, 1989, 121쪽 ; 앞의 책, 2002, 98쪽 : 이문기, 앞의 논문, 1989, 148쪽), 노태돈은 고유한 마을이름이라고 하였다(노태돈, 앞의 논문, 1989, 180쪽). 또한 강봉룡은 여러 노촌 중에서 도사가 파견된 대촌인 거벌모라를 지칭한다고 하였다(강봉룡, 앞의 논문, 1989, 296쪽). 한편 이기백은 신라 육부를 가리키는 것이라고 하였다(이기백, 앞의 논문, 1988 ; 앞의 책, 1996, 220쪽).

107) 최광식, 앞의 논문, 1989, 99쪽 : 이문기, 앞의 논문, 1989, 148쪽 : 김기섭, 앞의 논문, 1998, 23쪽.

108) 김기섭도 복속지의 성격과 복속의 유형에 따라 다양한 지배방식의 차이가 있다고 하였다(김기섭, 앞의 논문, 1998, 27~31쪽).

이다. 신라는 탈해이사금대부터 우시산국과 거칠산국을 멸망시키며 이사
금기에 이미 주변의 소국들을 차례로 복속하면서 성장하였다. 이러한 과
정은 마립간기에도 계속 이어지면서 신라는 점차 고대국가로 발전하는
기반을 마련하였다. 그런데 이사금기의 복속민과 마립간기의 복속민은
일정한 차이가 있었을 것으로 생각된다. 즉 이사금기의 복속민도 처음에
는 '노인'이었지만, 시간이 지남에 따라 점차 '新羅民'으로 인식되어 갔음
에 비하여 마립간기의 복속민은 아직까지 그러한 단계에 이르지 못하였
을 것이다. 이것은 비교적 이른 시기에 복속된 세력과 최근에 새롭게 복
속된 세력을 일정한 원칙에 의해서 구별하였을 것으로 추정할 수 있게
한다.[109] 그리고 이러한 구분은 신라가 영토를 확장해 가는 시기와 밀접
하게 관련되었을 것이다. 이와 같은 견해가 어느 정도 타당하다면 「봉
평비」의 '노인'은 그 시기를 한정하여 마립간기에 새롭게 복속된 세력으
로 이해할 수 있을 것이다.

이와 함께 신라에 복속된 방법의 차이도 생각할 수 있다. 이것은 소국
이 자진하여 신라에 항복한 경우와 끝까지 저항하다 정복당한 경우에 해
당한다. 자진하여 항복한 경우와 끝까지 저항하다 정복당한 경우에 신라
에서 두 세력을 똑같이 대우하지 않았다는 사실은 금관가야와 대가야의
경우를 통해서 확인할 수 있다.

---

109) 「광개토왕비」에도 광개토왕대 이전에 복속된 세력인 '舊民'과 광개토왕대에 새롭게 복속
한 세력인 '新來韓穢'가 기록되어 있다. 이것은 이사금기와 마립간기에 복속한 세력들 사이
에는 차이가 있으며, 이들을 일정한 원칙에 의해서 구별하였을 것으로 추정하는데 시사하는
바가 크다. 한편 중국의 북위에서도 내부해 온 내속민은 일반적으로 '新民'으로 불렸으며, 이
들은 일반 군현민과는 다른 계통에서 특별 관리되었을 가능성이 크다고 한다(전영섭, 「북위
전기 피정복민정책과 신분제지배 —내속민·사민·생구를 중심으로—」 『부대사학』 18,
1994, 43쪽 및 48쪽).

2) '노인'과 지방세력

신라에 복속된 시기와 방법에 따라서 '노인'을 새롭게 이해할 때 이러한 모습은 박(김)제상과 관련된 기록에서 확인할 수 있는데, 이에 대한 기록은 다음과 같다.

> J-1. 눌지왕이 즉위하자 말을 잘하는 사람[辯士]을 구하여 가서 (두 아우를) 맞이해 올 것을 생각하고 있었다. 수주촌간 벌보말과 일리촌간 구리내, 이이촌간 파로 세 사람이 현명하고 지혜가 있다는 말을 듣고 불러서 물었다. … 세 사람이 똑같이 대답하기를 "신들은 삽량주간 제상이 성격이 강직하고 용감하며, 꾀가 있다고 들었습니다. 그는 전하의 근심을 풀어 드릴 수 있을 것입니다."라고 하였다.[110]
>
> 2. (눌지왕) 10년 을축에 이르러 왕이 신하들과 국내의 호걸과 협객을 불러 모아 친히 연회를 베풀었다. … 이때 백관이 모두 아뢰기를 "이 일은 결코 쉽지 않으며, 반드시 지혜와 용기를 가져야만 가능할 것입니다. 신들은 삽라군 태수 제상이 좋다고 생각합니다."라고 하였다.[111]

위의 기록은 눌지마립간이 고구려와 왜에서 두 동생을 데려오는 문제를 상의하는 내용이다. 그런데 여기에서 주목할 것은 눌지마립간이 이와

---

110) 『삼국사기』 권45, 열전5 박제상.
111) 『삼국유사』 권1, 기이2 내물왕 김제상.

같은 중요한 일을 중앙에 있는 신하들이 아니라 수주촌간 벌보말·일리촌간 구리내·이이촌간 파로 등 지방세력을 불러서 상의하고 있다는 사실이다. 사료 J-1에 기록된 3명의 촌간은 사료 J-2의 '국중호협'과 같은 의미로 보이며,[112] 이들의 세력 근거지는 지금의 경북 예천·성주·영주이다.[113] 이곳은 '고구려 간섭기'인 눌지마립간대에도 고구려의 영향을 직접적으로 받았던 지역이지만, 신라 왕실의 정치적인 자문에 참여하였던 일정한 세력이 존재하였음을 알 수 있다.[114] 따라서 눌지마립간은 다른 어느 지역보다 고구려의 사정에 밝은 이곳의 촌간들로부터 정보를 얻기 위하여 이들을 불러서 상의하였을 것이다.[115] 이들이 신라에 복속된 시기가 언제인지는 정확하게 알 수는 없지만, 대체로 이사금기였을 것으로 생각된다.[116] 그리고 이들이 신라에 복속되었던 것은 자진하여 항복하는 방법으로 이루어졌을 것이며, 신라는 이들에게 금동관과 장신구 등의 위세품을 사여함으로써[117] 지방에 대한 통제를 강화해 나갔을 것이다. 3명의 촌간은 이러한 것을 기반으로 자신들의 지역에서 세력을 유지할 수 있었을 것이다.

---

112) 양정석, 앞의 논문, 1996, 246~247쪽.
113) 김철준, 「신라상대사회의 Dual Organization」(상) 『역사학보』1, 1952 ; 앞의 책, 1990, 137~138쪽.
114) 김덕원, 앞의 논문, 2004, 103쪽.
115) 양정석은 3촌간을 불렀던 것은 단순히 고구려에 대한 정보획득을 위해서가 아니라 이들이 왕과 근친한 세력이었기 때문이라고 하였다(양정석, 앞의 논문, 1996, 247쪽).
116) 양정석은 소지왕대의 고타군은 이른 시기에 신라에 복속되어 이사금기 이래 경주의 기존 지배세력과 연결되었기 때문에 마립간기 이전부터 신라와 밀접한 관계를 맺었다고 하였는데(양정석, 앞의 논문, 1996, 254쪽), 시사하는 바가 크다. 한편 주보돈도 육부의 부장이나 재지의 유력한 세력이 적어도 외형적으로는 아무런 차별 없이 간으로 칭하던 시기에는 지방세력이 중앙의 정치운영에 철저히 배제되었던 것은 아니라고 하였다(주보돈, 앞의 논문, 1998, 830쪽)
117) 이한상, 「5~6세기 신라의 변경지배방식」 『한국사론』33, 1995, 61쪽 : 양정석, 앞의 논문, 1996, 247쪽.

'노인'은 사민과도 관련되었을 것으로 추정된다. 이러한 사실은 가야와의 관계를 통해서 확인할 수 있는데, 이에 대한 기록은 다음과 같다.

> K-1. 봄 2월에 가야국에서 흰 꿩을 보냈는데, 꼬리의 길이가 다섯
> 자였다.[118]
> 2. 지도로왕 때 연해 변경지역의 지방관이 되었는데, 거도의 꾀
> 를 답습하여 馬戲로써 가야국<가야는 또는 가라라고도 하였
> 다>을 속여 취하였다.[119]

위의 기록은 마립간기의 신라와 가야의 관계에 대한 내용이다. 가야는 사료 K-2와 같이 512년(지증마립간 13) 이전에 이미 가야연맹 중의 일부가 이사부에 의해서 신라에 복속된 것으로 기록되어 있다. 당시에 복속된 가야가 어디인지는 정확하게 알 수는 없지만,[120] 이때 새롭게 복속된 가야세력이 '노인'으로 편재되었고, 또한 그 세력 중의 일부가 앞의 사료 H-4와 같이 사민되었을 것으로 생각된다.

이와 관련하여 약간 후대의 사실이지만, 가야세력의 사민과 관계된 고고학적인 유물이 발견되어 이러한 가능성을 한층 높여주고 있다. 1992년 동해시 추암동유적의 B지구에서 대가야계 토기가 출토되어 많은 주목을

---

118) 『삼국사기』 권3, 신라본기3 소지마립간 18년 봄 2월.
119) 『삼국사기』 권44, 열전4 이사부.
120) 조법종, 앞의 논문, 1996, 378쪽 : 정구복 외, 『역주 삼국사기』 4, 한국정신문화연구원, 2001, 698쪽 주 44) 참조. 한편 이한상도 고고학적인 자료를 이용하여 가야연맹의 하나인 창녕지역이 5세기 중엽 이후에 신라권으로 편입된 것으로 보았다(이한상, 앞의 논문, 1995, 65쪽 주 122) 참조). 그러나 백승옥은 창녕지역이 신라에 편입된 시기는 6세기 초라고 하였다(백승옥, 「신라·백제 각축기의 비사벌가야」, 『부대사학』 15·16, 1992, ; 『가야 각국사 연구』, 혜안, 2003, 259~267쪽).

받았다.[121] 이후 추암동유적에서 출토된 대가야계 토기는 대체로 대가야
의 멸망을 전후한 6세기 중엽에 고령에서 제작되었는데, 이것이 동해안
에서 출토되는 것은 대가야세력의 일부가 이 지역으로 사민된 결과로 이
해하고 있다.[122] 이와 같은 연구는 6세기 중엽 이전에도 가야세력 뿐만
아니라 복속된 다른 세력들도 동해안 지역으로 사민되었을 가능성이 매
우 높다는 것을 의미한다.[123] 그리고 이렇게 사민된 세력들이 「봉평비」
의 경우와 같이 '노인'으로 편재되었을 것이다.[124] 따라서 앞으로 영동지
역에서 활발한 고고학적인 발굴이 이루어지고 그 성과가 축적되면 이러
한 사실이 보다 구체적으로 밝혀질 수 있을 것으로 기대된다.

한편 신라가 이들을 동해안 지역으로 사민한 것은 말갈을 비롯하여 고
구려의 침입을 방어하려는 것과 함께 해상권을 장악하기 위한 목적도 작
용하였을 것이다. 사민은 복속민들의 세력기반을 없애려는 것이지만, 궁
극적으로는 사민의 대상을 장래의 '신라민'으로 새롭게 확보하고, 아울러
그 지역을 다른 지역과 동일화시켜서 신라의 영토로 확고하게 만들기 위

---

121) 신호웅・이상수, 『동해북평공단조성지역문화유적 발굴조사보고서』, 관동대 박물관, 1994.
122) 이상수, 「영동지방 신라고분에 대한 일고찰 ―북평지역 고분군을 중심으로―」『한국상고
    사학보』18, 1995, 226~228쪽 : 定森秀夫・白井克也, 「韓國江原道溟州下詩洞古墳群出土
    遺物 ―東京大學工學部建築史研究室所藏資料の紹介―」『京都文化博物館研究紀要 朱
    雀』11, 1999, 95~98쪽 : 山本孝文, 「남한강 상류지역의 삼국 영역변천 ―고고학자료로 본
    '영역'―」『삼국의 접점을 찾아서』, 한국상고사학회, 2002, 7쪽 주 7) : 이형기, 「멸망 이후 대
    가야 유민의 동향 ―동해시 추암동고분군 출토품을 중심으로―」『한국상고사학보』38,
    2002, 115쪽 : 이한상, 「동해안지역의 5~6세기대 신라분묘 확산양상」『영남고고학』32,
    2003, 42쪽.
123) 대가야세력을 비롯하여 복속된 세력들을 동해안 지역으로 사민한 것은 고구려와 말갈의
    침입을 방어하고, 아울러 이들의 해양술을 기반으로 동해안의 해상권과 제해권을 장악하려
    는 목적에서 이루어진 것으로 생각된다. 울진에 「봉평비」을 건립한 이유도 복속민을 대상으
    로 한 지방지배와 함께 고구려와의 대외적인 문제도 관련되었을 것이다.
124) 성산산성 출토 목간의 상한연대를 561년(진흥왕 22) 무렵으로 추정하기 때문에 적어도 6세
    기 중엽까지 '노인'이 존재하였음이 확실하게 밝혀졌다. 따라서 이때 사민된 대가야세력들도
    '노인'으로 편재되었을 것이다.

한 것이다. 이러한 면을 생각하면 대가야세력을 비롯한 복속민들을 동해안 지역으로 사민하였던 것은 일정한 성과를 거두었다고 할 수 있다.

이와 같이 「봉평비」에 기록된 '노인'을 사민과 연결시킬 수 있다면, 대노촌도 이와 관련하여 이해할 수 있을 것이다. 즉 대노촌이 '중노촌'과 '소노촌'을 전제로 한 것이라면, 이 '중노촌'과 '소노촌'을 사민과 연결시킬 수 있지 않을까 한다. 다시 말하면 도사가 파견된 거벌모라에 거주하는 '노인'이 그 지역 출신의 복속민이라면, 대노촌과 '중노촌'·'소노촌'에 거주하는 '노인'은 다른 지역에서 사민된 세력이었을 것이다. 또는 대노촌에 거주하는 '노인'이 그 지역 출신의 복속민이라면, '중노촌'과 '소노촌'에 거주하는 '노인'은 다른 지역에서 사민된 세력으로 생각할 수도 있을 것이다. 이것은 사민된 세력의 정도에 따라서 구분한 것으로 다른 지역에서 사민되었다면 아무래도 그 지역에 거주하는 세력보다는 인원을 비롯한 모든 면에서 열세에 있었기 때문에 이러한 표현을 하였을 것으로 억측된다.

대노촌을 사민과 관련시킬 수 있다면 거벌모라에서 발생하였던 분쟁의 원인도 새롭게 이해할 수 있을 것이다. 거벌모라에서 발생하였던 분쟁의 원인에 대한 내용은 별교령 부분에 기록되어 있는데, 이 부분은 비문 판독의 어려움으로 이견이 가장 많은 부분이기도 하다. 비문에서와 같이 거벌모라 남미지촌의 주민들이 소요를 일으켰기 때문에 신라가 '大軍起'하였다면,[125] 그 소요를 일으킨 원인이 있었을 것이다. 아마도 그 원인은 거벌모라에 거주하던 세력과 다른 지역에서 사민된 세력과의 충돌에서 비롯되었을 것으로 이해된다. 즉 당시 '道俠阼隘'한[126] 상황에서

---

125) 이우태, 앞의 논문, 1989, 194쪽.

두 세력의 충돌로 화재가 발생하여[127] 성이 함락되었고, 신라는 이러한 충돌을 진압하기 위해서 '대군기'하였을 것이다.[128] 그 과정에서 사건 발생의 주모자는 진압과정에서 처형되었을 것이고, 이후 그 지역의 지방관을 포함한 지배세력들에게 일정한 책임을 물어서 장형에 처하였을 것이다. 그리고 앞으로 이러한 사건의 재발을 방지하기 위한 목적으로 「봉평비」를 건립하였을 것으로 생각된다.

거벌모라 지역에서 발생하였던 분쟁의 원인을 이와 같이 이해할 수 있다면, 당시 복속민과 사민된 세력이 서로 복잡하게 혼재하고 있던 변경지역의 한 단면을 상정할 수 있을 것이다. 다만 아직까지 「봉평비」 이외에는 대노촌과 관련된 다른 어떠한 기록도 없기 때문에 보다 자세한 검토는 새로운 자료가 발견된 이후로 미루고자 한다.

5. 맺음말

신라는 탈해이사금대부터 주변의 소국을 복속하였지만, 본격적으로 이루어지는 것은 파사이사금대부터이다. 즉 신라는 102년(파사이사금 23) 음즙벌국과 실직곡국을 복속시키며 동해안 일대의 해상권을 장악하였고, 이것을 토대로 김해의 금관국과 적극적으로 대결하였다. 따라서

---

126) 이우태는 '道'를 도로가 아니라 왕의 명령이 전달되는 과정 즉 명령의 전달체계를 지칭하는 것으로 파악하였다(이우태, 앞의 논문, 1991, 103쪽).

127) 노태돈은 화재가 실화라고 하였고(노태돈, 앞의 논문, 1989, 179쪽), 전덕재도 이를 따르고 있다(전덕재, 『한국고대사회의 왕경인과 지방민』, 태학사, 2002, 39쪽).

128) 武田幸男은 '耶思城' 일대에서 일어난 비상사태라고 파악하였다(武田幸男, 앞의 논문, 2003, 27쪽).

이 사건은 신라가 동해안으로 진출하는데 하나의 획기적인 전환의 계기가 되었다.

신라의 영역 확장은 마립간기에 더욱 활발하게 진행되었는데, 이것은 주로 고구려와의 관계를 통해서 이루어졌다. 신라는 392년(내물이사금 37)에 이찬 대서지의 아들인 실성을 고구려에 볼모로 보낸 이후부터 정치·군사적으로 고구려의 간섭을 받았던 이른바 '고구려 간섭기(392~481)'에 접어들었다. 이 시기에 실직에서 살해당한 고구려 '변장'은 「중원고구려비」의 '新羅土內幢主'라는 기록과 같이 당시 신라에 주둔하고 있었던 인물로 생각된다. 따라서 고구려 '변장'은 '고구려 간섭기'에 신라와 고구려 관계의 일단을 보여주는 것으로 주목할 필요가 있다.

동해안 지역에서 신라의 독자적인 활동은 꾸준히 전개되었다. 특히 박(김)제상이 왕제인 복호(보해)를 구출할 때 동해안의 뱃길을 이용하고 있는 사실을 통해서 신라가 동해안 지역에서 독자적인 활동을 하였음을 확인할 수 있다. 이러한 활동의 결과 소지마립간대에는 비열성까지 순행할 수 있었고, 미질부(지금의 흥해)까지 침입한 고구려를 격퇴함으로써 마침내 '고구려 간섭기'를 벗어나게 되었다. 따라서 '고구려 간섭기'를 벗어나는 과정에서도 신라의 동해안 지역으로의 진출과 활동은 매우 중요한 의미를 가지고 있다.

신라의 동해안 지역에 대한 보다 확고한 지배는 지증마립간대에 이루어졌다. 지증마립간은 지방제도를 정비하여 실직주를 설치하고 우산국을 복속하였다. 이것을 바탕으로 신라는 동해안 지역의 경제력과 제해권을 확보하여 이후 진흥왕대에 함경도까지 진출할 수 있는 기반을 마련하였다. 결국 신라는 동해안 지역에서의 활동을 바탕으로 한강유역을 확보한 이후에는 중국과의 교섭도 가능하게 되었으며, 삼국을 통일할 수 있는 역량을 더욱 증대시킬 수 있게 되었다.

삼국은 고대국가로 성장하면서 활발한 대외적인 정복활동을 수행하였고, 그 과정에서 새롭게 복속한 지역과 주민들을 자국의 세력으로 편입하기 위하여 사민정책을 실시하였다. 신라는 대체로 마립간기까지 복속된 소국의 주민들을 대상으로 실시하였다. 주목되는 것은 사민정책의 대상이 되었던 곳은 대부분 가야와의 국경지역인 남쪽지역이었는데, 당시 가야와의 관계가 반영되었을 것으로 생각된다. 신라는 왕경을 중심으로 북쪽지역의 주민들은 가야와의 국경지역으로 사민하였고, 가야의 주민들은 북쪽으로 사민하여 그들의 세력기반을 약화시켜 나갔다.

「봉평비」가 발견된 이후에 새로운 사실들을 알게 되었는데, 그 중의 하나가 바로 '노인'에 대한 기록이다. '노인'은 대체로 신라에 새롭게 복속된 변방지역의 복속민 또는 지방민으로, 이들은 국호의 확정과 율령의 반포 이후 민의식이 성장하면서 거의 소멸되고 신라의 公民이 된 것으로 이해하고 있다. 이와 같은 이해는 마립간기 신라의 활발한 대외적인 영토 확장과정에서 이루어진 지방지배와 함께 제도정비와도 밀접한 관련을 맺고 있다. 그러나 신라는 영토를 확장해 가는 시기와 방법이 다양하였고, 또 모든 지방민을 일괄적으로 '노인'으로 파악하였다는 것도 너무 막연한 것이 아닐까 하는 의문이 든다. 따라서 '노인'은 새롭게 신라에 복속된 복속민 또는 지방민이지만, 그들 사이에는 복속된 시기나 방법에 따라서 많은 차이점이 있었을 가능성이 크다.

'노인'은 '노+인'으로 구성된 것인데, 이것은 '노'가 기본적으로 포로로서의 성격이 전제된 것이다. 또한 '노인'은 '비노인'을 전제로 한 것으로 같은 지역 내에서도 자연촌과 노인촌의 구별이 있었다는 것을 의미하는 것이다. 이것은 '노인'과 '비노인'의 차별이 존재하였음을 보여주는 것이고, 이러한 '노인'을 대상으로 시행하였던 것이 노인법이다. '노인'의 용어와 관련되는 것이 대노촌에 대한 문제인데, 대노촌 역시 '중노촌'과 '소노촌'을 전제로 한 것이다. 이것은 '노인'의 성격이 매우 다양하였음을 의미하는 것이며, 이러한 다양한 성격의 '노인'을 통제하기 위한 방법으로 실시한 것이 바로 '종종노인법'이다.

신라는 주변의 소국들을 차례로 복속시키면서 성장하였는데, 이사금기의 복속민과 마립간기의 복속민은 일정한 차이가 있었을 것으로 생각된다. 즉 이사금기의 복속민도 처음에는 '노인'이었지만, 시간이 지남에 따라 점차 '신라민'으로 인식되어 갔음에 비하여 마립간기의 복속민은 그렇지 못하였을 것이다. 따라서 「봉평비」의 '노인'은 그 시기를 한정하여 마립간기에 새롭게 복속된 복속민으로 이해할 수 있을 것이다.

'노인'은 사민정책과 관련된 것으로 추정된다. 이것은 가야와의 관계를 통해서 확인할 수 있는데, 이와 관련하여 동해시 추암동유적에서 출토된 대가야계 토기가 주목된다. 이것은 대체로 대가야의 멸망을 전후한 6세기 중엽에 고령에서 제작되었으며, 대가야세력이 이 지역으로 사민된 결과로 보고 있다.

대노촌 역시 사민과 관련하여 이해할 수 있다. 대노촌의 '노인'이 그 지역 출신의 복속민이라면, '중노촌'과 '소노촌'의 '노인'은 다른 지역에서 사민된 세력으로 생각할 수 있다. 그리고 거벌모라에서 발생하였던 분쟁의 원인을 거벌모라에 거주하던 세력과 다른 지역에서 사민된 세력과의 충돌에서 비롯된 것으로 이해된다. 이와 같이 이해할 수 있다면 당시 복속민과 사민된 세력이 서로 복잡하게 혼재하고 있었던 변경 지역의 한 단면을 상정할 수 있다.

제2부

신라 상대의 정치상

제1장 중고기 반란의 원인과 성격

1. 머리말

신라에서 왕위계승과 관련된 정치적인 사건에는 여러 가지가 있었지만, 그 중에서도 반란은 가장 적극적인 표현이었다는 점에서 주목되는 현상이다. 이것은 『삼국사기』 신라본기의 전체기사 중에서 반란을 포함한 정치기사가 절반을 차지하고 있다는 사실을 통해서도 알 수 있다.[1]

『삼국사기』에는 신라에서 발생하였던 50건의 반란(모반)이[2] 기록되어 있다. 이러한 사실은 그만큼 반란이 정치·사회적 변동의 중요한 역할을 하였음을 의미하는 것이다. 그러나 이 기록 중에는 신라의 정복과정에서 복속된 지역의 지방민들의 반란 등을 비롯하여 여러 종류의 반란들이 포함되어 있다. 따라서 왕위계승과 관련된 반란은 165년(아달라이사금 12)에 아찬 길선의 모반이[3] 최초라고 할 수 있다.[4]

---

1) 신형식, 『삼국사기연구』, 일조각, 1981, 76~78쪽.
2) 강성원, 「신라시대 반역의 역사적 성격 -『삼국사기』를 중심으로-」『한국사연구』 43, 1983.
3) 『삼국사기』 권2, 신라본기2 아달라이사금 12년 겨울 10월 ; 동 권23, 백제본기1 개루왕 28년 겨울 10월. 신라본기와 백제본기는 10년의 차이가 있어서 어느 것이 사실인지는 정확하게 알 수 없지만, 동일한 사건임은 틀림없다. 한편 『삼국사절요』에는 이 사건이 아달라이사금 2년에 발생한 것으로 기록되어 있다(『삼국사절요』 권2, 을미 신라 아달라왕 2년).
4) 길선의 모반이 왕위계승과 관련되었다는 구체적인 기록은 없다. 그러나 신라의 아달라이사금이 백제의 개루왕에게 길선의 반환을 요구하다 거절당하자 백제를 침입하였다는 기록과

길선의 모반 이후 왕위계승과 관련된 반란은 중고기에 다시 나타난다. 즉 631년(진평왕 53)에 발생한 이찬 칠숙과 아찬 석품의 모반과[5] 647년 (선덕왕 16)에 발생한 상대등 이찬 비담과 아찬 염종의 반란이[6] 그것이다. 이러한 중고기의 반란은 두 사건이 진압된 이후에 공교롭게도 선덕왕과 진덕왕이라는 '여왕'이 즉위하였기 때문에 일찍부터 관심을 갖고 연구가 이루어졌다.

신라의 반란에 대한 연구성과는 그것의 역사적 성격의 규명을 시도한 것이 있지만,[7] 대부분의 연구는 일정한 시기를 대상으로 이루어졌으며,[8] 또한 하대의 반란에 집중되어 있다.[9] 그러나 칠숙의 모반과 비담의 반란에 대한 연구는 대부분이 여왕의 즉위라는 사실에 주목하여 이루어졌기 때문에 두 사건이 발생하였던 원인과 그 정치적 성격에 대한 구체적인 검토가 필요하다.

백제본기에 길선의 망명과 관련된 사론이 있어서 이 사건의 중요성을 미루어 짐작할 수 있다. 실재로 신라에서는 박씨인 아달라이사금 이후에 석씨인 벌휴이사금이 즉위하였기 때문에 왕위계승 과정에서 일련의 정치적인 사건이 있었을 것으로 추정된다. 이와 관련된 연구성과는 장창은, 「신라 박씨왕실의 분기와 석씨족의 집권과정」, 『신라사학보』 창간호, 2004 참조.

5) 『삼국사기』 권4, 신라본기4 진평왕 53년 여름 5월.
6) 『삼국사기』 권5, 신라본기5 선덕왕 16년 봄 정월 : 동 권41, 열전1 김유신 (상).
7) 강성원, 앞의 논문, 1983.
8) 이기백, 「신라 혜공왕대의 정치적 변혁」, 『사회과학』 2, 1958 ; 『신라정치사회사연구』, 일조각, 1974 : 井上秀雄, 「新羅王權と地方勢力」, 『朝鮮史研究會會報』 7, 1964 ; 『新羅史基礎研究』, 東出版, 1974.
9) 村上四男, 「新羅國の衰亡 −農民反亂を招いた貴族の腐敗−」, 『朝鮮古代史研究』, 開明書院, 1978 : 蒲生京子, 「新羅末期の張保皐の擡頭と反亂」, 『朝鮮史研究會論文集』 16, 1979 : 추만호, 「나말 선사들과 사회제세력과의 관계 −진성여왕대의 농민반란에 주목하여−」, 『사총』 30, 1986 ; 『나말려초 선종사상사 연구』, 이론과 실천, 1992 : 김창겸, 「신라 하대 왕위찬탈형 반역에 대한 일고찰」, 『한국상고사학보』 17, 1994 ; 『신라 하대 왕위계승 연구』, 경인문화사, 2003.

2. 진평왕대 칠숙의 모반

1) 칠숙의 모반에 대한 연구사 검토

신라에서 왕위계승과 관련된 반란이 최초로 발생한 것은 165년(아달라 이사금 12) 아찬 길선의 모반이다. 그리고 약 460여 년이 지난 이후인 631년(진평왕 53)에 두 번째로 이찬 칠숙의 모반이 발생하였다. 이 사건은 중고기에 처음으로 발생한 반란이기 때문에 여러 가지로 주목되는데, 이에 대한 기록은 다음과 같다.

> A. 여름 5월에 이찬 칠숙과 아찬 석품이 반란을 꾀하였다. 왕이 그것을 알아차리고 칠숙을 붙잡아 東市에서 목을 베고 아울러 9족을 죽였다. 아찬 석품은 도망하여 백제의 국경에 이르렀다가 처와 자식을 보고 싶은 생각에 낮에는 숨어있고, 밤에는 걸어서 총산에까지 돌아와 나무꾼을 만나 옷을 벗고 해어진 나무꾼의 옷으로 갈아입고 나무를 지고 몰래 집에 이르렀다가 잡혀서 처형되었다.[10]

위의 기록은 칠숙의 모반에 대한 내용이다. 칠숙의 모반에서 무엇보다 중요한 사실은 이 사건이 발생한 시기에 대한 것이다. 왜냐하면 반란(모반)이 발생한 시기는 결국 그 사건의 발생 원인과 성격을 이해할 수 있는

---

10) 『삼국사기』 권4, 신라본기4 진평왕 53년 여름 5월.

가장 기본적인 문제이기 때문이다. 칠숙의 모반은 진평왕의 말년에 발생하였기 때문에 그 원인에 대해서는 대부분의 연구자들이 선덕왕의 왕위계승과 관련된 것으로 이해하고 있다. 그러나 이러한 견해들도 왕권과 진골귀족의 대립으로 이해하거나[11] 또는 진골귀족 내부의 대립과 갈등으로 파악하는[12] 등 크게 두 가지 견해로 구분되고 있다.

먼저 왕권과 진골귀족과의 대립으로 파악한 견해는 진평왕 이후에 '여왕'인 선덕왕의 왕위계승과 관련된 것으로 이해하였으며, 대체로 다음과 같은 견해들로 구분할 수 있다. 즉 칠숙의 모반은 선덕왕대 발생한 상대등 비담의 반란과 함께 씨족의 집단주의 이념과 왕자지배의식의 갈등으로 파악하거나[13] 왕권과 화백권의 대립으로 보았다.[14] 또는 김용춘과 김

11) 이기동, 「신라 내물왕계의 혈연의식」, 『역사학보』 53·54, 1972 ; 『신라골품제사회와 화랑도』, 일조각, 1984 : 정중환, 「비담·염종난의 원인고 —신라정치사회의 전환기에 관한 일시고—」『동아논총』 14, 1977 : 주보돈, 「신라 중고의 지방통치조직에 대하여」『한국사연구』 23, 1979 ; 『신라 지방통치체제의 정비과정과 촌락』, 신서원, 1998 : 이종욱, 「신라중고시대의 성골」『진단학보』 50, 1980 ; 『신라골품제연구』, 일조각, 1999 : 신형식, 「김유신가문의 성립과 활동」『이화사학연구』 13·14, 1983 ; 『한국고대사의 신연구』, 일조각, 1984 : 강성원, 앞의 논문, 1983 : 박남수, 「통일주도세력의 형성과 정치개혁」『통일기의 신라사회 연구』, 동국대 신라문화연구소, 1987 : 박해현, 「신라 진평왕대 정치세력의 추이 —왕권강화와 관련하여—」『전남사학』 2, 1988 : 이명식, 「신라 중고기의 왕권강화과정」『역사교육논집』 13·14, 1990 ; 『신라정치사연구』, 형설출판사, 1992 : 강봉룡, 「6~7세기 신라 정치체제의 재편과정과 그 한계」『신라문화』 9, 1992 : 박순교, 「김춘추의 집권과정 연구」, 경북대 박사학위논문, 1999 : 박용국, 「선덕왕대 초의 정치적 실상」『경북사학』 23, 2000 ; 『통일전쟁기 신라 정치세력의 구성과 변화』, 경북대 박사학위논문, 2005 : 김기흥, 『천년의 왕국 신라』, 창작과비평사, 2000.
12) 정중환, 「김유신(595~673)론」『고병익선생회갑기념사학논총 역사와 인간의 대응』, 한울, 1984 : 이정숙, 「신라 진평왕대의 정치적 성격 —소위 전제왕권의 성립과 관련하여—」『한국사연구』 52, 1986 ; 『신라 진평왕대의 왕권 연구』, 이화여대 박사학위논문, 1995 : 김두진, 「신라 진평왕대의 석가불신앙」『한국학논총』 10, 1988 : 김영하, 「신라 중고기 정치과정 시론 —중대왕권 성립의 이해를 위한 전제—」『태동고전연구』 4, 1988 ; 『한국 고대사회의 군사와 정치』, 고대 민족문화연구원, 2002.
13) 이기동, 앞의 논문, 1972 ; 앞의 책, 1984, 83쪽.
14) 정중환, 앞의 논문, 1977, 10쪽.

서현으로 대표되는 신흥계와 타협한 왕실에 대한 불만이라고도 하였다.[15] 이와 함께 선덕왕 말년에 진덕왕의 경우와 같이 진평왕 말년에 선덕왕을 왕위계승자로 정한 것에 대한 진골귀족의 반발로 이해하기도 하였다.[16]

다음으로 진골귀족 내부의 대립과 갈등으로 파악한 견해는 김용춘의 사륜계와 김서현의 가야계를 신귀족세력으로, 기존의 신라 전통귀족을 구귀족세력으로 구분하여 대체로 다음과 같이 이해하고 있다. 즉 칠숙의 모반은 신귀족세력을 제거하고 진평왕 이후의 왕위추대권을 확보함으로써 범내물왕계 귀족중심의 연합정치를 구현하기 위한 것으로 파악하거나[17] 또는 신귀족세력인 사륜계가 득세해 가는 당시의 정세에 대한 구귀족세력의 불만에서 비롯된 것으로 이해하고 있다.[18]

이와 같이 칠숙의 모반에 대해서는 그동안 많은 연구성과가 이루어졌지만, 이 사건을 단순히 왕권과 진골귀족의 대립이나 또는 진골귀족 내부의 대립과 갈등으로만 파악할 수는 없다. 칠숙의 모반은 왕위계승과 관련되었으며, 그 과정에서 당시의 정국동향과 정치세력과의 관계가 밀접하게 연결되어 있다고 생각된다.[19] 따라서 칠숙의 모반을 보다 정확하게 이해하기 위해서는 이러한 문제들을 중심으로 새롭게 접근해야 할 것이다.

---

15) 신형식, 앞의 논문, 1983 ; 앞의 책, 1984, 249쪽.
16) 이종욱, 앞의 논문, 1980 ; 앞의 책, 1999, 175쪽. 한편 三池賢一은 진평왕이 김춘추 대신에 자신의 딸을 세자로 정하였기 때문에 반란이 일어났다고 하였다(三池賢一, 「『日本書紀』 '金春秋の來朝記事'について」 『駒澤史學』 13, 1966 ; 『古代の日本と朝鮮』, 學生社, 1974, 208쪽).
17) 김영하, 앞의 논문, 1988 ; 앞의 책, 2002, 259쪽.
18) 정중환, 앞의 논문, 1984, 38쪽 : 김두진, 앞의 논문, 1988, 37쪽.
19) 김덕원, 「김용춘의 생애와 활동」 『명지사론』 11 · 12, 2000 ; 『신라중고정치사연구』, 경인문화사, 2007, 139~141쪽.

한편 칠숙의 모반의 진압은 김춘추와 김유신에 의해서 이루어진 것으로 보기도 하고,[20] 김용춘과 김서현에 의하여 진압되었을 것으로 이해하기도 한다.[21] 이러한 견해들은 진압한 주체에 있어서 약간의 차이는 있지만, 공통적으로 사륜계에 의해서 진압된 것으로 이해하였다. 이러한 견해들은 진평왕대 후기에 사륜계의 정치적 위상을 보여주는 단적인 예라고 할 수 있다.

칠숙의 모반이 진압된 이후에 '여왕'인 선덕왕이 즉위하였다. '여왕'인 선덕왕의 즉위는 당시 신라에서는 유례가 없었기 때문에 즉위과정에 대한 연구가 집중적으로 이루어지면서 다양한 견해가 제기되었다.

먼저 선덕왕이 여성임에도 불구하고 왕위에 즉위할 수 있었던 것은 진평왕대의 왕권이 강력하였기 때문이라고 파악하거나[22] 또는 선덕왕의 즉위를 지지하는 세력과 반대하는 세력, 즉 신귀족세력과 구귀족세력 사이의 일정한 정치적인 타협의 결과라고도 한다.[23] 그 과정에서 사상적인 문제도 작용하였으며,[24] 또 당시 왜의 여왕 즉위 사례를 이용하였을 것으로 이해하기도 한다.[25] 이러한 견해들이 제기되었다는 사실은 결국 선

---

20) 김두진, 앞의 논문, 1988, 37쪽.
21) 김덕원, 「신라 진평왕대의 정치개혁 소고」『명지사론』4, 1992 ; 앞의 책, 2007, 140쪽.
22) 강봉룡, 앞의 논문, 1992 : 정용숙, 「신라의 여왕들」『한국사시민강좌』15, 1994a : 이정숙, 「진평왕 말기의 정국과 선덕왕의 즉위」『백산학보』52, 1999 : 박순교, 앞의 논문, 1999.
23) 신형식, 앞의 논문, 1983 ; 앞의 책, 1984 : 김영하, 앞의 논문, 1988 ; 앞의 책, 2002 : 박해현, 앞의 논문, 1988 : 주보돈, 「김춘추의 외교활동과 신라내정」『한국학논집』20, 1993 : 주보돈, 「비담의 난과 선덕왕대 정치운영」『이기백선생고희기념 한국사학논총』(상), 일조각, 1994 : 박용국, 「신라 중대 지배세력의 형성과정과 그 성격」『경상사학』12, 1996 : 박용국, 앞의 논문, 2005.
24) 강영경, 「신라 선덕왕의 '지기삼사'에 대한 일고찰」『원우논총』8, 1990 : 남동신, 「자장의 불교사상과 불교치국책」『한국사연구』76, 1992 : 안지원, 「신라 진평왕대의 제석신앙과 왕권」『역사교육』63, 1997.
25) 주보돈, 앞의 논문, 1994 : 이정숙, 앞의 논문, 1999 : 박순교, 앞의 논문, 1999 : 조범환, 『우리 역사의 여왕들』, 책세상, 2000.

덕왕의 즉위가 신라에서 전례가 없었던 만큼 그 당시에도 여러 가지 문제점이 내포되어 있었음을 의미하는 것이라고 할 수 있다.[26]

이와 관련하여 진평왕 말년의 칠숙의 모반을 진압한 이후의 정치적인 분위기에 의해서 선덕왕이 즉위하였다는 연구가 주목된다.[27] 즉 진평왕 말년의 정국은 칠숙의 모반을 진압한 사륜계의 영향력에 의해서 운영되었다고 보여지기 때문에 선덕왕의 즉위과정에서 사륜계인 김용춘이 큰 역할을 담당하였을 것으로 생각할 수 있다.[28] 이것은 김용춘이 선덕왕의 즉위 초에 왕의 고유한 통치행사권의 하나였던 지방순무를 대행함으로써 상당한 정치활동을 수행하고 있었다는 견해를[29] 통해서도 어느 정도 확인할 수 있을 것이다.

2) 칠숙의 모반의 원인

칠숙의 모반을 정확하게 이해하기 위해서는 먼저 진평왕대 후기의 정국운영에 대하여 살펴보아야 한다. 이 시기는 왕위계승과 관련하여 이미 無子에 대한 문제가 현실적으로 대두하기 시작하였다. 왕위를 계승할 아들이 없었다는 사실은 진평왕에게는 가장 큰 정치적인 딜레마로 작용하였을 것이다. 따라서 진평왕은 622년(진평왕 44) 내성의 설치를[30] 비롯

---

26) 문경현은 선덕왕이 즉위하는 데에는 무리도 문제도 없다고 하였다(문경현, 「시왕설과 선덕 여왕」, 『백산학보』 52, 1999).
27) 정용숙, 앞의 논문, 1994a : 정용숙, 「신라 선덕왕대의 정국동향과 비담의 난」, 『이기백선생 고희기념 한국사학논총』 (상), 일조각, 1994b.
28) 김덕원, 앞의 논문, 2000 ; 앞의 책, 2007, 139~141쪽.
29) 김영하, 「신라 중고기의 중국인식」, 『고대한중관계사의 연구』, 삼지원, 1987.

하여 관제정비를 실시함으로써 왕권을 강화시키고, 이것을 기반으로 궁극적으로는 장녀 덕만을 자신의 후계자로 내정하려고 하였을 것이다. 그리고 이러한 과정에서 대립적인 관계에 있던 김용춘과 정치적인 타협을 맺으면서 사륜계의 도움을 받으려고 하였을 것이다.[31]

김용춘은 이미 611년(진평왕 33) 무렵에 병부령으로써 활동하고 있었을 것으로 추정된다.[32] 이러한 기반을 바탕으로 진평왕과 정치적인 타협을 맺으면서 내성사신에 임명되어 진평왕대 후기의 관제정비를 주도해 나갔다.[33] 이것은 내성이 설치된 622년 이후에 관제정비가 집중적으로 이루어지고 있다는 사실을 통해서 알 수 있다. 따라서 내성의 설치는 분명히 신라 정치사에서 중요한 사실이라고 할 수 있다.[34]

김용춘은 가야계인 김서현과 정치적으로 밀접한 관계를 맺었으며, 625년(진평왕 47) 무렵에 김춘추와 문희의 혼인을[35] 계기로 두 가문은 그 결속을 더욱 공고히 하였다. 이러한 사륜계와 가야계의 정치적인 결합을 상징적으로 보여주는 것이 바로 629년(진평왕 51)의 낭비성 전투이다.[36] 그리고 이 전투에서 승리함으로써 두 가문은 병권을 바탕으로 새로운 시대를 열기 위한 기반을 확고하게 정착시키는 계기를 마련하였다.[37]

---

30) 『삼국사기』 권4, 신라본기4 진평왕 44년 2월 : 동 권39, 잡지8, 직관 (중).
31) 김덕원, 앞의 논문, 2000 ; 앞의 책, 2007, 132쪽.
32) 김덕원, 「신라 중고기 사륜계의 정치활동」 『백산학보』 52, 1999 ; 앞의 책, 2007, 110~113쪽.
33) 김두진, 앞의 논문, 1988, 36쪽.
34) 이정숙, 앞의 논문, 1986, 21쪽.
35) 김춘추와 문희의 혼인에 대한 연구성과는 김덕원, 「신라 진평왕대 김유신의 활동」 『신라사학보』 10, 2007, 95쪽 주 2) ; 본서 제2부 제2장 참조.
36) 『삼국사기』 권4, 신라본기4, 진평왕 51년 가을 8월 : 동 권41, 열전1 김유신 (상). 낭비성 전투에 대한 연구성과는 김덕원, 앞의 논문, 2007 참조.
37) 이러한 의미에서 사륜계와 가야계의 연합세력을 신귀족으로, 이들을 제외한 기존의 진골귀족세력을 구귀족으로 분류할 수 있을 것이다(신형식, 「무열왕계의 성립과 활동」 『한국사논총』 2, 1977 ; 앞의 책, 1984, 115쪽 : 박남수, 앞의 논문, 1987, 111쪽 : 김영하, 앞의 논문,

사륜계의 대두는 이들과 정치적인 성격을 달리하는 진골귀족들의 반발을 불러일으키게 되었는데, 이것이 631년(진평왕 53)에 발생한 이찬 칠숙과 아찬 석품의 모반이다. 특히 이 사건이 발생한 시기가 진평왕이 죽기 불과 몇 달 전이었다는 사실이 주목된다. 즉 칠숙의 모반은 진평왕의 죽음이 어느 정도 예상되는 상황에서 발생하였기 때문에 진평왕의 신변과도 밀접한 관련이 있었을 것이다. 따라서 이러한 시기에 모반이 발생하였다는 것은 결국 그 기본적인 원인이 왕위계승과 밀접한 관련이 있었으며, 이것에 대한 불만이 칠숙의 모반으로 나타났을 것으로 생각된다.[38]

이와 같이 칠숙의 모반의 원인은 진평왕 후기의 정국운영에서 급성장한 사륜계에 대한 불만과[39] 더욱이 이들에 의해서 진평왕의 장녀인 덕만이 왕위계승자로 결정된[40] 것에 대한 구귀족세력의 반발의 결과였다고 할 수 있다.[41] 다시 말하면 칠숙의 모반은 진평왕 후기의 '聖骨男盡'한 상황에서 왕위계승 문제와 신귀족세력과 구귀족세력의 갈등이 복합적으로 표출되었기 때문에 발생한 것이다.

여기에서 칠숙의 모반을 새롭게 이해할 필요가 있다. '모반'이라는 표현으로 미루어 어쩌면 칠숙이 모반을 하지 않았을 가능성도 있다는 것이다. 즉 칠숙의 모반은 신문왕대 김흠돌의 모반과[42] 같은 성격의 사건으

1988 ; 앞의 책, 2002, 253~265쪽).
38) 김덕원, 앞의 논문, 2000 ; 앞의 책, 2007, 139쪽.
39) 김두진, 앞의 논문, 1988, 37쪽.
40) 이정숙, 앞의 논문, 1999, 218~223쪽.
41) 주보돈, 앞의 논문, 1994, 210쪽 주 6) 참조.
42) 『삼국사기』 권8, 신라본기8 신문왕 원년 8월 8일. 김흠돌의 모반사건과 관련된 연구성과는 김수태, 「신라 신문왕대 전제왕권의 확립과 김흠돌난」, 『신라문화』 9, 1992 : 최홍조, 「신문왕대 김흠돌 난의 재검토」, 『대구사학』 58, 1999 참조.

로 이해된다. 다시 말하면 칠숙이 모반을 하지 않았음에도 불구하고 선
덕왕의 즉위를 확고하게 하기 위하여 김용춘과 김서현을 중심으로 하는
신귀족세력이 칠숙 등의 구귀족세력이 모반을 획책하였다고 하여 제거
하였을 가능성이 있다는 것이다.[43]

칠숙의 모반은 사전에 발각되면서 실패하였고, 그 결과 칠숙은 '夷九
族'되었다. 진평왕의 죽음이 예상되는 시기에 발생하였다는 사실과 더불
어 신라에서 연좌제에[44] 의해서 '이구족'한[45] 경우가 처음이었다는 것을
통해서도 이 사건이 얼마나 중요한 의미가 있는지를 짐작할 수 있다. 또
한편으로는 왕위계승에 대한 진평왕의 강력한 의지를 확인할 수 있다.[46]
그리고 선덕왕대 발생하였던 비담의 반란을 김유신으로 대표되는 신귀
족세력이 진압하였듯이 칠숙의 모반은 김용춘과 김서현으로 대표되는
신귀족세력이 진압하였을 것으로 생각된다.[47] 왜냐하면 629년에 대장군
으로서 낭비성 전투에 참전하였던 당시 김용춘의 정치적인 역량을 고려
할 때 이 사건은 김용춘과 김서현에 의해서 진압되었다고 이해하는 것이
좀 더 순리적이기 때문이다.

칠숙의 모반을 진압한 이후의 정치적인 분위기는[48] 그 사건을 진압한
세력, 즉 사륜계인 김용춘과 가야계인 김서현 등의 정치적인 위상이 크

---

43) 칠숙의 모반은 진평왕의 말년에 발생하였고, 김흠돌의 모반은 신문왕이 즉위한 초기에 발생
하였기 때문에 진압과정에서의 주축세력은 차이가 있었을 것이다.
44) 주보돈, 「신라시대의 연좌제」 『대구사학』 25, 1984.
45) 강성원, 앞의 논문, 1983, 28~29쪽 : 이정숙, 앞의 논문, 1986, 22쪽 주 77) 참조.
46) 주보돈, 앞의 논문, 1984, 26쪽 : 안지원, 앞의 논문, 1997, 93쪽.
47) 김덕원, 앞의 논문, 1992 ; 앞의 책, 2007, 140쪽. 한편 이종욱은 칠숙의 모반을 진압한 세력
은 구체적으로 알 수 없다고 하였다(이종욱, 『신라상대왕위계승연구』, 영남대 출판부, 1980,
183쪽).
48) 정용숙, 앞의 논문, 1994a, 45쪽 ; 앞의 논문, 1994b, 243쪽.

게 높아지면서 정국운영은 이들을 중심으로 이루어졌을 것이다. 그러므로 선덕왕이 즉위하는 과정에서도 두 세력의 영향력이 크게 작용하였고, 이러한 영향력에 의해서 선덕왕의 즉위가 가능하였을 것이다.[49] 따라서 선덕왕이 즉위한 이후의 정국운영도 이들의 주도로 이루어졌을 가능성이 크다. 즉 진지왕의 폐위를 결정하고 진평왕을 추대한 '국인'이[50] 진평왕 초기에 상대등과 병부령에 임명된 노리부와 김후직이었다면,[51] 선덕왕을 추대한 '국인'은 칠숙의 모반을 진압한 김용춘과 김서현이었다.[52] 그리고 노리부와 김후직 등이 진평왕 초기의 정국을 주도한 것과 마찬가지로 김용춘과 김서현 등이 선덕왕 초기의 정국을 주도하였다. 또한 노리부와 김후직 등이 진평왕이 즉위하는데 중요한 역할을 담당하였던 동륜계였다면, 김용춘과 김서현은 사륜계였다. 이러한 사실을 통해서도 각 시기의 '국인'은 당시의 정국운영과 관련하여 그 성격을 달리하였음을 확인할 수 있다.

---

49) 대부분의 연구자들은 선덕왕의 즉위과정에서 사륜계와 가야계의 도움을 받았을 것으로 이해하고 있으면서도 두 세력의 대표적인 존재는 김춘추와 김유신으로 보고 있다. 그러나 선덕왕이 즉위할 무렵의 정치적인 역량과 위상 등으로 미루어 김용춘과 김서현이 두 세력의 대표적인 존재로 활동하고 있었을 것이다.

50) 국인에 대한 연구성과는 박순교, 앞의 논문, 1999, 11~14쪽 참조.

51) 박해현, 앞의 논문, 1988, 3쪽.

52) 박순교는 선덕왕을 추대한 '국인'에 김춘추의 집안도 한 부분을 차지하고 있었지만, 김용춘이 선덕으로 내정되어 있는 후계구도에 결정적인 지지나 반대를 보일 만큼의 정치적인 영향력을 가지지 못했던 것으로 보았다(박순교, 앞의 논문, 1999, 88쪽). 그러나 김용춘은 642년에 내성사신으로 임명되면서 이미 덕만의 후계구도를 위하여 진평왕과 정치적인 타협을 하였고, 또 칠숙의 모반을 진압한 이후에는 정치적인 위상이 크게 높아졌을 것이다. 따라서 선덕왕의 즉위과정에서 김용춘이 중요한 역할을 담당하였을 것으로 추정할 수 있다.

3. 선덕왕대 비담의 반란

1) 비담의 반란에 대한 연구사 검토

중고기의 두 번째 반란은 647년(선덕왕 16)에 발생한 상대등 비담의 반란이다. 비담의 반란은 631년(진평왕 53) 칠숙의 모반이 일어난 지 약 16년 후에 발생하였는데, 이에 대한 기록은 다음과 같다.

> B-1. 16년 봄 정월에 비담과 염종 등이 말하기를 "여왕은 나라를 잘 다스릴 수 없다"라 하고 반역을 꾀하여 군사를 일으켰으나 이기지 못하였다. 8일에 왕이 죽었다. 시호를 선덕이라 하고, 낭산에 장사지냈다.[53]
>
> 2. 16년 정미는 선덕왕 말년이고, 진덕왕 원년이다. 대신 비담과 염종이 "여왕이 잘 다스리지 못한다."라 하여 군사를 일으켜 폐하려고 하니, 왕은 스스로 왕궁 안에서 방어하였다. 비담 등은 명활성에 주둔하고, 왕의 군대는 월성에 머물고 있었다. 공격과 방어가 10일이 지나도 결말이 나지 않았다. …… 여러 장수와 병졸을 독려하여 힘껏 치게 하니, 비담 등이 패하여 달아나자 추격하여 목베고 9족을 죽였다.[54]
>
> 3. 원년 정월 17일에 비담을 목베어 죽였는데, 그에 연루되어 죽은 사람이 30명이었다.[55]

---

53) 『삼국사기』 권5, 신라본기5 선덕왕 16년 정월.
54) 『삼국사기』 권41, 열전1 김유신 (상).

위의 기록은 상대등 비담의 반란에 대한 내용이다. 비담의 반란은 상대등 비담이 '女主不能善理'를 이유로 반란을 일으켰기 때문에 일찍부터 왕위쟁탈을 목적으로 한 것이라는 견해가 제기되었다.[56] 이러한 견해를 바탕으로 대부분의 연구자들은 비담의 반란 역시 선덕왕의 말년에 발생하였기 때문에 진덕왕의 왕위계승과 관련된 것으로 보고 있다. 따라서 비담의 반란이 발생한 원인에 대해서는 진평왕대 칠숙의 모반과 마찬가지로 왕권과 진골귀족의 대립으로 이해하거나 또는 진골귀족 내부의 대립과 갈등으로 파악하는 등 크게 두 가지 견해로 구분되고 있다. 그리고 사상적·외교적인 관점에서 파악하기도 한다.

먼저 왕권과 진골귀족과의 대립으로 파악한 견해는 '여왕'인 선덕왕 이후에 다시 '여왕'인 진덕왕의 왕위계승과 관련된 것으로 이해하였으며, 대체로 다음과 같은 견해들로 구분할 수 있다. 즉 비담의 반란은 '여왕'인 선덕왕의 능력과 관련된 것으로 이해하거나[57] 또는 진덕왕의 즉위에 대한 불만에서 비롯된 것으로 파악하였다.[58] 그리고 왕권과 귀족세력의 대립으로 보기도 한다.[59]

다음으로 진골귀족 내부의 대립과 갈등으로 파악한 견해는 진평왕대 후기의 정치세력 구성의 연장에서 사륜계와 가야계를 신귀족세력으로, 기존의 신라 전통귀족을 구귀족세력으로 구분하여 대체로 다음과 같이

---

55) 『삼국사기』 권5, 신라본기5, 진덕왕 원년 정월.
56) 이기백, 「상대등고」 『역사학보』 19, 1962 ; 앞의 책, 1974, 100~101쪽 : 강성원, 앞의 논문, 1983, 30쪽.
57) 三池賢一, 앞의 논문, 1966 ; 앞의 책, 1974, 208쪽.
58) 이종욱, 앞의 논문, 1980 ; 앞의 책, 1999, 175쪽 : 주보돈, 앞의 논문, 1994, 214~215쪽.
59) 강봉룡, 앞의 논문, 1992, 145쪽 : 박순교, 「선덕왕대 정치운영과 비담의 난 (1) ─선덕 16년간의 대내외정을 중심으로─」 『청계사학』 14, 1998 : 박순교, 앞의 논문, 1999, 183쪽.

이해하고 있다. 즉 비담의 반란은 신귀족세력과 구귀족세력의 대립으로 파악하거나[60] 선덕왕대 정치세력 사이의 갈등으로 이해하였다.[61] 그리고 중앙귀족과 지방세력간의 충돌로 보기도 한다.[62]

한편 비담의 반란을 진평왕대 칠숙의 모반에서는 볼 수 없었던 전통신앙·불교·유교 등 사상적인 관점에서 파악하거나[63] 또는 대당외교를 추진하는 가운데 노선의 차이에서 비롯된 것으로 이해하기도 한다.[64]

이와 같이 비담의 반란에 대해서는 그 동안 많은 연구성과가 이루어졌다. 그러나 이 사건을 단순히 왕권과 진골귀족의 대립이나 또는 진골귀족 내부의 대립과 갈등으로만 파악할 수는 없다. 비담의 반란은 진평왕대 칠숙의 모반과 마찬가지로 왕위계승과 관련되었으며, 그 과정에서 당시의 정국동향과 정치세력과의 관계가 밀접하게 연결되어 있다고 생각된다. 따라서 비담의 반란을 보다 정확하게 이해하기 위해서는 이러한 문제들을 중심으로 새롭게 접근해야 할 것이다.

---

60) 신형식, 앞의 논문, 1977 ; 앞의 책, 1984, 116쪽 : 정중환, 앞의 논문, 1977, 27쪽 : 이정숙, 앞의 논문, 1986, 22쪽 주 77) : 김영하, 앞의 논문, 1988 ; 앞의 책, 2002, 265쪽 : 이명식, 「신라 중대왕권의 전제화과정」『대구사학』38, 1989 ; 앞의 책, 1992, 107쪽 : 문경현, 앞의 논문, 1999, 296쪽.
61) 박남수, 앞의 논문, 1987, 116쪽 : 고경석, 「비담의 난의 성격 문제」『한국고대사연구』7, 1994, 267쪽 : 박용국, 앞의 논문, 1996, 13쪽.
62) 井上秀雄, 「新羅政治體制의 變遷過程」『古代史講座』4, 1962 ; 앞의 책, 1974, 440~441쪽 : 이기동, 앞의 논문, 1972 ; 앞의 책, 1984, 84쪽.
63) 강영경, 앞의 논문, 1990, 204쪽 주 94) : 정용숙, 앞의 논문, 1994b, 258~259쪽.
64) 武田幸男, 「新羅'毗曇의 亂'의 一視覺」『三上次男博士喜壽紀念論文集』, 1985, 241~243쪽 : 정용숙, 앞의 논문, 1994b, 264~265쪽 : 박순교, 앞의 논문, 1998 : 박순교, 앞의 논문, 1999, 183쪽.

2) 비담의 반란의 원인

631년(진평왕 53)에 발생한 칠숙의 모반을 진압한 이후 사륜계를 중심으로 한 신귀족세력의 정치적인 위상은 높아졌다. 신귀족세력들은 이것을 기반으로 선덕왕의 즉위에 영향력을 행사하면서 선덕왕 초기에 정국운영의 주도권을 장악하였다.

그러나 642년(선덕왕 11) 백제의 침입으로 대야성이 함락되면서[65] 이러한 상황은 변화하였다. 대야성이 함락된 이후 신귀족세력의 김춘추는 외교분야에서, 김유신은 군사분야에서의 활동을 활발하게 전개하였다. 특히 김춘추는 대고구려외교와 대왜외교[66] 이후에 대당외교를[67] 전개하면서 계속되는 백제의 침입으로 인한 국가적인 위기상황을 극복하고 불리하게 전개되는 정국을 타개하려고 하였다.

이와 같은 국가적인 위기상황을 극복하기 위하여 선덕왕은 불교를 숭상하여[68] 황룡사구층탑의 건립과 같은 불교정책을 실시하였다. 이러한 과정에서 김춘추를 비롯한 신귀족세력은 자장의 자문을 받으며 대당외교를 전개하였으며,[69] 645년(선덕왕 14)에는 그의 건의로 황룡사구층탑

---

65) 김덕원, 「신라 선덕왕대 대야성 함락의 의미」,『동봉신천식교수정년기념사학논총』, 경인문화사, 2005a ; 앞의 책, 2007.

66) 김덕원, 「신라 선덕왕대 김춘추의 외교활동과 정국동향」,『신라사학보』5, 2005b ; 앞의 책, 2007.

67) 김덕원, 「신라 진덕왕대 김춘추의 대당외교와 관제정비」,『신라문화』29, 2007 ; 앞의 책, 2007.

68) 조범환은 선덕여왕이 기존의 정치세력과 무관한 새로운 세력인 불교세력을 정치에 이용하여 왕권을 강화하려는 의도를 지녔다고 하였다(조범환, 앞의 책, 2000, 50~52쪽).

69) 李成市, 「新羅僧慈藏の政治・外交上の役割」,『日本史學會八十三會大會發表要旨』, 1985 ; 신종원, 「자장과 중고시대 사회의 사상적 과제」,『신라초기불교사연구』, 민족사, 1992, 265쪽 주 58) 재인용 : 김상현, 「자장의 정치외교적 역할」,『불교문화연구』4, 1995 ;『신라의 사상과 문화』, 일지사, 1999, 39~40쪽. 한편 김재경과 남동신은 김춘추와 자장을 대립과 경쟁

의 건립을 주도하였다.[70] 그리고 같은 해 당 태종이 고구려를 원정할 때
에는 군사를 파견하여 당을 지원하였지만, 오히려 그 틈을 이용한 백제
의 침입으로 서쪽 국경의 7성을 빼앗겼다.[71]

그러나 황룡사구층탑의 건립과 같은 불교정책은 선덕왕이 의도하였던
것과는 달리 오히려 역효과를 가져왔던 것으로 보인다. 더구나 백제에게
서쪽 국경의 7성을 빼앗김으로써 신라의 국가적인 위기상황은 더욱 증대
하였다. 이러한 상황에서 비담이 수품을 대신하여 상대등에 임명되었
다.[72] 비담은 구귀족세력의 대표적인 인물로 추정되는데, 그의 상대등
임명은 선덕왕과 신귀족세력의 정책 실패에 따른 구귀족세력의 반발에
서 비롯된 결과였을 것으로 생각된다.

비담의 상대등 임명으로 선덕왕대 후기의 정국운영은 신귀족세력과
구귀족세력의 대결이 더욱 격화되었을 것이다. 이러한 상황에서『삼국사
기』에 646년의 기록이 누락되었다는 사실이 주목된다. 즉 선덕왕을 비롯
한 신귀족세력은 승만을 다음 왕위계승자로 결정하기 위한 사전 작업으
로 구귀족세력과 일정한 타협을 시도하여 비담을 상대등으로 임명하였
을 것이다. 그리고 누락된 646년에는 이와 같은 타협 이후 두 세력 사이
에 여러 가지 사건들이 발생하였을 것이며, 그 결과가 647년 정월에 비
담의 반란으로 나타났을 것이다. 따라서 비담이 상대등에 임명된 이후인

의 관계로 파악하였다(김재경, 「신라 아미타신앙의 성립과 그 배경」『한국학보』 29, 15쪽 :
  남동신, 앞의 논문, 1992, 39쪽).
70)『삼국사기』 권5, 신라본기5 선덕왕 14년 3월 :『삼국유사』 권3, 탑상4 황룡사구층탑. 이것은
  황룡사구층탑 건립의 책임자가 사륜계의 신귀족세력인 김용춘이라는 「찰주본기」의 기록을
  통해서 확인할 수 있다(황수영 편,『한국금석유문』 제5판, 일지사, 1994).
71)『삼국사기』 권5, 신라본기5 선덕왕 14년 여름 5월.
72)『삼국사기』 권5, 신라본기5 선덕왕 14년 겨울 11월.

646년에는 신귀족세력과 구귀족세력 사이에 정국운영과 관련하여 첨예한 대립이 발생하였을 것으로 추정된다.[73]

비담의 반란을 이해하기 위해서는 반란이 일어났던 시기와 함께 직접적인 원인이 되었던 '여주불능선리'의 의미에 대한 문제를 해결해야 한다. 또한 비담의 반란은 진평왕 후기에 발생하였던 칠숙의 모반사건과 연계해서 파악해야 좀 더 정확하게 이해할 수 있다.

먼저 비담의 반란이 발생한 시기에 대한 문제이다. 비담의 반란이 발생한 시기는 647년 정월이었다. 반란은 10여일 정도 지속되었으며, 이 과정에서 선덕왕이 죽었다. 선덕왕의 죽음은 비담의 반란과 관련하여 반군에 의해 시해된 것으로 보기도 하지만,[74] 평소 선덕왕의 건강이 좋지 않았다는 기록을[75] 통해서 병사와 같은 자연사하였을 가능성이 크다.[76] 선덕왕이 자신의 죽는 날을 미리 알았다는 사실은 평소에 건강이 좋지 않았다는 것을 의미하며,[77] 이때에 이미 병상에 있으면서 자신의 죽음을 예상하고 있었을 것이다.[78] 이러한 상황에서 선덕왕의 절대적인 후원세력인 김춘추도 646년 겨울 왜에 사신으로 파견되어 국내에 없는 상황이었다.[79] 따라서 선덕왕은 자신을 반대하는 구귀족세력의 동향에 대해서

---

73) 김덕원, 『신라 중고기 사륜계의 정치활동 연구』, 명지대 박사학위논문, 2003 ; 앞의 책, 2007, 214~215쪽 주 37) 참조.
74) 이문기, 「신라 시위부의 성립과 성격」『역사교육논집』 9, 1986, 36쪽 ; 『신라병제사연구』, 일조각, 1997, 161쪽 : 山尾幸久, 『古代の日韓關係』, 塙書房, 1989, 392쪽 : 문경현, 앞의 논문, 1999, 277쪽.
75) 『삼국사기』 권5, 신라본기5 선덕왕 5년 3월.
76) 주보돈, 앞의 논문, 1994, 212쪽 : 정용숙, 앞의 논문, 1994b, 255쪽 : 김기흥, 앞의 책, 2000, 249쪽.
77) 주보돈, 앞의 논문, 1994, 213쪽.
78) 이호영, 『신라삼국통합과 여·제의 패망원인연구』, 서경문화사, 1997, 96쪽 : 주보돈, 앞의 논문, 1994, 213~214쪽.
79) 비담의 반란과 관련하여 김춘추에 대한 기록이 나타나지 않는 것은 그가 당시 신라에 없었

많은 관심과 주의를 기울이고 있었을 것이다.

비담은 바로 이러한 때를 이용하여 반란을 일으켰을 것이다. 비담은 선덕왕의 죽음이 예상되는 가운데 정치적으로 대립관계에 있던 김춘추마저 국내에 없는 상황을 절호의 기회라고 판단하였을 것이다. 그러므로 비담의 반란은 우발적으로 일어난 사건은 아니었을 것으로 생각된다. 이미 오래 전부터 선덕왕의 건강에 대한 문제가 제기되었고, 따라서 왕위계승자를 선정하려는 논의도 대두되었을 것이다. 또한 비담이 반란을 일으킨 후에 바로 명활성에 주둔하였을 뿐만 아니라 그의 군사력도 김유신이 감당하기 어려울 만큼 강력하였다. 이러한 사실은 비담의 반란이 우발적으로 발생한 것이 아니라 치밀한 계획에 의해서 이루어졌음을 보여주는 것이다.

이와 함께 반란을 진압한 이후에 주모자들에 대한 처벌을 통해서도 비담의 반란이 계획적으로 발생한 것임을 추정할 수 있다. 즉 반란이 진압된 이후에 비담은 칠숙의 경우와 마찬가지로 '이구족'되었다.[80] 이것은 비담의 반란을 신귀족세력이 그만큼 중요하게 인식하고 있었음을 의미하는 것이다.

다음은 비담이 반란을 일으켰던 명분인 '여주불능선리'에 대한 문제이다. 이것은 이념적인 문제와 현실적인 문제로 구분해서 살펴보아야 좀 더 정확하게 이해할 수 있다.

먼저 이념적으로 '여주불능선리'라는 논란의 근본적인 원인은 선덕왕

기 때문이었을 것이다(山尾幸久, 앞의 책, 1989, 392쪽 : 주보돈, 앞의 논문, 1993, 44쪽 : 정효운, 『고대한일정치교섭사 연구』, 학연문화사, 1995, 74쪽 : 박순교, 앞의 논문, 1998 ; 앞의 논문, 1999, 179쪽 주 29) 참조).
80) 사료 B-2는 '이구족'으로 B-3은 '30명'으로 기록되어 있다.

이 '여왕'이라는 사실에서 비롯되었다. '여왕'이 아니었으면 아무렇지도 않았을 것들도 '여왕'이기 때문에 문제가 되었던 것이다.[81] 따라서 '여주불능선리'는 선덕왕이 즉위하기 이전부터 거론되었던 문제였을 것이다.[82] 그러나 당시는 신귀족세력이 칠숙의 모반을 진압한 직후였기 때문에 이러한 문제는 공론화되지 못하고 다만 잠재하고 있었을 것이다.

또한 현실적으로는 비담이 '여주불능선리'를 내세우기 이전에 당 태종이 언급하고 있다는 사실로 미루어 이 문제는 이미 오래 전부터 논란이 되었음을 알 수 있다. 즉 비담을 중심으로 하는 구귀족세력은 선덕왕이 즉위하기 이전부터 우려하였던 문제들이 그의 재위 기간에 사실로 나타났다고 생각하였을 것이다.[83] 따라서 '여주불능선리'는 '여왕'인 승만의 즉위를 반대하는[84] 좀 더 구체적인 원인이 되었으며, 이것은 선덕왕의 치세를 경험한 결과에서 비롯되었을 것이다. 그러나 비담이 내세운 '여주불능선리'는 이러한 문제뿐만 아니라 좀 더 근본적인 원인이 있었을 것으로 생각된다. 이것은 비담의 반란이 발생하였던 시기와도 밀접한 관련을 맺고 있는 문제이기도 하다.

선덕왕의 죽음이 어느 정도 예상되는 가운데 왕위계승자에 대한 문제가 거론되었으며, 선덕왕은 김춘추와 김유신 등 신귀족세력의 도움을 받

---

81) 신종원, 「『삼국유사』 선덕왕지기삼사의 몇 가지 문제」 『신라문화제학술발표회논문집』 17, 1996, 53쪽.
82) 주보돈은 선덕왕이 사실상 실권이 전혀 없는 존재였기 때문에 선덕왕의 개인적인 능력여부와 상관없이 구조적으로 '여주불능선리'가 될 수밖에 없었다고 하였다(주보돈, 앞의 논문, 1994, 231쪽).
83) 선덕왕의 불교정책의 추진 같은 것이 하나의 원인으로 작용하였을 것이다(정용숙, 앞의 논문, 1994b, 259쪽 : 문경현, 앞의 논문, 1999, 302쪽 : 박순교, 앞의 논문, 1999, 102쪽).
84) 이종욱, 앞의 논문, 1980 ; 앞의 책, 1999, 175쪽 : 주보돈, 앞의 논문, 1994, 214~215쪽 : 정용숙, 앞의 논문, 1994b, 256쪽.

아 성골 출신의 승만을 다음 왕위계승자로 결정하였을 것이다.[85] 비담은 이러한 결정에 불만을 가졌던 것으로 보인다. 왜냐하면 비담은 상대등이 었으므로 선덕왕을 이어서 즉위할 수 있었던 가장 유력한 인물이었기 때문이다.[86] 그리고 이러한 결정은 김춘추를 비롯한 신귀족세력의 영향력에 의한 것이었기 때문에 구귀족세력의 입장에서는 정국운영의 주도권을 상실하는 것이고, 또 그만큼 자신들의 정치적인 입지가 줄어드는 것을 의미하는 것이다.[87] 따라서 비담의 반란이 발생하였던 원인은 왕위계승 과정에서 표출된 문제와 함께 정국운영에서 김춘추와 김유신 등의 신귀족세력에 대한 불만에서 비롯되었을 것이다.

4. 중고기 반란의 정치적 성격

진평왕대 후기에 발생한 이찬 칠숙의 모반과 선덕왕대 후기에 발생한 상대등 비담의 반란은 서로 연결되는 것으로 두 사건은 그 궤를 같이 하는 것이다.[88] 따라서 칠숙의 모반과 비담의 반란을 연결해서 파악해야 더욱 정확한 사실을 알 수 있다.

이와 관련하여 진평왕대 칠숙의 모반과 선덕왕대 비담의 반란은 몇 가

---

85) 승만이 선덕왕의 후계자로 결정된 시기는 비담이 상대등으로 임명되는 645년(선덕왕 14) 11월 이후였을 것으로 추정된다(김덕원, 앞의 논문, 2003 ; 앞의 책, 2007, 214~213쪽 주 37) 참조).
86) 이기백, 앞의 논문, 1962 ; 앞의 책, 1974, 99쪽. 고경석도 비담이 중고기의 왕위계승권에서 완전히 동떨어진 인물은 아니라고 하였다(고경석, 앞의 논문, 1994, 266쪽 주 80) 참조).
87) 고경석은 비담이 다른 귀족과의 정치적 경쟁에서 밀려난 것에 대한 반발로 반란을 일으켰을 가능성이 크다고 하였다(고경석, 앞의 논문, 1994, 267쪽).
88) 김영하, 앞의 논문, 1988 ; 앞의 책, 2002, 265쪽.

지 공통점을 가지고 있다. 첫째, 두 사건이 발생한 시기는 재위 중인 왕의 죽음이 어느 정도 예상되는 말년에 발생하였다. 둘째, 두 사건의 주모자를 '이구족'으로 강력하게 처벌하였다. 셋째, 두 사건이 진압된 이후에 모두 '여왕'이 즉위하였다. 넷째, 두 사건이 발생한 원인과 진압에는 사륜계가 밀접하게 관련되었다. 이러한 공통점을 분석하면 다음과 같이 정리할 수 있다.

첫째, 칠숙의 모반과 비담의 반란이 발생한 시기에 대한 문제이다. 칠숙의 모반은 631년(진평왕 53) 5월에 발생하였고, 비담의 반란은 647(선덕왕 16) 정월에 발생하여 두 사건 모두 재위 중인 왕의 말년에 발생하였다.[89] 그리고 진평왕은 칠숙의 모반이 발생한 지 약 7개월 후에, 선덕왕은 비담의 반란이 발생한 과정에 죽었다. 따라서 두 사건은 진평왕과 선덕왕의 죽음이 어느 정도 예상된 상황에서 발생한 것으로 추정된다. 두 사건이 왕의 죽음이 예상되는 시기에 발생하였다는 사실은 결국 두 사건 모두 왕위계승과 밀접한 관련을 맺었던 것으로 파악할 수 있다.

둘째, 칠숙의 모반과 비담의 반란 주모자의 처벌에 대한 문제이다. 칠숙과 비담은 반란이 진압된 이후에 모두 '이구족'되었다. 신라에서 칠숙과 비담을 제외하고 반란 주모자의 9족을 죽인 것은 중대의 일길찬 대공이 유일하다. 대공은 768년(혜공왕 4) 동생인 아찬 대렴과 함께 반란을 일으켜서 왕궁을 33일 동안 포위하였다가 진압된 이후에 '誅九族'되었다.[90] 이와 같이 반란의 주모자를 '이구족'하였다는 것은 왕실의 안정에 위협을 가할 만큼 사건이 중요하였음을 의미하는 것이다. 따라서 칠숙과

---

89) 이종욱, 앞의 논문, 1980 ; 앞의 책, 1999, 175쪽.
90) 『삼국사기』 권9, 신라본기9 혜공왕 9년 가을 7월.

비담이 '이구족'되었다는 사실을 통해서 신귀족세력이 두 사건을 중요하게 인식하고 있었음을 알 수 있다.

셋째, 칠숙의 모반과 비담의 반란이 진압된 이후의 결과에 대한 문제이다. 칠숙의 모반과 비담의 반란이 진압된 이후에 공교롭게도 모두 '여왕'이 즉위하였다. 즉 칠숙의 모반이 진압된 후에는 선덕왕이, 비담의 반란이 진압된 후에는 진덕왕이 즉위하였다.[91] 이러한 사실은 진평왕 후기에 선덕왕이 왕위계승자로 결정되었고, 선덕왕 후기에는 역시 진덕왕이 왕위계승자로 결정되었음을 의미하는 것이다.[92] 그리고 선덕왕과 진덕왕이 즉위하기 직전에 왕위계승자로 결정된 것은 여자를 왕위계승자로 일찍 결정하였을 경우에 발생할 수 있는 반발을 최소화하기 위한 방법의 하나였을 것이다.

넷째, 칠숙의 모반과 비담의 반란과 관련된 정치세력에 대한 문제이다. 칠숙의 모반과 비담의 반란은 구귀족세력을 중심으로 발생하였고, 두 사건 모두 신귀족세력이 진압하였다. 즉 진평왕대 칠숙의 모반사건은 김용춘과 김서현이 진압하였고,[93] 선덕왕대 비담의 반란은 김유신이 진압하였다. 따라서 칠숙의 모반과 비담의 반란은 왕위계승과 관련된 정국운영에서 사륜계 중심의 신귀족세력과 기존의 구귀족세력의 대립과 밀접한 관련을 맺고 있었음을 알 수 있다.

이와 같이 칠숙의 모반과 비담의 반란의 공통점을 분석함으로써 두

---

91) 진덕왕은 비담의 반란이 진압되기 이전에 즉위하였지만, 진압된 이후에 즉위한 것으로 파악하여도 무방하리라고 생각한다.
92) 이종욱, 앞의 논문, 1980 ; 앞의 책, 1999, 175쪽 : 김덕원, 앞의 논문, 2003 ; 앞의 책, 2007, 216쪽.
93) 김덕원, 앞의 논문, 1992 ; 앞의 책, 2007, 140쪽.

사건이 가지고 있는 정치적 성격을 파악할 수 있다. 즉 진평왕과 선덕왕의 죽음이 어느 정도 예상되는 진평왕 말년과 선덕왕 말년에 '여왕'인 선덕왕과 진덕왕이 왕위계승자로 결정되었다. 이 과정에서 사륜계의 신귀족세력은 선덕왕과 진덕왕의 왕위계승자 결정에 깊이 관여하면서 정국운영을 주도하였다. 구귀족세력들은 '여왕'인 선덕왕과 진덕왕의 왕위계승자 결정과 즉위, 그리고 이 과정에서 신귀족세력의 독단적인 정국운영에 불만을 품고 반발하였을 것이다. 이러한 불만이 결국 진평왕 후기의 칠숙의 모반과 선덕왕 후기의 비담의 반란으로 나타났을 것으로 생각된다. 따라서 칠숙의 모반과 비담의 반란은 왕위계승과 정국운영 과정에서 정치세력들의 동향과 연결해서 파악해야만 비로소 정확한 이해를 할 수 있다. 칠숙의 모반과 비담의 반란을 왕위계승과 정국운영이 서로 연결된 것으로 이해할 수 있다면, 적어도 진평왕 후기부터 정치세력은 신귀족세력과 구귀족세력의 대립구도가 형성되었음을 알 수 있다.

진평왕 후기부터 '여왕'의 즉위와 관련하여 4종류의 정치세력이 형성되었는데, 이것을 크게 분류하면 두 세력으로 구분할 수 있다. 먼저 '여왕'의 즉위를 찬성하거나 지지하는 세력을 들 수 있으며, 이들은 진평왕을 포함한 동륜계 왕실이 중심이 되었다. 그리고 진평왕 후기에 동륜계 왕실과 정치적인 타협을 맺은 사륜계와 이들과 연결된 가야계의 신귀족세력이 있으며, 여기에 동륜계 왕권과 결탁한 구귀족세력의 일부가 포함되었다. 한편 '여왕'의 즉위를 반대하는 세력도 있었는데, 칠숙과 같은 대부분의 구귀족세력이 여기에 포함되었다. 이들은 진골귀족으로서의 기득권을 유지하기 위하여 왕권과 대립하였고, 또 왕위계승과 관련하여 신귀족세력과도 대립관계에 있었다. 결국 진평왕 후기의 여러 정치세력들은 '여왕'의 즉위를 찬성하거나 반대하는 세력으로 크게 구분할 수 있다.

이러한 정치세력들은 선덕왕대에도 약간의 변화를 보이며 그대로 지속되었다.[94] 그 변화는 자장과 같이 '여왕'을 지지하는 불교세력이 새롭게 등장하고 있다는 점이다. 즉 선덕왕대에도 '여왕'의 즉위를 찬성하는 사륜계와 가야계 그리고 구귀족세력의 일부와 불교세력이 존재하였고, 반대하는 세력은 비담을 중심으로 하는 구귀족세력이었다. 이들 정치세력들은 비록 추구하는 목적은 서로 다르지만, 정국운영 및 변화와 관련하여 경우에 따라서는 상호 대립과 협력관계를 형성하며 그 세력을 유지하였다. 따라서 선덕왕대에도 이들 정치세력은 '여왕'의 즉위를 찬성하거나 반대하였던 세력으로 크게 구분할 수 있다.[95]

5. 맺음말

신라 중고기에는 두 차례의 반란이 발생하였는데, 631년(진평왕 53) 이찬 칠숙의 모반과 647년(선덕왕 16) 상대등 비담의 반란이 그것이다. 두 사건은 몇 가지 공통점을 가지고 있기 때문에 서로 연결해서 파악해

---

94) 남동신은 선덕왕대의 정치세력을 3부류로 구분하였는데, 신진세력은 사륜계와 가야계이며, 보수세력은 '여왕'의 즉위를 인정하는 온건세력과 반대하는 강경세력으로 분열되었다고 하였다(남동신, 앞의 논문, 1992, 28쪽). 이 견해는 정치세력을 크게 신진세력과 보수세력으로 구분한 것인데, 신진세력은 여왕의 즉위를 찬성하거나 지지하였으므로 결국 보수세력의 온건세력과 연결된다고 할 수 있다. 그러나 진평왕 이후에 동륜계는 정치적인 실권을 점차 상실하면서 '여왕'의 즉위를 인정하는 보수세력의 온건세력도 약화되었으며, 정국운영은 김용춘과 김서현을 비롯한 사륜계 중심의 신귀족세력들이 장악하였다. 특히 진덕왕이 즉위한 이후의 동륜계는 소멸하여 사실상 사륜계에 흡수되었다고 이해하는 것이 더 정확할 것이다. 따라서 선덕왕대 이후의 정치세력은 '여왕'의 즉위를 찬성하는 신귀족세력과 반대하는 구귀족세력으로 크게 구분할 수 있을 것이다.

95) 김덕원, 앞의 논문, 2003 ; 앞의 책, 2007, 217쪽 주 45) 참조.

야 정확하게 이해할 수 있다.

칠숙의 모반과 비담의 반란의 공통점은 첫째, 왕위계승과 관련하여 재위 중인 왕의 말년에 발생하였으며, 둘째, 주모자들은 '이구족'되었고, 셋째, 진압된 이후에 모두 '여왕'이 즉위하였으며, 넷째, 반란이 발생한 원인과 진압에는 사륜계가 밀접하게 관련되어 있다는 것이다.

신라 중고기 반란의 원인은 왕위계승에서 '여왕'의 왕위계승자 결정과 즉위, 그리고 정국운영 과정에서 정치세력 사이의 대립과 갈등에서 비롯되었다. 즉 진평왕 후기 이후에는 '여왕'의 왕위계승과 즉위에 찬성하는 사륜계 중심의 신귀족세력과 이것을 반대하는 칠숙과 비담 등의 구귀족세력으로 구분되었다. 이 과정에서 구귀족세력을 대표하여 진평왕대에는 칠숙이, 선덕왕대에는 비담이 반란을 일으켰지만, 각각 신귀족세력의 김용춘·김서현과 김유신에 의해서 진압되었다. 그리고 두 사건이 진압된 이후에 '여왕'인 선덕왕과 진덕왕이 즉위하였고, 정국운영은 신귀족세력을 중심으로 이루어졌다.

이와 같이 신라 중고기 칠숙의 모반과 비담의 반란은 왕위계승 문제와 정국운영에서 정치세력들의 동향을 연결해서 파악해야만 비로소 정확한 이해를 할 수 있다.

제2장 진평왕대 김유신의 활동

1. 머리말

김유신(595~673)은 신라의 화랑을 대표하는 인물로 삼국을 통일하는
데 결정적인 역할을 수행하였다. 이 과정에서 무열왕으로 즉위하는 김춘
추와 함께 이른바 '신귀족세력'으로 등장하면서 이후 중대 전제왕권을 확
립하는데 크게 기여하였다.[1]

김유신은 진평왕대부터 문무왕대까지 5대에 걸쳐서 활동하였다. 그의
생애는 『삼국사기』와 『삼국유사』에 기록된 연령과 활동을 통해서 살펴
보면 진평왕대를 기준으로 뚜렷한 차이를 보이고 있다. 즉 진평왕이 죽
은 632년(진평왕 54)은 김유신이 38세가 되는 해로써 그의 생애에서 거
의 절반에 해당된다. 이 기간은 김유신의 생애에서 출생과 성장과정의
유년시절과 화랑으로 활동하였던 청소년시절, 그리고 그 이후에 활동하
였던 청년시절 등 크게 3시기로 구분할 수 있다.

진평왕대 김유신에 대한 기록의 대부분은 이후 그가 어떤 활동을 하였
는지를 이해할 수 있을 정도로 신이한 내용의 설화들로 이루어졌다. 먼

---

1) 신형식, 「김유신가문의 성립과 활동」『이화사학연구』13 · 14, 1983 ; 『한국고대사의 신연구』,
일조각, 1984.

저 김유신의 유년시절에 대한 기록은 그의 가계와 더불어 신이한 출생과 관련된 내용들이며, 성장과정에 대한 기록은 전하지 않는다. 화랑시절의 기록은 화랑이 되어 천관녀와의 만남에 대한 것과 이후 중악의 석굴과 열박산에서 수련하는 내용, 또 백석과 고구려 정탐을 시도한 내용으로 이루어졌다. 그리고 그 이후의 기록은 김춘추와 문희의 혼인과 관련된 설화와[2] 고구려의 낭비성 전투에 참전한 내용으로 구성되었다. 이와 같이 진평왕대 김유신에 대한 기록은 비록 몇 가지에 불과하지만, 이후 그의 활동이 어떠하였을지를 짐작할 수 있게 한다. 따라서 이 시기는 김유신이 본격적인 활동을 하기 위한 준비기간으로 이해할 수 있다.

김유신의 활동이 구체적으로 기록되기 시작한 것은 선덕왕대부터이다. 즉 그는 642년(선덕왕 11) 대야성이 함락된 이후 김춘추와 함께 기록에 재등장하였고, 이때부터 본격적으로 활발한 군사적 활동이 시작되었다. 그리고 그 결과는 무열왕대와 문무왕대를 거치면서 삼국통일로 완성되었는데, 이 기간 역시 그의 생애에서 거의 절반에 해당하는 시기이다. 따라서 김유신의 활동은 진평왕대를 기준으로 크게 두 시기로 구분할 수 있다.[3]

---

2) 『삼국유사』권1, 기이2 태종춘추공에는 김춘추와 문희의 혼인시기가 선덕왕대로 기록되어 있지만, 법민이 태어난 시기가 626년(진평왕 48)이므로 진평왕대의 사실로 이해하고 있다(末松保和, 「新羅三代考」『新羅史の諸問題』, 東洋文庫, 1954, 14쪽). 이와 관련된 연구성과는 김덕원, 『신라 중고기 사륜계의 정치활동 연구』, 명지대 박사학위논문, 2003 ; 『신라중고정치사연구』, 경인문화사, 2007, 151쪽 주 30) 참조. 한편 박순교는 김춘추와 문희의 혼인은 623년(진평왕 45)이라 하였고(박순교, 『김춘추의 집권과정 연구』, 경북대 박사학위논문, 1999, 66~67쪽), 정구복은 김춘추가 25세 무렵으로 추정하였으며(정구복, 「김유신(595~673)의 정신세계」 『유산강인구교수정년기념 동북아고문화논총』, 민창문화사, 2002, 603쪽 주 35) 참조), 정중환은 선덕왕대라고 하였다(정중환, 「김유신(595~673)론」『역사와 인간의 대응』 -한국사편-, 한울, 1985, 26~27쪽).
3) 정구복은 김유신의 생애를 성장기·장년기·노년기의 3시기로 파악하였다(정구복, 앞의 논문, 2002).

지금까지 김유신에 대한 연구는 여러 분야에 걸쳐서 이루어졌지만,[4] 주로 그의 화랑시절과 이후 삼국통일 과정에 집중되었다. 특히 그의 군사적 활동은 거의 전적으로 후자를 중심으로 이루어져 있다고 해도 과언이 아니다. 그러나 선덕왕대 이후 삼국통일 과정에서 보여준 김유신의 군사적 활동은 진평왕대의 활동을 토대로 하였기 때문에 가능하였다. 특히 진평왕대 김춘추와의 만남은 두 사람 모두에게 정치적으로 중요한 전환이 되었으며, 결국 중대 무열왕권이 성립하는 기반을 마련하는 계기가 되었다. 이러한 사실을 고려할 때 진평왕대 김유신의 활동을 살펴보는 것은 이후 그의 활동을 이해할 수 있다는 점에서 중요한 의미를 가지는 것이다.

　이와 같은 중요성에도 불구하고 진평왕대 김유신에 대한 기록은 신이한 내용의 설화들로 이루어졌기 때문에 그의 활동을 살펴보는데 일정한 한계가 있다. 특히 김유신의 활동을 대표하는 화랑시절의 기록은 더욱 그러하다. 그러므로 신이한 내용의 설화에서 어떤 것이 역사적인 사실이고, 그것을 어떻게 이해해야 하는지가 관건이라고 할 수 있다. 그러기 위해서는 김유신과 관련된 신이한 내용의 설화들을 적극적으로 해석할 필요가 있다. 즉 신이한 설화들의 내용은 그가 활동하였던 역사적 사실을 반영하고 있는데, 그의 활동을 과장하기 위해서 후대에 윤색된 것으로 이해할 수 있다.

---

4) 김유신에 대한 연구는 역사·설화·불교·미술 등 다양한 분야에서 이루어졌다.

2. 유년시절의 성장과정

1) 김유신의 가계

김유신은 금관가야 왕족의 후손으로 태어났다. 금관가야의 마지막 왕인 구해(형)왕이 532년(법흥왕 19) 신라에 항복하면서 진골귀족에 편입되었고, 무력을 비롯한 그의 아들들도[5] 관직에 진출하였다.[6] 금관가야의 마지막 왕인 구해(형)왕은 김유신의 증조가 되며, 따라서 그는 신라의 전통적인 귀족출신이 아니라 '가야계'였다.

신라의 최고 신분인 진골귀족에 편입된 '가야계'는 이후 군사적인 분야에서 많은 공적을 쌓았다.[7] 김유신의 조부 김무력은 진흥왕대인 551년(진흥왕 12) 아찬으로써 나제동맹을 바탕으로 백제와 연합하여 고구려가 차지하고 있었던 한강유역을 탈취하는데 공을 세웠다.[8] 그리고 553년에

---

5) 구해(형)왕의 아들에 대한 연구성과는 村上四男, 「金官國の世系と率支公」『朝鮮學報』 21·22, 1961 ;『朝鮮古代史研究』, 開明書院, 1978, 372~382쪽 : 이기백·이기동, 『한국사강좌』 -고대편-, 일조각, 1982, 163~164쪽 주 87) 참조.
6) 『삼국사기』 권4, 신라본기4 법흥왕 19년 :『삼국유사』 권2, 기이2 가락국기.
7) 신라에서 활동하였던 '가야계'에 대한 연구성과는 선석열, 「신라사 속의 가야인들 -김해김씨와 경주김씨-」『한국고대사 속의 가야』, 혜안, 2001 : 주보돈, 「가야인, 신라에서 빛나다」『가야, 잊혀진 이름 빛나는 유산』, 혜안, 2004 참조.
8) 단국대 사학회, 『사학지』 12, 1978 : 한국고대사회연구소 편, 『역주 한국고대금석문』 II, (재)가락국사적개발연구원, 1992, 35쪽. 한편 이명식은 김무력이 신주 군주가 되었을 때 아찬이었으므로 6두품에 편입되었고, 관산성 전투에서 대공을 세워 국왕의 신임을 받았으나 아직 진골의 반열에 들지 못하였다고 하였고, 629년(진평왕 51) 낭비성 전투의 공로로 김서현이 소판을 제수받음으로써 진골이 되었다고 하였다(이명식, 「신라 중대왕권의 전제화과정」『대구사학』 38, 1989 ;『신라정치사연구』, 형설출판사, 1992, 118~119쪽). 그러나 김무력과 김서현의 신분을 단순히 아찬과 소판의 관등만으로 6두품과 진골로 구분할 수는 없다. 더욱이 김무력은 561년(진흥왕 22)에 건립된 「창령비」에 이미 잡찬으로 기록되어 있고, 김서현도 낭비성 전투에 참전할 때 소판이었다.

는 신주 군주가 되었고,[9] 그 이듬해에는 관산성 전투에서 백제의 성왕을 전사시켰다.[10] 이러한 공적으로 561년(진흥왕 22) 무렵에는 잡찬으로 승진하였으며,[11] 568년에는 진흥왕이 북한산과 함경도 일대를 순수할 때에도 수행하였다.[12] 또한 이러한 군사적인 기반을 토대로 거칠부와 함께 진지왕의 즉위에 중요한 역할을 수행하였을 것으로 생각된다.[13]

김유신의 아버지 김서현도 군사적인 활동을 통해서 소판과[14] 대양주도독 안무대양주제군사에 이르렀다.[15] 특히 김서현은 629년(진평왕 51) 김춘추의 아버지 김용춘과 함께 고구려의 낭비성 전투에 참전하였는데, 이때 김유신도 참전하여 위기에 처한 신라군을 구하고 낭비성을 항복시키는 전공을 세웠다.[16]

이와 같이 신라에 복속된 이후 '가야계'는 활발한 군사적인 활동을 통해서 그 지위를 착실하게 쌓아갔다. 그 결과 김서현은 왕족의 딸인 만명과 혼인하게 되었는데, 이와 관련된 기록은 다음과 같다.

A. 일찍이 서현이 길에서 갈문왕 입종의 아들인 숙흘종의 딸 만명을 보고 마음에 들어 눈짓으로 꾀어 중매도 거치지 않고 결합하였다. 서현이 만노군 태수가 되어 만명과 함께 떠나려고 하니,

9) 『삼국사기』권4, 신라본기4 진흥왕 14년 가을 7월.
10) 『삼국사기』권4, 신라본기4 진흥왕 15년 : 동 권26, 백제본기4 성왕 32년 가을 7월.
11) 한국고대사회연구소 편, 앞의 책, 1992, 55쪽.
12) 한국고대사회연구소 편, 앞의 책, 1992, 69쪽·77쪽·88쪽.
13) 선석열, 앞의 논문, 2001, 535~536쪽 : 김덕원, 앞의 논문, 2003 ; 앞의 책, 2007, 49~50쪽.
14) 박해현은 김서현이 629년(진평왕 51) 이전에는 소판에 이르지 못하고 파진찬 이하의 관등이 었을 것이라고 하였다(박해현, 「신라 진평왕대 정치세력의 추이 -왕권강화와 관련하여-」 『전남사학』 2, 1988, 14쪽).
15) 『삼국사기』권41, 열전1 김유신 (상).
16) 『삼국사기』권4, 신라본기4 진평왕 51년 가을 8월 : 동 권41, 열전1 김유신 (상).

숙흘종이 그제서야 딸이 서현과 야합한 것을 알고 미워하여 별
채에 가두고 사람을 시켜서 지키게 하였다. (이때) 갑자기 벼락
이 문간을 때리자 지키는 사람이 놀라 정신이 없었다. 만명은
창문으로 빠져나가 드디어 서현과 함께 만노군으로 갔다.[17]

위의 기록은 김서현과 만명의 혼인과정에 대한 내용이다. 김서현은 만
명의 아버지 숙흘종의 반대에도 불구하고 어렵게 혼인하였다.[18] 지금까
지 위의 기록을 토대로 '가야계'는 신라에 복속된 금관가야 출신이었기
때문에 신분적인 한계로 말미암아 경주 귀족들에 비하여 사회적으로 천
대를 받았고, 따라서 김서현이 만명과 혼인할 때 숙흘종이 반대하였던
것으로 파악하였다.[19] 또한 김서현이 만명과 파격적인 혼인을 시도한 것
은 지방세력의 한계를 극복하고, 신라 사회에서의 지위를 확고하게 하려
는 의도에서 비롯된 것이라는 견해가 지배적이다.[20]

그러나 '가야계'를 새롭게 인식하면서[21] 위의 기록에 대해서도 재해석

17) 『삼국사기』 권41, 열전1 김유신 (상).
18) 김열규는 김유신 부모의 혼인에 장애가 있는 것은 영웅전승의 전형적인 모티브로 간주될
    수 있다고 하였다(김열규, 「무속적 영웅고 -김유신전을 중심으로-」 『진단학보』 43, 1977,
    90쪽).
19) 末松保和, 앞의 책, 1954, 11~15쪽 : 김철준, 「고구려·신라의 관계조직의 성립과정」 『이병
    도박사화갑기념논총』, 1956 ; 『한국고대사회연구』, 서울대 출판부, 1990, 250쪽.
20) 신형식, 앞의 논문, 1983 ; 앞의 책, 1984, 249쪽 : 김영하, 「신라 중고기 정치과정 시론 -중
    대왕권 성립의 이해를 위한 전제-」 『태동고전연구』 4, 1988 ; 『한국 고대사회의 군사와 정
    치』, 고대 민족문화연구원, 2002, 257쪽 : 박순교, 앞의 논문, 1999, 58~59쪽.
21) 三池賢一은 가라김씨가 신라 국내에서도 어느 정도의 기성세력을 유지하는 것이 가능하였
    다고 하였고(三池賢一, 「金春秋小傳」 (2) 『駒澤史學』 16, 1969, 46쪽), 武田幸男은 '가야계'
    는 신라에 항복한 이후에 4대가 지나면서 진골귀족의 대표가문으로서 자리를 굳히게 되었다
    고 하였다(武田幸男, 「'新羅 毗曇の亂'の一視覺」 『三上次男博士喜壽紀念論文集』, 平凡社,
    1985, 240쪽). 또한 유영철도 김무력의 활동 시기에 이미 신라에서 一門으로서의 위치를 굳
    혔다고 하였다(유영철, 「신라 중대 왕권의 성격 -태종무열왕을 중심으로-」 『교남사학』 4,

을 시도하고 있다. 즉 숙흘종이 김서현과 만명의 혼인에 반대하였던 것
은 금관가야계라는 이유가 아니라 김서현이 낮은 관등을 소유하였고, 그
의 아버지 김무력이 진지왕의 비정상적인 왕위계승에 동조하였기 때문
에 왕족인 숙흘종이 혼인을 반대하였다는 견해가 그것이다.[22] 또 당시
만명은 진평왕의 왕비가 될 수 있는 가장 유력한 지위에 있었음에도 불
구하고, 숙흘종의 뜻과 당시의 관습에 어긋난 일을 저질렀기 때문에 숙
흘종이 달갑게 받아들이지 않았다는 견해와[23] 진지왕과 진평왕의 왕위
계승과 관련하여 사륜계와 동륜계의 정치적 성향의 차이에서 반대하였
다는 견해도 제기되었다.[24] 따라서 이와 같은 연구성과를 참조하면 '가
야계'도 당시 신라 사회에서 진골귀족으로서의 신분적인 지위를 확보하
였고, 이것을 바탕으로 김서현은 만명과 혼인하였던 것으로 이해할 수
있다.[25]

만명은 숙흘종의 딸인데, 숙흘종은 법흥왕의 동생인 입종갈문왕의 아
들이며, 진흥왕의 동생이다. 그러므로 만명은 진흥왕의 조카로써 왕실과
가장 가까운 측근이다. 김서현은 왕족인 만명과 혼인함으로써 진골귀족
으로서의 지위를 더욱 확고히 다지게 되었다. '가야계'는 이러한 지위를

1989, 17~18쪽).
22) 선석열, 앞의 논문, 2001, 535~536쪽.
23) 정구복, 앞의 논문, 2002, 595쪽.
24) 김덕원, 앞의 논문, 2003 ; 앞의 책, 2007, 107~108쪽 주 36) 참조.
25) 김서현이 만명과 혼인할 수 있었던 것은 숙흘종이 묵인하였기 때문에 가능하였던 것으로
이해하는 견해도 있다(정중환, 앞의 논문, 1985, 18쪽 : 박남수, 「통일주도세력의 형성과 정치
개혁」, 『통일기의 신라사회 연구』, 동국대 신라문화연구소, 1987, 111쪽 : 박순교, 앞의 논문,
1999, 59~60쪽). 이러한 사실은 '가야계'가 신라 사회에서 어느 정도의 지위를 차지하고 있었
음을 알 수 있게 하는 것이다. 한편 노용필은 김서현이 혼인을 할 수 있었던 것은 진흥왕대
에 지증왕계와 비지증왕계 세력 사이의 연합이 이루어지고 있었던 정치적 상황에 따른 것이
라고 하였다(노용필, 『진흥왕순수비연구』, 일조각, 1996, 92쪽 주 19) 참조).

기반으로 이후 중요한 정치세력으로 두각을 나타낼 수 있게 되었다.

2) 김유신의 출생

김유신은 595년(진평왕 17) 만노군(지금의 진천)에서 출생하였다. 김유신의 출생에 대해서는 여러 가지의 내용이 전해지고 있는데, 이에 대한 기록은 다음과 같다.

> B-1. 서현이 경진일 밤에 형혹성과 진성 두 별이 자신에게로 내려오는 꿈을 꾸었다. 만명도 신축일 밤에 한 어린아이가 황금 갑옷을 입고 구름을 타고 집 안으로 들어오는 꿈을 꾸고 곧바로 임신하여 20개월만에 유신을 낳았다. 때는 진평왕 건복 12년 수문제 개황 15년 을묘였다. (서현이) 그 이름을 지으려고 할 때 부인에게 말하기를 "내가 경진일 밤에 길몽을 꾸어 이 아이를 얻었으니, 경진으로 이름을 지어야 하겠다. 그러나 『예기』에 '날이나 달의 이름을 따서 이름을 짓지 않는다.'고 하였으니, 지금 庚자는 庚자와 글자 모양이 서로 비슷하고, 辰은 信과 소리가 비슷하며, 더구나 옛날 어진 사람에 庚信이라고 이름을 지은 이가 있으니, 그렇게 이름 짓지 아니하랴?"고 하였다. 드디어 이름을 유신이라고 하였다<만노군은 지금의 진주이다. 처음 유신의 태를 고산에 묻었으므로 지금까지 태령산이라고 한다.>.[26]

---

26) 『삼국사기』 권41, 열전1 김유신 (상).

2. 유신공은 진평왕 17년 을묘에 태어났다. 칠요의 정기를 타고났
   으므로 등에 칠성 무늬가 있고, 또 신기하고 이상한 일들이 많
   았다.[27]

3. … 마침내 집에 돌아와서 백석을 결박하고 다짐하여 그 실정을
   물었더니, 백석이 말하기를 "나는 본래 고구려 사람<고본에는
   백제라고 하였으나 잘못이다. 추남은 고구려 사람이고, 또한 음
   양을 역행한 것도 보장왕대의 일이다.>입니다. 우리나라의 여러
   신하들이 말하기를 신라의 유신은 본래 우리나라에서 점치던
   선비인 추남<고본에는 춘남이라고 하였으나 잘못이다.>이라고
   합니다. … 그날 밤 대왕의 꿈에 추남이 신라 서현공 부인의 품
   속으로 들어간 것을 여러 신하들에게 이야기하였더니, 모두 말
   하기를 '추남이 마음속으로 맹세하고 죽더니 그 일이 과연 그러
   합니다.'라고 하였습니다. 그 때문에 나를 보내어 이런 계획을
   꾸미게 한 것입니다."라고 하였다.[28]

4. 신라왕이 글을 올려 말하기를 "신라는 비록 작은 나라지만, 거룩
   한 신하 김유신을 얻어서 삼국을 통일하였으므로 태종이라고 한
   것입니다."라고 하였다. 황제가 그 글을 보고 곧 자신이 태자로
   있을 때 하늘에서 이르기를 "33천의 한 사람이 신라에 태어나
   김유신이 되었다."라고 하던 것을 글로 적어 둔 것이 생각나서
   꺼내보고 놀랍고 두렵지 않을 수 없어 다시 사신을 보내어 태종
   의 칭호를 고치지 않아도 좋다고 하였다.[29]

---

27) 『삼국유사』 권1, 기이2 김유신.
28) 『삼국유사』 권1, 기이2 김유신.

5. … 왕은 이를 이상히 여겨 일관 김춘질<또는 춘일>에게 점을 치도록 하였다. 김춘질이 아뢰기를 "돌아가신 부왕께서 지금 바다의 용이 되어 삼한을 수호하고 있습니다. 또 김유신공도 33천의 한 아들로서 지금 인간 세상에 내려와 대신이 되었습니다. 두 성인이 덕을 같이 하여 나라를 지킬 보배를 내어주려 하시니, 만약 폐하께서 해변으로 나가시면 값으로 계산할 수 없는 큰 보배를 얻게 될 것입니다."라고 하였다.[30]

위의 기록은 김유신의 출생에 대한 내용이다. 김유신에 대한 기록은 출생부터 신이한 내용으로 이루어져 있다. 김유신의 출생과 관련된 신이한 내용은 B-1의 성신의 강령과 금갑 동자의 하강,[31] B-2의 칠요의 정기, B-3의 추남의 전생, B-4·5의 33천의 한 사람(또는 아들)으로 기록되어 있어서 비범한 인물의 탄생을 예고하고 있다. 또한 김유신의 출생과 관련된 기록은 불교를 비롯한 여러 종교적·사상적인 내용을 포함하고 있는데, 이러한 모습은 이후 그의 활동과도 밀접한 관련을 맺고 있다.

여기서 주목되는 것은 B-3에서 추남이 죽임을 당하면서 자신의 억울함을 풀어줄 상대로 신라를 선택하고 있다는 점이다. 이러한 사실은 당시 고구려 귀족세력들의 대외적인 인식을 반영하는 것으로 생각된다. 고구려는 6세기 전반 이후부터 귀족세력들 사이에 내분이 발생하여 대내적

---

29) 『삼국유사』권1, 기이2 태종춘추공.
30) 『삼국유사』권2, 기이2 만파식적.
31) 박대복은 성신의 강령은 위대한 인물의 출생을 의미하고, 금갑을 입은 동자의 등장은 전쟁 영웅의 출현이라는 의미를 가진다 하였다(박대복, 「김유신 열전의 천관념 연구」『어문연구』 134, 2007, 119쪽).

으로 혼란한 상황에 빠졌는데, 이에 대한 기록은 다음과 같다.

C-1. 이달에 고(구)려가 그 왕 안(장왕)을 죽였다.[32]

2. 이해 고(구)려가 크게 어지러워 죽임을 당하는 자가 많았다
<『백제본기』에는 "12월 갑오에 고(구)려국 세군과 추군이 궁
문에서 싸웠는데, 북을 치면서 전투를 벌였다. 세군이 패하고
군사를 해산하지 않은 지 사흘이 되자 세군의 자손을 모두
사로잡아 죽였다. 무술에 박국의 향강상왕이 죽었다."라고 하
였다>.[33]

3. 이해 고(구)려가 크게 어지러워 무릇 싸우다 죽은 자가 2천여
명이었다<『백제본기』에는 "고(구)려가 정월 병오에 중부인의
아들을 왕으로 세웠는데, 나이 8세였다. 박왕에게는 세 부인이
있었는데, 정부인은 아들이 없었다. 중부인이 세자를 낳았는
데, 그의 외조부가 추군이었다. 소부인도 아들을 낳았는데, 그
의 외조부는 세군이었다. 박왕의 질병이 심해지자 세군과 추군
이 각각 소부인과 중부인의 아들을 즉위시키고자 하였다. 그러
므로 세군의 죽은 자가 2천여 명이었다."라고 하였다.>.[34]

위의 기록은 고구려 귀족세력들 사이에 발생하였던 내분에 대한 내용
이다. C-1은 안장왕의 피살에 대한 것이고, C-2·3은 안원왕의 후계를 둘

---

32) 『일본서기』 권17, 계체천황 25년 겨울 12월.
33) 『일본서기』 권19, 흠명천황 6년 시세.
34) 『일본서기』 권19, 흠명천황 7년 시세.

러싼 지배층의 내분과 양원왕의 즉위에 대한 것이다. 그리고 C-2와 C-3은 동일한 사건인데, C-3이 C-2를 부연 설명한 것이다.[35]

고구려는 6세기 전반 이후부터 귀족세력들 사이에 갈등이 생기면서 안장왕이 피살되는 사건이 발생하였다. 그리고 안장왕을 이어서 즉위한 안원왕대의 말기에는 왕위계승과 관련하여 세군과 추군이 대립하면서 치열한 전투가 벌어졌다. 그 결과 세군의 2천여 명이 죽고 추군의 양원왕이 즉위하였지만,[36] 대내적으로 혼란한 상황에 빠졌다. 또한 중국의 북제와 유목민인 돌궐과 대립하면서 대외적으로도 위기를 맞았다.[37] 더욱이 589년(평원왕 31)에는 수가 분열되었던 중국을 재통일하면서 대외적인 위기는 더욱 고조되었다.

이와 같이 고구려의 대내적인 혼란과 대외적인 위기상황을 이용하여 신라는 551년(진흥왕 12) 나제동맹을 바탕으로 백제와 더불어 고구려가 차지하고 있었던 한강유역을 점령하여 10군을 설치하였다.[38] 이후 신라는 백제가 차지하였던 6군마저 빼앗아 신주를 설치하였고,[39] 554년에는 백제의 성왕을 관산성 전투에서 전사시키는 성과를 거두었다.[40] 이로써 신라는 한강유역을 독차지하면서 새롭게 삼국의 주도권을 장악하였다.[41]

---

35) 이홍직, 「일본서기소재 고구려관계기사고」, 『동방학지』 1, 1954 ; 『한국고대사의 연구』, 신구문화사, 1971, 157~158쪽.
36) 임기환은 추군과 세군의 정쟁을 중앙정권과 환도세력의 대결로 파악하였다(임기환, 「6·7세기 고구려 정치세력의 동향」, 『한국고대사연구』 5, 1992 ; 『고구려 정치사 연구』, 한나래, 2004, 265~266쪽).
37) 노태돈, 「고구려의 한수유역 상실의 원인에 대하여」, 『한국사연구』 13, 1976 ; 『고구려사연구』, 사계절, 1999, 401~429쪽.
38) 『삼국사기』 권4, 신라본기4 진흥왕 12년 : 동 권44, 열전4 거칠부.
39) 『삼국사기』 권4, 신라본기4 진흥왕 14년 가을 7월.
40) 『삼국사기』 권4, 신라본기4 진흥왕 15년.
41) 신형식, 「한국고대에 있어서 한강류역의 정치·군사적 성격」, 『향토서울』 41, 1983 ; 앞의 책, 1984, 155~156쪽.

추남이 죽임을 당한 시기를 사료 B-3에는 보장왕대라고 하였지만, 594년(영양왕 5) 무렵이었을 것으로 추정된다. 이 시기에 고구려는 대내외적인 혼란과 위기에 처하였고, 신라는 한강유역을 차지하면서 삼국의 주도권을 장악하고 있었다. 당시 고구려의 귀족세력들은 한강유역을 상실한 이후에 대외적인 정세의 변화를 예의 주시하면서 신라에 대한 인식도 새롭게 하였을 것이다. 그리고 '卜筮之士'인 추남은 이와 같은 대외적인 정세의 변화를 누구보다도 더욱 정확하게 예상하고 있었을 것으로 생각된다. 어쩌면 이러한 변화는 추남뿐만이 아니라 대부분의 고구려 귀족세력들도 인식하고 있었을 것이다. 따라서 추남이 자신의 억울함을 풀어줄 상대로 신라를 선택하였던 것은 이러한 대외적인 정세의 변화를 반영하는 것이다. 그리고 앞으로 신라가 삼국의 주도권을 장악할 가능성이 높다는 사실을 고구려의 귀족세력들도 인식하고 있었음을 의미하는 것이다. 이와 같은 추남 설화 역시 후대에 윤색되어 김유신 설화에 반영되었을 것이다.

3) 김유신의 성장

김유신은 만노군에서 출생하여 유년시절을 이곳에서 보냈다. 신라에서는 538년(법흥왕 25)에 지방관이 가족을 데리고 임지에 부임하는 것을 허락하는 '攜家之制'가 시행되었다.[42] 김서현도 만노군 태수로 부임하면서 부인인 만명을 데리고 갔기 때문에 김유신은 그곳에서 태어났다. 그

---

42) 『삼국사기』 권4, 법흥왕 25년 봄 정월.

러나 김유신은 만노군에서 오랜 기간을 보내지 않았을 것으로 보인다. 당시 신라 지방관의 임기가 얼마 동안이었지는 정확하게 알 수 없지만, 그리 오랜 기간은 아니었을 것이다.[43] 김서현은 불과 몇 년 동안만 만노군에서 생활하다가[44] 경주로 돌아왔을 것이다. 따라서 김유신도 아버지 김서현을 따라 비교적 일찍 경주로 돌아왔을 것으로 생각된다.[45]

김유신은 만노군에서 돌아온 이후 경주에서 성장하면서 학문과 무예를 연마하였을 것이다. 화랑이 되기 이전까지 김유신의 성장과 관련된 기록은 전해지는 것이 없다. 다만 당시의 상황을 어느 정도 추정할 수 있는 자료가 있는데, 이에 대한 기록은 다음과 같다.

> D. 김인문은 자는 仁壽이고, 태종대왕의 둘째 아들이다. 어려서 학문을 시작하여 유가의 책을 많이 읽었고, 겸하여 장자·노자·불교의 책도 읽었다. 또한 예서와 활쏘기·말타기·향악을 잘하였다. 행동의 법도가 수수하고 세련되었으며, 식견과 도량이 넓어 당시 사람들이 추앙하였다.[46]

---

43) 김서현은 30여 년 동안 만노군에 머물면서 민심을 安堵케 하고 생업을 권장하는 등 선정을 베풀며 신라의 변방 방위에 정열을 쏟았다고 파악한 견해도 있다(한국교원대 박물관,『진천김유신장군사적 학술조사보고서』, 1999, 23쪽).
44) 김유신은 15세에 화랑이 되기 이전까지 진천에서 성장하였다는 견해도 있다(한국교원대 박물관, 앞의 책, 1999, 32쪽 : 조익현,「진천지역의 김유신사적에 대한 재검토」,『고문화』55, 2000, 58쪽). 현재 진천에는 김유신의 유년시절과 관련된 유적과 지명이 많이 전하고 있는데, 이것은 후대에 만들어진 것으로 보인다. 진천지역의 김유신과 관련된 유적과 지명에 대한 연구는 한국교원대 박물관, 앞의 책, 1999 : 조익현, 앞의 논문, 2000 참조.
45) 정구복, 앞의 논문, 2002, 596~597쪽. 정구복은 만노군에 있을 당시 김유신의 가족은 김유신을 포함하여 부모와 동생인 흠순(또는 흠춘)·보희·문희 등 6명이라고 하였다. 그러나 적어도 보희와 문희는 경주에서 태어났을 가능성이 더 크다고 생각된다.
46)『삼국사기』권44, 열전4 김인문.

위의 기록은 김인문의 어린 시절에 대한 내용이다. 김인문은 왕족이기 때문에 당시의 일반적인 상황과는 다소 차이가 있겠지만, 김유신 역시 이와 비슷한 교육을 받았을 것으로 추정된다. 즉 김유신은 경주로 돌아온 이후에 김인문의 경우와 같이 유교·도교·불교 등 여러 분야의 책을 읽으면서 학문을 연마하였으며, 검술·활쏘기·말타기 등의 무예를 수련하였을 것으로 추정할 수 있다.[47] 따라서 비교적 일찍부터 문무를 겸비한 교육을 받은 것은 결과적으로 김유신이 15세에 화랑이 되는데 중요하게 작용하였을 것이다.

3. 화랑시절의 수련과정

1) 천관녀와의 만남

신라는 진흥왕대에 인재를 양성하고 관리를 선발하기 위해서 화랑도를 설치하였다. 화랑도는 15~18세의 진골귀족의 자제 중에서 외모가 아름다운 사람을 화랑으로 선발하고, 그 밑에는 수백 명에서 수천 명의 낭도들로 구성되었다. 이들은 평상시에는 서로 도의를 연마하거나 음악과 노래를 즐기며 명산과 대천을 찾아다녔으며, 유사시에는 전쟁에 참전하여 나라를 위해서 목숨을 바쳤다.[48]

---

47) 정구복, 앞의 논문, 2002, 597쪽.
48) 『삼국사기』 권4, 신라본기 4 진흥왕 37년 봄 : 『삼국유사』 권3, 탑상4 미륵선화미시랑진자사. 화랑도에 대한 연구는 주보돈, 「신라 화랑도 연구의 현황과 과제」『계명사학』 8, 1997 참조

김유신은 어린 시절부터 학문과 무예를 연마하여 15세에 화랑이 되었다. 당시의 사람들은 특별히 김유신의 낭도를 용화향도라고 불렀는데, 이것은 그에 대한 기대감이 반영되었던 표현이었을 것이다.[49] 화랑이 된 김유신도 도의를 연마하는 한편 음악과 노래를 즐기며 명산과 대천을 찾아다녔을 것이다. 이러한 과정에서 김유신의 연인으로 전해지는 천관녀를 만났을 것으로 추정되는데, 이에 대한 기록은 다음과 같다.

> E. 김유신은 계림 사람으로 업적이 혁혁하여 국사 속에 널리 전한다. 어린 시절 어머니가 날마다 더욱 엄하게 훈계하여 함부로 교유하지 못하였다. 하루는 우연히 여종[女隷]의 집에서 묵었더니, 어머니가 책망하여 말하기를 "나는 이미 늙어 밤낮으로 네가 성장하여 임금과 부모를 위해 공명 세우기를 바라는데, 지금 네가 천한 아이들과 어울려 술집에서 방탕하게 노느냐?"라 하고는 소리 내어 울기를 그치지 않았다. (김유신이) 바로 어머니 앞에서 "다시는 그 집 문 앞을 지나가지 않겠다."고 스스로 맹세하였다. 어느 날 술에 취해 집으로 돌아오는데, 말이 옛길을 따라 倡家에 잘못 이르렀다. (여자가) 기쁘기도 하고 원망스럽기도 하여 눈물을 흘리며 나와 맞이하였다. 공이 곧 깨닫고 타고 있던 말을 베고는 안장까지 버리고 돌아가자, 그녀가 怨詞 한 곡을 지었는데, (지금도) 전한다. 동도에 천관사가 있으니, 바로 그 집

49) 김상현, 「통일 전야 신라사회의 기풍」, 『신라의 사상과 문화』, 일지사, 1999, 175~176쪽 : 이기동, 「김유신 -'지성'으로 이룩한 삼국통일의 위업-」, 『한국사시민강좌』 30, 일조각, 2002, 14쪽.

이다. … 천관은 바로 그녀의 별호이다.[50]

위의 기록은 김유신과 천관녀에 대한 내용이다. 천관녀와 관련된 기록은 고려시대 이인로의 『파한집』에 처음으로 수록되어 있으며, 『신증동국여지승람』과[51] 『동경잡기』에도[52] 비슷한 내용이 수록되어 있다. 위의 자료들은 김유신과 천관녀의 만남과 이별에 대해서만 기록되었기 때문에 두 사람이 만난 시기와 기간에 대해서는 정확하게 알 수 없지만, 어느 정도는 추정할 수 있다.[53]

위의 사료 E에 의하면 김유신은 어렸을 때 어머니 만명으로부터 엄격한 교육을 받으며 자랐기 때문에 친구들도 함부로 사귀지 못하였고 한다. 이것은 김유신이 어머니로부터 많은 기대를 받으며 성장하였음을 의미하는 것이다. 이러한 상황에서 김유신은 천관녀를 만났으며, 곧 그녀를 통해서 어머니로부터 받고 있는 부담스러울 정도의 기대를 벗어나는 돌파구를 발견하였을지도 모르겠다. 이와 같은 면을 고려하면 김유신이 천관녀를 만났던 시기는 화랑이 되고 얼마 안 되었던 때였을 것으로 생각된다.[54]

김유신과 천관녀와의 만남은 비교적 오랜 시간에 걸쳐서 계속되었던

---

50) 『파한집』 권중, 천관사.
51) 『신증동국여지승람』 권21, 경주부 고적.
52) 『동경잡기』 권2, 고적.
53) 김유신과 천관녀의 만난 시기와 그 기간에 대한 문제는 신라사학회 지음, 『신라속의 사랑 사랑속의 신라』 −삼국시대편−, 경인문화사, 2006, 222~223쪽 참조.
54) 정중환도 김유신이 천관녀를 만난 것은 16세 내지 중악으로의 입산 이전이라고 하였다(정중환, 앞의 논문, 1985, 21쪽). 한편 이근직은 김유신이 30세 전후에 천관녀와의 밀월기간을 거쳐 단교로 이어지는 시기를 보냈다고 하였다(이근직, 「경주 천관사지 소고」 『경주사학』 20, 2001, 81~82쪽).

것 같다. 그것은 김유신의 말이 술에 취한 그를 태운 채 천관녀의 집으로 갔다는 사실을 통해서 어느 정도 알 수 있다. 즉 김유신의 말이 자연스럽게 천관녀의 집으로 갔다는 것은 그가 상당히 오랫동안에 걸쳐서 천관녀의 집에 드나들었기 때문에 가능하였을 것이다. 그리고 천관녀가 기쁨과 원망이 뒤섞여 눈물을 흘리며 나와서 맞이하였다는 기록도 두 사람의 만남이 오랫 동안 계속되었음을 알 수 있게 한다. 왜냐하면 오랜 연인들의 감정이 묻어나 있는 것으로 보이기 때문이다.

김유신과 천관녀의 만남에 대한 이야기는 여러 사람들에게 널리 알려지게 되었을 것이다. 그럼에도 불구하고 두 사람의 만남은 이후에도 오랫 동안 지속되었을 것이다. 그리고 김유신과 천관녀의 이야기가 김유신의 어머니에게 알려지게 되면서 결국 두 사람의 만남은 이별로 끝나게 되었다.[55]

주목되는 것은 천관녀의 신분에 대한 문제이다. 지금까지 천관녀를 기녀로 이해하였으나 최근에는 여인의 이름이 아니라 천운을 살핀 샤먼 성격의 제관으로 이해하거나[56] 또는 신궁의 제사를 맡은 여자로[57] 파악하는 견해가 새롭게 제기되었다. 즉 천관녀는 제사를 담당하였던 여사제, 또는 종교적 직능자라고 재해석함으로써 상당한 설득력을 얻고 있다.[58]

이와 같이 천관녀는 기녀가 아니라 무속적인 전통신앙(토착신앙)의 성

---

55) 김유신과 천관녀의 만남은 대체로 두 사람의 사랑이야기를 중심으로 전해지고 있다. 이러한 경향은 김유신의 서자인 군승을 천관녀의 아들로 추정하는 견해로도 나타나고 있다(한국불교연구원, 「천관사지」『신라의 폐사』 I, 일지사, 1974, 87쪽).
56) 이근직, 앞의 논문, 2001, 83쪽 및 88쪽.
57) 정구복, 앞의 논문, 2002, 598~600쪽.
58) 이근직은 김유신과 천관녀를 당시의 정치적·종교적 사건과 연결시켜서 파악하였는데(이근직, 앞의 논문, 2001, 83~84쪽), 시사하는 바가 크다.

격을 지닌 종교적인 인물이었으며, 구귀족세력이었을 것으로 추정된다. 당시 가야계인 김유신의 가문은 김용춘의 사륜계와 밀접한 관련을 맺으며 신귀족세력으로 성장하고 있었기 때문에 김유신과 천관녀는 정치적으로 서로 다른 입장이었을 것이다. 따라서 이러한 정치적인 이유로 두 사람은 이별을 하게 되었고, 이것이 후대에 천관녀 설화로 윤색되었을 가능성이 높을 것으로 생각된다.

2) 화랑시절의 수련

천관녀와 이별한 이후에 김유신은 무예 수련에 정진하면서 위기에 처한 나라를 구하는 일에 전념하였던 것으로 보인다. 이것은 곧 어머니의 뜻을 따르는 것이었고, 또한 천관녀와의 이별의 아픔을 달래는 방법이기도 하였을 것이다. 당시 신라는 고구려와 백제의 침략으로 매우 어려운 상황에 처해 있었다. 김유신은 위기에 처한 나라를 구하기 위해서 깊은 산 속에 들어가 수련을 하였는데, 이와 관련된 기록은 다음과 같다.

> F. 진평왕 건복 28년 신미에 공의 나이 17세였는데, 고구려·백제·말갈이 국경을 침범하는 것을 보고 의분에 넘쳐 침략한 적을 평정할 뜻을 품고 홀로 중악의 석굴에 들어가 재계하고 하늘에 고하여 맹세하기를 "적국이 무도하여 승냥이와 호랑이처럼 우리 강역을 어지럽게 하니 거의 평안한 해가 없습니다. 저는 한낱 미미한 신하로서 재주와 힘은 헤아리지 않고, 화란을 없애고자 하오니 하늘께서는 굽어 살피시어 저에게 수단을 빌

려주십시오!"라고 하였다. 머문 지 4일이 되는 날에 문득 갈의를

입은 한 노인이 나타나서 말하기를 "이곳은 독충과 맹수가 많아

무서운 곳인데, 귀하게 생긴 소년이 여기에 와서 혼자 있음은

무엇 때문인가?"라고 하였다. (유신이) 대답하기를 "어른께서는

어디서 오셨습니까? 존함을 알려 주실 수 있습니까?"라고 하니,

노인이 말하기를 "나는 일정하게 머무르는 곳이 없고 인연 따라

가고 머물며, 이름은 난승이다."라고 하였다. … 공이 눈물을 흘

리며 간청하기를 그치지 않고 6~7번이나 하니, 그제야 노인은

"그대는 어린 나이에 삼국을 병합할 마음을 가졌으니 또한 장한

일이 아닌가?"라 하고, 이에 비법을 가르쳐 주면서 말하기를 "삼

가 함부로 전하지 말라! 만약 의롭지 못한 일에 쓴다면 도리어

재앙을 받을 것이다."라고 하였다.[59]

위의 기록은 김유신의 중악 석굴에서의 무예 수련에 대한 내용이다.

김유신은 천관녀와 이별한 이후 17세인 611년(진평왕 33) 신라를 침입하

는 고구려·백제·말갈을 평정하려는 뜻을 품고 무예를 수련하기 위해

서 중악의[60] 석굴로 들어갔다. 당시 신라는 백제와 고구려의 계속되는

---

59) 『삼국사기』 권41, 열전1 김유신 (상).

60) 중악을 대부분 단석산으로 비정하고 있다(김상기, 「화랑과 미륵신앙에 대하여 ―신선사유구
의 조사를 기틀로―」 『이홍직박사회갑기념한국사학논총』, 신구문화사, 1969 ; 『동방사논총』,
서울대 출판부, 1974, 62~64쪽 : 황수영, 「신라 신선사와 송화방」 『개성』, 1970 ; 『황수영전
집』 I, 혜안, 1998, 600~601쪽 : 정영호, 「김유신의 백제 공격로 연구」 『사학지』 6, 1972, 3
1~32쪽). 그러나 신라 삼산의 하나인 혈례로 파악하거나 (이병도, 『국역 삼국사기』, 을유문
화사, 1977, 615쪽) 대구 팔공산문경현, 「소위 중악석굴에 대하여」 『신라사연구』, 경북대 출
판부, 1983, 220~223쪽), 진천 장수굴(조익현, 앞의 논문, 2000, 57~58쪽) 등으로 비정하기도
한다.

침입으로 위기에 처하였다. 600년 이후부터 611년까지 신라는 백제·고구려와 각각 3차례의 전쟁을 하였는데, 605년에 신라가 백제를 공격한 것을 제외하면 모두 침입을 받았다. 특히 608년(진평왕 30)에는 고구려가 자주 침입하자 진평왕은 이를 걱정하여 원광으로 하여금 수에 군사를 요청하는 「걸사표」를 짓게 하였다.[61]

이러한 시기에 중악의 석굴로 들어간 김유신은 난승이라는 노인을 만나 방술의 비법을 전수받았다.[62] 난승의 정체에 대해서는 신령,[63] 산신,[64] 영매자인 샤먼,[65] 초월적 존재의 환각,[66] 미륵의 사자,[67] 하늘의 대리자,[68] 화랑도의 승려,[69] 도승적 존재,[70] 도사[71] 등으로 보거나 또는 '이름은 가당치도 않다'는[72] 뜻으로도 이해하고 있다. 즉 김유신은 초월적 존재인 난승으로부터 방술의 비법을 전수받음으로써 신이한 능력을

61) 『삼국사기』 권4, 신라본기4, 진평왕 30년. 『삼국유사』에는 고구려와 백제가 항상 신라의 변경을 침범하자 원광이 「걸병표」를 지었다고 기록되었다(『삼국유사』 권4, 의해5, 원광서학).
62) 김열규는 김유신이 중악의 석굴에서 난승을 만난 것은 그의 무사적 생의 시발점으로써 '巫的 武士'의 속성을 갖게 되었으며, 제1차적 신비체험이라 하였고(김열규, 앞의 논문, 1977, 91~92쪽), 정구복은 다른 사람이 따라올 수 없을 정도의 지혜나 신통력이라고 하였다(정구복, 앞의 논문, 2002, 598쪽).
63) 三品彰英, 『新羅花郎の硏究』, 三省堂, 1943 ; 『三品彰英論文集』 6, 平凡社, 1974, 66~70쪽.
64) 유동식, 『한국무교의 역사와 구조』, 연세대 출판부, 1975, 88쪽 : 조동일, 「설화편」 『한국학기초자료선집』 -고대편-, 한국정신문화연구원, 1987, 944쪽.
65) 이기동, 「신라화랑도의 기원에 대한 일고찰」 『역사학보』 69, 1976 ; 『신라골품제사회와 화랑도』, 일조각, 1984, 317~328쪽 : 최광식, 「삼국사기 소재 노구의 성격」 『사총』 25, 1981 ; 『한국 고대의 토착신앙과 불교』, 고려대 출판부, 2007, 315~316쪽.
66) 김열규, 앞의 논문, 1977, 91쪽.
67) 김영태, 「김유신의 통일의지와 미륵신앙 -용화향도와 난승노인을 중심으로-」 『한국불교학』 14, 1989a, 22쪽.
68) 박대복, 앞의 논문, 2007, 126~128쪽.
69) 정구복, 앞의 논문, 2002, 597~598쪽.
70) 김진영, 「문헌소재 김유신 설화고」 (Ⅰ) 『한국소설문학의 탐구』, 일조각, 1982, 255쪽.
71) 김태식, 「월경과 폭무, 두 키워드로 본 '모략가' 김유신」 『백산학보』 70, 2004, 325쪽.
72) 안영훈, 『김유신전 연구』, 민속원, 2004, 55쪽 주 61) 참조.

획득하였다고 한다.

김유신은 난승에게 방술의 비법을 전수받은 이후에도 무예 수련을 계속한 것으로 보이는데, 이에 대한 기록은 다음과 같다.

> G. 건복 29년에 이웃 나라의 적병이 점점 닥쳐오자 공은 비장한 마음을 더욱 불러일으켜 혼자서 보검을 가지고 열박산의 깊은 골짜기 속으로 들어갔다. 향을 피우며 하늘에 고하여 빌기를 중악에서 맹세한 것처럼 하고, 이어서 "천관께서는 빛을 드리워 보검에 신령을 내려 주소서!"라고 기도하였다. 3일째 되는 밤에 虛星과 角星 두 별의 빛 끝이 환하게 내려오더니 칼이 마치 흔들리는 듯하였다.[73]

위의 기록은 김유신의 열박산에서의 무예 수련에 대한 내용이다. 17세 때 중악의 석굴에서 난승으로부터 방술의 비법을 전수받은 김유신은 18세 때에는 열박산에 들어가서 다시 무예 수련을 하였다. 그는 천관신에게 자신의 보검에 신령을 내려달라고 기원함으로써 허성과 각성 두 별의 신령한 기운을 받았다. 이렇게 하여 김유신은 중악의 석굴에 이어서 열박산에서도 또 한 번의 신이한 능력을 획득하였다고 한다.[74] 따라서 김유신의 신이한 능력의 획득과정을 통해서 앞으로 그의 활동이 어떠하였을 것인지 충분히 짐작할 수 있게 한다.

---

73) 『삼국사기』 권41, 열전1 김유신 (상).
74) 김열규는 열박산에서 보검에 신령을 받은 것은 제2차적 신비체험이었으며, 무장으로서의 入社도 치름으로써 본격적으로 무속적 무장이 되었다고 하였다(김열규, 앞의 논문, 1977, 92쪽).

이와 같이 김유신은 무예 수련과정에서 17세 때 중악의 석굴에서 난승에게 방술의 비법을 전수받았고, 18세 때에는 열박산에서 그의 보검에 허성과 각성의 신령을 받았다고 한다. 이러한 과정을 거친 이후 김유신은 신라를 침입하는 고구려와 백제를 평정하기 위해서 준비하였는데, 이와 관련된 기록은 다음과 같다.

H. (유신의) 나이 18세가 되는 임신년에 검술을 닦아 국선이 되었다. 이때 백석이라는 사람이 있었는데, 어디서 왔는지 알 수는 없었으나 여러 해 동안 낭도들의 무리에 소속되어 있었다. 유신이 고구려와 백제를 치려고 밤낮으로 깊이 생각하고 있었는데, 백석이 그 계략을 알고 유신에게 말하기를 "제가 청컨대 공과 함께 은밀히 저편을 먼저 정탐한 후에 도모하는 것이 어떻겠습니까?"라고 하였다. 유신이 기뻐하여 친히 백석을 데리고 밤길을 떠나 고개 위에서 막 쉬고 있는데, 두 여자가 나타나 유신을 따라왔다. 골화천에 이르러 유숙하는데 또 한 여자가 홀연히 나타났다. … 낭자들이 갑자기 신의 모습으로 나타나서 말하기를 "우리들은 나림·혈례·골화 등 세 곳의 호국신입니다. 지금 적국의 사람이 낭을 유인하는 데도 낭은 알지 못하고 따라가므로 우리들은 낭을 만류하려고 여기까지 온 것입니다."라 하고 말을 마치자 자취를 감추었다. … 공은 이에 백석을 처형하고 온갖 음식을 갖추어 삼신에게 제사지내니, 모두 나타나서 제물을 흠향하였다.[75]

위의 기록은 김유신과 백석에 대한 내용이다. 김유신은 중악의 석굴과 열박산에서 신이한 능력을 획득한 이후에 본격적으로 고구려와 백제를 평정하기 위한 계획을 수립하였다.[76] 그러나 이러한 김유신의 계획은 고구려의 첩자인 백석에게 누설되었다.[77] 고구려와 백제를 평정하기 위해서는 먼저 적국의 내부 사정에 대한 정확한 정보가 필요하였다. 따라서 백석은 김유신에게 고구려에 가서 직접 그곳의 내부 사정을 정탐하자고 유인하였다. 그러나 그는 호국신인 나림·혈례·골화 세 여신의 도움으로 위기에서 벗어날 수 있었다.

김유신이 직접 고구려의 내부 사정을 정탐하려고 시도한 사실은 그가 화랑이었을 때부터 이미 고구려와 백제를 멸망시키고, 삼국통일을 이룩하려는 뜻을 가지고 있었음을 의미하는 것이다. 주목되는 것은 김유신이 고구려를 정탐하고자 시도하였던 구체적인 시기와 목적이다. 위의 사료 H에 의하면 이 사건은 김유신이 18세 때인 612년(진평왕 34)에 일어났던 것으로 기록되어 있다. 612년은 수 양제가 113만 대군을 이끌고 고구려를 침입하였던 해이다. 고구려로서는 국운이 걸린 위태로운 상황이었기 때문에 국력을 총동원하여 수의 대군을 맞아 싸울 수밖에 없었다. 김유신은 바로 이러한 고구려의 내부 사정을 정탐하려고 시도하였던 것으로 생각된다. 즉 김유신은 612년 수의 대군의 침입으로 위기상황에 처한 고구려의 내부 사정을 직접 정탐하려고 시도하였던 것이다.

---

75) 『삼국유사』 권1, 기이1 김유신.
76) 김상현, 「신라인의 통일의지」, 앞의 책, 1999, 156~157쪽.
77) 김유신의 고구려와 백제를 평정하기 위한 계획은 비밀스럽게 이루어졌을 것이다. 그러나 이러한 계획이 고구려의 첩자인 백석에게 누설되었고, 또 그가 김유신을 고구려로 유인하려던 사실에서 당시 삼국간에 치열한 첩보전이 전개되었음을 확인할 수 있다.

이와 같이 김유신의 화랑시절의 활동을 정리하면 다음과 같이 이해할 수 있다. 즉 김유신은 15세에 화랑이 되었으며, 16세 때 천관녀와 만났지만 정치적인 이유로 이별하였다. 그리고 17세 때 중악의 석굴에서 난승을 만나 방술의 비법을 전수받았고, 또 18세 때에는 다시 열박산에서 보검에 신령을 받았다. 이러한 수련과정 중에 수의 대군의 침입을 받아 위기를 맞은 고구려의 내부 사정을 직접 파악하기 위해서 백석과 함께 정탐을 시도하였다.

지금까지 살펴본 바와 같이 화랑시절의 김유신에 대한 기록은 신이한 내용의 설화들로 이루어졌다. 이러한 설화들은 비록 후대에 김유신의 활동을 과장하기 위해서 윤색한 것이지만, 이후 그가 어떤 활동을 전개할 것인지를 보여주고 있다. 이러한 의미에서 화랑시절의 기록은 그의 신이한 설화들의 결정판이라고 할 수 있다.

3) 화랑시절 이후의 활동

화랑시절 이후의 김유신에 대한 활동은 기록에 전해지지 않다가 35세인 629년(진평왕 51) 고구려의 낭비성 전투에 참전할 때 다시 나타나기 시작한다. 이러한 사실로 인하여 김유신은 낭비성 전투에 참전하기 전까지는 뚜렷한 활동을 하지 못하였다고 이해하기도 한다.[78] 그러나 김유신이 낭비성 전투에 참전하는 629년까지 약 17년 동안 아무런 활동을 하지 않았다고는 생각할 수 없다.

---

78) 박순교, 앞의 논문, 1999, 71쪽.

김유신이 화랑으로서의 수련을 끝마쳤을 것으로 추정되는 613년(진평왕 35)부터 낭비성 전투에 참전하는 629년까지 신라는 백제와 7차례의 전쟁을 하였는데, 618년의 한 차례를 제외하면 모두 침입을 받았다. 특히 627년에는 백제가 대군을 일으켜 신라를 공격하려고 하자 진평왕은 당에 사신을 파견하여 위급함을 알리고 도움을 청할 정도였다. 그리고 고구려와는 직접적인 전쟁에 대한 기록은 없지만, 당에 사신을 파견하여 고구려가 자주 침입한다고 호소하자 당은 고구려에 사신을 파견하여 화친을 유도하였다.

이와 같이 신라가 백제와 고구려의 침입을 받고 있던 상황에서 적국을 평정하려는 뜻을 가진 김유신으로서는 어떠한 방법으로라도 이에 걸맞게 활동하였을 것으로 추정된다. 화랑으로서의 수련을 끝마친 이후에, 더욱이 중악의 석굴과 열박산에서 신이한 능력을 획득하였다는 설화까지 전해지는 김유신이 아무런 활동을 하지 않았다면, 이것은 사다함이나 관창 등 다른 화랑들의 활동과 비교할 때 이해하기 어렵다. 따라서 김유신은 화랑으로서의 수련을 끝마친 이후에도 활발한 활동을 이어갔을 것으로 생각하는 것이 자연스럽다.

김유신이 활발한 활동을 하였음에도 불구하고 기록에 나타나지 않았던 이유는 수련과정에서 알 수 있듯이 그에 대한 기록은 신이하고 과장된 내용이 많았기 때문으로 생각된다. 김유신에 대한 기록은 현손인 김장청이 그의 『행록』 10권을 지었는데,[79] 여기에는 낭비성 전투 이전에 김유신의 활동에 대해서도 기록되어 있었을 것으로 추정된다. 그런데 이

---

79) 이기백, 「김대문과 김장청」『한국사시민강좌』 1, 일조각, 1987 ; 『한국사상의 재구성』, 일조각, 1991.

내용은 김부식이 '頗多釀辭 故刪落之'라고[80] 하였듯이 대부분이 신이하고 과장된 내용으로 이루어졌기 때문에 기록으로 남기기에는 적절하지 못하였을 것이다. 그러므로 김부식은 『삼국사기』에 김유신의 열전을 수록하면서 유교적 합리주의에 입각하여 신이하고 과장된 내용은 삭제하였고,[81] 따라서 그가 아무런 활동을 하지 않았던 것처럼 그의 기록에 공백이 생기게 되었을 것이다.[82]

이와 같이 화랑으로서의 수련을 끝마쳤을 것으로 추정되는 613년부터 낭비성 전투에 참전하는 629년까지 약 17년 동안의 김유신에 대한 기록은 전하지 않는다. 그러나 중악의 석굴과 열박산에서 신이한 능력을 획득하였다는 설화를 바탕으로 김유신이 활발한 활동을 수행하였을 것으로 추정할 수 있다. 다만 그에 대한 기록은 후대에 신이하고 과장된 내용으로 윤색된 것이 많았기 때문에 이후 전해지지 못하였을 뿐이다.[83] 김유신은 이러한 경험을 바탕으로 낭비성 전투에 참전하여 큰 활약을 하였

---

80) 『삼국사기』 권43, 열전3 김유신 (하).
81) 『행록』의 내용이 '頗多釀辭'하기 때문에 '故刪落之'하였던 『삼국사기』 김유신 열전에도 그의 출생과 화랑시절의 수련과정에 대한 기록들이 남아있다. 이러한 사실을 통해서 『행록』의 내용이 얼마나 신이하고 과장되었는지 미루어 짐작할 수 있다(이기백, 앞의 논문, 1987 ; 앞의 책, 1991, 239쪽).
82) 김덕원, 앞의 논문, 2003 ; 앞의 책, 2007, 115~116쪽.
83) 김유신의 생애에서 그의 기록이 큰 공백을 보이는 것은 3시기이다. 첫 번째 시기는 김유신이 출생한 595년부터 이후 화랑이 되는 609년까지의 14년 동안이며, 두 번째 시기는 화랑의 수련을 끝마친 613년부터 김춘추와 문희가 혼인하는 625년까지의 12년 동안이다. 마지막 세 번째 시기는 낭비성 전투 이후의 629년부터 대야성이 함락되는 642년까지의 13년 동안이다. 그런데 이 기간은 공교롭게도 김유신의 신이한 활동을 수행하였던 직후라는 사실이 주목된다. 즉 첫 번째 시기는 비범한 인물의 탄생을 예고하며 태어난 김유신이 어려서부터 남다른 모습을 보였을 것으로 추정되고, 두 번째 시기도 신이한 능력을 획득하였다는 설화를 바탕으로 이해할 때 군사적인 분야에서 활발한 활동을 하였을 것으로 추정되는데, 이에 대한 기록은 전해지지 않는다. 세 번째 시기 역시 마찬가지이다. 따라서 김유신의 기록에 공백이 보이는 것은 비록 그가 활발한 활동을 하였지만, 이에 대한 기록은 후대에 신이하고 과장된 내용으로 윤색되었기 때문에 누락된 것으로 생각된다.

고, 이후 군사적인 분야를 대표하는 인물로 활동하면서 신라의 삼국통일 전쟁을 주도하였다.

4. 김춘추와 문희의 혼인

김유신을 이야기할 때 같이 언급하는 것은 김춘추(602~661)와의 관계에 대한 문제이다. 김춘추는 '政亂荒婬'으로 폐위된 진지왕의 손자이며, 내성사신인 김용춘의 아들이다. 이러한 김유신과 김춘추는 개인적으로는 중복된 혼인을 통해서 혈연적인 관계를 지속적으로 발전시켰고, 정치적으로는 평생 뜻을 같이 하는 동지로써 삼국통일을 이룩하는데 중요한 역할을 수행하였다.

김유신은 김춘추보다 8세 연상이었다. 두 사람의 관계는 이미 그들의 선대부터 지속적으로 교류하였기 때문에 비교적 일찍부터 이루어졌을 것이다. 즉 김춘추의 할아버지 사륜이 진지왕으로 즉위할 때 김유신의 할아버지 김무력의 군사적인 도움이 있었을 것으로 추정된다.[84] 또한 김유신의 아버지 김서현과 김춘추의 아버지 김용춘은 629년에 있었던 고구려의 낭비성 전투에 같이 참전하였으며, 이때 두 사람은 김춘추와 문희의 혼인으로 이미 사돈지간이었다. 따라서 김유신과 김춘추의 만남은 대를 이은 가문의 영향 속에서 일찍부터 이루어졌던 것으로 이해할 수 있는데, 이에 대한 기록은 다음과 같다.

---

84) 선석열, 앞의 논문, 2001, 535~536쪽 : 김덕원, 앞의 논문, 2003 ; 앞의 책, 2007, 49~50쪽.

I.-1. … 며칠 뒤에 유신이 춘추공과 축국을 하다가 그만 춘추의 옷
고름을 밟아 떼었다. 유신이 말하기를 "우리 집이 다행히 가까
이 있으니 청컨대 가서 옷고름을 답시다."라 하고 함께 집으로
갔다. 술상을 차려 놓고 조용히 보희를 불러 바늘과 실을 가지
고 와서 (옷고름을) 꿰매게 하였다. 그의 언니는 무슨 일이 있
어서[有故] 나오지 못하고, 동생이 나와서 꿰매어 주었다. 옅
은 화장과 산뜻한 옷차림에 빛나는 어여쁨이 눈부실 정도였
다. 춘추가 보고 기뻐하여 혼인을 청하고 예식을 치루었다. 곧
임신하여 아들을 낳으니, 그가 법민이다.[85]

2. … 그런 지 10일 만에 유신은 춘추공과 더불어 정월 午忌日
<위의 사금갑조에 보였으니 최치원의 설이다.>에 자기 집 앞
에서 공을 차다가<신라 사람은 공차기를 弄珠의 戱라고 한
다.> 짐짓 춘추의 옷자락을 밟아 옷끈을 떼어버리고 말하기
를 "우리 집에 들어가서 꿰맵시다."라고 하니, 춘추공은 그 말
을 따랐다. 유신이 아해(보희)에게 꿰매드리라고 하니, 아해가
말하기를 "어찌 사소한 일로써 귀공자에게 가벼이 가까이 할
수 있겠습니까?"라 하고 사양하였다<고본에는 병으로[因病]
나오지 않았다고 한다.> 이에 아지(문희)에게 시켰더니 춘추
공이 유신의 뜻을 알고 드디어 관계하여 이로부터는 자주 내
왕하였다. 유신이 그의 누이가 아이를 밴 것을 알고 꾸짖어
말하기를 "네가 부모에게 고하지도 않고 아이를 배었으니, 어

---

85) 『삼국사기』 권6, 신라본기6 문무왕 즉위년.

찌된 일이냐?"라 하고, 이에 온 나라 안에 말을 퍼뜨리고 그 누이를 태워 죽인다고 하였다. 어느 날 선덕왕이 남산에 놀러 가는 것을 기다려 마당 가운데 장작을 쌓아놓고 불을 지르자 연기가 일어났다. 왕이 바라보고 "무슨 연기냐?"고 물으니, 신하들이 아뢰기를 "아마 유신이 그의 누이를 태워 죽이는 것 같습니다."라고 하였다. 왕이 그 까닭을 물으니, 대답하기를 "그의 누이가 남편도 없이 몰래 임신하였기 때문입니다."라고 하니, 왕이 말하기를 "이것이 누구의 짓이냐?"라고 물었다. 때마침 춘추공이 왕을 모시고 앞에 있다가 안색이 크게 변하였다. 왕이 말하기를 "이것이 너의 짓이구나. 어서 가서 구원하라!"고 하였다. 공이 명을 받고 말을 달려가 왕명을 전하여 죽이지 못하게 하고, 그 후에 공공연히 혼례를 행하였다.[86]

위의 기록은 김춘추와 문희의 혼인에 대한 내용이다. 김춘추와 문희의 혼인은 선덕왕대의 사실로 기록되어 있다. 그러나 「문무왕릉비」를 통해서 김춘추의 장남이자 후에 문무왕으로 즉위하는 법민이 626년(진평왕 48)에 출생하였음을 확인할 수 있다.[87] 따라서 김춘추와 문희가 혼인한 것은 적어도 김유신이 31세가 되는 625년 무렵으로 추정할 수 있다.[88] 이러한 사실은 김춘추와 문희가 혼인하기 이전부터 이미 김유신과 김춘추는 친밀한 관계였던 것으로 생각할 수 있으며, 이것은 두 가문의 밀접

86) 『삼국유사』 권1, 기이1 태종춘추공.
87) 한국고대사회연구소 편, 앞의 책, 1992, 130쪽.
88) 주 2) 참조.

한 관계를 통해서도 확인할 수 있다.[89] 그리고 김춘추와 문희가 혼인함으로써 이제 두 사람은 혈연적인 관계로 발전하였다.

최근에 김춘추와 문희의 혼인설화에 대한 새로운 견해가 제기되어 주목된다. 김유신은 처음에 김춘추와 혼인할 상대로 보희를 생각하고 있었지만,[90] 결과적으로 동생인 문희가 혼인하였다. 문희가 보희를 대신하였던 이유를 『삼국사기』는 '有故'로 『삼국유사』의 세주에 인용된 고본에는 '因病'이라고 하였다. 즉 보희는 이때 '무슨 일이 있어서[有故]' 또는 '병으로 인하여[因病]' 나오지 못하였는데, 그 이유는 보희의 '月經' 때문이었다는 것이다.[91] 보희가 이때 월경 중이고, 뒤늦게 그 사실을 알게 된 김유신은 문희를 대신 선택하였다는 것이다. 『고려사』에도 작제건의 탄생설화와 관련하여 이와 같은 내용이 기록되어 있다. 당 숙종이 황제가 되기 전에 보육의 집에 머물면서 찢어진 옷을 꿰매기 위해 큰딸이 방으로 들어가다가 문지방을 넘자마자 '코피[鼻衄]'가 터져서 되돌아 나오고 대신 동생인 진의가 들어갔다.[92] 『고려사』에는 '코피'라고 하여 『삼국사기』와 『삼국유사』보다 좀 더 구체적으로 표현하고 있는데, '코피'는 '월경'을 은유적으로 표현한 것이다.[93]

또한 김유신이 문희를 태워 죽이려고 하였던 것도 暴巫(曝巫)와 관련된 것으로 새롭게 해석하였다. 폭무는 기우제의 일종으로 극심한 가뭄일

---

89) 박순교는 당시 김유신과 김춘추의 집안 사이에 결합을 이룰 만큼의 긴밀한 교류가 없었고, 김춘추와 문희의 혼인은 사실상의 '野合'이라고 하였다(박순교, 앞의 논문, 1999, 62~63쪽).
90) 김유신은 자신의 동생과 김춘추를 혼인시키기 위하여 일부러 김춘추의 옷을 밟았다. 김춘추도 이러한 김유신의 뜻을 알고 문희와 관계를 맺었다. 이것은 사료 I-2의 '公知庚信之意, 遂幸之'라는 기록을 통해서 확인할 수 있다.
91) 김태식, 앞의 논문, 2004, 304~305쪽.
92) 『고려사』 고려세계.
93) 김태식, 앞의 논문, 2004, 303~304쪽.

때 뙤약볕에 무당을 노출시키는 것인데, 이것은 신에 대한 애걸과 협박이라고 한다. 즉 김유신이 문희를 태워 죽이려고 하였던 것은 비를 내려달라고 신을 협박하는 무당처럼 혼인을 미루는 김춘추에게 여동생의 죽음과 혼인 중에서 양자택일을 강요하는 '최후통첩'의 성격이라고 하였다.[94]

이와 같이 김유신과 김춘추 가문의 관계는 할아버지 김무력과 진지왕을 시작으로 아버지 김서현과 김용춘으로 이어졌다. 그리고 대를 이은 가문의 영향 속에서 두 사람의 만남도 비교적 일찍부터 이루어졌을 것이다. 두 가문은 김춘추와 문희가 혼인함으로써 혈연관계로 발전하며 결속을 더욱 공고히 하였다. 이후 김유신과 김춘추는 각각 군사와 외교를 담당하며 삼국통일을 이룩하면서 새롭게 중대 무열왕권을 형성하였다.

5. 낭비성 전투의 참전

김춘추와 문희의 혼인 이후에 김유신이 기록에 다시 등장하는 것은 629년(진평왕 51) 고구려의 낭비성 전투에 참전한 것인데, 이에 대한 기록은 다음과 같다.

J-1. 가을 8월에 왕이 대장군 용춘과 서현, 부장군 유신을 보내어
고구려의 낭비성을 침공하였다. 고구려인이 성을 나와 진을

---

94) 김태식, 앞의 논문, 2004, 317쪽 및 325쪽.

벌려서 치니, 군세가 매우 성하여 우리 군사가 그것을 바라보고 두려워서 싸울 마음이 전혀 없었다. (이때) 유신이 말하기를 "내가 듣건대 '옷깃을 잡고 흔들면 가죽옷이 바로 펴지고 벼리를 끌어당기면 그물이 펼쳐진다.'고 하였는데, 내가 벼리와 옷깃이 되어야겠다."라고 하였다. 이에 말을 타고 칼을 빼들고 적진으로 향하여 곧바로 나아가 세 번 들어가고 세 번 나옴에 매번 들어갈 때마다 장수의 목을 베고 혹은 깃발을 뽑았다. 여러 군사들이 승세를 타고 북을 치며 진격하여 5천여 명을 목베어 죽이니, 그 성이 이에 항복하였다.[95]

2. 건복 46년 기축 가을 8월에 왕이 이찬 임영리, 파진찬 용춘·백룡, 소판 대인·서현 등을 보내어 군사를 거느리고 고구려의 낭비성을 공격하게 하였다. 고구려인이 군사를 출동시켜 이를 맞아 치니, 우리 편이 불리하여 죽은 자가 많고, 뭇 사람들의 마음이 꺾여 다시 싸울 마음이 없었다. 유신이 그때 중당 당주였는데, 아버지 앞에 나아가 투구를 벗고 고하기를 "우리 군사가 패하였습니다. 제가 평생 충효스럽게 살겠다고 기약하였으니, 전쟁에 임하여 용기를 내지 않을 수 없습니다. 듣건대 '옷깃을 들면 가죽옷이 펴지고, 벼리를 당기면 그물이 펼쳐진다.'고 하니, 제가 그 벼리와 옷깃이 되겠습니다."라고 하였다. 이에 말을 타고 칼을 빼어 들어 참호를 뛰어넘어 적진에 들락날락하면서 장군의 머리를 베어 들고 돌아왔다. 우리 군사들

---

95) 『삼국사기』 권4, 진평왕 51년 가을 8월.

이 보고, 이기는 기세를 타서 맹렬히 공격하여 5천여 명을 목
베고 1천 명을 사로잡으니, 성 안의 사람들이 두려워하여 감히
항거하지 못하고 모두 나와 항복하였다.[96]

위의 기록은 김유신의 낭비성 전투에 참전한 내용이다. 김유신은 35세
때인 629년 고구려의 낭비성 전투에 아버지 김서현과 김춘추의 아버지
김용춘을 따라 참전하였다. 낭비성 전투는 사륜계와 가야계의 정치적인
결합을 상징적으로 보여주는 것이다. 이 전투에서 승리함으로써 두 가문
은 군사적으로 확고한 입지를 다지게 되었고, 이후 새로운 시대의 기반
을 마련하는 계기가 되었다.[97]

여기에서 주목되는 것은 낭비성 전투는 김유신이 화랑 수련을 끝마치
고 처음으로 참전한 기록이라는 사실이다. 18세에 화랑의 수련을 끝마치
고 35세에 처음으로 참전한 전투에서 김유신은 부장군, 또는 중당 당주
로 기록되었다. 김유신은 화랑의 수련을 끝마친 이후에 중악의 석굴과
열박산에서 획득한 신이한 능력을 바탕으로 군사적인 분야에서 활동하
였을 것으로 추정된다. 따라서 김유신이 부장군 또는 중당 당주로 기록
된 것은 그가 낭비성 전투 이전에도 이미 활동하고 있었음을 보여주는
또 하나의 방증이라고 할 수 있다.

낭비성 전투는 진평왕대 김유신에 대한 마지막 기록이다. 김유신에 대
한 기록은 약 13년의 공백을 보이다가 642년(선덕왕 11)에 백제의 침입
으로 대야성이 함락된 이후에 김춘추와 함께 다시 등장하고 있다. 그러

---

96) 『삼국사기』 권41, 열전1 김유신 (상).
97) 김덕원, 앞의 논문, 2003 ; 앞의 책, 2007, 138쪽.

나 비록 기록에는 없지만, 김유신은 631년(진평왕 53)에 발생한 칠숙과 석품의 모반사건을 진압할 때에도 활동하였을 것으로 보인다. 칠숙과 석품의 모반사건은 왕위계승 문제와 관련하여 당시 신귀족세력과 구귀족세력 사이의 갈등에서 비롯되었는데, 이 모반사건은 김서현과 김용춘으로 대표되는 신귀족세력이 진압한 것으로 추정된다.[98] 이 과정에서 김유신은 아버지 김서현을 도와서 군사적으로 활동하였을 것으로 생각된다.

6. 맺음말

김유신(595~673)은 진평왕대부터 문무왕대까지 5대에 걸쳐서 활동하였다. 그의 생애는 진평왕대를 기준으로 뚜렷한 차이를 보이고 있다. 즉 진평왕이 죽은 632년(진평왕 54)은 김유신이 38세가 되는 해로써 그의 생애에서 거의 절반에 해당된다. 따라서 김유신의 활동은 진평왕대를 기준으로 크게 두 시기로 구분할 수 있다. 그리고 이 기간은 김유신의 생애에서 출생과 성장과정의 유년시절과 화랑으로 활동하였던 청소년시절, 그리고 그 이후에 활동하였던 청년시절 등 크게 3시기로 구분할 수 있다.

진평왕대 김유신에 대한 기록은 비록 몇 가지에 불과하지만, 대부분은 이후 그가 어떤 활동을 하였을지 이해할 수 있을 정도로 신이한 내용의 설화들로 이루어졌다. 그리고 진평왕대는 김유신이 본격적인 활동을 하기 위한 준비 기간으로 이해할 수 있다. 특히 삼국통일 과정에서의 김유

---

98) 김덕원, 앞의 논문, 2003 ; 앞의 책, 2007, 140쪽.

신의 군사적 활동은 진평왕대의 활동이 바탕이 되었기 때문에 가능하였다.

김유신은 금관가야 왕족의 후손으로 595년(진평왕 17) 만노군에서 출생하였다. 하지만 이곳에서의 생활은 불과 몇 년에 불과하였고, 경주로 돌아와서 학문과 무예를 연마하여 15세에 화랑이 되었다. 그리고 화랑이 되고 얼마 안 되었던 16세 무렵에 천관녀와 만났을 것으로 생각된다. 천관녀는 기녀가 아니라 무속적인 전통신앙(토착신앙)의 성격을 지닌 종교적인 인물이었으며, 구귀족세력이었을 것으로 추정된다. 따라서 신귀족세력인 김유신과 천관녀는 정치적으로 서로 다른 입장이었기 때문에 두 사람은 정치적인 이유로 이별을 하게 되었고, 이것이 후대에 천관녀 설화로 윤색되었을 것이다.

김유신은 천관녀와 이별한 이후에 17세 때 중악의 석굴에서 난승을 만나 방술의 비법을 전수받고, 또 18세 때에는 다시 열박산에서 보검에 신령을 받았다는 설화를 통해서 화랑으로서 수련하였음을 알 수 있다. 이러한 수련과정 중에 수의 대군의 침입을 받아 위기를 맞은 고구려의 내부 사정을 직접 파악하기 위해서 백석과 함께 정탐을 시도하였다. 그러나 이러한 설화들 역시 후대에 김유신의 활동을 과장하기 위해서 윤색한 것이다.

김유신은 화랑으로서의 수련을 끝마친 이후에도 화랑시절 수련과정에서의 신이한 설화를 바탕으로 그가 활발한 활동을 수행하였을 것으로 추정할 수 있다. 다만 그에 대한 기록은 신이하고 과장된 내용이 많았기 때문에 이후 전해지지 못하였다.

김유신을 이야기할 때 같이 언급하는 것은 김춘추와의 관계이다. 두 사람의 관계는 이미 그들의 선대부터 지속적으로 교류하였기 때문에 비교적 일찍부터 이루어졌을 것이다. 그리고 대를 이은 가문의 영향 속에서 두 가문은 김춘추와 문희가 혼인함으로써 혈연관계로 발전하며 결속을 더욱 공고히 하였다.

629년(진평왕 51) 김유신은 고구려의 낭비성 전투에 참전하였다. 낭비성 전투는 사륜계와 가야계의 정치적인 결합을 상징적으로 보여주는 것이다. 그리고 이 전투에서 승리함으로써 두 가문은 군사적으로 확고한 입지를 다지게 되었고, 이후 중대 무열왕권의 기반을 마련하는 계기가 되었다. 낭비성 전투는 진평왕대의 김유신에 대한 마지막 기록이다. 그러나 비록 기록에는 없지만, 631년(진평왕 53)에 일어난 칠숙과 석품의 모반사건을 진압할 때에도 김유신은 아버지 김서현을 도와서 군사적으로 활동하였을 것으로 추정된다.

김유신을 이해하기 위해서 가장 중요한 것 중의 하나는 그의 종교적·사상적인 문제를 함께 고찰해야 한다는 사실이다. 김유신은 불교·유교·도교는 물론 무속적인 전통신앙(토착신앙)과도 밀접하게 관련되어 있다. 따라서 김유신의 생애와 활동을 이러한 종교적·사상적인 문제와 연결시켜서 연구를 진행한다면, 그에 대해서 보다 정확한 이해가 가능할 것으로 기대된다.

제3부

신라 상대의 불교

제1장 불교의 민간 수용과 모례

1. 머리말

신라는 고구려·백제와는 달리 불교의 전래와 공인이 언제 이루어졌는가를 정확하게 확인할 수 있는 기록이 없다. 따라서 이와 같은 문제를 해결하기 위한 연구는 비교적 일찍부터 진행되었다.[1]

지금까지의 연구는 크게 신라에 불교가 전래된 시기가 언제였으며, 또 그것을 처음으로 전래하였다는 묵호자 또는 아도를 중심으로 하는 초전불교에 대한 문제와 이차돈의 순교와 관련하여 불교가 공인된 시기가 언

---

1) 신라의 불교 전래에 대한 연구성과는 都甲玄卿, 「佛法の新羅流傳と其の採用說－異次頓の斬首白乳湧出等を論ず－」(上)·(中)·(下)『朝鮮』 12월~2월, 1932~1933 ; 末松保和, 「新羅佛教傳來傳說考」『朝鮮』 206, 1932 ; 「新羅史の諸問題」, 東洋文庫, 1954 ; 江田俊雄, 「新羅に於ける佛教の受容に就いつ」『朝鮮』 242, 1935 ; 江田俊雄, 「新羅の佛教受容に關する諸問題」『文化』 2-8, 1935 ;『朝鮮佛教史の研究』, 國書刊行會, 1977 ; 이기백, 「삼국시대 불교 전래와 그 사회적 성격」『역사학보』 6, 1954 ; 「신라 초기불교와 귀족세력」『진단학보』 40, 1975 ;『신라사상사연구』, 일조각, 1986 ; 정중환, 「신라의 불교전래와 그 현세사상」『조명기박사화갑기념불교사학논총』, 1965 ; 이병도, 「신라불교의 침투과정과 이차돈 순교 문제의 신고찰」『학술원논문집』 11, 1975 ;『한국고대사연구』, 박영사, 1976 ; 신종원, 「신라 불교의 전래와 수용에 대한 재검토」『백산보』 22, 1977 ; 김영태, 「신라 불교 초전자고」『동국대논문집』 17, 1978b ;『신라불교연구』, 민족문화사, 1987 ; 김두진, 「신라 상고대말 초전불교의 수용」『천관우선생환력기념한국사학논총』, 정음문화사, 1985 ; 「신라 공인불교의 사상과 그 정치적 의미」『두계이병도박사구순기념한국사학논총』, 지식산업사, 1987 ; 최광식, 「신라의 불교 전래, 수용 및 공인」『신라문화제학술발표회논문집』 12, 1991 참조.

제인가 하는 공인불교에 대한 문제를 중심으로 이루어졌다. 그리고 이러한 문제와 함께 신라에 수용된 불교가 정치·사회적으로 어떤 영향을 주었는가에 대해서도 관심을 갖게 되었다.[2] 그 결과 대체로 불교가 신라에 전래·공인됨으로써 왕권을 강화시키고 중앙집권적 귀족국가를 형성하는데 사상적인 통일의 역할을 수행한 것으로 이해하고 있다.[3] 또한 신라에 불교가 전래되는 계기를 대내외적인 면으로 나누어 고찰하였다. 즉 대내적인 면은 신라가 고대국가로 성장하면서 정치·경제·사회 등 여러 부분에서의 변화를 중요시하였고, 그러한 과정의 연장선에서 고구려와 중국과의 대외적인 관계를 주목하였다.

특히 신라는 내물이사금대 이후에 오랜 기간 동안 이른바 '고구려 간섭기'를[4] 거치면서 정치·군사적인 간섭을 받고 있었다. 이러한 '고구려 간섭기'의 상황을 반영하고 있는 「중원고구려비」의 발견과[5] 함께 이 시

---

2) 이기백, 앞의 논문, 1954 : 이기백, 앞의 논문, 1975 ; 앞의 책, 1986 : 홍윤식, 「삼국시대의 불교수용과 사회발전의 제문제」『마한·백제문화』 8, 1985 ;『한국불교사의 연구』, 교문사, 1988 : 김두진, 앞의 논문, 1987 : 윤천근, 「신라에서의 불교수용과 그 정치사회적인 의미에 대하여」『신라문화제학술발표회논문집』 12, 1991.

3) 이기백, 앞의 논문, 1954 ; 앞의 책, 1986, 46~50쪽. 대부분의 연구자들도 이기백의 견해를 수용하고 있다. 그러나 신종원은 이러한 주장에 문제점을 제기하고, 불교는 이미 왕경을 벗어난 신라 전역에 상당히 퍼져 있었기 때문에 불교 공인이란 국가가 이러한 현상을 추인한 것에 지나지 않는다고 하였다(신종원, 「불교의 전래와 토착화 과정」『한국불교사의 재조명』, 불교시대사, 1994, 64쪽).

4) 신라가 고구려의 영향을 받았던 시기를 '고구려 간섭기'로 이해하고자 한다. 그리고 그 시기는 신라가 실성을 고구려에 볼모로 보냈던 392년(내물이사금 37)부터 북변에 침입한 고구려군을 격퇴한 481년(소지마립간 3)까지로 설정하였다. 이 시기에 신라는 고구려에 볼모로 보내어 인질외교를 전개하였으며, 고구려에서도 신라의 왕위계승에 관여하는 등의 간섭을 하였다. 그러나 481년 이후에는 이전과는 달리 고구려의 계속되는 침입을 받고 있는 것으로 미루어 이러한 간섭에서 벗어난 것으로 보이기 때문이다. 한편 정운용은 이 시기를 신라·고구려 우호기(5세기 전반), 신라·고구려 갈등기(5세기 후반), 신라의 대고구려 극복기(6세기 전반)로 이해하였다(정운용, 「5~6세기 신라·고구려 관계의 추이 ―유적·유물의 해석과 관련하여―」『신라문화제학술발표회논문집』 15, 1994).

5) 단국대 사학회,『사학지』 13, 1979.

기에 대한 관심이 고조되었고, 최근에는 이에 대한 재판독이 실시되어 새로운 사실들을 확인할 수 있게 되었다.[6] 또한 순흥에서 어숙묘의 발견과[7] 이후 읍내리벽화고분이 발굴됨으로써[8] 그 동안 신라의 영역으로 생각되었던 경북 북부지역에 대한 연구도 새롭게 이루어졌다.[9] 이러한 사실은 신라의 불교전래와 같은 시기에 나타났던 현상으로 신라의 불교 전래와 관련해서도 밀접한 관련을 맺고 있을 가능성이 매우 크다고 생각된다.

이러한 의미에서 신라에 불교가 민간에 전래되어 아직 왕실에까지 알려지지 않았던 상황에서 그것을 수용하였던 세력 중에서 가장 대표적이라고 할 수 있는 일선군의 모례에[10] 대해서 살펴보는 것이 필요하다. 모례에 대해서는 신라에 불교가 전래된 사실을 전하고 있는 모든 기록에 공통적으로 수록되어 있다. 이러한 사실은 그만큼 모례가 신라의 불교 전래 과정에서 핵심적이면서도 중요한 역할을 수행하였던 인물이었음을

---

6) 고구려연구회 편, 『중원고구려비연구』, 학연문화사, 2000.
7) 이화여대 박물관, 『영주순흥벽화고분발굴조사보고』, 1984 : 문화재관리국 문화재연구소, 『순흥읍내리벽화분』, 1986.
8) 김창호, 「순흥 기미명 벽화고분의 축조」『연보』 11, 부산시립박물관, 1989 : 이희돈, 「순흥 기미년명 벽화분에 대하여」『두산김택규박사화갑기념문화인류학논총』, 1989 : 문화재관리국 문화재연구소, 『순흥 읍내리 고분군 발굴조사보고서』, 1994 : 대구대 박물관, 『순흥 읍내리 벽화고분 발굴조사보고서』, 1995 : 정운용, 「순흥 읍내리벽화고분의 신라사적 의의」『백산학보』 52, 1999 : 이한상, 「읍내리분묘군의 편년을 통해 본 5세기대 순흥지역의 위상」『역사문화연구』 19, 2003.
9) 김정배, 「고구려와 신라의 영역문제 -순흥지역의 고고학자료와 관련하여-」『한국사연구』 61·62, 1988 : 이도학, 「영락 6년 광개토왕의 남정과 국원성」『손보기박사정년기념사학논총』, 지식산업사, 1988 : 이도학, 「고구려의 낙동강유역 진출과 신라·가야 경영」『국학연구』 2, 1988 : 정운용, 「5세기 고구려 세력권의 남한」『사총』 35, 1989 : 서영일, 「5~6세기의 고구려 동남경 고찰」『사학지』 24, 1991 ;『신라 육상 교통로 연구』, 학연문화사, 1999 : 정운용, 앞의 논문, 1994 : 김현숙, 「4~6세기경 소백산맥 이동지역의 영역향방 -『삼국사기』 지리지의 경북지역 '고구려군현'을 중심으로-」『한국고대사연구』 26, 2002.
10) 기록에 따라서 모례 또는 모록이라고 되어 있지만, 모례로 통일하고자 한다.

반증하는 것이다. 그럼에도 불구하고 모례에 대한 연구는 극히 부분적으로 이루어진 실정이다. 이것은 신라 불교에 대한 연구가 그 동안 초전불교와 공인불교에 치중되었던 것이 중요한 원인으로 작용하였기 때문이다. 그 결과 묵호자나 아도 또는 이차돈과 비교할 때 모례에 대해서는 상대적으로 관심이 소홀한 경향이 강하였다.

2. 불교 전래의 배경

1) 중국과의 통교

신라에 불교가 전래된 것은 대체로 눌지마립간대에 고구려를 통해서 이루어진 것으로 이해하고 있다. 이 시기는 이른바 '마립간기'로써 김씨에 의한 왕위계승이 확립되었고, 제도의 정비를 통해서 이전의 '이사금기'보다 한층 변화된 모습을 보이는 시기이다. 그리고 이러한 변화는 여러 분야에 걸쳐 이루어졌다.

이와 같은 변화의 하나로 내물이사금이 즉위한 이후에 새롭게 중국과의 관계를 추구하려는 시도를 하게 된다. 이러한 사실은 처음으로 중국에 사신을 파견하고 있는 사실을 통해서 알 수 있는데, 이에 대한 기록은 다음과 같다.

> A-1. 봄에 고구려·신라·서남의 오랑캐[夷]가 모두 사신을 보내어
> 조공하였다.[11]

2. (11월에) 사신을 符秦에 보내어 조공하였다.[12]

B-1. 위두를 부진에 보내어 방물을 바쳤다. 부견이 위두에게 묻기를 "경의 말에 해동의 일이 옛날과 같지 않으니 어찌된 일인가?"라고 물으니, (위두가) 대답하기를 "중국과 역시 마찬가지로 시대가 변혁되고 이름이 바뀌었으니, 어찌 지금 같을 수 있겠습니까?"라고 하였다.[13]

2. 秦書에 이르기를 부견 건원 18년에 신라국왕 樓寒이 위두를 사신으로 파견하여 미녀를 바쳤는데, 그 나라는 백제의 동쪽에 있다.[14]

위의 기록은 신라가 377년(내물이사금 22)과 381년(내물이사금 26)에 전진에 사신을 파견하여 조공을 하였다는 내용이다. 이것은 신라가 중국에 처음으로 사신을 파견한 것으로 이전의 대외관계와 비교하면 중요한 변화이다. 이것은 위두의 '時代變革 名號改易'이라는 대답을 통해서도 어느 정도 가능할 것이다.[15] 그러나 이러한 변화에도 불구하고 당시 신라는 독자적으로 중국에 사신을 파견할 정도의 세력은 아니었다. 그러므로 일찍부터 이 기록은 고구려가 사신을 파견할 때 신라가 고구려를 따라 감으로써 이루어진 것으로 이해하고 있다.[16]

---

11) 『자치통감』권104, 진기26 태원 2년.
12) 『삼국사기』권18, 고구려본기6 소수림왕 7년 11월.
13) 『삼국사기』권3, 신라본기3 내물이사금 26년.
14) 『태평어람』권781, 사이부2 동이2 신라.
15) 정운용은 사료 B-1의 기록은 신라사 자체의 변화뿐만 아니라 삼국의 급격한 정세변동을 의미하는 것이라고 하였다(정운용, 앞의 논문, 1994, 41쪽).

전진은 불교국가였고, 그 왕인 부견은 독실하게 불교를 신봉하고 있었다.[17] 그리고 부견은 이미 고구려에 사신을 파견하면서 순도라는 승려와 함께 불상과 경문을 보냈다.[18] 따라서 신라는 전진에 사신을 파견하면서 그곳에서 신봉되고 있던 불교에 대한 관심과 함께 불교의 기초적인 지식을 접하였을 가능성을 생각할 수 있다. 또한 전진의 발달한 문화는 신라의 사신들에게는 새로운 경험이었을 것이며, 이후 중국을 통해서 전래되는 선진문물에 대한 매력은[19] 신라에서 불교를 수용하는데 중요한 원인이 되었을 것이다.

이와 같이 중국의 발달한 선진문화와의 접촉은 고대국가로 성장을 추구하던 '마립간기'의 신라가 시급하게 필요한 것이 무엇인지를 인식하는 계기가 되었을 것이고, 이러한 문제의 해결을 불교에서 찾고자 하였을 것이다. 즉 신라는 불교를 수용함으로써 왕권강화 등 고대국가로 성장하는데 필요한 것을 단기간에 해결하려고 하였을 가능성이 큰 것으로 생각된다.

---

16) 이병도, 『한국사』 -고대편-, 을유문화사, 1959, 401~402쪽. 서영일은 고구려가 백제를 외교적으로 고립시키기 위해 전진-고구려-신라의 동맹관계를 결성하려고 시도한 것이라고 하였다(서영一, 앞의 논문, 1991, 12쪽).

17) 김영태, 「삼국시대의 미륵사상」 『한국미륵사상연구』, 동국대 출판부, 1989b, 23쪽.

18) 田村圓澄은 고구려의 불교 전래는 책봉체제에서 종주국인 전진의 부견으로부터 종속국인 고구려의 소수림왕에게 '하사'된 것이라고 하였다(田村圓澄, 「漢譯佛教圈の佛教傳來」 『古代朝鮮佛教と日本佛教』, 吉川弘文館, 1980, 7~9쪽 ; 노성환 옮김, 『고대 한국과 일본불교』, 울산대 출판부, 1997, 15~17쪽). 그러나 이러한 견해는 이기백에 의해서 비판되었다(이기백, 앞의 논문, 1954 ; 앞의 책, 1986, 5쪽 補註 및 「삼국시대 불교 수용의 실제 -불교 '하사설' 비판-」 『백제연구』 29, 1999).

19) 신종원, 「신라 불교전래의 제상」 『가산이지관스님화갑기념한국불교문화사상사』 (상), 1992 ; 『신라초기불교사연구』, 민족사, 1992, 15쪽.

2) 고구려의 간섭

신라에 불교가 전래되는 것은 중국과의 새로운 교섭의 시작과 더불어 당시의 대내적인 정치상황과 관련하여 고구려와의 관계도 중요하게 작용하였다.[20]

신라의 내물이사금대는 고구려가 광개토왕의 활발한 정복활동을 통해서 삼국의 주도권을 장악하였던 시기이다. 이 시기는 이른바 '고구려 간섭기'로서 신라는 고구려에게 정치·군사적인 간섭을 받고 있었는데, 이에 대한 기록은 다음과 같다.

> C. 봄 정월에 고구려에서 사신을 보냈다. 왕은 고구려가 강성하였
> 으므로 이찬 대서지의 아들 실성을 보내어 볼모로 삼았다.[21]

위의 기록은 실성을 고구려에 볼모로 보냈다는 내용이다. 이 기록은 신라의 정치상황과 관련하여 내물이사금이 석씨계인 실성을 견제하기 위한 인질외교로 이해되고 있다.[22] 그러나 이 기록은 고구려에 볼모로

---

20) '마립간기' 고구려와의 대외관계에 대한 연구는 노중국, 「고구려·백제·신라 사이의 역관계 변화에 대한 일고찰」,『동방학지』28, 1981 ; 연세대 국학연구원 편, 『고구려사연구』Ⅰ, 연세대 출판부, 1987 : 정운용,「5~6세기 신라 대외관계사 연구」, 고려대 박사학위논문, 1996 : 우선정,「마립간 시기 신라의 대고구려 관계」,『경북사학』, 23, 2000 : 이명식,「5세기 신라의 대고구려관계」,『대구사학』69, 2002 : 장창은,「신라 눌지왕대 고구려세력의 축출과 그 배경」,『한국고대사연구』33, 2004 참조.
21) 『삼국사기』권3, 신라본기3 내물이사금 37년 봄 정월.
22) 김철준, 「신라 상대사회의 Dual Organization」(상)『역사학보』1, 1952 ; 『한국고대사회연구』, 서울대 출판부, 1990, 127쪽. 윤천근은 실성이 고구려에 볼모로 갔던 것은 실성의 아버지 이찬 대서지를 견제하기 위한 것이라고 하였다(윤천근, 앞의 논문, 1991, 257쪽). 그러나 이 견해도 석씨계를 견제한다는 의미에서는 같은 것이라고 할 수 있다.

보내야만 할 정도였던 당시 신라의 대고구려 관계를 보여주는 사건이라고 할 수 있다. 더욱이 고구려는 400년(내물이사금 45)에 보기 5만 명을 파견하여 왜의 침입으로부터 신라를 구원하였다는 기록을[23] 통해서 신라에 대한 고구려의 영향력을 확인할 수 있다. 이러한 고구려의 정치적인 영향력은 결국 신라의 왕위계승에도 관여하게 되었는데, 이에 대한 기록은 다음과 같다.

D. 실성이사금이 즉위하였다. 알지의 裔孫으로 이찬 대서지의 아들이고, 어머니는 이리부인으로 아간 석등보의 딸이며, 왕비는 미추왕의 딸이다. 실성은 신장이 7척 5촌이나 되고, 사람됨이 명철하였으며, 앞 일을 멀리 내다보는 식견이 있었다. 내물왕이 죽고 그 아들이 아직 어렸으므로 국인이 세워 왕위를 잇게 하였다.[24]

E-1. 눌지마립간이 즉위하였다. 내물왕의 아들이고, 어머니는 보반부인으로 미추왕의 딸이며, 왕비는 실성왕의 딸이다. 내물왕 37년에 실성을 고구려에 볼모로 보냈는데, 후에 실성이 돌아와 왕이 되자 내물왕이 자기를 외국에 볼모로 보낸 것을 원망하여 그 아들을 죽여서 원한을 갚으려고 하였다. 사람을 보내어 (자신이) 고구려에 있을 때 알고 지내던 사람을 불러서 몰래 이르기를 "눌지를 보거든 죽여라!"고 하였다. 마침내 눌지

23) 한국고대사회연구소 편, 『역주 한국고대금석문』 I, (재)가락국사적개발연구원, 1992, 18~19쪽.
24) 『삼국사기』 권3, 신라본기3 실성이사금 즉위년.

로 하여금 떠나도록 하여 도중에서 만나게 하였다. 고구려 사람이 눌지의 용모와 기상이 명랑하고 단아하여 군자의 기풍이 있음을 보고 마침내 (눌지에게) 고하기를 "당신 나라의 왕이 나로 하여금 그대를 죽이도록 하였는데, 지금 그대를 보니 차마 해칠 수가 없다."라 하고는 돌아갔다. 눌지는 이것을 원망하여 돌아와 오히려 왕을 죽이고 스스로 왕위에 올랐다.[25]

2. (실성)왕은 전왕의 태자 눌지가 덕망이 있는 것을 꺼려서 죽이려고 하여 고구려의 군사를 청하여 거짓으로 눌지를 맞이하게 하였다. (그러나) 고구려 사람들은 눌지에게 어진 행실이 있음을 알고 창끝을 뒤로 돌려서 실성왕을 죽이고, 눌지를 왕으로 세우고 돌아갔다.[26]

위의 기록은 실성이사금과 눌지마립간의 즉위에 대한 내용이다. 눌지마립간의 즉위에는 고구려의 영향력이 작용하였다는 사실을 확인할 수 있는 기록이 있지만, 실성이사금의 즉위에는 이러한 정황을 추정할 수 있는 기록이 없다. 그러나 실성이사금은 고구려에 볼모로 갔다 왔고, 또 그가 돌아온 이듬해에 내물이사금을 이어 즉위하고 있는 것에서 일찍부터 실성이사금의 즉위에는 고구려 세력이 개입되었을 가능성이 지적되었다.[27]

25) 『삼국사기』 권3, 신라본기3 눌지마립간 즉위년.
26) 『삼국유사』 권1, 기이2 제십팔대 실성왕.
27) 이홍직, 「신라의 발흥기」 『국사상의 제문제』 3, 1959 ; 『한국고대사의 연구』, 신구문화사, 1971, 445~446쪽 : 신형식, 「신라왕위계승고」 『유홍렬박사화갑기념논총』, 탐구당, 1971, 72쪽 : 주보돈, 「박제상과 5세기 초 신라의 정치 동향」 『경북사학』 21, 1998, 25쪽.

이와 같이 고구려의 영향력으로 즉위한 실성이사금은 412년(실성이사금 11) 내물이사금의 아들인 복호(보해)를 고구려에 볼모로 보냄으로써[28] 고구려와의 관계를 계속해서 유지하였다. 그리고 이러한 고구려와의 관계는 사료 E에서와 같이 눌지를 죽이려고 하다가 오히려 자신이 시해를 당하는 상황에까지 이르게 되었다.

실성이사금을 시해하고 눌지마립간이 자립하는 과정도 역시 고구려의 영향력에 의해서 가능하였다. 그리고 눌지마립간이 즉위하면서 김씨에 의한 왕위계승이 확립되고,[29] 왕권을 강화하기 위한 제도의 개편을 실시하였다.[30] 또한 눌지마립간은 425년(눌지마립간 9) 볼모로 있던 왕제 복호(보해)의 귀환을[31] 계기로 고구려의 간섭에서 벗어나려는 시도를 하게 된다. 이러한 눌지마립간의 시도는 433년(눌지마립간 17) 백제의 요구로 화친을 맺고[32] 나제동맹을 체결함으로써[33] 구체화되었다.

나제동맹을 체결할 수 있었던 것은 고구려의 간섭으로부터 벗어나려는 눌지마립간의 적극적인 노력도 있었겠지만, 당시 고구려의 대내외적인 상황도 중요하게 작용하였을 것이다. 즉 고구려는 427년(장수왕 15) 평양 천도 이후 왕권강화책에 따른 국내의 정치적인 갈등의 심화와[34] 함

---

28) 『삼국사기』 권3, 신라본기3 실성이사금 11년.
29) 김두진은 김씨에 의해 왕위가 세습된 것은 고구려의 군사력을 배경으로 이루어진 것이라고 하였는데(김두진, 앞의 논문, 1985, 280쪽), 시사하는 바가 크다. 그러나 신라를 간섭하기 위한 고구려의 군사력은 오히려 김씨의 왕위계승권을 확립시키는 계기로 작용하였으며, 또한 신라가 왕권을 신장시키는데 중요한 역할을 하게 되는 결과를 초래하였다.
30) 김두진은 눌지마립간 이후 신라 왕실이 주도하였던 개혁은 육부체제의 개편이라고 하였다(김두진, 앞의 논문, 1985, 281쪽).
31) 『삼국유사』 권1, 기이2 내물왕 김제상. 그러나 『삼국사기』에는 418년(눌지마립간 2)으로 기록되었다.
32) 『삼국사기』 권3, 신라본기3 눌지마립간 17년 7월 ; 동 권25, 백제본기3 비유왕 7년 7월.
33) 김병주, 「나제동맹에 관한 연구」, 『한국사연구』 46, 1984.
34) 서영대, 「고구려 평양천도의 동기」 『한국문화』 2, 1981, 126~130쪽 ; 박성봉 편, 『고구려 남

께 북연 과의 관계도 원활하지 못한 상태에 있었다.[35] 당시 신라는 이러한 고구려의 상황을 어느 정도 파악하고 있었으며, 결국 이 기회를 놓치지 않고 백제와 동맹을 체결하였던 것 같다. 이후 신라와 고구려와의 관계는 서로 충돌하는 국면으로 전개되었는데, 이에 대한 기록은 다음과 같다.

> F. 7월에 고구려의 변장이 실직원에서 사냥을 하였는데, (신라의) 하슬라 성주 삼직이 군사를 보내어 죽였다. 고구려의 왕이 이를 듣고 노하여 사신을 보내어 말하기를 "내가 대왕과 수호하여 매우 즐거워하던 바인데, 지금 군사를 보내어 우리의 변장을 죽이니 무슨 까닭이냐?"라 하고, 이에 군사를 일으켜 우리의 서변을 침입하였다. 왕이 말을 공손히 하여 사과하자 고구려 사람들이 곧 물러나 돌아갔다.[36]

위의 기록은 삼직이 고구려 변장을 살해하였다는 내용이다. 450년(눌지마립간 34) 신라의 하슬라(지금의 강릉) 성주 삼직이 실직(지금의 삼척)에서 고구려의 변장을 살해하였고, 이것에 대한 보복으로 고구려가 침입하였으나 신라의 사과로 물러났다.[37] 이 사건은 고구려의 간섭을 받던

진 경영사의 연구』, 백산자료원, 1995, 350~354쪽.
35) 노태돈, 「5~6세기 동아시아의 국제정세와 고구려의 대외관계」『동방학지』44, 1984 ; 『고구려사연구』 I, 연세대 출판부, 1987, 372~377쪽.
36) 『삼국사기』 권3, 신라본기3 눌지마립간 34년 7월.
37) 정운용은 이 사건이 무력충돌 없이 해결될 수 있었던 것은 고구려의 입장이 반영된 것으로 고구려・신라관계의 현상유지를 위하여 신라의 '卑辭謝之'로 사태를 마무리 지었다고 하였다(정운용, 앞의 논문, 1989, 7쪽 및 10쪽).

시기에는 상상할 수도 없는 일이었지만, 나제동맹이 체결된 이후에 발생하였다는 사실은 확실히 신라와 고구려와의 관계가 이전과는 달라졌음을 보여주는 것이다. 이러한 관계의 변화는 392년(내물이사금 37) 이후 신라를 공격하지 않았던 고구려가 454년(눌지마립간 38)부터 다시 신라의 북변을 침범한[38] 사실에서 알 수 있다.

나제동맹을 체결한 이후에도 신라가 고구려의 영향력에서 완전하게 벗어난 것은 아니었다. 그것은 481년(소지마립간 3) 고구려가 말갈과 함께 신라의 미질부(지금의 흥해)까지 침입하여[39] 신라의 왕도를 위협하고 있기 때문이다. 이 사건은 고구려의 간섭으로부터 벗어나려는 신라를 응징하기 위한 것으로[40] 사실상 신라에 대해서 최후의 일격을 가하고자 하였던 고구려의 마지막 행동이었다.[41] 당시의 이러한 상황은 「중원고구려비」나[42] 『일본서기』의[43] 기록을 통해서도 어느 정도 확인할 수 있다.

지금까지 살펴본 바와 같이 신라는 내물이사금과 실성이사금, 그리고 눌지마립간으로 이어지는 시기에 이미 고구려에 수용되어 국가적인 관심 속에서 성장하고 있었던[44] 불교를 고구려와의 사신 왕래를 통해서[45]

---

38) 『삼국사기』 권3, 신라본기3 눌지마립간 38년 8월.
39) 『삼국사기』 권3, 신라본기3 소지마립간 3년 3월.
40) 양기석, 「고구려의 충주지역 진출과 경영」, 『중원문화논총』 6, 2002, 70~71쪽.
41) 고구려가 미질부까지 침입하여 신라의 왕도를 위협할 수 있었던 것은 이미 475년에 백제의 한성을 함락시켰던 경험이 있었기 때문에 가능하였을 것이다. 즉 고구려는 백제에서 성공한 자신감을 바탕으로 이와 같은 과감한 작전을 수행할 수 있었으며, 그 궁극적인 목적은 단기간의 침입으로 신라의 왕도를 함락시키기 위한 '왕도함락작전'이었을 것이다.
42) 한국고대사회연구소 편, 『역주 한국고대금석문』 I, (재)가락국사적개발연구원, 1992, 49쪽.
43) 『일본서기』 권14, 웅략천황 8년 2월. 김현숙은 이 사건이 464년(자비마립간 7)이 아니라 고구려가 신라의 북변을 침공한 454년(눌지마립간 38) 이전에 일어났던 것이라고 하였다(김현숙, 앞의 논문, 2002, 102~103쪽).
44) 고구려에서는 391년(고국양왕 8) 불법을 숭신하여 복을 구하라는 하교를 내렸고, 또 392년(광개토왕 2) 평양에 9사를 창건하였다. 이러한 기록을 통해서 고구려에서는 372년(소수림왕 2) 불교가 전래된 이후 약 20여년 만에 국가적인 관심 속에서 발전하였음을 알 수 있다.

접촉하였을 가능성은 매우 크다. 그리고 이러한 가능성을 바탕으로 고구려로부터 신라에 불교가 전래된 시기를 눌지마립간대로 보면서도 그보다 약간 빠르거나[46] 또는 약간 늦은 것으로[47] 이해하기도 한다.

이와 함께 백제로부터의 전래 가능성도 상정할 수 있을 것이다.[48] 즉 백제는 384년(침류왕 원년)에 불교가 전래되었고, 또 433년(비유왕 7)에는 신라와 나제동맹을 체결함으로써 두 나라 사이에도 사신의 왕래가 이루어졌다. 이러한 과정에서 백제에 전래된 불교도 자연스럽게 신라에 알려지게 되었을 것이다. 그러나 이 문제는 정확한 기록이 없기 때문에 앞으로 새로운 자료가 발견되기 전까지는 하나의 가능성으로 남겨두고 한다.

3. 일선군과 모례에 대한 검토

1) 일선군의 지역적인 위치

신라는 이른바 '고구려 간섭기'를 벗어나기 위한 노력을 기울이면서부터 고구려와 국경을 접하고 있던 일선군에 대해서 차츰 그 중요성을 인식하기 시작하였다. 이것은 이 지역을 중심으로 이루어지고 있는 축성

---

45) 이기백, 앞의 논문, 1954 ; 앞의 책, 1986, 11쪽 : 김두진, 앞의 논문, 1985, 273~274 : 김두진, 앞의 논문, 1987, 82쪽 : 남희숙, 「신라 법흥왕대의 불교수용과 그 주도세력」, 『한국사론』 25, 1991, 23쪽.
46) 이기백, 앞의 논문, 1954 ; 앞의 책, 1986, 8~9쪽.
47) 이병도, 앞의 논문, 1975 ; 앞의 책, 1976, 653쪽 : 김두진, 앞의 논문, 1987, 82쪽.
48) 신종원, 앞의 논문, 1992 ; 앞의 책, 1992, 135쪽 및 153쪽.

과 순행에 대한 기록을 통해서 알 수 있는데, 이에 대한 기록은 다음과
같다.

> G-1. (5년) 10월에 왕이 일선에 행행하여 수재를 만난 백성을 위문
>   하고, 그들에게 곡식을 내리되 차가 있이 하였다.[49]
>
> 2. (8년) 일선계의 丁夫 3천명을 징발하여 삼년·굴산 2성을 개
>   축하였다.[50]
>
> 3. (10년) 2월에 (왕이) 일선군에 행행하여 홀아비와 홀어미, 부모
>   없는 어린아이와 자식 없는 늙은이를 위문하고, 곡식을 내리
>   되 차가 있이 하였다.[51]
>
> 4. (10년) 3월에 왕이 일선에서 돌아올 때 주변 주군의 죄수에 대
>   하여 二死를 제외하고는 모두 놓아주었다.[52]

위의 기록은 소지마립간대에 일선군을 중심으로 실시하였던 축성과
순행에 관한 내용이다. 위의 기록에서 특히 주목되는 것은 이른바 '고구
려 간섭기'를 벗어난 것으로 생각되는 481년(소지마립간 3) 이후에 집중
되고 있다는 사실이다.

일선군은 신라의 서북방 최대의 전략적 요충지로써 정치·군사적으로
중요시되었던 지역이다.[53] 신라는 고구려가 국원성을 남진의 거점으로

---

49) 『삼국사기』 권3, 신라본기3 소지마립간 5년 10월.
50) 『삼국사기』 권3, 신라본기3 소지마립간 8년.
51) 『삼국사기』 권3, 신라본기3 소지마립간 10년 2월.
52) 『삼국사기』 권3, 신라본기3 소지마립간 10년 3월.
53) 신형식, 「신라군주고」 『백산학보』 19, 1975, 64~65쪽 ; 『한국고대사의 신연구』, 일조각, 1984, 196~197쪽.

삼아서 소백산맥 이남으로 진출하는 것을 일선군을 중심으로 방어하고 있었다. 또한 신라가 소백산맥 이북으로 진출할 때에도 이곳을 거점으로 하였던 것으로 생각된다. 즉 일선군은 추풍령을 넘어서 보은-청주 방면으로 통하는 중요한 교통로였다.[54] 따라서 신라에서는 이곳을 중심으로 소지마립간대에 빈번한 축성과 순행을[55] 실시하며 지속적인 관심을 나타내고 있었다.[56] 특히 사료 G-2에서 3천명의 정부를 징발하여 삼년산성을 개축하였다는 기록을 통해서 소지마립간대 당시의 일선군은 상당한 인구와 경제력을 가지고 있었음을 알 수 있다.[57]

이러한 사실을 감안할 때 일선군을 중심으로 신라와 고구려가 활발하게 접촉하였을 가능성을 추정할 수 있으며, 이 과정에서 불교도 자연스럽게 전래되었을 것이다. 일선군에 불교가 전래되는 경로로 주목되는 곳은 고구려 남진의 거점이었던 국원성 즉 충주이다. 충주는 고구려의 유물·유적들이 많이 남아 있는데,[58] 이곳을 거점으로 아도를 비롯한 고구려의 전도승들이[59] 일선군을 통해서 신라로 왔을 것으로 생각된다.[60]

일선군과 같이 신라의 변경지역으로 중요시되었던 곳은 영주·안동·

---

54) 서영일, 앞의 책, 1999, 316~317쪽.
55) 김영하, 「신라시대 순수의 성격」, 『민족문화연구』 14, 1979, 228~230쪽 : 신형식, 「삼국시대 전쟁의 정치적 의미 -『삼국사기』 전쟁기록의 종합적 검토-」 『한국사연구』 43, 1983 ; 앞의 책, 1984, 300쪽 : 정운용, 앞의 논문, 1989, 14~15쪽 : 서영일, 앞의 책, 1999, 307~309쪽.
56) 김두진은 소지왕이 일선군을 중시한 것은 고구려와의 관계와 함께 불교도 중요시하고, 이곳을 중심으로 포용되었던 불교가 왕정과 밀착되었을 가능성을 제기하였다(김두진, 앞의 논문, 1985, 275쪽).
57) 서영일, 앞의 책, 1999, 317쪽.
58) 장준식, 『신라중원경연구』, 학연문화사, 1998.
59) 이병도는 아도가 남제에서 백제를 거쳐서 일선군으로 온 것으로 파악하였다(이병도, 앞의 논문, 1975 ; 앞의 책, 1976, 653쪽). 그러나 이 견해는 신종원에 의해서 비판되었다(신종원, 앞의 논문, 1977, 142쪽).
60) 서영일은 신라의 초전불교가 충주-문경-상주-선산으로 통하는 계립령로를 통해서 전래되었다고 하였다(서영일, 앞의 책, 1999, 319쪽).

봉화 등의 경북 북부지역이다. 이곳은 『삼국사기』 지리지에 기록된[61] 것과 같이 신라의 변경지역이면서도 '고구려 간섭기'에는 고구려의 영향을 직접적으로 받았던 지역이었다. 따라서 이 지역에서는 고구려와 관련된 많은 유물과 유적들이 알려져 있다.[62] 특히 순흥에서 발견된 벽화고분은 이 시기 신라와 고구려의 관계를 알려주는 대표적인 유적이라고 할 수 있다. 그리고 이 지역의 예를 통해서 일선군의 경우도 어느 정도 추정이 가능할 것이다.[63]

이와 같은 일선군의 지역적인 위치와 함께 경북 북부지역의 상황을 통해서 '고구려 간섭기'에 고구려와의 접촉이 다른 어느 지역보다 활발하였음을 알 수 있다. 그리고 이러한 과정에서 불교도 자연스럽게 이 지역에 전래되었을 것이다.

2) 모례에 대한 검토

신라는 이른바 '마립간기'에 고구려를 통해서 불교가 전래되었을 것으로 이해하고 있다. 이것은 왕실이 중심이 되어 공식적으로 이루어진 것이다. 그러나 『삼국사기』를 비롯하여 『삼국유사』와 『해동고승전』에는 왕실에 불교가 알려지기 이전에 고구려와 국경을 접하고 있던 일부 변경지방의 민간에서는 이미 불교가 전래되었음을 알려주는 기록이 전하고

---

61) 『삼국사기』 권35, 잡지4 지리2 및 동 권37, 잡지6 지리4.
62) 주 9) 참조.
63) 서영일은 계립령로 이외에 죽령로를 통해서도 불교가 신라의 내지로 전파되었을 가능성을 상정하였다(서영일, 앞의 책, 1999, 328쪽).

있는데, 이에 대한 기록은 다음과 같다.

H-1. 처음 눌지왕 때에 묵호자라는 중이 고구려에서 일선군으로
　　　오자 郡人 모례가 자신의 집에 굴실을 만들어서 그를 모셔두
　　　었다. 그때 양에서 사신을 (신라에) 보내어 의복과 향을 주었
　　　다. 군신이 그 향의 이름과 쓰이는 바를 알지 못하여 사람을
　　　시켜 향을 가지고 (국내를) 돌아다니며 물었다. 묵호자가 이
　　　를 보고 그 이름을 일러주며 말하기를 "이것을 사르면 향기
　　　가 아름답게 퍼져 신성에게 정성을 통할 수 있으며, 이른바
　　　신성은 삼보에서 더 지나갈 것이 없으니, (삼보는) 첫째는 불
　　　타이고, 둘째는 달마이며, 셋째는 승가이다. 만일 이를 살라서
　　　축원을 드리면 반드시 영검이 있으리라!"고 하였다. 이때 왕
　　　녀가 갑자기 병으로 위독하자 왕이 묵호자로 하여금 향을 사
　　　르고 축원을 드리게 하였더니, 왕녀의 병이 미구에 나았으므
　　　로 왕이 매우 기뻐하여 (묵호자에게) 예물을 후히 주었다. 묵
　　　호자는 나와 모례를 보고 얻은 물건을 주며 이르기를 "나는
　　　이제 갈 곳이 있다."라 하고 작별을 청하더니, 얼마 안 되어
　　　간 곳을 모르게 되었다.

　2. 비처왕 때에 이르러 阿道<혹은 我道>라는 화상이 시자 세
　　　사람과 더불어 또한 모례의 집에 왔는데, 그의 외모가 묵호
　　　자와 비슷하였고, 수년 동안 머물다가 병이 없이 죽었다. 그
　　　시자 3인이 남아서 경율을 강독하니, 왕왕 신자가 생기게 되
　　　었다.[64]

I-1. 신라본기 제4권에 이런 말이 있다. 제19대 눌지왕 때에 사문 묵호자가 고구려로부터 일선군에 이르니, 군인 모례<혹은 모록이라고도 쓴다.>는 굴실을[65] 만들어 편안히 있게 하였다. …

2. 또 제21대 비처왕 때에 이르러 아도화상이 시자 세 사람을 데리고 역시 모례의 집에 왔는데, 모습이 묵호자와 비슷하였다. 그는 수년 동안 여기에서 살다가 아무 병도 없이 죽었다. 시자 세 사람은 그대로 머물면서 경율을 강독하였는데, 간혹 신봉하는 사람이 생겼다<주에 본비와 모든 전기와는 사실이 다르다고 하였다. 고승전에서는 서천축 사람이라 하였고, 혹은 오에서 왔다고 하였다.>.

3. … 아도는 이 가르침을 듣고 계림으로 가서 왕성의 서쪽 마을에 살았는데 지금의 엄장사이며, 때는 미추왕이 즉위한 2년 계미였다. 그가 대궐로 들어가 불법을 행하길 청하니, 당시 세상에서는 보지 못하던 것이어서 이를 꺼리고, 심지어는 죽이려는 사람까지 있었다. 이에 續林<지금의 일선군> 모록의 집<祿은 禮와 글자 모양이 비슷한 것에서 생긴 잘못이다. 고기에 보면 법사가 처음 모록의 집에 오니, 그때 천지가 진동하였다. 당시 사람들은 중이라는 명칭을 알지 못하였기 때문에 그를 阿頭三麼라고 불렀다. 삼마는 우리말로 중이니, 사미

---

64) 『삼국사기』 권4, 신라본기4 법흥왕 15년.
65) 신종원은 '굴실'은 '초라한 암자' 정도의 뜻이라고 하였다(신종원, 「삼국유사 '아도기라'조 역주」『송갑호교수정년퇴임기념논문집』, 1993, 564쪽 주 5) 참조).

라는 말과 같다.>으로 도망해 가서 숨었다. 미추왕 3년에 성
국공주가 병이 있어 무당과 의원이 효험도 없으므로 칙사를
내어 사방으로 의원을 구했다. 법사가 갑자기 대궐로 들어가
드디어 그 병을 고치니 왕은 크게 기뻐하여 그의 소원을 묻자
법사는 "빈도에게는 아무 구하는 일이 없습니다. 다만 천경림
에 절을 세워서 크게 불교를 일으켜서 국가의 복을 비는 것을
바랄 뿐입니다."라고 하였다. 왕이 이를 허락하여 공사를 일으
키도록 명령하였다. 그때의 풍속은 질박하고 검소하여 법사는
따로 지붕을 덮고 여기에 살면서 강연하니, 이때 혹은 天花가
땅에 떨어지므로 그 절을 홍륜사라고 하였다. 모록의 누이동
생 이름은 史氏이다. 법사에게 와서 중이 되어 역시 三川 갈
래에 절을 세우고 살았는데, 절 이름을 영흥사라고 하였다. 얼
마 안 되어 미추왕이 세상을 떠나자 나라 사람들이 해치려 하
여 법사는 모록의 집으로 돌아가 스스로 무덤을 만들고 그 속
에서 문을 닫고 自絶하여 다시 나타나지 않았다. 이 때문에
불교 또한 폐해졌다.[66)]

J-1. 처음 신라 눌지왕 때 흑호자라는 사람이 고구려에서 일선군으
로 와서 교화할 인연이 있었으니, 군인 모례가 집안에 굴실을
만들어 모셨다. 이때 양에서 사신을 보내어 의복과 향을 보내
왔는데, 君臣들은 향의 이름과 쓰이는 바를 알지 못하였다. 이

---

66) 『삼국유사』 권3, 흥법3 아도기라.

에 칙사를 보내어 향을 가지고 (국내를) 돌아다니며 묻게 하였다. (혹)호자가 이를 보고 그 이름을 일러주며 말하기를 "이것을 사르면 향기가 아름답고, 정성을 들이면 신성에 통할 수 있습니다. 이른바 신성이란 삼보를 능가하는 것이 없는데, (삼보는) 첫째는 불타이고, 둘째는 달마이며, 셋째는 승가입니다. 만일 이를 살라서 발원하면 반드시 신성의 응함이 있을 것입니다."라고 하였다. 때마침 왕녀가 병이 들어 위독하였으므로 왕이 (혹)호자로 하여금 향을 피우고 서언을 올리게 하였더니, 왕녀의 병이 곧 나았다. 왕이 매우 기뻐하여 (흑호자에게) 예물을 후하게 대접하였다. (혹)호자는 나와 모례를 보고 받은 물건을 주면서 그 은덕을 갚으며 말하기를 "나는 이제 가야 할 곳이 있다."라 하고 작별을 청하더니, 갑자기 사라져 버려 간 곳을 알지 못하였다.

2. 비처왕 때에 아도화상이란 사람이 시자 세 사람과 함께 또한 모례의 집으로 와서 묵었는데, 그 용모가 (흑)호자와 비슷하였다. (그는) 머물러 있은 지 수년 만에 아무런 병도 없이 죽었으며, 그 시자 세 사람은 머물러 살면서 경율을 독송하니, 이따금 (그들의 가르침을) 받아 믿고 받들어 행하는 사람이 있었다.

3. 그러나 고기를 살펴보면 양 대통 원년 3월 11일에 아도가 일선군에 들어오니 천지가 진동하였다. 스님은 왼손에 金環錫杖을 짚고, 오른손에는 玉鉢應器를 들었으며, 몸에는 누더기 옷을 입고, 입으로는 花詮을 외우면서 처음으로 信士 모례의 집에 왔다. 모례는 나가 보고 깜짝 놀라며 말하기를 "지난날

에 고려의 승려 正方이 우리나라에 들어왔을 때에 군신들이 괴상히 여기고 상서롭지 못하다 하여 의논하여 그를 죽여 버렸고, 또 滅垢玼가 뒤를 따라 다시 왔을 때에 지난번과 같이 죽여 버렸는데, 당신은 더구나 무엇을 구하러 여기에 왔습니까? 빨리 문 안으로 들어와 이웃 사람의 눈에 띄지 않게 하십시오."라고 하면서 (아도를) 데리고 들어가 밀실에 두고는 공양하기를 게을리 하지 않았다.

4. 또 고득상의 詩史를 살펴보면 "양에서 원표라는 사신을 보내어 침단과 (향과) 경전과 불상을 보내왔는데, 그 쓰이는 바를 알지 못하여 사방에 물어보다가 아도를 만났는데, 그 사용법을 가르쳐주었다"라고 하였다. 고득상이 주석하기를 "아도는 두 번이나 斬害를 당할 뻔하였으나 신통력으로 죽지 않고 모례의 집에 숨었다."라고 하니, 양과 오 중에 어느 쪽의 사신인지 자세히 알 수가 없다. 또 아도의 행적이 흑호자와 닮은 것은 어찌된 일인가?

5. 박인량의 『수이전』을 살펴보면 스님의 아버지는 魏人 굴마이고, 어머니는 고도령으로 고구려사람이다. 굴마는 고구려에 사신으로 왔다가 (고도령과) 몰래 (정을) 통하고 돌아갔다. 고도령은 이로 인해 임신하여 (아들을) 낳았다. … 스님은 아들에게 명하는 (어머니의) 말씀을 받들어 본국을 떠나 신라 왕궁의 서쪽 마을에 머물렀으니<지금의 엄장사가 그곳이다.>, 이때는 미추왕이 즉위한 지 2년인 계미에 해당한다. 스님이 부처님의 가르침을 행하기를 청하자 전에 보지 못하던 것이라 하여 괴

상하게 여기고, 심지어 죽이려는 사람도 있었으므로 續村 모
록의 집으로 물러나 숨었으니, 지금의 善州가 그곳이다. … 모
록의 동생인 史侍도 또한 귀의하여 중이 되었으므로 삼천기에
절을 세워 영흥사라 하고, 그곳에 의지해 살았다. …[67]

　위의 기록은 각각 『삼국사기』·『삼국유사』·『해동고승전』에 수록되
어 있는 신라의 불교 전래에 대한 내용이다. 이 기록들은 신라에 불교가
전래된 시기와[68] 전래자의[69] 문제를 해결하는데 중요한 자료로 이용되
고 있다. 그리고 이 문제를 해결하기 위하여 일찍부터 많은 연구가 이루
어졌다.[70] 이와 함께 신라에 불교가 전래되어 민간에 수용되는 과정에서
중요한 역할을 담당하였던 일선군의 모례에 대한 검토도 필요하다.
　모례에 대해서는 신라의 불교 전래과정을 알려주는 모든 기록에 공통
적으로 수록되어 전해지고 있다는데 그 특징이 있다. 이것은 결국 모례
가 신라의 불교 전래과정에서 핵심적인 역할을 담당하였던 인물이라는
사실을 반증하는 것이라고 생각된다. 그리하여 일찍부터 모례에 대해서
관심을 가지고 연구가 이루어졌다.
　모례에 대한 연구는 그의 이름에서부터 비롯하였다. 즉 모례를 姓으로

---

67) 『해동고승전』 권1, 유통1 석아도
68) 신라에 불교가 전래된 시기는 미추왕대·눌지왕대·소지왕대·법흥왕대로 기록되어 있는
　데(오준호, 「신라불교 전래 연구」, 동국대 석사학위논문, 1995. 94~126쪽), 대체로 눌지왕대
　로 이해하고 있다.
69) 신라에 불교를 처음으로 전래한 인물은 아도와 묵호자로 기록되어 있는데, 일반적으로 묵호
　자는 아도의 '指目之辭'로 파악하여 동일인으로 이해하고 있다. 그러나 각 시기마다 등장하
　는 아도에 대해서는 동일인설과 개별인설로 구분하고 있다(위 영, 「신라 초기불교의 전개과
　정 검토」 『신라문화』 20, 2002. 110~111쪽).
70) 주 1) 참조.

보고, 毛禮氏는 일본의 蘇我氏와 같이 초전 당시에 불교를 외호하였던 씨족일 것이라고 하였다. 또 모례는 모의 훈 '털', 례의 음 '례'의 합성 이 두에서 전화되었고, 이것들이 促音이 되어 Tore, Tol이 되며, 한국어의 '뎔' 즉 지금의 '절(chol)'과 일본어의 'テラ'의 어원이 된다고 하였다. 따라서 모례는 '절'을 의미하는 명사가 擬人化한 인명으로 되었고, 毛禮家는 사찰의 대명사가 되어 '모례 집에 간다'는 것이 '절에 간다'는 것으로 되었다고 하였다.[71] 이러한 연구는 이후 여러 연구자들에게 많은 영향을 주었다.[72]

다음으로 모례가 어떤 계층이었나 하는 신분에 대한 문제이다. 그의 신분에 대한 기록은 『삼국사기』·『삼국유사』·『해동고승전』에 모두 '郡人'으로 기록되어 있다. 그러나 '信士'라고 기록된 『해동고승전』과 '長者'라고 기록되어 있는 「龜龍寺事蹟幷浮屠移安碑銘序」도 있다.[73]

먼저 '군인'이란 '일선군인' 즉 '일선군의 사람'이라고 할 수 있다. 따라서 모례는 일선군을 기반으로 하였던 재지세력 또는 토착세력이었음을 알 수 있다.[74] 한편 '신사'는 '신자' 즉 '불교신자'로 볼 수 있을 것이다. 그런데 여기서 주목되는 것은 모례가 '士'라고 기록된 부분이다. 이미 불교의 전입 이전에 한자의 사용과 함께 유교의 이념도 일반 백성들에게 파급되었고,[75] 또한 5세기를 전후하여 소국 간지의 재래 지배질서가 해체

---

71) 江田俊雄, 앞의 논문, 1935 ; 앞의 책, 1977, 137쪽.
72) 권상노, 『조선불교사개설』, 불교시보사, 1939, 5쪽 : 정중환, 앞의 논문, 1965, 178~179쪽 : 신종원, 앞의 논문, 1977, 157~158쪽 : 문경현, 「신라 불교 조행고」『신라문화제학술발표회 논문집』 14, 1993, 129쪽.
73) 정영호, 『신라불교초전지역 학술조사보고서』, 한국교원대 박물관, 1997, 31쪽.
74) 남희숙은 모례를 '촌인'이라고 하였다(남희숙, 앞의 논문, 1991, 19쪽).
75) 김정배, 「불교전입 전의 한국상대 사회상」『숭산박길진박사화갑기념한국불교사상사』, 1975 ; 『한국고대사의 신조류』, 고려대 출판부, 1980, 137쪽.

되는 상황에서 새로운 부류들이 등장하게 되었는데, 이들이 신라 중고기에 '사'로 표현되는 세력이라는 연구도 있다.[76] 즉 '사'는 소국의 지배질서가 붕괴되는 과정을 거치면서 등장한 세력이라는 것이다. 그렇다면 모례 역시 일선군을 중심으로 존재하였던 재지세력 또는 토착세력 중에서 유력한 지배층이었을 것으로 생각할 수 있다.[77] 이것은 지금까지도 선산지방에 전해지고 있는 모례에 대한 전설에서 그가 각각 1천 마리의 소와 양을 기를 정도로 경제적인 능력을 가지고 있었다는[78] 사실을 통해서도 어느 정도 알 수 있을 것이다. 그리고 '장자' 역시 이와 같은 의미로 사용되었을 것이다.[79]

이와 같은 신분을 가지고 있었던 모례는 일찍부터 불교를 신봉하였을 것으로 생각된다.[80] 왜냐하면 신라에 불교가 전래되는 것은 고구려로부터 일선군을 통해서 이루어졌고, 또 일선군은 고구려와 국경을 접하고

---

76) 남희숙, 앞의 논문, 1991, 15~16쪽 및 29쪽.
77) 김두진은 모례는 일선군에 거주하는 백성이나 평범한 귀족이 아니라 왕실과 연결된 세력으로 추측하였다(김두진, 앞의 논문, 1985, 272~273쪽). 또한 모례가 모록이라고 불린 사실에서 그 명칭이 모량부와 관련이 있었을 것으로 보았다. 또한 지소부인과 모례의 누이인 사씨가 혼동될 수 있을 정도로 두 사람의 사회적 위치가 비슷하였을 것이라고 하였다(김두진, 앞의 논문, 1985, 273쪽 주 30) 참조). 반드시 그렇지는 않더라도 이러한 견해는 모례의 신분을 이해하는데 어느 정도 도움이 될 수 있을 것이다.
   이 외에 모례에 대하여 정중환은 모례가 신라에서 유일한 불교 비호자라 하였고(정중환, 앞의 논문, 1965, 178쪽), 신종원은 불교전래기에 불교를 후원한 유력자라고 하였다(신종원, 앞의 논문, 1992 ; 앞의 책, 1992, 150쪽). 또한 남재우는 4~5세기 농업생산력의 증대에 따라 성장한 호민이라고 하였으며(남재우, 「신라 상고기의 '국인'층」, 『한국상고사학보』 10, 1992, 380쪽), 위 영은 일선지역에서 경제적으로 성장한 세력이라고 하였다(위 영, 앞의 논문, 2002, 113쪽 주 54) 참조).
78) 정영호, 『선산지구고적조사보고서』, 단국대 출판부, 1968, 212~214쪽.
79) 선산지역의 古老들은 '長者'를 '長家'로도 부른다고 한다(정영호, 앞의 책, 1968, 214쪽 주 168) 참조).
80) 田村圓澄은 모례가 자신의 집에 묵호자와 아도를 맞이한 것은 이미 불교신자였기 때문일 것이라고 하였다(田村圓澄, 앞의 책, 1980 ; 노성환 옮김, 앞의 책, 1997, 21쪽).

있는 전략적인 요충지이기 때문에 다른 지역보다 접촉이 빈번하였을 가능성이 있기 때문이다.

그런데 한 가지 주목되는 것은 신라의 불교전래를 수록한 모든 기록에서 나타나듯이 고구려에서 신라로 오는 승려들은 마치 당연하다는 듯이 모례를 찾아간다는 것이다.[81] 그리고 이것은 승려들이 박해를 당하여 피신할 때에도 마찬가지이다. 이러한 사실은 마치 신라로 가려고 하는 승려들은 고구려에 있을 때부터 일선군에 모례가 있다는 사실을 사전에 미리 알고 있었던 것처럼 느껴진다.[82] 이것은 역으로 말하면 고구려에서도 일선군의 모례에 대해서는 어느 정도 알려져 있었다는 것이기도 하다. 이러한 사실은 결국 모례는 이미 오래 전부터 고구려와 밀접한 관련을 맺고 있었기 때문에 그의 존재가 고구려에도 알려져 있었다는 것을 의미하는 것이다.

다시 말하면 모례는 '고구려 간섭기'에 신라의 변경지역인 일선군을 중심으로 고구려에 협력하였던 '친고구려계'세력이었던 것으로 생각된다.[83] 그렇기 때문에 고구려에도 모례의 존재가 알려지게 되었고, 신라로 가려는 승려들은 이러한 사실을 미리 알고 바로 그를 찾아갔으며, 그의 도움을 받으면서 불교를 포교하려고 하였을 것이다.

마지막으로 '모례가'에 대한 문제이다. 이것은 위의 사료에 기록된 모례가 동일인인지 아니면 시대를 달리하는 개별인인지와 관련된 것이다.

---

81) 정방과 멸구자가 언제 신라에 왔는지는 정확하게 알 수 없지만, 이들도 일선군의 모례를 찾아왔을 것으로 생각된다.
82) 신종원도 미추왕 때의 아도는 모록과 이전부터 알고 있었던 사이였을 것이라고 하였다(신종원, 앞의 논문, 1977, 146쪽).
83) 田村圓澄은 모례를 고구려에서 신라로 들어온 이주계 씨족이라고 하였다(田村圓澄, 앞의 책, 1980 ; 노성환 옮김, 앞의 책, 1997, 21쪽).

결론부터 말하면 이것은 '모례의 집'이라기보다는 '모례네 집'[84] 또는 '모례의 가문'이라고 할 수 있다.[85] 즉 기록에 나타나는 모례는 시대를 달리하는 개별인으로 생각된다.[86] 그리고 이러한 '모례네 집' 또는 '모례의 가문'을 중심으로 아도와 함께 왔던 시자 세 사람이 활동하여 불교의 전도가 이루어졌을 것이다. 그리고 여기에서 '講讀經律'하여 '往往有信奉者'라는 기록을 통해서 적어도 소지마립간대에는 일정한 수의 신자들이 생기기 시작하였으며, 초기적인 형태의 사원도 건립되었을 가능성이 있다.[87] 이와 같이 일선군을 중심으로 한 지방의 불교 교세가 확대되는 상황은 이 지역을 두 차례나 순행하였던 소지마립간도 인식하였을 것이다.[88]

그러나 신라가 고구려의 영향력에서 벗어난 이후에는 '모례가'에도 새로운 변화가 있었을 것이다. '모례가'는 '친고구려계'세력이었지만 신라가 '고구려 간섭기'를 벗어나며 지방제도를 정비할 때 일선군의 지배층으로서 외위를 받고 촌주로 변화하였을 것으로 생각된다. 그리고 이러한 변화는 고구려의 영향을 직접적으로 받았던 순흥의 '친고구려계'세력에게도 똑같이 적용되었을 것이다.[89] 이것은 다음의 기록을 통해서 어느 정도 확인할 수 있는데, 이에 대한 기록은 다음과 같다.

84) 신종원, 앞의 논문, 1977, 157쪽.
85) 江田俊雄, 앞의 논문, 1935 ; 앞의 책, 1977, 126쪽.
86) 불교가 공인된 이후에 모례가 동일인인 것처럼 기록되어 정리되었을 것이다.
87) 김두진, 앞의 논문, 1987, 82쪽 주 10) : 신종원, 앞의 논문, 1992 ; 앞의 책, 1992, 152쪽.
88) 김두진, 앞의 논문, 1985, 275쪽 : 위 영, 앞의 논문, 2002, 117쪽.
89) 남희숙은 어숙술간묘의 피장자가 외위를 소유한 것을 주목하고, 불교와 읍락사회의 변동이 일정한 관련성을 가지는 것으로 이해하였는데(남희숙, 앞의 논문, 1991, 21쪽), 시사하는 바가 크다.

K. … 눌지왕이 즉위하자 말을 잘하는 사람[辯士]을 구하여 두 사람을 맞이해 올 것을 생각하였다. 왕은 수주촌간 벌보말과 일리촌간 구리내와 이이촌간 파로 등 세 사람이 현명하고 지혜가 있다는 말을 듣고 그들을 불러서 묻기를 "나의 아우 두 사람이 왜와 고구려 두 나라에 볼모가 되어 여러 해가 지나도록 돌아오지 못하고 있다. 형제이기 때문에 생각하지 않을 수 없고, 살아서 돌아오게 하기를 바라는데 어찌하면 좋겠는가?"라고 하였다. 세 사람이 함께 대답하기를 "신들이 듣건대 삽량주간 제상이 강용하고 지혜가 있다고 하니, 전하의 근심을 풀어드릴 수 있을 것입니다."라고 하였다. 이에 박제상을 불러서 앞으로 나오게 하여 세 신하의 말을 하며 원행을 청하였다. …[90]

L. (22년) 가을 9월에 왕이 날이군에 행차하였다. 군인 파로에게 딸이 있었는데, 이름은 벽화이고 나이는 열여섯으로 참으로 國色이었다. 그녀의 아버지가 수놓은 비단옷을 입혀 가마에 태우고 색깔 있는 비단으로 덮어 가려서 왕에게 바쳤다. 왕은 음식을 올리는 것으로 여기고 열어보니, 단정한 소녀인지라 괴이하여 받지 않았다. 궁궐에 돌아와서 그 생각이 그치지 않아 두 세 차례 남몰래 은밀히 다니며 그 집에 가서 그녀와 관계하였다. 돌아오는 길에 고타군을 지나게 되어 어느 老嫗의 집에 묵었는데, 왕이 노구에게 묻기를 "요즘 사람들은 국왕이 어떤 임금이

---

90) 『삼국사기』 권45, 열전5 박제상.

라고 여기는가?"라고 하였다. 노구가 대답하기를 "많은 사람들
이 성인이라고 하지만, 저만은 그것을 의심합니다. 왜냐하면 내
가 가만히 들어보니, 왕이 날이군의 여자를 사랑하여 여러 차
례 미복으로 온다고 하니, 무릇 용이 고기의 옷을 입는다면 고
기잡이의 손아귀에 드는 것이기 때문입니다. 지금 왕은 만승의
지위에 있으면서도 자중하지 않으니, 이러고도 성인이라고 한
다면 어느 누가 성인이 아니겠습니까?"라고 하였다. 왕이 그 말
을 듣고 크게 부끄러워하여 곧 몰래 그 여자를 맞이다가 궁궐
의 별실에 두고, 아들 하나를 낳기까지 하였다.[91]

　　위의 기록은 눌지마립간대 박제상과 소지마립간대 날이군 벽화에 대
한 내용이다. 위의 기록에서 몇 가지 주목되는 것은 사료 K와 사료 L의
지역적인 배경이 되는 이이촌과 날이군이 '고구려 간섭기'에 고구려의 영
향을 직접적으로 받았던 영주라는 사실이다.[92] 따라서 '고구려 간섭기'인
눌지마립간대에도 고구려의 영향을 직접적으로 받았던 경북 북부지역에
서 신라 왕실의 정치적인 자문에 참여하던 일정한 세력이 존재하였다는
것을 알 수 있지만, 이러한 세력은 그다지 많지 않았을 것이다.
　　다음으로 사료 K의 波老와 사료 L의 波路가 동일인인지는 정확하게
알 수 없지만,[93] 두 사람을 영주에 존재하였던 지배층으로 이해할 수 있
다. 그리고 이들은 '고구려 간섭기'에 고구려와 결탁하여 자신의 세력을

---

91) 『삼국사기』 권3, 신라본기3 소지마립간 22년 가을 9월.
92) 김철준, 앞의 논문, 1952 ; 앞의 책, 1990, 138쪽.
93) 김철준은 눌지왕과 소지왕의 연대적인 차이는 있지만, 利伊村의 波老와 捺己郡의 波路는
　　동일인이 아니면 同系人이라고 하였다(김철준, 앞의 논문, 1952 ; 앞의 책, 1990, 138쪽).

유지하면서 고구려에 협조하였던 재지세력 또는 토착세력이었을 것으로 생각된다.[94] 따라서 이들은 '친고구려계'세력이라고 이해할 수 있다. 아마도 읍내리벽화고분의 기미명 피장자 역시 이러한 성격이었을 것으로 추정된다.[95] 또한 이 고분벽화가 도교와 불교의 영향을 받고 있다는 사실은[96] 이와 같은 가능성을 더욱 확실하게 보여주고 있다.

그러나 이와 같은 상황에도 변화가 나타나기 시작하였다. 즉 481년(소지마립간 3) 이후에 신라가 '고구려 간섭기'를 벗어나면서 소지마립간이 이곳까지 순행을 실시하고 있기 때문이다. 이러한 사실은 경북 북부지역이 완전한 신라의 영토가 되었음을 의미한다.[97] 자연 그 동안 고구려에 협조하였던 '친고구려계'세력도 달라진 상황에 대처하면서 자신의 세력을 그대로 유지하기 위하여 신라에 협조를 하였으며, 신라 역시 고구려의 직접적인 영향을 받았던 지역을 효과적으로 지배하기 위해서는 이들의 도움이 필요하였을 것이다. 그리하여 외위를 수여하거나 또는 촌주로 임명하는 등의 정책을 실시함으로써 이들을 적극적으로 포용하였다. 날이군의 파로가 자신의 딸을 소지마립간에게 바쳤던 사실은 바로 이러한 과정에서 발생하였던 것으로 생각된다.[98]

---

94) 정운용, 앞의 논문, 1989, 26~27쪽.
95) 김원룡은 어숙묘와 기미명의 피장자가 신라에 귀화한 고구려인이라고 하였다(김원룡, 「순흥벽화고분의 성격」, 『순흥읍내리벽화고분』, 문화재관리국 문화재연구소, 1986, 53~59쪽).
96) 진홍섭, 「어숙술간묘와 신발견 기미명벽화고분」, 『순흥읍내리벽화고분』, 문화재관리국 문화재연구소, 1986, 43쪽.
97) 정운용은 이 과정에서 고타군의 노구가 아직 날이군 지역에 친고구려 세력의 잔존 가능성이 있기 때문에 소지왕의 처신과 신변의 안위에 대해 경계를 한 것이라고 하였다(정운용, 앞의 논문, 1994, 60쪽).
98) 정운용은 파로가 고구려와 결탁하였던 자신의 행위를 무마시키기 위한 자구책이라고 하였으며(정운용, 앞의 논문, 1989, 26쪽), 이강래는 신라 왕실에 대한 대응의 일면을 보여주는 것이라고 하였다(이강래, 「신라 날이군고」, 『신라문화』 13, 1996, 349쪽). 한편 서영일은 북방 영역에 대한 통치력의 확보와 관련된 것으로 추정하였다(서영일, 앞의 책, 1999, 308쪽).

일선군의 모례도 날이군의 파로와 같은 과정을 거치면서 외위를 받거나 또는 촌주가 되면서 이 지역의 지배세력으로서 자신의 기득권을 그대로 유지하였을 것이다. 이러한 사실은 일선군이 위치하였던 선산에서 출토된 금동관을 통해서 어느 정도 알 수 있다.[99] 이 금동관은 일선군의 유력한 지배층이 사용한 것으로 추정되며,[100] 또한 이 지역에 상당한 정도의 세력을 가진 지배세력이 존재하였음을 의미한다. 이와 함께 낙산동 고분군도[101] 이러한 세력의 존재를 반영하고 있다.

지금까지 살펴본 바와 같이 '고구려 간섭기'에 고구려의 직접적인 영향을 받았던 경북 북부지역이나 또는 고구려와 국경을 접하고 있던 신라의 변경지역에서는 적어도 일정한 수의 '친고구려계'세력의 존재를 상정할 수 있다. 그리고 획일화시킬 수는 없지만, 이러한 세력들은 일선군의 모례와 같이 고구려와의 관계를 통해서 불교를 수용하였고, 이것이 기록이나 유물·유적으로 남아 지금까지 전승되었을 것이다. 따라서 신라에 불교가 전래되어 민간에 수용되었던 것은 변경지역에 존재하였던 '친고구려계'세력을 중심으로 이루어졌을 것으로 생각된다.

이와 함께 고구려에 의한 불교의 전래가 신라의 변경지역을 중심으로 이루어졌듯이 백제 역시 마찬가지였을 것으로 생각된다. 즉 백제도 고구려와 마찬가지로 국경을 중심으로 민간에 의한 전래를 상정할 수 있을

---

99) 황수영, 「선산 출토의 금동관」『고고미술』 2-9, 1961 ; 『한국의 불교 공예·탑파』, 혜안, 1998, 690~691쪽.
100) 황수영은 삼국시대 신라의 지방유력자의 것으로 파악하였고(황수영, 앞의 논문, 1961 ; 앞의 책, 1998, 691쪽), 서영일은 신라의 보호를 받던 재지 수장층의 것이라고 하였다(서영일, 앞의 책, 1999, 318쪽 주 25) 참조).
101) 효성여대 박물관, 『선산 낙산동 고분군 지표조사보고서』, 1989 : 이은창, 「선산 낙산동 고분의 연구」 I 『영남고고학』 15, 1992.

것이다.[102] 고구려와의 국경을 중심으로 한 지역으로 아도와 같은 전도 승이 신라로 들어온 것이 자연스러운 추세라면,[103] 적어도 백제와의 관계에서도 그러한 개연성이 크기 때문이다.[104] 따라서 앞으로 새로운 자료가 발견되면 이러한 가능성은 더욱 높아질 것으로 기대된다.

4. 맺음말

신라에 불교가 전래된 것은 대체로 눌지마립간대에 고구려를 통해서 이루어진 것으로 이해하고 있다. 이 시기는 이른바 '마립간기'로써 고대 국가로 성장을 추구하며 새롭게 중국과의 관계를 전개하면서 신라가 시급하게 필요한 것을 불교에서 찾고자 하였을 것이다. 즉 신라는 불교를 수용함으로써 왕권강화 등 고대국가로 성장하는데 필요한 것을 단기간에 해결하려고 하였을 가능성이 큰 것으로 생각된다.

이와 함께 당시 신라의 대내적인 정치상황과 관련하여 고구려와의 관계도 중요하게 작용하였다. 이 시기는 이른바 '고구려 간섭기'로써 신라는 고구려와의 사신 왕래를 통해서 불교를 접촉하였을 가능성이 매우 크며, 이 과정에서 불교가 전래되었을 것이다.

---

102) 신종원은 신라와 백제의 정략적인 혼인을 예로 들면서 백제 불교의 동점은 충분히 예상할 수 있지만, 그것은 '당연히' 정치 · 외교적인 성격을 띤 것이라고 하였다(신종원, 앞의 논문, 1992 ; 앞의 책, 1992, 153쪽).
103) 신종원, 앞의 논문, 1992 ; 앞의 책, 1992, 148~149쪽.
104) 신종원은 모례에 대한 기록이 남아있는 것은 선산지방의 전승이 잘 남았던 것에서 기인한 것 뿐이라고 하였는데(신종원, 앞의 논문, 1992 ; 앞의 책, 1992, 153쪽), 이러한 의미에서 중요한 시사를 하고 있다.

신라에 불교가 처음으로 전래된 일선군은 신라의 서북방 최대의 전략적 요충지로써 정치·군사적으로 중요한 지역이다. 일선군과 같이 신라의 변경으로 중요시되었던 지역은 영주·안동·봉화 등의 경북 북부지역이다. 이곳은 신라의 변경지역이면서도 '고구려 간섭기'에는 고구려의 영향을 직접적으로 받았던 지역이었으므로 다른 어느 지역보다 활발한 접촉을 하였을 것이다. 그리고 이러한 과정에서 불교도 자연스럽게 전래되었을 것이다.

모례에 대해서는 신라의 불교전래 과정을 알려주는 모든 기록에 공통적으로 수록되어 전해지고 있다는데 그 특징이 있다. 이것은 결국 모례가 신라의 불교 전래과정에서 핵심적인 역할을 담당하였던 인물이라는 사실을 반증하는 것이다. 이러한 모례는 일선군을 기반으로 존재하였던 재지세력 또는 토착세력 중에서 유력한 지배층이었으며, 오래 전부터 고구려와 밀접한 관련을 맺고 있었을 것이다. 다시 말하면 모례는 '고구려 간섭기'에 신라의 변경지역인 일선군을 중심으로 고구려에 협력하였던 '친고구려계'세력이었을 것으로 생각된다.

그러나 481년(소지마립간 3) 이후에 신라가 '고구려 간섭기'를 벗어나면서 그 동안 고구려에 협조하였던 '친고구려계'세력도 달라진 상황에 대처하면서 자신의 세력을 그대로 유지하기 위하여 신라에 협조하였을 것이다. 신라 역시 고구려의 직접적인 영향을 받았던 지역을 효과적으로 지배하기 위해서는 이들의 도움이 필요하였을 것이다. 그리하여 이들에게 외위를 수여하거나 또는 촌주로 임명하는 등의 정책을 실시함으로써 적극적으로 포용하였을 것이다. 모례 역시 이러한 과정을 거치면서 신라의 지방세력으로 성장하였을 것이다.

이와 같이 '고구려 간섭기'에 고구려의 직접적인 영향을 받았던 경북 북부지역이나 또는 고구려와 국경을 접하고 있던 신라의 변경지역에서는 적어도 일정한 수의 '친고구려계'세력의 존재를 상정할 수 있다. 그리고 획일화시킬 수는 없지만, 이러한 세력들은 일선군의 모례와 같이 고구려와의 관계를 통해서 불교를 수용하였고, 이것이 기록이나 유물·유적으로 남아 지금까지 전승되었을 것이다. 따라서 신라에 불교가 전래되어 민간에 수용되었던 것은 변경지역에 존재하였던 '친고구려계'세력을 중심으로 이루어졌을 것이다.

제2장 선덕왕대의 불교정책

1. 머리말

신라 선덕왕은 신라 최초의 여왕이자 우리나라 최초의 여왕이라고 이해하는 것이 가장 일반적인 평가이다. 그러나 그 당시의 신라에서도 여자가 왕이 되는 것은 유래가 없었기 때문에 선덕왕이 즉위하기 이전부터 이와 관련한 여러 가지 논의가 이루어졌다.[1] 이러한 사실은 즉위뿐만 아니라 선덕왕과 관련된 문제는 당시에도 그만큼 특별하였음을 의미하는 것이고, 이것은 선덕왕이 즉위한 이후에도 계속되었다.[2]

선덕왕대에 추진하였던 정책은 그 이전의 진평왕대는 물론이고 그 이후의 진덕왕대에 추진하였던 정책과 비교하였을 때 일정한 차이를 발견할 수 있다. 즉 진평왕대는 각종 관부의 설치를 비롯하여 여러 가지 제도

---

1) 『삼국유사』 권1, 기이1 선덕왕지기삼사. 모란꽃[牧丹]에 대한 이야기는 일반적으로 선덕왕의 즉위와 밀접하게 관련된 것으로 이해하고 있다. 즉 선덕왕의 즉위에 대한 정당성의 방편이거나(신종원, 「『삼국유사』 선덕왕지기삼사의 몇 가지 문제」, 『신라문화제학술발표회논문집』 17, 1996 ; 『삼국유사 새로 읽기』(1), 일지사, 2004, 119~120쪽), 또는 즉위의 명분으로 작용하였다고 한다(박순교, 『김춘추의 집권과정 연구』, 경북대 박사학위논문, 1999, 69쪽).
2) 신라 중고기에는 두 차례의 반란 사건이 발생하였는데, 631년(진평왕 53) 칠숙의 모반과 647년(선덕왕 16) 비담의 반란이 그것이다. 두 사건 모두 '여왕'인 선덕왕과 관련하여 발생하였고, 그 결과 모두 '夷九族'으로 처벌되었다(김덕원, 「신라 중고기 반란의 원인과 성격」, 『민족문화논총』 38, 2008a, 103~106쪽 ; 본서 제2부 제1장 참조). 이러한 예를 통해서 선덕왕과 관련된 문제는 즉위 이전은 물론이고 즉위 이후에도 계속되었음을 확인할 수 있다.

정비를 실시하였고,[3] 특히 진덕왕대에는 당의 제도를 적극적으로 수용하여 유교적인 정치이념을 바탕으로 한 지배체제를 추구하였다.[4] 그러나 선덕왕대는 이러한 모습보다는 분황사와 영묘사의 창건, 황룡사구층탑의 건립, 그리고 백좌강회의 개최와 도승의 실시 등 다양한 불교정책을 추진하였다. 그리고 이러한 과정에서 자장 등의 승려들이 활동하였고, 그와 더불어 새로운 불교사상이 수용되었다. 물론 이러한 문제들에 대해서는 다각도로 규명하여 그 의미를 정확하게 파악해야 하지만, 확실히 진평왕대와 진덕왕대와는 구별되는 모습이다.

특히 주목되는 것은 진덕왕은 선덕왕을 이어서 즉위하였기 때문에 연이어 여왕이 등장하였지만, 그럼에도 불구하고 두 왕대에 추진하였던 정책은 뚜렷한 차이를 보이고 있다는 사실이다. 이것은 당시의 정국운영을 주도하였던 세력과도 밀접하게 관련을 맺고 있는 문제이기도 하다.

일반적으로 어떤 특정한 정책을 추진하고 시행하는 과정에는 그 당시 정국운영을 주도하였던 세력의 정치적인 이해가 반영이 된다. 이것은 결국 그들이 추구하는 정치적인 이상이고, 그것의 실현이기도 한 것이다. 이러한 의미에서 선덕왕대의 불교정책에 대한 고찰은 선덕왕대의 정국운영은 물론 당시의 정치세력들의 모습을 살펴볼 수 있는 기본적인 척도라고도 할 수 있다.

---

3) 진평왕대의 관부 설치에 대한 연구성과는 김덕원, 「김용춘의 생애와 활동」, 『명지사론』 11 · 12, 2000 ; 『신라중고정치사연구』, 경인문화사, 2007, 128쪽 참조.
4) 진덕왕대 당의 제도 수용에 대한 연구성과는 김덕원, 「신라 진덕왕대 김춘추의 대당외교와 관제정비」, 『신라문화』 29, 2007 ; 앞의 책, 2007, 240~241쪽 참조.

2. 사원창건과 불사활동

선덕왕은 631년(진평왕 53)에 발생하였던 칠숙과 석품의 모반 사건이 진압된 이후 불과 1년도 안 되어 즉위하였다. 따라서 이 사건은 선덕왕이 즉위한 이후에도 정국운영에 일정한 영향을 주었다고 생각되는데, 이에 대한 기록은 다음과 같다.

> A-1. (원년) 2월에 대신 을제로 하여금 나라의 정무를 총괄하게 하였다.[5]
>
> 2. (원년) 겨울 10월에 사자를 보내 나라 안의 홀아비와 홀어미, 부모 없는 어린아이와 자식 없는 늙은이 그리고 혼자 힘으로 살아갈 능력이 없는 사람들을 위문하고 진휼하였다.[6]
>
> 3. (4년) 겨울 11월에 이찬 수품과 용수<또는 용춘이라고도 하였다.>를 보내 주현을 두루 돌며 위문하였다.[7]

위의 기록은 선덕왕 즉위 초에 실시하였던 정책에 대한 내용이다. 선덕왕은 631년(진평왕 53)에 발생하였던 칠숙과 석품의 모반을 진압한 이후에 즉위하였다. 이 사건은 선덕왕의 즉위를 반대한 세력들을 중심으로 발생하였으며, 김용춘과 김서현으로 대표되는 사륜계에게 진압된 것으로 추정된다.[8] 그러므로 선덕왕의 즉위 초기에는 이 모반사건을 진압하였

---

5) 『삼국사기』 권5, 신라본기5 선덕왕 원년 2월.
6) 『삼국사기』 권5, 신라본기5 선덕왕 원년 겨울 10월.
7) 『삼국사기』 권5, 신라본기5 선덕왕 4년 겨울 11월.
8) 김덕원, 앞의 논문, 2008a, 105쪽.

던 세력들을 중심으로 정국이 운영되었을 것이다. 그런 의미에서 선덕왕 초기에 활동하였던 사람들은 이 모반사건에 직·간접적으로 관여하였거나 아니면 관련되었을 것으로 생각할 수 있다. 따라서 이들은 당시 정국을 장악하였던 세력과 일정한 관계를 형성하면서 활동하였을 것이다.

이와 같은 상황에서 선덕왕은 즉위 초기에 몇몇 고위 진골귀족들을 중용하고 이들을 중심으로 정국운영을 전개하였다.[9] 위의 사료 A에 의하면 이들은 대신 을제, 이찬 수품과 용춘 등이었는데, 장군 알천과[10] 필탄, 이찬 사진 등도 여기에 포함되었을 것으로 생각된다. 그리고 사료 A-2의 사자가 누구인지 정확하게 알 수는 없지만, A-3의 이찬 수품과 용수(용춘)의 예로 미루어 그도 당시의 정국에서 유력한 인물이었을 것으로 추정되는데, 아마도 637년(선덕왕 6) 서불한에 임명된[11] 이찬 사진이 아닐까 한다.

다른 한편으로 선덕왕은 즉위과정에서 제기된 '여왕'에 대한 문제를 불교정책을 추진하는 과정에서 해결하려고 하였다.[12] 이러한 선덕왕대의 불교정책은 크게 사원의 창건과 건탑을 비롯한 불사활동과 승려들의 활동을 중심으로 한 새로운 불교사상의 수용이 대표적이라고 할 수 있다. 이와 관련하여 신라 중고기에 창건된 50여개의 사원 중에서 25개의 사원

---

9) 이와 관련하여 김선주는 선덕여왕은 왕으로서의 상징성과 대표성을 가졌고, 실제 국가 운영은 을제가 총괄하는 이원체제로 파악하였다(김선주, 「선덕여왕의 즉위 배경과 통치적 특징」 『패미니즘연구』 제9권 2호, 2009, 320쪽).

10) 김병곤, 「신라 중대로의 전환기 알천의 역할과 위상」 『신라문화』 40, 2012, 31~32쪽.

11) 『삼국사기』 권5, 신라본기5 선덕왕 6년 봄 정월.

12) 주보돈, 「비담의 난과 선덕왕대 정치운영」 『이기백선생고희기념 한국사학논총』 (상), 일조각, 1994, 213~217쪽 : 정용숙, 「신라 선덕왕대의 정국동향과 비담의 난」 『이기백선생고희기념 한국사학논총』 (상), 일조각, 1994, 258~259쪽 : 이인철, 「분황사 창건의 정치·경제적 배경」 『신라문화제학술발표회논문집』 20, 1999, 12쪽 : 김선주, 앞의 논문, 2009, 328~329쪽.

이 선덕왕대에 창건되었으며,[13] 또한 승려의 수도 크게 증가한[14] 사실이 주목된다.

선덕왕대의 불교에 대한 기록은 대체로 즉위 초기와 후기에 집중적으로 나타나고 있다. 따라서 선덕왕대의 불교정책은 642년(선덕왕 11)을 기준으로 크게 초기와 후기의 두 시기로 구분할 수 있는데, 이에 대한 기록은 다음과 같다.

> B-1. 분황사가 완성되었다.[15]
>
> 2. … 넷째는 용궁 북쪽<지금의 분황사이다. 선덕왕 갑오에 처음 개창되었다.>이요, … [16]
>
> C-1. 영묘사가 완성되었다.[17]
>
> 2. … 선덕왕이 영묘사를 창건한 것은 양지법사의 전기에 자세하게 실려 있다. … [18]
>
> 3. … 다섯째는 사천미<지금의 영묘사이다. 선덕왕 을미에 처음 개창되었다.>요, … [19]

---

13) 이인철은 신라 중고기에 50개의 사원이 창건되었는데, 그 중에서 12개의 사원이 지방에서 창건된 것이고 나머지 38개 정도는 경주일대에 있었으며, 시기적으로는 선덕왕대에 25개에 이르는 사원이 창건되었다고 파악하였다(이인철, 「신라상대의 불사조영과 그 사회·경제적 기반」, 『백산학보』 52, 1999 ; 진성규·이인철, 『신라의 불교사원』, 백산자료원, 2003, 229쪽). 한편 이근직은 경주분지 일대의 사지에서 확인되는 신라시대의 사원은 50여 개소에 이르는데, 그 중에서 중고기의 사원은 10여 개이며, 통일기의 사원은 40여 개에 이르는 것으로 파악하였다(이근직, 「신라 왕경의 형성과정과 사원」, 『동악미술사학』 11, 2010, 105~106쪽).
14) 신선혜, 「신라 중고기 불교계의 동향과 승정」, 『한국사학보』 26, 2006, 102쪽.
15) 『삼국사기』 권5, 신라본기5 선덕왕 3년.
16) 『삼국유사』 권3, 흥법3 아도기라.
17) 『삼국사기』 권5, 신라본기5 선덕왕 4년.
18) 『삼국유사』 권1, 기이2 선덕왕지기삼사.

4. 선덕왕이 절을 창건하고 塑像을 조성한 인연은 양지법사전에 자세히 실려 있다. … [20]

5. … 한편으로는 여러 가지 기예에도 통달하여 신묘함이 비할 데가 없었다. 또한 필찰에도 능하여 영묘사의 장육삼존과 천왕상과 전탑의 기와, 천왕사 탑 밑의 팔부신장, 법림사의 주불 삼존과 좌우 금강신 등은 모두 (그가) 만든 것들이다. (또) 영묘사와 법림사 두 절의 현판도 썼으며 또 일찍이 벽돌을 다듬어 작은 탑 하나를 만들고 거기에 3천불을 만들어 그 탑에 모시어 절 안에 두고 공경하였다. 그가 영묘사의 장륙상을 만들 때는 스스로 入定하여 수정[正受]의 태도로 대하는 것을 법식[揉式]으로 삼으니, 이 때문에 성 안의 남녀가 다투어 진흙을 날랐다. … 지금도 그곳 사람들이 방아를 찧거나 다른 일을 할 때 모두 이 노래를 부르는데, 대개 이로부터 시작되었다. 장륙상을 처음 조성할 때 든 비용은 곡식 2만 3천 7백 섬이었다<혹은 다시 도금할 때의 비용이라고도 한다.>. … [21]

D-1. 3월에 왕이 병이 들었는데 의술과 기도가 효과가 없으므로 황룡사에서 백고좌회를 열어 승려를 모와 『인왕경』을 강론케 하고 100명에게 승려가 되는 것을 허락하였다.[22]

2. … 이때에 국왕이 백좌인왕경대회를 설치하고 널리 碩德을

---

19) 『삼국유사』 권3, 홍법3 아도기라.
20) 『삼국유사』 권3, 탑상4 영묘사장육.
21) 『삼국유사』 권4, 의해5 양지사석.
22) 『삼국사기』 권5, 신라본기5 선덕왕 5년 3월.

찾았는데 본주에서 명망으로 원효를 천거하였으나 諸德이 그

사람됨을 미워하여 왕에게 참소하여 받아들이지 못하게 하였

다. … 23)

위의 기록은 선덕왕 초기에 분황사와 영묘사의 창건과 불사활동에 대

한 내용이다. 분황사는24) 王芬寺라고도25) 하였는데, 634년(선덕왕 3)에

완성되었다.26) 분황사는 '분황'이라는 독특한 사찰 이름의 뜻을 '향기롭

고 아름다운 절' 또는 '세상의 괴로움과 번뇌에 물들지 않은 芬陀利와 같

은 부처님의 가르침 도량,27) 아니면 '향기로운 임금의 절'이나28) '여왕의

사찰' 또는 '여왕을 위한 사찰'29) 등으로 파악하여 선덕왕과 밀접하게 관

련된 것으로 이해하고 있다. 즉 분황사는 선덕왕의 즉위를 정당화하고

---

23) 『송고승전』 권4, 신라국황룡사원효전.
24) 분황사에 대해서는 경주문화선양회, 『신라문화제학술발표회논문집』 20, 1999 참조. 여기에
   는 "분황사의 제조명"이라는 주제로 이인철, 「분황사 창건의 정치·경제적 배경」; 신종원,
   「『삼국유사』에 실린 분황사관음보살 설화 역주」; 장지훈, 「자장과 분황사」; 남동신, 「원
   효와 분황사 관계의 사적 고찰」; 福士慈稔, 「저술을 통해서 본 원효의 사상」; 장충식, 「경
   주 분황사의 도량성격과 약사동상」; 박경식, 「분황사모전석탑에 대한 고찰」; 강우방, 「분
   황사의 금강역사상」; 이강근, 「분황사의 가람배치와 삼금당 형식」; 河田 貞, 「芬皇寺塔藏
   置佛舍利莊嚴具의 諸相 −日本 飛鳥寺(法興寺)塔址出土遺物との關連性−」; 신창수, 「분
   황사의 연혁과 발굴조사」; 홍광표, 「분황사의 복원을 위한 몇 가지 의문」 등의 논문들이
   수록되어 있다. 이 외에 분황사에 대한 대표적인 연구성과는 김영태, 「분황사와 원효의 관
   계사적 고찰」 『원효학연구』 1, 1996; 김준영, 「분황사의 창건시기와 배경에 대한 재검토」
   『민족문화논총』 42, 2009; 박대남, 「사찰구조와 출토유물로 본 분황사 성격 고찰」 『한국고
   대사탐구』 3, 2009 참조.
25) 『속고승전』 권24, 자장전; 『삼국유사』 권4, 의해5 원광서학.
26) 김준영은 분황사는 진평왕대에 발원되고 계획·착공되어 634년에 완성된 것으로 이해하고,
   선덕왕이 분황사를 창건하였다는 논의는 재론의 여지가 있다고 하였다(김준영, 앞의 논문,
   2009, 536~538쪽).
27) 김영태, 앞의 논문, 1996, 18쪽 및 22쪽.
28) 남동신, 앞의 논문, 1999, 79쪽.
29) 김준영, 앞의 논문, 2009, 534쪽.

외침으로부터 국가를 수호하기 위하여 창건된 것으로 설명하고 있다.[30] 다시 말하면 '여왕'으로서의 선덕왕의 한계를 극복하고 왕권을 강화하기 위한 정치적인 목적으로 창건하였다는 것이다. 그리고 분황사의 창건과 때를 같이 하여 연호도 인평으로 개원하였다. 이것은 여왕체제의 출범을 대외에 천명하는 정치적 행위이며, 분황사는 그것을 기념하는 상징물이라고 이해하고 있다.[31]

이와 같이 분황사는 '여왕'인 선덕왕과 관련되어 창건된 사원이었고, 또 선덕왕대에 여러 가지 부분에서 중요한 역할을 담당하였다. 여기서 한 가지 주목되는 것은 분황사가 전불시대 칠처가람 중의 하나에[32] 포함되어 사찰의 격이 높았다는 사실이다. 그러나 중대의 성전사원에는 제외됨으로써[33] 그 사이에 사찰의 격에 일정한 변화가 있었을 것으로 추정할 수 있다.

靈廟寺(靈妙寺)는 분황사가 창건된 1년 후인 635년(선덕왕 4)에 완성되었다. 영묘사는 전불시대 칠처가람 중의 하나에 포함되었을 뿐만 아니라 분황사와 달리 중대의 성전사원에도 기록되어 있어서 그 사격의 중요

---

30) 남동신, 앞의 논문, 1999, 79쪽 : 이인철, 앞의 논문, 1999, 18쪽. 한편 김준영은 분황사는 여왕후계 체제를 정당화하기 위한 정치적 산물이었으며, 西쪽에 대비되는 東쪽新羅의 불국토화를 구현함으로써 왕실의 권위와 후계자의 안정적인 국정운영, 그리고 자신의 딸 덕만의 안녕을 염원하였던 진평왕의 의지의 표현이자 출발이라고 하였다(김준영, 앞의 논문, 2009, 545~553쪽).

31) 남동신, 앞의 논문, 1999, 82쪽. 그러나 분황사가 창건되기 전에 개원을 하면 그 의미가 반감되는 느낌이 들기 때문에 오히려 분황사가 창건된 이후에 개원한 것이 자연스럽다고 생각된다. 따라서 개원과 분황사의 창건은 별개의 사안이라고 생각된다. 한편 김준영은 인평으로의 개원은 을제의 유고로 인한 왕권의 회복을 기념하기 위한 조치로 파악하였지만(김준영, 앞의 논문, 2009, 543쪽 주 30) 참조), 636년(선덕왕 5) 봄 정월에 이찬 수품을 상대등으로 삼았다는 기록을 통해서 적어도 을제는 이때까지 활동하였을 것으로 생각된다.

32) 『삼국유사』 권3, 흥법3 아도기라.

33) 『삼국사기』 권38, 잡지7 직관 (상).

성을 어느 정도 확인할 수 있다. 실제로 영묘사에 대한 연구는 성전사원의 기능과 관련하여 이루어지고 있다.[34] 그리고 사료 C-5에서 양지가 영묘사의 장육상을 조성할 때 성 안의 남녀가 다투어 진흙을 날랐다는 기록을 통해서 많은 사람들이 이 작업에 참여하였음을 알 수 있다.[35] 이런 모습은 장육상을 조성할 때뿐만 아니라 영묘사를 창건할 때에도 마찬가지였을 것이다. 즉 영묘사를 창건할 때에도 많은 백성들이 역역에 동원되었으며,[36] 또 이것은 당시 신라인들이 영묘사에 대한 관심이 그만큼 많았음을 반증하는 것이기도 하다.

특히 영묘사는 선덕왕과 개인적으로도 깊은 관련을 맺고 있어서 주목되는데, 이에 대한 기록은 다음과 같다.

E-1. … 또 어느 날은 풀로 새끼를 꼬아 가지고 영묘사에 들어가서 김당과 좌우에 있는 경루와 남문의 낭무를 둘러 묶고 剛司에게 말하기를 "이 새끼를 꼭 3일 후에 걷어라!"고 하였다. 강사

---

34) 신라 성전사원에 대한 대표적인 연구성과는 濱田耕策, 「新羅の寺院成典と皇龍寺の歷史」 『學習院大學文學部研究年報』 28, 1981 : 이영호, 「신라중대 왕실사원의 관사적 기능」 『한국사연구』 43, 1983 : 채상식, 「신라통일기의 성전사원의 구조와 기능」 『부산사학』 8, 1984 : 이영호, 「신라 성전사원의 성립」 『신라문화제학술발표회논문집』 14, 1993 : 윤선태, 「신라의 성전사원과 금하신」 『한국사연구』 108, 2000 : 윤선태, 「신라 중대의 성전사원과 국가의례」 『신라문화제학술발표회논문집』 23, 2002 : 황상주, 「『삼국사기』 기사와 사지로 본 신라 성전사원의 수에 대한 의문」 『신라문화』 25, 2005 : 박남수, 「진전사원의 기원과 신라 성전사원의 성격」 『한국사상사학』 41, 2012a 참조.

35) 김지현은 영묘사 불상은 문무왕대 백성의 참여 속에서 다시 제작되었다고 파악하였다(김지현, 「『삼국유사』 의해 「양지사석」조를 통해 본 양지의 작품과 활동 시기」 『신라문화제학술발표회논문집』 33, 2012, 167쪽).

36) 신종원은 석장사지에서 출토된 '民貢'이라고 기록된 명문와편을 바탕으로 영묘사를 창건할 때 백성들이 역역에 동원되었고, 더 나아가 양지가 간여한 사찰의 조영이 관 주도하에 이루어졌다고 파악하였다(신종원, 「삼국유사 「양지사석」조 역주」 『고문화』 40·41, 1992 ; 『삼국유사 새로 읽기』 (2), 일지사, 2011, 64~65쪽).

가 이상히 여기면서 그대로 하였다. 과연 3일 만에 선덕왕이 행차하여 절에 오자 지귀의 심중에서 불이 나와 그 탑을 태웠으나 오직 새끼로 둘러 맨 곳만은 (화재를) 면하였다. … [37)]

2. 지귀는 신라 활리의 驛人이다. 선덕왕의 아름답고 우아한 모습을 사모하여 마음 졸이고 눈물 흘리다가 모습이 초췌해졌다. 왕이 절에 행향하려 갈 때 (이런 소문을) 듣고는 그를 불렀다. 지귀는 절에 가 탑 아래서 왕의 행차를 기다렸는데, 홀연 깊은 잠이 들었다. 왕이 팔찌를 벗어 지귀의 가슴에 놓아두고는 궁으로 돌아갔다. 후에 잠에서 깨어난 지귀는 한참을 멍하니 있었는데, 마음 속 불이 일어나 그 탑을 둘러싸더니 변하여 불귀신이 되었다. … [38)]

위의 기록은 영묘사와 관련된 선덕왕과 지귀에 대한 내용이다. 활리의 역인이었던 지귀는 선덕왕을 사모하였는데, 자신의 뜻을 이루지 못하자 마음속에서 불이 일어나 영묘사의 탑을 불태웠다고 한다.[39)] 이러한 기록들은 통하여 아마도 선덕왕은 재위 기간 동안에 남산을[40)] 비롯하여 여러 지역에 행차를 하였던 것 같다. 이렇게 생각을 하면 선덕왕은 영묘사를 포함하여 여러 사원에 행향 등 다양한 불교의례를 거행하기 위하여 빈번하게 행차하였을 것으로 추정된다.

---

37) 『삼국유사』 권4, 의해5 이혜동진.
38) 『대동운부군옥』 권20, 심화요탑.
39) 엄기영은 지귀 설화는 문무왕 2년부터 8년 사이에 4차례나 발생한 영묘사 화재를 거치면서 형성되었다고 추측하였다(엄기영, 「지귀 설화의 형성 배경과 역사적 의미」 『민족문화연구』 47, 2007, 33쪽).
40) 『삼국유사』 권1, 기이2 태종춘추공.

이와 함께 영묘사에는 15세기 중후반 무렵까지 선덕왕의 眞影 또는 塑像이 있었던 것으로 전하였다고 한다. 즉 성현(1439~1504)은 「영묘사」라는[41] 시에서 '黃金大像 毗盧佛'과 '白玉嬌姿 女主身'이라고 하였다. 여기서 '황금대상 비로불'은 양지가 만든 장육삼존상으로 764년(경덕왕 23)에 개금한 장육존상이었을 것이고, '백옥교자 여주신'는 선덕왕을 지칭하였을 것이라고 한다.[42] 결국 이와 같은 기록들을 통해서 선덕왕과 영묘사의 특별한 관계를 다시 한번 확인할 수 있다.

특히 영묘사의 창건 이후에 선덕왕에 대한 신성화 작업이 이루어졌다. 즉 선덕왕의 '선덕'이라는 명칭은 역사상의 전륜성왕인 아쇼카(Asoka)왕을 지칭하는 것이기 때문에 선덕왕은 중고왕실의 전통적인 전륜성왕의식을 계승하였으며, 자신은 아쇼카왕에 비정되었다.[43] 그리고 이것을 바탕으로 미륵불 또는 미륵불의 출현을 전제로 한 전륜성왕이라거나,[44] 또는 선덕왕의 지위는 현세의 부처로서 연화장세계의 노사나불에 배향될 수 있는 조건을 갖추었다고 이해되기도 한다.[45] 결국 이러한 사실은 선덕왕이 추진하였던 불교정책의 목적이 어느 정도 일정한 성과를 거두었음을 의미하는 것이라고 할 수 있다.

사료 D-1·2는 636년(선덕왕 5)에 실시되었던 백고좌회(백좌인왕경대회)와 도승에 대한 기록이다.[46] 이 기록은 선덕왕이 자신의 병을 치료하

---

41) 『허백당시집』 권5, 시, 영묘사.
42) 박남수는 이러한 사실을 바탕으로 영묘사는 선덕왕의 홍거 이후 그의 추복소로서 기능하였을 것으로 추정하였다(박남수, 앞의 논문, 2012a, 79~80쪽).
43) 남동신, 「자장의 불교사상과 불교치국책」 『한국사연구』 76, 1992, 28~30쪽. 한편 염중섭도 선덕왕의 전륜성왕 인식에 대하여 고찰하였다(염중섭, 「선덕왕의 전륜성왕적인 측면 고찰」 『사학연구』 93, 2009, 16~28쪽).
44) 김준영, 앞의 논문, 2009, 549~550쪽.
45) 박남수, 「신라 진전사원의 조영과 그 사상적 배경」 『신라문화』 40, 2012b, 62~65쪽.

기 위하여 백고좌강회와 도승을 실시한 것으로 이해하고 있다.[47] 그러나
신라에서는 선덕왕대 이전에도 도승을 실시하였는데, 이에 대한 기록은
다음과 같다.

F-1. 令을 내려 살생을 금지시켰다.[48]

2. 처음으로 十齋日을 시행하여 살생을 금하였으며, 속인이 출가
하여 승니가 됨을 허락하였다.[49]

3. 법흥왕은 이미 폐지된 (불교를) 일으켜 절을 세우고, 절이 낙
성되자 면류관을 벗고 가사[方袍]를 입었으며, 궁중의 친척들
을 내놓아[布施] 절의 종으로 삼았다. … 그 절의 주지가 되어
몸소 불교를 널리 폈다.[50]

4. 공사를 다 마치자 왕은 왕위를 사양하고 스님이 되어 이름을
法空이라 고치고, 三衣와 瓦鉢만을 생각하였다.[51]

G-1. … 백부 법흥왕의 뜻을 흠모하여 일념으로 불교를 받들어 널
리 불사를 일으키고 사람들을 제도하여 승려가 되게 하였다.
… [52]

46) 김복순은 사료 D-1·2의 기록은 같은 법회의 다른 기록으로 파악하였다(김복순, 「신라의 백
고좌법회」 『신라문화』 36, 2010, 88쪽).
47) 이기백, 「삼국시대 불교 수용과 그 사회적 의의」 『역사학보』 6, 1954 ; 『신라사상사연구』,
일조각, 1986, 28쪽 : 길기태, 「백제 사비기의 불교정책과 도승」 『백제연구』 41, 2005, 102~
105쪽 : 여성구, 「신라인의 출가와 도승」 『진단학보』 101, 2006, 81~82쪽.
48) 『삼국사기』 권4, 신라본기4 법흥왕 16년.
49) 『삼국유사』 권1, 왕력1 제이십삼법흥왕.
50) 『삼국유사』 권3, 흥법3 원종흥법 염촉멸신.
51) 『해동고승전』 권1, 법공.
52) 『삼국유사』 권3, 탑상4 미륵선화미시랑진자사.

2. 3월에 사람들이 출가하여 승려가 되어 불교를 받드는 것을 허
락하였다.[53]

위의 기록은 선덕왕대 이전인 법흥왕과 진흥왕대의 도승에 대한 내용
이다.[54] 도승은 '得度爲僧'의 줄인 말로써 국가에서 출가를 허용하여 승
려가 되는 것을 인정해 주는 것을 말한다.[55] 백제와 신라는 모두 사원을
창건한 이후에 도승을 실시하였기[56] 때문에 도승은 창사 후에 실시하였
고,[57] 또 호국적인 의미를 가지고 있었다.[58] 따라서 일반적으로 신라에
서 도승이 처음으로 실시된 것은 544년(진흥왕 5)으로 이해하고 있다.[59]

그러나 도승은 불교가 공인된 법흥왕대에 이미 실시되었을 것으로 생
각된다. 이것은 위의 사료 F-3의 '궁중의 친척들을 내놓아 절의 종으로
삼았다[施宮戚爲寺隸]'라는 기록을 참조하면[60] 아마도 법흥왕이 捨身이
나 출가할 때 그를 따르는 일정한 인원을 도승시켜서 함께 하였을 것으
로 생각된다.

도승과 관련하여 한 가지 주목되는 것은 진평왕대에도 도승을 실시하
였을 것으로 추정되는데, 이에 대한 기록은 다음과 같다.

53) 『삼국사기』 권4, 신라본기4 진흥왕 5년 3월.
54) 도승에 대한 연구성과는 길기태, 앞의 논문, 2005 : 여성구, 앞의 논문, 2006 : 조원숙, 「신라
의 도승 시행」 『신라사학보』 19, 2010 참조.
55) 김영태, 「조선전기의 도승 및 부역승 문제」 『불교학보』 32, 1995, 2~5쪽.
56) 『삼국사기』 권24, 백제본기2 침류왕 2년 봄 정월 : 『삼국사기』 권4, 신라본기4 진흥왕 5년
3월.
57) 길기태, 앞의 논문, 2005, 102쪽 : 여성구, 앞의 논문, 2006, 81~82쪽.
58) 이기백, 앞의 논문, 1954 ; 앞의 책, 1986, 28쪽.
59) 길기태, 앞의 논문, 2005, 102쪽 : 여성구, 앞의 논문, 2006, 81~82쪽. 한편 조원숙은 진정한
도승의 시작은 선덕왕 시기라고 파악하였다(조원숙, 앞의 논문, 2010, 10~11쪽 주 10) 참조).
60) 신선혜는 법흥왕대 도승의 실시를 국가에 의한 승단의 확산과 정비의 노력으로 파악하였다
(신선혜, 「신라의 불교 전래와 교단의 확립」 『불교연구』 33, 2010, 184쪽).

H-1. 가을 7월에 수의 사신 왕세의가 황룡사에 이르자 백고좌회를
열었는데, 원광 등의 법사를 맞이하여 불경을 강설하였다.[61]

2. 건복 30년 계유<즉 진평왕 즉위 35년이다.> 가을에 수의 사
신 왕세의가 오자 황룡사에서 백좌도량을 개설하고, 여러 고
승을 청하여 불경을 강의하는데, 원광이 가장 윗자리[上首]에
있었다.[62]

3. 진평왕 35년에 황룡사에서 백고좌를 설치하고 비구를 맞이다
가 강경을 하였는데, (법)사가 상수가 되었다.[63]

위의 기록은 황룡사에서 백고좌회를 열었고, 원광 등이 불경을 강설하
였다는 내용이다. 진평왕은 고구려가 자주 신라를 침입하자 608년에 원
광으로 하여금 수에 「걸사표」를 짓게 하였고, 611년에도 수에 사신을 파
견하여 군사를 청하는 표를 올려 수 양제로부터 허락을 받았다.[64] 그러
나 수에 대한 신라의 적극적인 노력에도 불구하고 612년 수 양제의 고구
려 침입은 막대한 피해를 입으며 실패로 끝나고 말았다. 이러한 상황에
서 613년에 수의 사신으로 왕세의가 신라에 파견되었다. 그가 온 목적은
결국 수가 고구려를 침공하는데 필요한 군사적인 협조나 도움을 신라에
게 요청하기 위한 것으로 생각된다. 신라는 그를 위하여 황룡사에서 백
고좌회를 열었고, 원광 등이 불경을 강경하였다.

백고좌회는 『인왕경』을 강독하는 법회이기 때문에 인왕회 또는 인왕

---

61) 『삼국사기』 권4, 신라본기4 진평왕 35년 가을 7월.
62) 『삼국유사』 권4, 의해5 원광서학.
63) 『해동고승전』 권2, 원광전.
64) 『삼국사기』 권4, 신라본기4 진평왕 30년 및 33년.

도량이라고도 하였는데, 특히 이 법회는 신라에서 『인왕경』 신앙의 최초의 집회이다.[65] 따라서 이때 열었던 백고좌회는 역시 호국적인 성격이었고,[66] 원광 등이 강설하였던 불경은 백고좌회의 성격상 당연히 『인왕경』이었을 것으로[67] 이해하고 있다. 또한 도승의 실시된 배경은 다분히 정치적인 이유가 담겨 있다는 연구성과를 참조하면,[68] 비록 기록에는 없지만 이때 도승도 함께 이루어졌을 것으로 추정할 수 있다. 이러한 견해가 타당하다면 신라에서는 불교를 공인한 법흥왕부터 도승이 실시되어 진흥왕과 진평왕 그리고 선덕왕대에 이르기까지 지속적으로 이루어졌던 것으로 이해할 수 있다.

선덕왕대 후기의 불교정책은 창사와 건탑, 그리고 도승의 실시를 바탕으로 추진되었는데, 이에 대한 기록은 다음과 같다.

> I-1. 『국사』에 이르기를 "진흥왕 태청 3년 기사에 양에서 심호를 시켜 사리 몇 낱을 보내왔다. 선덕왕 때인 정관 17년 계묘에 자장법사가 (당에서) 가지고 온 부처님의 두골과 어금니와 불사리 1백 낱과 부처님이 입던 붉은 깁에 金點이 있는 가사 한 벌

---

65) 이기영, 「인왕반야경과 호국불교 −그 본질과 역사적 전개−」『동양학』5, 1975 ; 『한국불교연구』, 한국불교연구원, 1982, 174~177쪽.

66) 이기백, 「황룡사와 그 창건」『신라시대의 국가불교와 유교』, 한국연구원, 1978 ; 앞의 책, 1986, 52~55쪽.

67) 김복순은 신라에서 『인왕경』을 강설하는 호국법회를 개설한 것은 천태 지의의 영향을 받은 진과 수에 유학하였던 승려들의 주도로 이루어진 것으로 파악하였고(김복순, 「수·당의 교체 정국과 신라 불교계의 추이」『한국고대사연구』43, 2006 ; 『신사조로서의 신라 불교와 왕권』, 경인문화사, 2008, 42~46쪽), 613년 황룡사의 백고좌회에서 『인왕경』의 강경의식에는 원광과 함께 안함이 가장 크게 역할을 하였을 것으로 파악하였다(김복순, 「원광법사의 행적에 관한 종합적 고찰」『신라문화』28, 2006 ; 앞의 책, 2008, 46쪽 및 88쪽). 한편 박대남도 수 유학승들이 백고좌회 행사를 주도하였을 것으로 추정하였다(박대남, 앞의 논문, 2009, 77쪽).

68) 길기태, 앞의 논문, 2005, 98쪽.

이 있었는데, 그 사리는 세 부분으로 나누어 한 부분은 황룡탑에 두고, 한 부분은 태화(寺) 탑에 두고, 한 부분은 가사와 함께 통도사 계단에 두었으며, 그 나머지는 어디에 두었는지 알 수가 없다"라고 하였다. … 69)

2. … 머리를 깎고 도를 구하는 이가 세월이 갈수록 더욱 많아지니 이에 통도사를 창건하여 계단을 쌓고 사방에서 오는 사람들을 제도하였다<계단에 대한 일은 이미 위에 나와 있다.>. … 70)

J-1. 3월에 황룡사탑을 창건하였는데, 이것은 자장의 요청에 따른 것이다.71)

2. … 정관 17년 계묘 16일에 (자장법사는) 당 황제가 준 불경·불상·가사·폐백 등을 가지고 본국으로 돌아와서 탑 세울 일을 왕에게 아뢰었다. 선덕왕이 여러 신하에게 문의하니, 여러 신하들이 아뢰기를 "공장을 백제에 청해야 만 될 것입니다."라고 하였다 이에 보물과 비단으로써 백제에 청하였다. 아비지라는 장인이 명을 받고 와서 목재와 석재를 경영하고, 이간 용춘<또는 용수라고도 한다.>이 그 일을 주관하였는데, 거느린 소장이 2백 명이나 되었다. … 또 해동의 명현 안홍이 지은 『동도성립기』의 기록에 "신라 제27대에 여왕이 임금이

69) 『삼국유사』 권3, 탑상4 전후소장사리.
70) 『삼국유사』 권4, 의해5 자장정율.
71) 『삼국사기』 권5, 신라본기5 선덕왕 14년 3월.

되니 비록 도리는 있으나 위엄이 없으므로 9한이 침범하게 되었다. 만약 용궁 남쪽 황룡사에 9층탑을 세우면 이웃 나라의 재앙을 진압할 수 있을 것이니, 제1층은 일본, 제2층은 중화, 제3층은 오월, 제4층은 탁라, 제5층은 응유, 제6층은 말갈, 제7층은 단국, 제8층은 여적, 제9층은 예맥이라 하였다. … 또『국사』와 절의 고기를 살펴보면 "진흥왕 14년 계유에 그 절을 세운 후에 선덕왕 때인 정관 19년 을사에 탑이 처음으로 이루어졌다. … 72)

K-1. … 정관 17년 계묘에 본국의 선덕왕이 글을 올려 돌려보내주기를 청하니, (태종은) 이를 허락하고 (자장을) 궁중으로 불러들여 비단 1령과 채색 비단 500단을 하사하였으며, 동궁도 200단을 내려주고, 그밖에도 예물로 준 물건이 많았다. 자장은 본국에 아직 불경과 불상이 구비되지 못하였으므로『대장경』 1부와 여러 가지 번당·화개 등에 이르기까지 복리가될 만한 것을 청해서 모두 싣고 돌아왔다. (본국에) 이르자 온 나라가 (그를) 환영하였다. (왕이) 명하여 분황사<『당전』에서는 왕분사라고 하였다.>에 있게 하니 모든 대우가 넉넉하였다. … 73)

2. … 고향에 도착하자 온 나라가 (자장을) 환영하였고, 이에 일대의 불법이 뚜렷하게 일어나게 되었다. 왕은 자장이 대국에

---

72)『삼국유사』권3, 탑상4 황룡사구층탑.
73)『삼국유사』권4, 의해5 자장정율.

서 크게 우러러 보았으며, 정교를 널리 지니고 있는 스님이므로 그가 綱理하지 않으면 불법의 汚濁을 숙청할 길이 없다 하여 마침내 자장을 대국통으로 삼고 왕분사에 주석하게 하였다. 이 절은 곧 왕이 지은 절이다. 그 후 다시 따로 정원을 건축하고 특별히 10명에게 도첩을 내려 주어 항상 자장스님을 모시고 시중을 들게 하였다. … [74)]

위의 기록은 통도사의 창건과 황룡사구층탑의 건립, 그리고 도첩에 대한 내용이다. 주목되는 것은 선덕왕대 후기의 불교정책은 자장을 중심으로 이루어지고 있다는 사실이다. 즉 위의 사료 I는 자장이 통도사에 계단을 설치하여 불사리를 봉안하였고, 사료 J는 자장의 건의로 황룡사구층탑이 건립되었으며, 사료 K는 당에서 귀국한 자장을 위하여 도첩을 내려 주었다는 기록이다.

신라는 642년(선덕왕 11) 백제 의자왕의 침입으로 서쪽 변경의 전략적 요충지인 대야성이 함락되면서 국가적인 위기를 맞이하였다. 선덕왕은 당에 사신을 파견하여 구원을 요청함으로써 이러한 위기를 벗어나려고 하였지만, 오히려 당 태종이 '女主不能善理'라고 하여 더 큰 곤궁에 처하게 되었다. 이러한 상황에서 선덕왕은 불교정책을 추진함으로써 대내외적인 위기 상황을 극복하려고 하였다.[75)]

선덕왕대 후기에 추진되었던 불교정책은 황룡사구층탑의[76)] 건립이 대

---

74) 『속고승전』 권24, 당신라국대승통석자장전.
75) 이에 대한 연구는 김덕원, 앞의 책, 2007, 206~209쪽 참조.
76) 황룡사구층탑에 대한 연구성과는 양정석, 『황룡사의 조영과 왕권』, 서경, 2004, 154~157쪽
   : 최희준, 「『삼국유사』 황룡사구층목탑조에 대한 재검토와 아비의 출자」, 『한국학논총』 36,

표적인데, 이 과정에서 자장이 큰 역할을 수행하였다.[77] 황룡사구층탑을 건립한 목적은 대야성의 함락 이후 신라의 국가적 위기를 극복하고,[78] 그로 말미암아 실추된 왕실과 여주의 권위를 회복하기 위한 것이었다. 이와 더불어 왕권의 강화와 국력의 신장을 추구하기 위한 방안으로 이루어졌다.[79]

한편 선덕왕대 후기에도 불교정책의 일환으로 실시되었던 도승의 가능성을 찾을 수 있다. 즉 위의 사료 K와 같이 자장이 당에서 귀국하였을 때 선덕왕은 10명에게 도첩을 내려서 자장을 수행하게 하였다. 자장은 신라가 백제의 침입으로 국가적인 위기에 처하였을 때 선덕왕의 요청으로 귀국하였다.[80] 자장은 당 황실과 돈독한 유대를 맺고 있었는데, 백제의 침입으로 국가적인 위기를 맞은 신라는 당의 도움이 필요하였고, 당 태종의 신임을 받고 있었던 자장의 존재가 더욱 절실하였을 것이다. 이러한 상황에서 자장과 당 황실과의 관계를 주목하였던 김춘추는 자장의 중요성을 인식하였고, 선덕왕에게 자장의 귀국을 요청하였을 것이다.[81]

자장이 귀국하였을 때 선덕왕이 그를 수행하기 위하여 10명에게 도첩

2011, 29쪽 주 1) : 허인욱, 「『삼국유사』 황룡사구층탑조의 편년 검토」 『사학연구』 113, 2014, 4쪽 주 2) 참조
77) 신종원은 황룡사구층탑의 건립을 안홍이 처음 주장한 것으로 파악하였다(신종원, 「안홍과 신라불국토설」 『신라초기불교사연구』, 민족사, 1992, 244쪽). 한편 박순교는 자장이 황룡사구층탑을 건립하려고 하였던 것은 당에서 가져온 불사리의 거국적인 봉안을 통해서 자신의 영향력을 강화하려는 의도라고 하였다(박순교, 앞의 논문, 1999, 150쪽).
78) 박남수, 「통일주도세력의 형성과 정치개혁」 『통일기의 신라사회 연구』, 동국대 신라문화연구소, 1987 ; 『신라 화백제도와 화랑도』, 주류성, 2013.
79) 이기백, 앞의 논문, 1978 ; 앞의 책, 1986 : 김상현, 「황룡사구층탑고」 『중재장충식박사화갑기념논총』 -역사학편-, 1992 ; 『신라의 사상과 문화』, 일지사, 1999 : 남동신, 앞의 논문, 1992 : 문경현, 「시왕설과 선덕여왕」 『백산학보』 52, 1999 : 김기흥, 『천년의 왕국 신라』, 창작과비평사, 2000.
80) 『삼국유사』 권4, 의해5 자장정율.
81) 김덕원, 앞의 책, 2007, 206쪽.

을 내린 것도 당시 이러한 상황의 연장선으로 이해된다. 따라서 이것은 일종의 호국적인 성격의 일환이었던 것으로 생각할 수 있을 것이다. 그리고 이때 10명에게 도첩을 내린 것은 일종의 도승으로 파악할 수 있으며, 선덕왕 초기에 실시하였던 도승이 계속해서 유지되었음을 의미하는 것이다.

3. 승려들의 활동과 불교사상의 수용

선덕왕대에는 활발한 불교정책의 영향으로 다른 시대보다도 많은 승려들이 활동하였고, 그에 따라 새로운 불교사상이 수용되었다. 선덕왕대를 중심으로 활동하였던 가장 대표적인 승려는 자장이라고 할 수 있다. 그는 638년(선덕왕 7) 불법을 배우러 당에 들어갔다가[82] 643년(선덕왕 12) 선덕왕의 요청으로 귀국하였다. 선덕왕은 자장에게 예를 다하여 최고의 대우를 하여 분황사에 주석케 하였고, 이후 대국통에 임명하였다. 그리고 자장은 선덕왕의 기대에 부응하듯이 당시 국가적인 위기 상황을 극복하는데 필요한 역할을 수행하였다.

자장의 불교와 관련된 활동 중에서 가장 대표적인 것은 두 가지인데, 하나는 황룡사구층탑의 건립이고, 또 다른 하나는 계율을 강조하여[83] 불

---

82) 김두진, 「자장의 문수신앙과 계율」 『한국학논총』 12, 1989, 6쪽 : 남동신, 앞의 논문, 1992, 10쪽 : 남무희, 「자장의 생애 복원」 『한국학논총』 32, 2009 ; 『신라 자장 연구』, 서경문화사, 2012, 33쪽 : 박미선, 「'자장정율'조로 본 자장의 생애와 '정율'의 의미」 『신라문화제학술논문집』 33, 2012, 86쪽. 한편 김영미는 자장의 입당 시기를 확정지을 만한 뚜렷한 자료가 없는 것으로 파악하였다(김영미, 「자장의 불국토사상」 『한국사시민강좌』 10, 1992, 5쪽).

83) 김두진은 자장의 '정율'은 계율을 정립시켰다는 의미가 아니라 계를 생활화시켰다는 의미를

교 교단을 정비한 것이다.[84] 특히 자장은 불국토설의 제시와 같은 불교 치국책을[85] 실시함으로써 대야성의 함락과 '여주불능선리'로 야기된 대내외적인 위기 상황을 극복하고자 하였다.

선덕왕대의 대표적인 승려 중에서 밀본의 활동도 주목된다. 그는 선덕왕이 병이 들었을 때 왕을 치료하였는데, 이에 대한 기록은 다음과 같다.

> L. 선덕왕 덕만이 병이 든 지 오래되었다. 흥륜사의 승 법척이 왕명에 의하여 병을 돌보았으나 오랫동안 효험이 없었다. 이때 밀본법사가 덕행으로 나라 안에 알려져 있었으므로 좌우에게 그를 대신하기를 청하였다. 왕의 명령으로 (그를) 궁 안으로 맞아들이니, 밀본은 왕의 침실 밖에서 『약사경』의 두루마리를 겨우 다 읽자 (그가) 가지고 있던 육환장[六環]이 침실로 날아 들어가 늙은 여우 한 마리와 법척을 찔러 뜰 아래로 거꾸로 뜨리니 왕의 병이 곧 나았다. 이때에 밀본의 머리 위에 오색의 신비한 빛이 발하니, 보는 사람들이 모두 놀랐다. … [86]

위의 기록은 밀본이 선덕왕의 병을 고쳤다는 내용이다. 이 기록은 앞의 사료 D의 뒷부분에 해당하는 것으로 서로 연결되는 내용이다. 선덕왕은 병을 치유하기 위하여 황룡사에서 백고좌회를 열어 승려를 모와 『인

지닌 것이라고 하였다(김두진, 앞의 논문, 1989, 12쪽).
84) 김영미, 「신라 중고기 삼강제의 시행과 그 기능 ―자장의 활동과 관련하여―」 『한국고대사연구』 72, 2013 참조.
85) 남동신, 앞의 논문, 1992 ; 신종원, 앞의 논문, 1996 ; 앞의 책, 2004. 한편 자장의 사상에 대한 연구성과는 장지훈, 앞의 논문, 1999, 52쪽 참조.
86) 『삼국유사』 권5, 신주6 밀본최사.

왕경』을 강론케 하고 100명을 도승시켰다. 그리고 흥륜사의 승 법척이 선덕왕의 병을 돌보았지만 오랫동안 효험이 없었다. 그때 덕행이 높아서 그 명성이 나라 안에 알려져 있던 밀본이 『약사경』으로 선덕왕의 병을 치료하였다. 또 그는 나중에 승상이 되었던 김양도가 어렸을 때 귀신들린 병에 걸렸는데, 역시 『약사경』으로[87] 고쳐주었다.

자장과 밀본 외에도 선덕왕대에 활동하였던 승려들에 대한 기록이 전해지고 있다. 영묘사와 관련하여 앞에서 살펴 본 양지와 또 정토신앙으로 활동하였던 혜공,[88] 그리고 자장의 조카이며 신인종의 개조인 명랑[89] 등이 대표적이다. 이러한 승려들의 활동은 결국 선덕왕대에 새로운 불교 사상의 수용으로 나타나고 있다.

자장은 대국통이 되어 계율을 통하여 불교 교단을 정비하였다.[90] 삼국시대 신라 승려들의 계율에 대한 연구는 소승계인 『사분율』에 집중되었는데,[91] 자장 역시 『사분율』을 중심으로 하였다. 그는 『사분율』에 근거하여 교단을 숙청하고 승려 개개인의 일상생활을 규율하는 계율을 제정하였다.[92] 또한 자장은 황룡사에서 보살계본을 강연하였는데,[93] 이때의 보살계본은 대승계인 『범망경』 계통으로 이해하고 있다.[94] 이와 같이 계율을 중심으로 불교 교단을 정비하였기 때문에 그를 계율종의 개조로

---

87) 기록에는 '경'이라고만 되어있는데, 『약사경』이었을 것으로 추정된다.
88) 『삼국유사』 권4, 의해5 이혜동진.
89) 『삼국유사』 권5, 신주6 명랑신인.
90) 장지훈은 자장을 대국통으로 삼아 신라불교를 총괄케 한 것은 밀교사상을 당시의 국가적 이념으로 확립하기 위한 조치였을 것으로 파악하였다(장지훈, 앞의 논문, 1999, 72쪽).
91) 최원식, 「신라의 보살계 수용과 그 유포」, 『국사관논총』 29, 1991 ; 『신라보살계사상사연구』, 민족사, 1999, 36쪽.
92) 남동신, 「자장정율과 사분율」, 『불교문화연구』 4, 1995.
93) 『삼국유사』 권4, 의해5 자장정율.
94) 蔡印幻, 『新羅佛教戒律思想研究』, 國書刊行會, 1977, 259쪽.

도[95]) 이해하기도 한다.

혜공은 혜숙과 더불어 신라 중고기에 아미타신앙을 중심으로 한 정토신앙의 활동으로 주목되고,[96]) 또 흥륜사 금당의 十聖으로 추앙되어 소상이 봉안되었다.[97]) 특히 혜공은 원효와 긴밀한 관계를 맺고 있는데, 이와 관련된 기록은 다음과 같다.

> M. (혜공은) 말년에는 항사사<지금의 영일현 오어사이다. 민간에
> 전하기는 항하의 모래처럼 많은 사람이 출세하였으므로 항사동
> 이라 한다.>로 옮겨 살았다. 이때 원효가 여러 경전의 주해를
> 찬술하면서 매번 스님에게 가서 의심나는 것을 묻고 혹은 서로
> 농담도 하였다. 어느 날 두 사람이 시냇가에서 물고기와 새우
> 를 잡아먹고 돌바닥 위에 똥을 누웠다. 혜공이 이것을 가리켜
> 서 장난말로 말하기를 "그대가 눈 똥은 내가 잡은 물고기이다."
> 고 하였으므로 (이 절을) 오어사라고 하였다. 어떤 사람은 이것
> 을 원효의 말이라고 하나 잘못이다. 세간에서는 그 시내를 잘
> 못 불러 모의천이라고 한다.[98])

위의 기록은 원효의 거침이 없고 구애됨이 없는 활달한 행동과[99]) 더불

---

95) 김영수, 「오교양종에 대하여」, 『진단학보』 8, 1937 : 이영무, 「신라불교의 문화사상사적 고찰 (1) ―오교를 중심으로―」 『건대사학』 2, 1972 ; 『한국의 불교사상』, 민족문화사, 1987.
96) 혜숙과 혜공에 대한 연구성과는 신선혜, 「『삼국유사』 '이혜동진'조와 신라 중고기 불교계」 『신라문화제학술논문집』 33, 2012, 216쪽 주 2) 참조.
97) 『삼국유사』 권3, 흥법3 동경흥륜사금당십성.
98) 『삼국유사』 권4, 의해5 이혜동진.
99) 김덕원, 「원효와 의상의 여성관에 대한 고찰」 『한국사학보』 33, 2008b, 56쪽 ; 본서 제3부 제4장 참조.

어 혜공과 원효의 긴밀한 관계에 대한 내용이다. 즉 원효는 경전의 주해를 찬술하면서 의심나는 것은 매번 혜공에게 물었고, 이러한 기록을 바탕으로 그는 원효의 선배나 스승이라고 이해하기도 한다.

원효는 정토신앙을 중심으로 '무애행'을 통해서 현실적이고 실천적인 수행방법을 강조하였고, 이것을 바탕으로 대중교화를 전개하여 가난하고 무지몽매한 무리들도 '나무아미타불'을 알게 되었다.[100] 이러한 정토신앙을 바탕으로 한 불교대중화의 흐름은 대체로 혜숙에서부터 시작되어 혜공과 대안을[101] 거쳐서 원효에 이르러서 완성된 것으로[102] 이해하고 있다.

이 외에도 선덕왕대에는 다양한 불교사상이 수용되면서 교단이 확대되는 모습을 확인할 수 있다. 『약사경』을 바탕으로 선덕왕의 병을 치유하였던 밀본은 밀교의 발달에 중요한 역할을 수행하였다.[103] 신라의 밀교는 선덕왕대 이전부터 존재하였는데, 선덕왕대에 새롭게 발전하였던 것으로[104] 이해하고 있다. 이와 함께 자장의 조카인 명랑은 문무왕대에 문두루비법으로 당군의 침입을 물리쳤으며,[105] 이후 신인종의 시조가 되었다.[106]

---

100) 『삼국유사』 권4, 의해5 원효불기..
101) 『송고승전』 권4, 당신라국황룡사원효.
102) 김영태, 「신라 불교대중화의 역사와 그 사상연구」, 『불교학보』 6, 1968 ; 『신라불교연구』, 민족문화사, 1987, 116~122쪽 : 신선혜, 앞의 논문, 2012, 227쪽.
103) 밀본에 대한 연구성과는 조원영, 「신라 중고기 불교의 밀교적 성격과 『약사경』」 『부대사학』 23, 1999 : 옥나영, 「『관정경』과 7세기 신라 밀교」, 『역사와 현실』 63, 2007 : 김연민, 「밀본의 『약사경』 신앙과 그 의미」, 『한국고대사연구』 65, 2012 참조.
104) 장지훈, 앞의 논문, 1999, 69쪽.
105) 『삼국유사』 권2, 기이2 문호왕법민 : 동 권5, 신주6 명랑신인. 한편 이에 대한 연구는 이상훈, 「나당전쟁기 문두루비법과 해전」, 『신라문화』 37, 2011 ; 『나당전쟁 연구』, 주류성, 2012 참조.
106) 명랑과 신인종에 대한 연구성과는 문명대, 「신라 신인종의 연구 ―신라밀교와 통일신라사

한편 선덕왕대 법랑에 의해 선종이 전래되었을 가능성도 추정해 볼 수 있을 것이다. 최치원의 「지증대사비」에는 법랑이 중국 선종의 제4조 도신(580~651)의 제자로 기록되었다.[107] 그가 신라로 돌아온 시기는 기록이 없어서 정확하게 알 수 없지만, 그의 귀국은 이후 신라의 선종 발전에 하나의 계기가 되었을 것이다.[108] 이와 관련하여 신라에서는 선덕왕대부터 차[茶]가 있었는데,[109] 이것은 법랑의 귀국과도 관련이 있을 것으로 생각된다. 다시 말하면 법랑이 선덕왕대에 귀국하면서 차를 가지고 왔을 가능성도 있지 않을까 한다.

지금까지 살펴본 바와 같이 선덕왕대에는 여러 가지의 불교정책들이 실시되었다. 이와 관련하여 주목되는 점은 선덕왕대의 불교정책은 불교와 관련된 기록이 없는 진덕왕대와 구별할 수 있을 만큼의 뚜렷한 차이를 보이고 있다는 것이다.[110] 따라서 선덕왕대 불교정책은 중고기 왕실을 중심으로 추진된 불교정책이 마지막으로 실시되었고, 이후 통일신라 시대에 교학불교가 발달하는 기반을 마련하였던 일종의 과도기적인 성격을 띠고 있었던 시기라는 특징이 있다.

이와 함께 진덕왕대에는 선덕왕대와는 달리 불교에 대한 기록 대신에 유교와 관련된 기록이 집중적으로 나타나고 있다는 점이 또 다른 특징

회-」『진단학보』 41, 1976 : 조원영, 「신라 중대 신인종의 성립과 그 미술」『부산사학』 40 · 41, 2001 : 김연민, 「신라 문무왕대 명랑의 밀교사상과 의미」『한국학논총』 30, 2008 : 김복순, 「『삼국유사』 '명랑신인'조의 구성과 신인종 성립의 문제」『신라문화제학술논문집』 32, 2011 참조

107) 한국고대사회연구소 편, 『역주 한국고대금석문』 Ⅲ, (재)가락국사적개발원, 1992, 183~184쪽.
108) 최병헌, 「신라하대 선종구산파의 성립 ―최치원의 사산비명을 중심으로―」『한국사연구』 7, 1972, 88쪽.
109) 『삼국사기』 권10, 신라본기10 흥덕왕 3년.
110) 김덕원, 앞의 책, 2007, 219~220쪽.

중의 하나이다. 이러한 사실은 당시 정국운영을 주도하는 세력의 정치적인 이해가 반영된 결과라고 할 수 있으며, 당시 정국운영의 주도권을 장악하고 있었던 김춘추를 중심으로 한 사륜계와 밀접하게 관련되었을 것으로 생각된다.[111] 그리고 이러한 경향은 이후 유교적인 정치이념을 추구하였던 신라 중대의 모습을 미리 예측할 수 있는 하나의 지표가 될 수 있을 것이다.

4. 맺음말

선덕왕은 즉위과정에서 제기된 '여왕'에 대한 문제를 불교정책을 추진하면서 해결하려고 하였다. 선덕왕대의 불교정책은 크게 사원의 창건과 건탑을 비롯한 불사활동과 승려들의 활동을 중심으로 한 새로운 불교사상의 수용이 대표적이라고 할 수 있다. 그리고 선덕왕대의 불교에 대한 기록은 대체로 즉위 초기와 후기에 집중적으로 나타나고 있기 때문에 642년(선덕왕 11)을 기준으로 크게 초기와 후기의 두 시기로 구분할 수 있다.

선덕왕대 초기의 불교정책은 분황사와 영묘사의 창건과 황룡사에서 백고좌회를 개최하여 『인왕경』을 강론하였고, 또 도승을 실시하였다. 분황사는 '여왕'인 선덕왕과 관련되어 창건된 사원이었고, 또 선덕왕대에 여러 가지 부분에서 중요한 역할을 담당하였다. 특히 영묘사의 창건 이

---

111) 김덕원, 앞의 책, 2007, 244~245쪽.

후에 선덕왕에 대한 신성화 작업이 이루어진 사실을 통해서 선덕왕이 추진하였던 불교정책이 어느 정도 일정한 성과를 거두었음을 알 수 있다. 이와 함께 도승은 불교를 공인한 법흥왕부터 실시되어 선덕왕대에 이르기까지 지속적으로 이루어졌던 것으로 이해할 수 있다.

선덕왕대 후기의 불교정책은 통도사의 창건과 황룡사구층탑의 건립이 대표적인데, 이 과정에서 자장이 큰 역할을 수행하였다는 특징이 있다. 황룡사구층탑을 건립한 목적은 대야성의 함락 이후 신라의 국가적 위기를 극복하고, 그로 말미암아 실추된 왕실과 여주의 권위를 회복하기 위한 것이었다. 아울러 왕권의 강화와 국력의 신장을 추구하기 위한 방안으로 이루어졌다. 한편 선덕왕은 자장이 당에서 귀국하였을 때 10명에게 도첩을 내렸는데, 이것은 일종의 도승으로 파악할 수 있다.

선덕왕대에는 활발한 불교정책의 영향으로 다른 시대보다도 많은 승려들이 활동하였고, 그에 따라서 새로운 불교사상이 수용되었다. 선덕왕대에 활동하였던 가장 대표적인 승려는 자장이다. 자장의 활동에서 가장 대표적인 것은 두 가지인데, 하나는 황룡사구층탑의 건립이고, 또 다른 하나는 계율을 강조하여 불교 교단을 정비한 것이다. 또한 밀본의 활동도 주목되는데, 그는 선덕왕이 병이 들었을 때 왕을 치료하였다. 이 외에도 영묘사와 관련하여 양지와 또 정토신앙으로 활동하였던 혜공과 원효, 그리고 자장의 조카이며 신인종의 개조인 명랑 등이 있다.

선덕왕대는 승려들의 활발한 활동의 결과로 새로운 불교사상의 수용되면서 교단이 확대되는 모습을 보이고 있다. 자장은 대국통이 되어 『사분율』과 『범망경』 등의 계율을 중심으로 불교 교단을 정비하였기 때문에 계율종의 개조로도 이해하기도 한다. 그리고 혜공은 혜숙과 더불어 신라 중고기에 아미타신앙을 중심으로 한 정토신앙의 활동으로 주목된다. 또한 원효는 정토신앙을 중심으로 '무애행'을 통해서 현실적이고 실천적인 수행방법을 강조하였고, 이것을 바탕으로 대중교화를 전개하였다.

이 외에도『약사경』을 바탕으로 선덕왕의 병을 치유하였던 밀본은 밀교의 발달에 중요한 역할을 수행하였다. 또한 자장의 조카인 명랑은 문무왕대에 문두루비법으로 당군의 침입을 물리쳤으며, 이후 신인종의 시조가 되었다. 한편 선덕왕대 법랑에 의해 선종이 전래되었을 가능성도 추정해 볼 수 있다. 신라에서는 선덕왕대부터 차[茶]가 있었는데, 이것은 법랑의 귀국과도 관련이 있을 것으로 생각된다.

선덕왕대의 불교정책과 관련하여 주목되는 점은 불교와 관련된 기록이 없는 진덕왕대와 구별할 수 있을 만큼의 뚜렷한 차이를 보이고 있다는 것이다. 따라서 선덕왕대 불교정책은 중고기 왕실을 중심으로 추진된 불교정책이 마지막으로 실시되었고, 이후 통일신라시대에 교학불교가 발달하는 기반을 마련하였던 일종의 과도기적인 성격을 띠고 있었던 시기라는 특징이 있다.

이와 함께 진덕왕대에는 선덕왕대와는 달리 불교에 대한 기록 대신에 유교와 관련된 기록이 집중적으로 나타나고 있다는 점이 또 다른 특징 중의 하나이다. 이러한 사실은 당시 정국운영을 주도하는 세력의 정치적인 이해가 반영된 결과라고 할 수 있으며, 당시 정국운영의 주도권을 장악하고 있었던 김춘추를 중심으로 한 사륜계와 밀접하게 관련되었을 것으로 생각된다. 그리고 이러한 경향은 이후 유교적인 정치이념을 추구하였던 신라 중대의 모습을 미리 예측할 수 있는 하나의 지표가 될 수 있다.

제3장 원효와 의상의 여성관 비교

1. 머리말

한국불교사 내지 사상사에서 원효(617~686)와 의상(625~702)은[1] 상당한 위치를 차지하고 있다. 특히 두 사람은 이른바 '해골물[髑髏水] 설화로[2] 더욱 알려졌으며, 후대에는 형제라고 기록될[3] 정도로 밀접하게 관련을 맺고 있었다. 이러한 사실은 원효와 의상이 일반인들에게는 서로 분리해서 생각할 수 없을 정도의 존재로 인식되고 있었음을 반영하는 것이며, 이미 오래 전부터 하나와 같은 존재로 이해하고 있었음을 의미하는 것이다. 원효와 의상은 깨달음을 얻기 위해서 수행과 구도의 길을 걸었던 도반이었다. 두 사람이 언제 어디서, 어떤 인연으로 만났는지에 대해서는 기록이 없기 때문에 정확하게 알 수 없다. 그러나 원효와 의상이 일찍부터 고승인 보덕에게 배움을 구하였고,[4] 또 1차 입당의 시도가 650

---

1) 의상의 법휘는 통일되지 않고, '湘'·'相'·'想'으로 기록되어 있다. 여기에서는 의상의 기록에 대한 기본 자료인 『삼국유사』와 『송고승전』에 기록되어 있는 '湘'으로 사용하고자 한다.
2) 『임간록』 권상.
3) 「三聖山三幕寺事蹟」, 『奉恩本末志』 ; 『사찰전서』 (하), 598쪽 및 「孔雀山水墮寺事蹟」, 『乾鳳寺本末寺史蹟』 ; 『사찰전서』 (하), 731쪽 ; 김영태, 「전기와 설화를 통한 원효연구」 『불교학보』 17, 1980a ; 『신라불교연구』, 민족문화사, 1987, 253쪽 재인용.
4) 김복순은 원효와 의상의 입당 배경에는 당의 불교계 소식을 알고 있던 보덕의 권유가 있었을 것이라고 하였다(김복순, 「의상의 행적 연구 —수학과 활동을 중심으로—」 『경주사학』

년(진덕왕 4)이라는 기록을 통하여 비교적 일찍부터 가깝게 지냈다는 사실만은 확실하다고 할 수 있다.

이렇게 가깝게 지낸 두 사람이었지만 그들은 공통점보다 오히려 차이점이 더 많았다는 사실은 매우 흥미롭다. 두 사람의 차이점은 크게 신분과 성격 등의 개인적인 것과 사상적인 것, 그리고 정치적인 것으로 구분할 수 있다.[5] 이러한 차이점은 골품제도가 운영되었던 신라 사회에서 그들의 생애에서도 차별로 작용하였을 것이며, 또한 현실인식에도 일정한 영향을 주었을 것이다.

지금까지 승려 개인의 사상에 대해서는 많은 연구가 이루어졌지만, 특정 분야에 대한 연구는 거의 없는 실정이다.[6] 특히 승려들의 여성관은 더욱 그러하다.[7] 이러한 현상은 원효와 의상의 경우도 마찬가지이다. 그동안 원효와 의상에 대해서는 일일이 열거할 수 없을 만큼 많은 연구성과가 축적되었으나[8] 아직까지 원효와 의상의 여성관에 대한 연구는 이루어지지 않았다. 이것은 여성과 관련된 두 사람의 기록이 대부분 설화

22, 2003 ; 『신사조로서의 신라 불교와 왕권』, 경인문화사, 2008, 120쪽).
5) 김덕원, 「원효와 의상의 신분적·정치적 차이에 대한 고찰」『덕봉오환일교수정년기념사학논총』, 2006.
6) 이기영, 「원효의 윤리관 －보살영락본업경소를 중심으로－」『원효연구논총』, 국토통일원, 1987 : 김영미, 「원효의 여래장사상과 중생관」『선사와 고대』 3, 1992 : 박미선, 「신라승려들의 중생관에 대한 일고찰」『한국사의 구조와 전개』, 혜안, 2000.
7) 김영미, 「신라불교사에 나타난 여성의 신앙생활과 승려들의 여성관」『여성신학논집』 1, 1995.
8) 1990년대 이후 원효와 의상에 대한 대표적인 연구성과는 김상현, 『역사로 읽는 원효』, 고려원, 1994 : 남동신, 『원효의 대중교화와 사상체계』, 서울대 박사학위논문, 1995 : 고영섭, 『원효』, 한길사, 1997 : 남동신, 『영원한 새벽 원효』, 새누리, 1999 : 김상현, 『원효연구』, 민족사, 2000 : 藤能成, 『원효의 정토사상 연구』, 민족사, 2001 : 고영섭 편, 『원효』, 예문서원, 2002 : 전해주, 『의상화엄사상사연구』, 민족사, 1993 : 김두진, 『의상 －그의 생애와 화엄사상－』, 민음사, 1995 : 정병삼, 『의상 화엄사상 연구』, 서울대 박사학위논문, 1991 ; 『의상 화엄사상 연구』, 서울대 출판부, 1998 참조.

의 형식으로 전해지고[9] 있는 것이 중요한 원인으로 작용하였다고 생각
된다.

2. 여성관 형성의 배경

원효와 의상의 여성관을 이해하기 위해서는 먼저 두 사람의 신분과 성
격에 대하여 살펴보아야 할 것이다. 왜냐하면 이것은 두 사람의 여성관
형성에 중요한 배경으로 작용하였을 뿐만 아니라 이후 그들의 활동과 사
상에도 많은 영향을 주었을 것으로 생각되기 때문이다.

1) 원효와 의상의 신분[10]

원효의 출생과 신분에 대한 기록은 『삼국유사』와 『송고승전』에 기록
되어 있는데, 이에 대한 기록은 다음과 같다.

> A-1. 聖師 원효의 속성은 설씨이다. 할아버지는 잉피공으로 또는
>   적대공이라고도 한다. 지금 적대연 옆에 잉피공의 사당이 있

---

9) 김운학, 「일본에 미친 의상선묘설화」, 『불교학보』 13, 1978 : 김영태, 앞의 논문, 1980a 및 「설
화를 통해 본 신라 의상」, 『불교학보』 18, 1981 ; 앞의 책, 1987 : 김흥철, 「송고승전 소재 의상
전고 ―선묘설화를 중심으로―」 『인문과학논집』 3, 1984 : 김상현, 「삼국유사 원효관계 기록
의 검토」 『신라문화제학술발표회논문집』 14, 1993 ; 앞의 책, 2000 : 김상현, 「삼국유사 의상
관계 기록의 검토」 『사학지』 28, 1995 참조
10) 이 부분은 김덕원, 앞의 논문, 2006, 17~25쪽을 정리하였다.

다. 아버지는 담날 내말이다. 처음에 압량군 남쪽<지금의 장산군> 불지촌 북쪽의 율곡 사라수 아래에서 태어났다. 마을 이름은 불지로 또는 발지촌이라고도 한다<속어로 불등을촌이라고 한다.>. 사라수에 대해서는 민간에 이런 이야기가 있다. 성사의 집은 본래 이 골짜기의 서남쪽에 있었는데, 어머니가 아이를 가져 만삭이 되어 마침 이 골짜기 밤나무 밑을 지나다가 갑자기 해산하고 창황하여 집으로 돌아가지 못하고, 우선 남편의 옷을 나무에 걸고 그 안에 누워있었으므로 (그) 나무를 사라수라고 하였다. 그 나무의 열매도 보통 나무와는 달랐으므로 지금도 사라밤[娑羅栗]이라고 한다. … 성사는 출가하고 나서 그의 집을 희사하여 절을 삼아 이름을 초개라고 하고, 밤나무 옆에도 절을 지어 사라라고 하였다. 성사의 행장에는 서울 사람이라고 하였으나 (이것은) 할아버지를 따른 것이고, 『당승전』에서는 본래 하상주 사람이라고 하였다.

살펴보면 다음과 같다. 인덕 2년 중에 문무왕이 상주와 하주의 땅을 나누어 삽량주를 두었는데, 즉 하주는 바로 지금의 창녕군이고, 압량군은 본래 하주의 속현이다. 상주는 곧 지금의 尙州로 혹은 湘州라고도 한다. 불지촌은 지금의 자인현에 속해 있으니, 곧 압량군에서 나뉜 곳이다.

성사가 나서 어릴 때 이름[小名]은 誓幢이고, 第名은 新幢<幢은 속어로 털이다.>이다. 처음에 어머니가 유성이 품속으로 들어오는 꿈을 꾸고 태기가 있었는데, 해산하려고 할 때에는 오색구름이 땅을 덮었다. (곧) 진평왕 39년 대업 13년 정

축년이었다.[11)]

　　2. 원효의 성은 설씨이고, 동해의 상주 사람이다.[12)]

　위의 기록은 원효의 출생과 신분에 대한 내용이다. 사료 A-1에 의하면
원효의 속성은 설씨로 617년(진평왕 39)에 압량군의 남쪽에 있는 불지촌
의 북쪽 율곡의 사라수 밑에서 태어났다고 한다. 할아버지는 잉피공 또
는 적대공이라고 하며, 아버지는 담날 내말이었다. 따라서 설씨인 원효는
6두품이었을 것으로 이해하고 있다.[13)]

　또한 A-1에 의하면 원효의 행장에는 그를 서울 사람[京師人]이라 하
였고,[14)] A-2에서는 상주인이라고 기록되어 있다. 원효의 출신지가 서로
다르게 기록되어 있는 이유는 원효의 아버지인 담날의 출신지에 대한 기
록의 차이 때문이라고 할 수 있다.[15)] 그러나 이것은 『삼국유사』의 찬자
인 일연이 지적한 것처럼 원효의 행장은 할아버지의 본거를 따랐고, 『송
고승전』은 아버지의 본거를 따랐기 때문에 비롯되었을 것이다.[16)]

---

11) 『삼국유사』 권4, 의해5 원효불기.
12) 『송고승전』 권4, 당신라국황룡사원효전.
13) 이기백, 「신라 육두품 연구」 『성곡논총』 2, 1971 ; 『신라정치사회사연구』, 일조각, 1974, 40~
　　44쪽. 한편 전미희는 원효의 신분이 5두품이라고 하였다(전미희, 「원효의 신분과 그의 활동」
　　『한국사연구』 63, 1988, 73~78쪽).
14) 『삼국유사』 권4, 의해5 원효불기.
15) 원효의 아버지인 담날의 출신지와 관련하여 이기백은 담날이 왕경과 압량군에 거주지를 가
　　지고 왕래한 것이라 하였고(이기백, 앞의 논문, 1971 ; 앞의 책, 1974, 43~44쪽), 신동하도 압
　　독국의 왕족이 습비부 설씨의 기원이 되었다고 하였으며(신동하, 「신라 골품제의 형성과정」
　　『한국사론』 5, 1979, 50~51쪽), 전미희는 담날은 지방인이었는데, 전쟁에서 세운 공로로 경
　　위를 받았다고 하였다(전미희, 앞의 논문, 1988, 76~77쪽). 그러나 김상현은 담날이 왕경인으
　　로 지방에 파견되었던 지방관이었다고 파악하였다(김상현, 앞의 논문, 1993 ; 앞의 책, 2000,
　　74쪽).
16) 『삼국유사』 권4, 의해5 원효불기. 그러나 김상현은 하주에 속한 압량군을 상주의 치소인 尙
　　州(湘州)로 잘못 알았을 것이라고 하였다(김상현, 「『금강삼매경론』의 연기설화고」 『가산이
　　지관스님화갑기념논총』, 가산불교문화진흥원, 1992 ; 앞의 책, 2000, 139쪽 주 33) 참조).

한편 A-1에는 원효의 어릴 때 이름[小名]이 誓幢이라 하고, 第名은 新幢이라고 기록되어 있다. 그런데 어릴 때 이름인 서당이 신라의 군대 이름 중의 하나인 誓幢과 같다고 하여 그를 서당의 군직에 복무한 즉 군문에서 활동한 사실이 있는 것으로 보는 견해가 있다.[17] 그러나 서당은 신라 군대의 이름과 무관한 것으로 새로운[誓, 新] 털[幢], 곧 '새털'의 의미로 파악하거나[18] 또는 제명의 '第'가 '차례', '집', '또' 등의 여러 의미를 가지고 있기 때문에 제명을 성장한 뒤의 이름, 혹은 또 하나의 다른 이름, 제택명 즉 택호 등으로 해석하기도 한다.[19]

이와 같이 원효는 압량군의 지방인으로 태어난 6두품의 신분이었다. 따라서 그는 골품제도가 운영되었던 신라 사회에서 신분적인 한계를 느끼고 있었을 것이다. 이러한 신분적인 한계는 636년(선덕왕 5) 3월 백좌인왕경대회를 개최하였을 때 본주 즉 압량주에서는 원효를 추천하였지만, 여러 대덕들의 반대에 부딪쳐 받아들여지지 못하였다는[20] 기록을 통해서도 어느 정도 알 수 있다. 즉 원효는 6두품이라는 신분적인 한계로 말미암아 당시 신라 불교계의 중심에 참여하지 못하고 배척을 당하고 있었을 것이다.[21]

의상의 출생과 신분에 대한 기록도 『삼국유사』와 『송고승전』에 기록

---

17) 葛城末治, 「新羅誓幢和尙塔碑に就いて」 『靑丘學叢』 5, 1931 : 八百谷孝保, 「新羅僧元曉傳攷」 『大正大學學報』 38, 1952 : 本井信雄, 「新羅元曉の傳記について」 『大谷學報』 41-1, 1961 : 이종익, 「신라불교와 원효사상」 『동방사상논총』, 보련각, 1975.
18) 김영태, 앞의 논문, 1980a 및 「원효의 소명 서당에 대하여」 『한국불교학』 5, 1980b ; 앞의 책, 1987, 250~251쪽.
19) 이범홍, 「원효행장신고 -존의수칙의 시론-」 『마산대학논문집』 4, 1982, 298~299쪽.
20) 『송고승전』 권4, 당신라국황룡사원효전.
21) 전미희는 신분적인 한계뿐만 아니라 원효와 당시 불교계와의 사상적 경향의 차이가 있었던 것으로 파악하였다(전미희, 앞의 논문, 1988, 80~81쪽).

되어 있는데, 이에 대한 기록은 다음과 같다.

> B-1. ··· 이상의 기록을 의상전에서 살펴보면, '영휘 초년에 당에 들
> 어가 지엄법사를 뵈었다.'고 하였으나 부석사의 본비에 의하
> 면, 의상은 무덕 8년에 탄생하여 나이 어려서[卅歲] 출가하여
> 영휘 원년 경술에 원효와 함께 당에 들어가려고 고구려에까지
> 이르렀으나 장애가 있어 돌아왔다. 용삭 원년 신유에 당에 들
> 어가 지엄법사에게 나아가 배웠다. 총장 원년에 지엄법사가
> 세상을 떠나자 함형 2년에 신라로 돌아와서 장안 2년 임인에
> 세상을 떠났으니, 나이 78세라고 하였다.[22]
>
> 2. 법사 의상은 아버지가 한신으로 김씨인데, 나이 29세에 서울
> 의 황복사에서 머리를 깎고 중이 되었다. 얼마 있지 않아 서
> 방으로 가서 불교의 교화를 보고자 하였다.[23]
>
> 3. 의상의 속성은 박씨이고, 계림부 사람이다.[24]

위의 기록은 의상의 출생과 신분에 대한 내용이다. 사료 B-1과 2에 의
하면 의상은 625년(진평왕 47)에 출생하였으며, 아버지는 한신이고, 속성
은 김씨로 기록되어 있다. 그러나 B-3에는 의상의 속성은 박씨이고,[25] 계
림부 사람으로 기록되어 있다. 이와 같이 의상의 아버지인 한신의 성이

---

22) 『삼국유사』 권3, 탑상4 전후소장사리.
23) 『삼국유사』 권4, 의해5 의상전교.
24) 『송고승전』 권4, 당신라국의상전.
25) 고익진은 박씨로 기록되어 있는 『송고승전』의 기록은 믿을 수 없는 것으로 파악하였다(고
   익진, 「의상 화엄학의 실천적 성격」 『한국고대불교사상사』, 동국대 출판부, 1989, 275쪽).

김씨와 박씨로 기록된 경우는 신라에서 흔히 있는 현상이며, 그것은 각각 부계성과 모계성을 나타내는 것으로 이해되고 있기 때문에[26] 박씨는 의상의 모계성이었을 것으로 보인다.[27] 이러한 기록을 통해서 의상은 왕경에서 태어난[28] 진골귀족의 신분이었음을 알 수 있다.[29]

의상의 아버지인 한신은 비록 진골귀족이었다고 하더라도 권력의 핵심에 있었던 것이 아니라 한미한 가문의 출신이었을 것으로 이해하기도 한다.[30] 그러나 한편으로는 그가 629년(진평왕 51)에 김용춘·김서현·김유신 등과 함께 고구려의 낭비성 전투에 참가하여 전사한 것으로 추측한 견해가 있어서 주목된다.[31] 이 견해를 따른다면 의상은 일찍부터 사륜계와[32] 연결되었다고 할 수 있다. 이러한 추측과 관련하여 의상이 출가한 황복사가 사륜계가 경영하는 원찰이었다는 견해는 시사하는 바가 크다.[33] 물론 황복사가 사륜계 왕실에 의해 경영되었다는 직접적인 기록

26) 피영희, 「Double Descent 이론 적용을 통해서 본 신라왕의 신분관념」, 『한국사론』 5, 1979, 95쪽.
27) 김두진, 「의상의 생애와 정치적 입장」, 『한국학논총』 14, 1991 ; 앞의 책, 1995, 74쪽.
28) 『송고승전』 권4, 당신라국의상전에 의상의 아버지인 한신이 계림부 사람이었다고 기록된 것으로 미루어 의상이 왕경에서 태어났다는 사실을 알 수 있다.
29) 물론 김씨라고 모두 진골귀족이 아니라는 사실은 김지성의 경우를 통해서 알 수 있다(변태섭, 「신라 관등의 성격」, 『역사교육』 1, 1956, 62~66쪽). 그러나 의상이 활동하였던 당시에는 族降 등의 이유로 김씨가 6두품이 되지는 않았기 때문에 의상은 진골귀족이었다고 생각된다.
30) 鎌田茂雄, 『新羅佛敎史序說』, 東京大 東洋文化硏究所, 1988, 203쪽 : 김두진, 앞의 논문, 1991 ; 앞의 책, 1995, 74쪽.
31) 鎌田茂雄, 앞의 책, 1988, 215~216쪽.
32) 사륜계에 대한 연구성과는 김덕원, 『신라 중고기 사륜계의 정치활동 연구』, 명지대 박사학위논문, 2003 ; 『신라중고정치사연구』, 경인문화사, 2007 참조.
33) 鎌田茂雄, 앞의 책, 1988, 211~212쪽. 한편 김두진도 당시 국가적인 사찰인 황룡사가 진흥왕에 의해 창건되었으나 어쩌면 태자인 동륜계에 의해 장악되었을 가능성이 있고, 반면에 황복사는 그 명칭으로 보아 사륜계 왕실과 연결된 사찰임이 분명하므로 의상은 출가 당시에 이미 김춘추 세력과 연결되었을 것이라고 하였다(김두진, 앞의 논문, 1991 ; 앞의 책, 1995, 74~75쪽).

은 없다. 그러나 황복사 삼층석탑에서 발견된 「금동사리함명문」을[34] 통해서 황복사가 신문왕의 원찰이었을 것으로 짐작되고 있으며,[35] 또 그명문에 보이는 사주인 선륜을 국통으로 보아 황복사를 국통이 있었던 중요한 국찰로 보는 견해도 있다.[36] 따라서 의상이 이러한 의미가 있는 황복사에서 출가하였고, 또 이곳에서 머물고 있었다는 기록을[37] 통해서 볼때 위와 같은 견해들은 주목된다고 할 수 있다. 왜냐하면 이것은 의상의정치적인 입장이 사륜계인 김춘추에 의해서 전개된 중대 무열왕권과 일찍부터 밀접한 관련을 맺으며 연결되었다는 사실을 의미하기 때문이다.[38]

사실 의상은 원효보다 중대 무열왕권과 매우 긴밀하게 연결된 모습을보이고 있는데, 이에 대한 기록은 다음과 같다.

> C-1. 영휘 초에 마침 당 사신의 배가 서방으로 돌아가려고 하자 편
> 승하여 중국으로 들어갔다. 처음 양주에 머물렀더니, 州將 유
> 지인이 청하여 관아 안에 머무르게 하였는데, 공양이 지극하
> 였다.[39]

---

34) 황수영, 『한국금석유문』 제3판, 일지사, 1981, 140~141쪽 : 한국고대사회연구소 편, 『역주한국고대금석문』 III, (재)가락국사적개발연구원, 1992, 346~350쪽.
35) 신종원, 「신라 오대산사적과 성덕왕의 즉위배경」 『최영희선생화갑기념한국사학논총』, 탐구당, 1987, 115쪽.
36) 김복순, 「의상과 황복사」, 『신라문화제학술발표회논문집』 17, 1996 ; 『한국 고대불교사 연구』, 민족사, 2002, 122쪽.
37) 『삼국유사』 권4, 의해5, 의상전교. 그러나 김복순은 의상이 황복사에서 탑돌이를 한 기록은 의상이 아니라 표훈과 관련이 있는 것으로 파악하였다(김복순, 앞의 논문, 1996 ; 앞의 책, 2002, 129~132쪽).
38) 김덕원, 앞의 논문, 2006, 22~23쪽.
39) 『삼국유사』 권4, 의해5 의상전교.

2. 이듬해 당 고종이 (김)인문 등을 불러서 꾸짖어 말하기를 "너희들이 우리 군사를 청해 고구려를 멸망하고도 우리를 해치려는 것은 무슨 까닭이냐?"라 하고, 곧 옥에 가두고 군사 50만명을 조련하여 설방을 장수로 삼아 신라를 치려고 하였다. 이때 의상법사가 서쪽 당에 가서 유학하고 있다가 (김)인문을 찾아보았는데, (김)인문이 그 사실을 알렸다. 의상이 곧 귀국하여 왕에게 아뢰니, 왕이 매우 염려하여 여러 신하들을 모아놓고 방어책을 물었다.[40]

3. … 이미 본국의 승상 김흠순<혹은 인문이라고도 한다.>과 (김)양도 등이 당에 가서 구금되었고, 고종이 군사를 크게 일으켜 신라를 치려고 하였다. (김)흠순 등이 비밀리에 의상에게 일러 앞질러 (신라로) 가게 하였다. 함형 원년 경오에 귀국하여 (그) 사정을 조정에 알렸다.[41]

4. 국왕이 흠중하여 전장과 노복을 내렸다. 의상이 왕에게 말하기를 "我法은 평등하여 고하가 모두 균등하고, 귀천이 같은 도리를 지니고 있습니다. 『열반경』에는 여덟 가지 부정한 재물을 들고 있습니다. 무엇 때문에 전장이 필요하고, 어찌 노복을 거느리겠습니까? 빈도는 법계로써 집을 삼고 바릿대로 농사지어 수확을 기다립니다. 법신의 지혜로운 목숨은 이와 같은 가르침을 의지해서 살아가고자 합니다."라고 하였다.[42]

---

40) 『삼국유사』 권2, 기이2 문호왕법민.
41) 『삼국유사』 권4, 의해5 의상전교.
42) 『송고승전』 권4, 당신라국의상전.

5. 봄 2월에 고승 의상이 왕명을 받들어 부석사를 창건하였다.[43]

6. 왕이 왕경에 성을 새로 쌓으려고 하여 승려 의상에게 물어보니, 의상이 대답하기를 "비록 들판의 띠집에 살아도 바른 도를 행하면 곧 복업이 길 것이요, 진실로 그렇지 않으면 비록 사람을 힘들게 하여 성을 만들지라도 또한 이익이 되는 바가 없습니다."라고 하였다. 이에 왕이 공사를 그만두었다.[44]

7. … 또한 서울에 성곽을 쌓고자 이미 관리를 갖추라고 명령하였다. 그때 의상법사가 이 소식을 듣고 글을 보내어 아뢰기를 "왕의 정교가 밝으면 비록 풀 언덕에 땅 금을 그어서 성으로 삼아도 백성이 감히 넘지 못하고, 가히 재앙을 씻어서 복이 될 것이지만, 정교가 밝지 못하면 비록 장성이 있더라도 재해를 없앨 수 없을 것입니다."라고 하였다. 이에 왕은 역사를 중지하였다.[45]

위의 기록은 의상이 중대 무열왕권과 연결되었음을 보여주는 내용이다. 사료 C-1과 같이 의상이 당에 갈 때에도 당의 사신이 돌아가는 배에 동승하고 있다든지, 양주에 도착한 후에 주장의 환대를 받아 아문에서 생활할 수 있었다는 사실은 왕실의 지원이 있었기 때문에 가능하였을 것이다.[46] 더구나 C-2 · 3과 같이 그의 귀국이 당이 침입하려는 계획을 신

43) 『삼국사기』 권7, 신라본기7 문무왕 16년 2월.
44) 『삼국사기』 권7, 신라본기7 문무왕 21년 6월.
45) 『삼국유사』 권2, 기이2 문호왕법민.
46) 김두진도 의상은 이미 신라 조정의 배려 아래 중국으로 유학하여 화엄사상의 수학에 들어갔을 것으로 파악하였다(김두진, 앞의 논문, 1991 ; 앞의 책, 1995, 75쪽). 이것은 매우 중요한 문제라고 생각된다. 왜냐하면 이미 신라 조정에서도 화엄사상이 전제왕권에 도움이 된다는

라 정부에 미리 알리기 위한 것이었다는 사실을 통해서 이러한 가능성을 확인할 수 있다. 그리고 C-4·5와 같이 국왕이 의상에게 전장과 노복을 내렸고, 또한 왕실의 지원을 받아 부석사의 창건과[47] 같은 국가적인 불사의 수행으로 계속 이어졌다. 이후에도 C-6·7과 같이 의상은 왕에게 정치적인 자문을 하는 등 계속해서 왕실과 밀접한 연결을 맺고 있었다.[48] 이러한 기록을 통해서 의상은 일찍부터 사륜계인 중대 무열왕권과 밀접한 연결을 맺고 연결되었을 것으로 추정할 수 있다.

이상에서 살펴본 바와 같이 원효는 지방에서 태어난 6두품이었고, 의상은 왕경에서 태어난 진골귀족이었다. 이와 같은 신분상의 차이는 골품 제도가 운영되었던 신라 사회에서 원효와 의상의 여성관 형성에 중요한 배경으로 작용하였을 것이고, 이후 그들의 생애에서도 사상적·정치적으로 많은 영향을 주었을 것이다. 이러한 사실은 여성관뿐만 아니라 두 사람을 이해하는데 전제조건이 되는 중요한 문제라고 할 수 있다.

것을 알고 있었다는 사실을 의미하기 때문이다. 따라서 일찍부터 사륜계와 밀접한 연결을 맺고 있었던 의상에게 이러한 화엄사상을 수학하는 것을 조건으로 그의 입당을 지원하였을 것이라는 추정도 가능하다. 그렇다면 비록 중도에서 포기하고 돌아오긴 하였지만, 의상과 같이 입당을 시도하였던 원효와 신라 조정과의 관계도 새롭게 파악할 수 있을 것이다.

47) 김두진, 앞의 책, 1995, 80~81쪽. 그러나 김상현은 의상이 부석사를 창건한 것은 왕실과 관련이 없다고 하였고(김상현, 「신라중대 전제왕권과 화엄종」, 『동방학지』 44, 1984 ; 『신라화엄사상사연구』, 민족사, 1991, 88쪽), 김복순도 국가의 힘을 빌어 부석사를 지었을 것 같지 않다고 하였다(김복순, 「신라 중대 화엄종과 왕권」, 『한국사연구』 63, 1988 ; 『신라화엄종연구』, 민족사, 1990, 40쪽).

48) 김복순은 의상은 황복사 출신의 유가승으로서 중국의 화엄종을 전교하였고, 당시 신라인들이 화엄의 내용에 생경하게 느꼈으며(김복순, 앞의 논문, 1988 ; 앞의 책, 1990, 34~38쪽), 문무왕대의 나당전쟁으로 인한 신라의 정황은 친당파는 물론 당 유학승들이 운신하기 어려운 상황과 신문왕대의 김흠돌의 반란 이후에 반당적 풍조가 만연하면서 적극적으로 그를 수용해 줄 수 없었기 때문에 의상은 왕권과 쉽게 관계 지을 수 없고 매우 동떨어진 것으로 파악하였다(김복순, 「신라 중대의 불교」, 『신라문화』 25, 2005 및 「수·당의 교체 정국과 신라 불교계의 추이」, 『한국고대사연구』 43, 2006 ; 앞의 책, 2008, 55쪽 및 139쪽).

2) 원효와 의상의 성격

원효와 의상의 성격은 두 사람의 신분적인 차이만큼이나 서로 뚜렷하게 구별된다. 원효의 성격을 알 수 있는 구체적인 자료는 없지만, 다음의 몇 가지 기록을 통해서 어느 정도 추정할 수 있는데, 이에 대한 기록은 다음과 같다.

> D-1. 원효가 이미 실계하여 설총을 낳은 이후로는 속인의 옷으로 바꾸어 입고 스스로 소성거사라고 하였다. 우연히 광대들이 놀리는 큰 박을 얻었는데, 그 모양이 괴이하였다. 그 모양대로 도구를 만들어 『화엄경』의 "일체 무애인은 한 길로 생사를 벗어난다."는 (문구에서 따서) 이름을 무애라 하고, 이에 노래를 지어 세상에 퍼뜨렸다. 일직이 이것을 가지고 千村萬落에서 노래하고 춤추며, 교화하고 음영하여 돌아오니, 가난하고 무지몽매한 무리들까지 모두 부처의 호를 알게 되었고, 모두 나무[南無]를 칭하게 되었으니, 원효의 법화가 컸던 것이다.[49]
>
> 2. 하루는 (사복의) 어머니가 돌아가니, 이때 원효는 고선사에 머무르고 있었는데, 원효가 그를 보고 예를 갖추어 맞이하였다. 사복은 답배하지 않고 말하기를 "그대와 내가 옛날에 경을 실었던 암소가 지금 죽었으니, 함께 장사를 지냄이 어떻겠소?"라고 하자 원효는 "좋다."라고 하였다. 드디어 함께 집에 도착하

---

49) 『삼국유사』 권4, 의해5 원효불기.

여 원효에게 布薩시켜 계를 주게 하였다. 시체 앞에 이르러 고축하기를 "나지 말지니, 그 죽음이 괴롭다. 죽지 말지니, 그 남이 괴롭도다."라고 하였다. 사복이 말하기를 "(그) 말이 번거롭다."라고 하였다. (원효가) 이를 고쳐서 말하기를 "죽고 나는 것이 괴롭다."라고 하였다.[50]

3. (혜공은) 말년에는 항사사<지금의 영일현 오어사이다. 민간에 전하기는 항하의 모래처럼 많은 사람이 출세하였으므로 항사동이라 한다.>로 옮겨 살았다. 이때 원효가 여러 경전의 주해를 찬술하면서 매번 스님에게 가서 의심나는 것을 묻고 혹은 서로 농담도 하였다. 어느 날 두 사람이 시냇가에서 물고기와 새우를 잡아먹고 돌바닥 위에 똥을 누웠다. 혜공이 이것을 가리켜서 장난말로 말하기를 "그대가 눈 똥은 내가 잡은 물고기이다."고 하였으므로 (이 절을) 오어사라고 하였다. 어떤 사람은 이것을 원효의 말이라고 하나 잘못이다. 세간에서는 그 시내를 잘못 불러 모의천이라고 한다.[51]

4. (원효가) 하는 말은 미친 듯이 난폭하고, 예의에 어긋났으며, 행동은 상식의 선을 넘었다. 그는 거사와 함께 주막이나 기생집에도 들어가고 지공과 같이 금빛 칼과 쇠지팡이를 가지기도 하였으며, 혹은 주석서를 써서 『화엄경』을 강의하기도 하고, 혹은 사당에서 거문고를 타면서 즐기고, 혹은 여염집에서 유숙하기도 하고, 혹은 산수에서 좌선하는 등 계기를 따라 마

---

50) 『삼국유사』 권4, 의해5 사복불언.
51) 『삼국유사』 권4, 의해5 이혜동진.

음대로 하여 일정한 규범이 없었다.[52]

5. 옛날에 원효대성이 백정 노릇하고 술장사하는 시중 잡배들 속에 섞여 지냈다. 한번은 목 굽은 조롱박을 어루만지며 저자에서 노래와 춤추고 '무애'라고 한 일이 있다. 이러한 일이 있은 후에 일을 만들기 좋아하는 사람이 금방울을 위에다 달고 채색 비단을 밑에다 드리워 가지고 장식하여 두드리며 앞으로 나갔다가 뒤로 물러갔다 하는 것이 모두 음절에 맞았다. 여기에다 경론에서 게송을 적취하여 '무애가'라고 하니, 밭가는 노인까지도 이것을 본받아 유희로 삼았다.[53]

위의 기록은 원효의 성격을 추정할 수 있는 내용이다. 사료 D-1에 의하면 원효는 대중교화를 위해서 천촌만락을 돌아다니면서, 가난하고 무지몽매한 사람들을 노래와 춤으로 교화하였고, 그의 행동에는 구애됨이 없었다고 기록되어 있다. 이러한 원효의 행동에 대하여 『삼국유사』의 찬자인 일연이 그를 활달 무애한 자유인으로 이해하고, 그의 기록에 대한 제목을 '원효불기'라고 설정하였다는 견해는 설득력이 있다.[54]

원효는 활달한 행동과 함께 평소에도 말이 많았던 것 같다. 이것은 사료 D-2와 같이 사복의 죽은 어머니를 위해서 원효가 게송을 지었는데, 사복이 그의 사가 너무 번거롭다고 하였다거나 사료 D-3에서 혜공과 평소에 서로 거리낌 없이 농담을 하였다는 사실을 통해서도 어느 정도 알

---

52) 『송고승전』 권4, 당신라국황룡사원효전.
53) 『파한집』 권하.
54) 김상현, 앞의 논문, 1993 ; 앞의 책, 2000, 71쪽.

수 있을 것이다.[55] 또 사료 D-5에서는 원효가 시중 잡배들 속에 섞여 지내는 일종의 파격적인 모습을 보이고 있다. 이러한 원효의 언행은 사료 D-4의 '任意隨機 都無定檢'이라는 기록이 가장 잘 표현하고 있다.[56]

이와 같이 원효는 거침이 없고 구애됨이 없었지만, 다른 한편으로 자기 자신 스스로에 대한 강한 자신감 내지는 자부심을 가지고 있었던 모습도 볼 수 있다. 즉 요석궁 과공주를 만나기 위해서 '我斫支天柱'라고[57] 스스로를 평가한 것이나 그의 만년으로 추정될 때 황룡사에서 『금강삼매경론』에 대한 법회가 끝나고 '今朝橫一棟處 唯我獨能'이라고[58] 한 사실에서 그 대체적인 모습을 확인할 수 있다.[59]

한편 원효에 비해서 의상의 성격에 대해서는 거의 알려진 사실이 없으나 그의 성격의 일면을 파악할 수 있는 자료가 전하고 있는데, 이에 대한 기록은 다음과 같다.

> E. 신라의 의상조사는 전심으로 안양을 구하여 평생 서쪽을 등지지 않고 앉았다. 그 문도 가운데 죄를 지은 한 비구가 있어서 불법에 의해 물리쳐져서 무리로부터 떠났다. 그는 다른 곳을 떠돌아

---

55) 물론 이 기록이 사복의 말처럼 순수하게 '사' 자체에 대한 것일 수도 있겠지만, 평소 원효 성격의 한 단면을 나타낸 것으로 생각할 수도 있다.
56) 원효의 성격은 그의 사상에도 일정한 영향을 주었을 것이다. 즉 원효의 학문적 관심은 어느 한 분야에만 집중되지 않고 모든 분야에 걸쳐서 이루어 졌기 때문에 그는 거의 모든 경전에 대해서 주석을 붙였다. 따라서 뒷날 어떤 종파가 성립되었을 경우에 그 교학의 연원을 원효 에게서 찾게 되었다(김두진, 앞의 책, 1995, 306쪽).
57) 『삼국유사』 권4, 의해5 원효불기.
58) 『송고승전』 권4, 당신라국황룡사원효전.
59) 김상현은 이것을 원효의 강한 자부심의 표현으로 파악하였는데(김상현 앞의 논문, 1992 ; 앞의 책, 2000, 143~144쪽), 시사하는 바가 크다. 한편 김재경은 원효가 신라 불교계의 중심인 물로 부상한 것이라고 하였다(김재경, 「신라 아미타신앙의 성립과 그 배경」, 『한국학보』 29, 1982 ; 『신라 토착신앙과 불교의 융합사상사 연구』, 민족사, 2007, 123쪽).

다니면서도 스승을 잊지 못하여 스승의 상을 만들어 지니고 다녔다. 스승이 그 소식을 전해 듣고 불러서 말하기를 "네가 만약 진실로 나를 생각한다면 나는 일생 동안 서쪽을 등지지 않고 앉는데, 그 상도 역시 감응할 것이다."라고 하였다. 이에 그 상을 곧 서쪽을 등지게 하였지만, 상이 스스로 몸을 돌려서 서쪽을 향하여 앉았다. 의상은 그가 회계한 것을 깨닫고 과오를 용서하고 다시 받아들였다.[60]

위의 기록은 의상의 수행방법에 대한 내용이다. 원효의 행동은 거침이 없고 구애됨이 없었지만, 의상은 철저히 수행자의 본분을 지켰던 것으로 보여 진다. 정토신앙에 투철하였던 의상은 일생 동안 한 번도 서쪽을 등지고 앉는 법이 없었고, 오직 아미타불이 계시는 서쪽을 향해서 앉았다. 또한 의상은 무소유를 실천하여 의복과 바루와 물병을 제외하고는 아무것도 가진 것이 없었으며, 언제나 온화하고 서늘하였다고 한다.[61]

의상은 원효와는 달리 조용한 성격이었던 것 같다. "긴 말하지 말라. 다만 하나만 말하면 되니까."[62] 이것은 의상이 스승 지엄으로부터 배운 교훈이다. 의상은 많은 말이 필요하지 않고, 오직 한마디면 족하다고 하였듯이 원효처럼 모든 분야에 관심을 가지지 않고, 오직 화엄 하나에만 주력하였다. 원효가 천촌만락을 다니면서 대중교화를 할 때 의상은 태백산 부석사를 중심으로 수행과 제자 교육에 전념하였다. 제자들이 도움을

---

60) 無寄, 『釋迦如來行蹟頌』 卷下, 『한국불교전서』 6, 537쪽.
61) 김상현, 앞의 책, 1994, 88쪽.
62) 均如, 『十句章圓通記』 卷下, 『한국불교전서』 4, 66쪽.

청해서 물어올 때면 그는 급히 서두르지 않았고, 제자들의 마음이 조용히 가라앉을 때를 기다려서 살핀 다음 의문점을 술술 풀어 의문의 여지를 남기지 않게 계발해 주었다.[63]

지금까지 살펴본 바와 같이 원효와 의상의 개인적인 성격은 정반대의 모습을 보이고 있다. 원효는 적극적이고 활달하다 못해 구애됨이 없이 행동하는 성격이었지만, 의상은 차분하고 조용한 성격이었다. 이러한 두 사람의 성격을 현대적인 의미에서 표현한다면 원효는 구애됨이 없이 거침없고 적극적이었던 '돈키호테(Don Quisote)형'이고, 의상은 조용하고 내성적인 '햄릿(Hamlet)형'이라고 할 수 있다.[64]

이와 같은 원효와 의상의 성격의 차이는 물론 출생 신분의 차이에서 오는 것이라고 생각할 수도 있다. 골품제도가 운영되었던 신라 사회에서 6두품으로써 받아야만 하는 신분적인 차별을 원효의 성격으로는 견디기 어려웠을 것이다. 따라서 원효는 그러한 울분을 거침없는 말과 행동으로 표현하였는지도 모른다. 어쩌면 원효의 성격이 거침없었기 때문에 아무런 구애됨이 없이 대중교화를 가능하게 하였을 것으로 생각된다. 한편 의상은 진골귀족이었기 때문에 원효가 받아야만 하였던 신분적인 차별에서 어느 정도는 자유로울 수 있었을 것이다. 바로 이러한 신분의 차이가 두 사람의 성격에 많은 영향을 주었을 것이다. 따라서 원효와 의상의 신분과 성격의 차이는 두 사람의 여성관 형성에 중요한 배경이 되었으며, 이후 두 사람의 사상적·정치적인 부분을 결정짓는 역할을 하였을 것으로 생각된다.

---

63) 김상현, 앞의 논문, 1995, 80쪽. 김복순도 의상과 제자들은 문답의 형식으로 수를 전수하였다고 하였다(김복순, 앞의 논문, 1988 ; 앞의 책, 1990, 41쪽).
64) 김덕원, 앞의 논문, 2006, 32쪽.

3. 여성관의 사례와 차이

1) 여성관의 사례

원효는 6두품으로 받아야만 하는 신분적인 제약을 거침없는 말과 행동으로 표현하였던 것 같다. 원효의 거침이 없고 구애됨이 없는 모습은 여성과 관련된 기록에서도 그대로 나타나고 있다. 즉 원효의 여성관은 그의 성격과 같이 거침이 없고 구애됨이 없었으며, 또한 적극적이었다는 특징을 가지고 있다. 그렇다고 원효가 처음부터 이러한 여성관을 가지고 있지는 않았을 것이다. 비록 말과 행동에는 거침이 없고 구애됨이 없었으나 그도 승려로서의 계율을 지키며 수행하였을 것으로 생각된다.

원효의 거침없고 적극적인 성격과 함께 그의 여성관을 가장 잘 보여주는 것은 요석궁 과공주와의 만남이라고 할 수 있는데, 이에 대한 기록은 다음과 같다.

> F. 원효는 일찍이 어느 날 상례에서 벗어나 거리에서 노래를 부르기를 "누가 자루 빠진 도끼를 허락하려는가? 나는 하늘을 받칠 기둥을 다듬고자 한다."라고 하였다. 사람들이 모두 (그) 뜻을 알지 못하였는데, 이때 태종이 그것을 듣고서 말하기를 "이 스님께서 아마도 귀부인을 얻어 훌륭한 아들을 낳고 싶어 하는구나. 나라에 큰 현인이 있으면 그보다 더한 이로움이 없을 것이다."라고 하였다. 그때 요석궁<지금의 학원이 이곳이다.>에 홀로 사는 공주가 있었다. 궁중의 관리를 시켜 원효를 찾아서 (궁중으로) 맞아들이게 하였다. 궁중의 관리가 칙명을 받들어 그를 찾으

려고 하는데, 벌써 (원효는) 남산에서 내려와 문천교<사천이나 세간에는 연천 또는 문천이라 하고, 또 다리 이름을 유교라고 한다.>를 지나고 있어 만나게 되었는데, (원효는) 일부러 물에 떨어져 옷을 적셨다. 관리는 스님을 궁으로 인도하여 옷을 벗어 말리게 하였는데, 이 때문에 (그곳에서) 묵게 되었다. 공주가 과연 태기가 있어 설총을 낳았다.[65]

위의 기록은 원효와 요석궁 과공주와의 만남에 대한 내용이다. 원효가 요석궁 과공주를[66] 사전에 미리 염두해 두고 있었는지는 알 수 없지만, 이 만남은 그가 먼저 시도하여 이루어졌다. 이러한 사실은 원효가 거리에서 노래를 부르고 다녔다거나 또는 무열왕이 보낸 궁중의 관리를 만나자 일부러 물에 빠졌다는 기록을 통해서 알 수 있다.[67] 이것은 평소 원효의 적극적이고 거침없는 성격을 통해서도 충분히 짐작할 수 있다.

원효는 세속의 대중 속으로 들어가 그들을 교화하기 위해서는 계율에 얽매인 승려의 신분에서 벗어나 좀 더 자유로운 상태에서 행동하는 것이

---

65) 『삼국유사』 권4, 의해5 원효불기.
66) 요석궁 과공주는 655년(무열왕 2)에 전사한 김흠운의 부인이었을 것으로 추정된다(김덕원, 앞의 논문, 2006, 35~36쪽 주 62) 참조).
67) 전미희는 원효가 요석궁 공주를 매개로 무열왕과 결합하여 골품제의 엄격성으로 말미암은 신분적인 한계를 극복하고 불교계에서의 사상적 대립을 융화시키려고 하였으며, 무열왕도 왕권을 제약하는 진골귀족들의 세력을 제거하기 위하여 원효가 필요하였을 것으로 파악하였다(전미희, 앞의 논문, 1988, 84~85쪽). 그러나 김재경은 왕실측에서 결혼을 주선하였고, 그것은 원효의 명성을 정치적 영역에서 흡수하는 대신 불교계 지도자로서의 그의 위치를 약화시키려는 의도가 내재된 정략의 일환일 가능성이 유력하다고 하였다(김재경, 앞의 논문, 1982 ; 앞의 책, 2007, 126~127쪽). 한편 김상현은 원효는 요석궁 공주와의 만남을 세속으로 다시 돌아오는 계기로 삼았다고 하였다(김상현, 앞의 논문, 1993 ; 앞의 책, 2000, 78쪽).

필요하다고 생각한 것 같다. 그리고 그는 요석궁 과공주와의 만남을 그 계기로 삼았을 것으로 추정된다. 이것은 요석궁 과공주와의 만남을 그가 먼저 시도하였다는 사실을 통해서도 이해할 수 있다. 어쩌면 요석궁 과 공주와의 만남은 원효가 파계를 불사하면서까지 실행하려는 강한 자신 감 내지는 자부심의 또 다른 면이라고도 할 수 있다.

원효는 요석궁 과공주 이외에도 여성과 관련된 일화들을 많이 남기고 있는데, 이에 대한 기록은 다음과 같다.

> G. … 후에 원효법사가 뒤이어 와서 (관음의 진신을) 보고 절하기 를 구하여 당초에 남쪽 교외에 이르니 논 가운데서 흰 옷을 입 은 한 여인이 벼를 베고 있었다. 법사가 희롱 삼아 그 벼를 달 라고 하였더니, 여인이 장난말로 벼가 흉작이라고 대답하였다. (법사가) 또 길을 가서 다리 밑에 이르니, 한 여인이 개짐을 빨 고 있었다. 법사가 마실 물을 청하니, 여인은 그 더러운 물을 떠서 드렸다. 법사가 이를 엎질러 버리고 다시 냇물을 떠서 마 셨다. 때마침 들 가운데 소나무 위에서 파랑새 한 마리가 불러 말하기를 "제호화상은 그만 두시오!"라 하고는 홀연히 숨어버 리고 나타나지 않았다. 그 소나무 아래 벗은 신발 한 짝이 있 었다. 법사가 절에 이르니 관음(상)의 자리 아래 또 앞에서 본 벗은 신발 한 짝이 있었다. 그제서야 앞에서 만난 여인이 (관 음의) 진신임을 알았다. 이 때문에 당시 사람들은 그 소나무를 관음송이라고 하였다. 법사가 성굴에 들어가서 다시 (관음의) 참모습을 보고자 하였으나 풍랑이 크게 일어 들어갈 수 없었

으므로 그만 떠났다.[68]

위의 기록은 여성과 관련된 원효의 또 다른 일화에 대한 내용이다. 원효는 낙산사에 가는 도중에 벼를 베고 있는 여인에게 희롱을 하고, 또 빨래하는 여인에게 물을 청하기도 하며 희롱하고 있다. 이 기록은 평소에 거침이 없고 구애됨이 없었던 원효의 여성관을 보여주는 또 하나의 자료이다. 이와 같은 원효의 여성관은 앞의 사료 D-4와 같이 그가 주막이나 기생집에도 들어가고, 여염집에서도 유숙하였다는 기록이 가장 잘 표현하고 있다.

한편 원효와 달리 차분하고 조용한 성격이었던 의상의 여성관은 수행자 본연의 모습을 보이고 있다. 이러한 의상의 여성관은 선묘설화를 통해서 잘 나타나는데, 이에 대한 기록은 다음과 같다.

> H. (의상은) 총장 2년에 상선을 타고 당의 등주 해안에 도착하였다. (의상이) 어느 신사의 집에 이르렀을 때 그의 뛰어난 모습을 본 집 주인은 (의상을) 자기 집에 머물다 가게 하였다. 그 집에는 선묘라는 아름다운 딸이 있었는데, 의상을 흠모하였다. (그녀는) 갖은 미태로 의상을 유혹하였으나 의상의 마음은 철석같아서 조금도 움직이지 않았다. 끝내 의상의 마음을 사로잡지 못한 선묘는 크게 도심을 발하여 의상의 앞에서 대원을 세워서 말하기를 "생생세세 스님에게 귀명하여 스님께서 대승을 공부하시고 대사를 성취하시도록 제자는 단월이 되어 스님의 공부 생활에

---

68) 『삼국유사』 권3, 탑상4 낙산이대성관음정취조신.

필요한 모든 것을 공급해 드리겠습니다."라고 하였다. … (의상은 귀국하는 길에) 다시 문등의 옛 신도의 집에 들러서 그 동안 여러 해 시물을 제공해 준 고마움을 사례하였다. 그리고 상선의 시간이 바빠서 곧바로 선창으로 갔다. 그때 선묘는 의상을 위하여 법복과 모든 집기를 마련하여 상자에 가득 넣어두고 있었다. 선묘는 상자를 운반하여 바닷가로 갔으나 의상이 탄 배는 이미 멀리 가고 있었다. 선묘는 呪願하여 말하기를 "내가 본래 진실한 마음으로 법사를 공양코자 함이므로 원하옵건대 이 상자가 저 배 안으로 건너 들어가게 하옵소서!"라 하고는 상자를 배 쪽으로 던졌다. 그러자 갑자기 세찬 바람이 불어 그 상자를 깃털처럼 날려서 배 안으로 들어가게 하였다. 선묘는 다시 서원하여 말하기를 "나는 이 몸을 大龍으로 변해서 스님이 타신 배가 무사히 바다를 건너서 귀국하여 전법하시는데 도움이 되게 하옵소서!"라 하고는 바다에 몸을 던졌다. 선묘의 지극한 願力과 지성이 感神하였던지 과연 선묘의 몸은 용이 되어 그 배가 편안하게 신라의 땅에 이르게 하였다.[69]

위의 기록은 의상을 사모하였던 선묘설화에[70] 대한 내용이다. 선묘는 의상을 사모하여 유혹하였지만, 그의 마음은 조금도 움직이지 않았다. 이러한 의상의 마음에 감동하여 선묘는 제자로서 생생세세 의상을 정성껏 받들었으며, 이후 그가 부석사를 창건할 때에도 많은 도움을 주었다.

---

69) 『송고승전』 권4, 당신라국의상전.
70) 선묘설화에 대한 연구는 김운학, 앞의 논문, 1978 : 김홍철, 앞의 논문, 1984 참조.

이와 같이 의상의 차분하고 조용한 성격은 그의 여성관에도 그대로 반영되었으며, 어떻게 보면 소극적인-어떤 면에서는 가장 기본적인-수행자 본연의 모습을 볼 수 있다. 이것은 거리에서 스스로 인연을 찾았던 원효의 적극적인 여성관과는 비교되는 전혀 다른 모습이라고 할 수 있다.

2) 여성관의 차이

원효와 의상의 여성관의 차이는 단순히 두 사람의 신분과 성격에서 비롯된 것만은 아니었다. 이것은 깨달음의 과정과 대중교화와 같은 사상적인 부분에서도 그 편린의 모습이 일정하게 나타나고 있다.

일반적으로 원효의 사상적 특징을 화쟁사상으로,[71] 의상은 원융사상으로[72] 설명하고 있다. 그런데 사실 원효와 의상은 사상적인 면에서 큰 차이점은 없었다고 할 수 있다. 왜냐하면 두 사람 모두 정토신앙을 중심으로 현실적이고 실천적인 수행방법을 강조하였고, 이것을 바탕으로 대중교화를 전개하였기 때문이다. 이와 같이 신분과 성격이 정반대였음에도 불구하고 원효와 의상이 사상적으로 큰 차이점이 없었다는 것은, 결국 두 사람이 지향하고 추구하였던 방향이나 목표가 같았다고 할 수 있을 것이다.[73]

---

71) 김상현, 앞의 책, 2000, 208~234쪽.
72) 김두진, 앞의 책, 1995, 115~151쪽.
73) 김재경은 원효와 의상이 입당 길의 동반자가 된 것은 이들의 사상경향이나 포부, 장래의 계획들에 공통점이 있었기 때문이라고 하였다(김재경, 앞의 논문, 1982 ; 앞의 책, 2007, 119쪽).

원효와 의상은 두 차례에 걸쳐서 당으로의 유학을 시도하였다. 650년 (진덕왕 4)의 1차 시도는 고구려까지 갔지만 결국 실패하였고,[74] 661년 (문무왕 1)에 2차 시도를 하였다.[75] 그러나 도중에 원효는 무덤 안에서 해골에 담긴 물을 마시고[76] 깨달음을 얻게 되어 입당을 포기하였고, 의 상은 홀로 입당하였다.[77]

이와 같이 원효는 모든 것을 마음의 작용으로 보아 법 자체를 마음속 에서 구하였지만, 의상은 보편적인 불법을 구하려고 하였다. 心內에서 법을 구하려는 원효와 心外의 보편적인 법을 구하려는 의상의 깨달음의 차이는 이후 두 사람의 여성관에 직접적인 영향을 주었을 것으로 생각된 다. 즉 모든 것은 마음에서 비롯된 것으로 생각한 원효는 여성과 관련해 서도 마찬가지로 생각하였을 것이다. 그렇기 때문에 아무런 거침이 없고 구애됨이 없는 모습으로 주막이나 기생집 또는 여염집에서도 유숙하는 등의 자유스럽고 적극적인 여성관을 보이고 있다. 그러나 마음 밖의 보 편적인 법을 구하려고 하였던 의상은 여성과 관련해서도 스스로 절제하 는 소극적인 여성관의 모습을 보여주고 있다.

특히 원효의 교학은 공허한 이론을 위한 학문이 아니라 인간의 문제를 해결하고, 많은 사람들을 실천으로 이끌려는 구원론적인 관심으로부터

---

74) 『삼국유사』 권4, 의해5 의상전교 : 동 권3, 탑상4 전후소장사리.
75) 조명기, 『신라불교의 이념과 역사』, 신태양사, 1962, 139쪽.
76) 김영태는 『송고승전』에 기록되어 있는 토감우숙의 이야기가 『임간록』에서부터 觸髏水를 마신 이설로 변하였다고 하였다(김영태, 앞의 논문, 1980a ; 앞의 책, 1987, 244쪽).
77) 김두진은 『송고승전』의 설화가 뒷날 원효가 신라 불교사상사에서 중요한 위치를 차지하게 되면서 부회된 것으로 보았다(김두진, 앞의 책, 1995, 58~59쪽). 한편 김복순은 이것을 토대 로 두 사람의 성격을 파악하여 원효는 신라인 본연의 원광과 자장을 이은 호국불교로서의 측면이 두드러지는 인물이었고, 의상은 출가승으로서의 면모를 더 중시하였던 인물이라고 하였다(김복순, 「삼국의 불교와 사상교류」, 『신라문화』 24, 2004 ; 앞의 책, 2008, 24~25쪽).

비롯된 이론이었다.[78] 또한 원효의 교판은 종파적 선입관을 배제하고, 객관적 입장에서 여러 경전의 법문을 화쟁적으로 이해하려는데 그 목적이 있었다.[79] 이러한 원효의 화쟁사상은 불교학 전반에 적용되는 것일 뿐만 아니라 세상사 모두에 의미 있는 것으로, 세속적인 가치와 종교적인 가치 사이의 갈등과 마찰도 화해시키는 것이었다.[80] 따라서 원효에게 세속적인 여성과의 관계는 단지 수행의 한 과정일 뿐이었다. 그렇기 때문에 원효는 자유스럽고 적극적인 여성관을 가졌으며, 또 그러한 모습을 보이고 있는 것으로 생각된다.

이와 같이 자유스럽고 적극적인 원효의 여성관이 가장 잘 반영된 것은 그의 대중교화이다. 원효는 스스로 소성거사라고 칭하면서 천촌만락을 돌아다니며 대중들을 교화하였다. 그는 광대들이 가지고 노는 큰 박을 얻어 『화엄경』의 '一切無碍人 一道出生死'라는 문구를 따서 이름을 무애라 하고, 계속해서 노래를 지어 세상에 퍼뜨렸다.[81] 원효는 대중교화를 위해서 전문적인 술어나 어려운 이론을 사용하기보다는 간단한 염불·게송·노래 혹은 춤 등으로 교화하였다.[82] 그리고 마침내 가난하고 무지몽매한 사람들까지도 모두 부처님의 이름을 알게 되고, '나무아미타불'을 부를 수 있게 되었다. 이러한 원효의 대중교화에 대하여 『삼국유사』의 찬자인 일연도 "(元)曉之化大矣哉"라고 평가하고 있다.[83]

---

78) 오강남, 「원효사상과 현대사회학」, 『불교연구』 3, 1987, 151쪽.
79) 김상현, 앞의 책, 1994, 185쪽.
80) 김상현, 앞의 책, 1994, 252쪽. 김상현은 원효의 아들인 설총이 유학자가 된 것도 화쟁사상으로 설명하였다(김상현, 앞의 책, 1994, 251쪽). 그러나 전미희는 원효가 불교를 통해서 넘지 못했던 신분적인 제약을 유교를 통하여 극복하고, 그 지위를 향상시키려는 것으로 파악하였다(전미희, 앞의 논문, 1988, 91~92쪽).
81) 『삼국유사』 권4, 의해5 원효불기.
82) 김상현, 앞의 책, 1994, 133쪽.

원효의 대중교화는 거침없고 구애됨이 없는 그의 성격과 언행으로 인하여 더 큰 효과를 가져왔을 것이다. 그 과정에서 원효의 자유스럽고 적극적인 여성관 역시 더욱 극대화되었으며, 앞의 사료 D-4와 같이 그가 주막이나 기생집에도 들어가고, 여염집에서도 유숙하였다는 기록으로 남았을 것이다.

당시 신라에는 정토신앙이 크게 유행하였는데,[84] 원효의 대중교화도 정토신앙에 그 토대를 두고 있었다. 이러한 사실은 원효가 천촌만락을 돌아다니며 교화한 공으로 가난하고 무지몽매한 사람들까지도 모두 '나무아미타불'을 부를 수 있게 되었다는 기록을 통해서 확인할 수 있다. 따라서 원효가 대중교화를 전개하는데 그의 성격과 함께 여성관이 중요한 역할을 하였음을 알 수 있다.

한편 의상도 정토신앙에 투철하였다. 의상은 일생 동안 한 번도 서쪽을 등지고 앉는 법이 없었고, 오직 아미타불이 계시는 서쪽을 향해 앉았다.[85] 의상은 신라에 관음신앙을 정착시켰는데,[86] 그의 관음신앙이 미타와 연관되고 있음은 실천수행적인 성격 이외에 그것이 정토신앙으로 흐르고 있음을 알려준다. 당시에는 사후 서방세계에 바로 태어나기를 비는 미타정토가 우세하게 신앙되었고, 현실사회를 극락으로 바꾸려는 미륵신앙도 믿어졌는데, 관음은 중생을 두 정토에 태어나도록 이끄는 역할을

---

83) 『삼국유사』 권4, 의해5 원효불기.
84) 이기백, 「신라 정토신앙의 기원」, 『학술원논문집』(인문사회과학) 19, 1980 ; 『신라사상사연구』, 일조각, 1986.
85) 無寄, 『釋迦如來行蹟頌』 卷下, 『한국불교전서』 6, 537쪽.
86) 김두진은 80권 『화엄경』의 입법계품에 대한 해석은 의상이 입당하였을 당시의 새로운 화엄사상 경향이었고, 의상은 그것을 그의 사상적 특성으로 받아들여 내용 면에서 더 심화하였으며, 또한 의상이 관음신앙을 강조하는 것은 어쩌면 그가 최신의 화엄사상 경향을 펴고 있다는 것을 담았을 것으로 파악하였다(김두진, 앞의 책, 1995, 237쪽).

수행하였다.[87] 미타와 미륵은 본래 다른 특성을 지닌 독립적 존재였지만, 정토신앙이 유행하면서 서로 혼유하게 되었다.[88]

의상의 관음신앙이 수용한 정토는 미륵의 현실정토와 미타의 서방정토를 절충한 모습으로 신라 사회에 서민 대중들이 바로 참여할 수 있는 것이다. 또한 의상은 관음신앙을 통해서 정토신앙 뿐만 아니라 서민 대중의 토착신앙을 흡수하고 있었다.[89] 이러한 사실은 의상도 원효와 같이 대중교화에 많은 관심을 가졌음을 알 수 있게 한다.

지금까지 살펴본 바와 같이 원효와 의상은 정토신앙에 입각한 실천수행을 강조하고 있다. 그러나 이러한 사실에도 불구하고 두 사람 사이에는 화엄신앙에 의한 실천수행에서 일정한 차이를 보이고 있음을 주목할 필요가 있다. 이것은 원효가 낙산사의 관음진신을 참관하는 기록을 통해서 알 수 있다.[90] 즉 낙산사의 관음을 참관하러 가는 도중에 원효는 여인으로 변신한 관음을 만났지만 그 당시에는 진신을 알아보지 못하였고, 끝내 성굴에 들어가 진신을 보지 못하고 그곳을 떠나갔다.[91] 의상은 관

---

87) 김두진, 앞의 책, 1995, 240쪽.

88) 문명대, 「포천석굴고」, 『동국사학』 11, 1969, 123쪽.

89) 김두진, 앞의 책, 1995, 242~246쪽.

90) 『삼국유사』 권3, 탑상4 낙산이대성 관음정취조신.

91) 이 기록을 김상현은 원효가 관음의 화신인 여인과 농담을 하였다는 그의 활달한 성격을 엿볼 수 있는 기록으로 보았고(김상현, 앞의 책, 1994, 158~159쪽), 김두진은 원효가 수행의 완숙한 경지에 들어가 있지 않아 관음에게 따돌림을 당하는 인상을 준다고 하였다(김두진, 앞의 책, 1995, 238쪽). 한편 김영태와 정병삼은 의상이 설정한 관음도량을 그와 친분이 두터웠던 원효가 확인한 것이라 하였고(김영태, 「삼국유사 소전의 관음신앙」, 『신라문화제학술발표회논문집』 1, 1980c ; 『불교사상사론』, 민족사, 1992, 468쪽 : 정병삼, 「통일신라 관음신앙」, 『한국사론』 8, 1982 ; 앞의 책, 1998, 215쪽), 김영미는 이미 깨달음을 얻은 원효가 여성들에 의해 관음의 상주처로 인도되고 있다고 하였다(김영미, 앞의 논문, 1995, 137쪽). 그러나 김재경은 낙산사 창건과 관련하여 원효계 승려들이 의상계에 비판과 반발을 하는 것으로 보고, 불교계의 주도권을 놓고 일정 수준의 암투가 내재하였을 가능성이 있다고 하였으며(김재경, 앞의 논문, 1982 ; 앞의 책, 2007, 133~134쪽). 김복순은 원효는 제호화상으로 불릴 정도로 그의 교학이 최상승이었는데, 다만 실수적인 측면에서 의상에 미치지 못했음을

음의 진신을 알현하였고, 원효는 여인으로 변신한 관음을 알아보지 못했다는 사실은 두 사람의 수행이나 사상에서 일정한 차이가 있었음을 의미하는 것이다.[92] 그리고 그 과정에서 두 사람의 여성관의 차이도 확인할 수 있다.

4. 맺음말

원효와 의상의 신분과 성격은 두 사람의 여성관 형성에 중요한 배경으로 작용하였고, 이후 그들의 활동과 사상에도 많은 영향을 주었을 것이다. 이러한 사실은 여성관뿐만 아니라 두 사람을 이해하는데 전제조건이 되는 중요한 문제라고 할 수 있다.

원효는 압량군에서 6두품의 신분으로 태어났기 때문에 골품제도가 운영되었던 신라 사회에서 신분적인 한계를 느꼈을 것이다. 이것은 원효의 성격으로는 견디기 어려웠을 것이며, 이러한 울분을 거침없는 말과 행동으로 표현하였을 것이다. 그러나 원효는 한편으로 자기 자신 스스로에 대한 강한 자신감 내지는 자부심을 가지고 있었던 것 같다.

한편 의상은 왕경에서 진골귀족으로 태어났기 때문에 원효가 받아야

나타낸 것이라고 하였다(김복순, 앞의 책, 2008, 143쪽).

92) 김두진은 이 기록을 당시 화엄사상의 최신 경향인 80권 『화엄경』과 연관시켜서 설명하고 있다. 즉 관음진신을 알현한 의상은 새로운 화엄사상인 80권 『화엄경』을 받아들였던 반면에, 관음진신을 알현하지 못했던 원효는 60권 『화엄경』의 이해에 머물고 있었던 것으로 추정하였다(김두진, 앞의 책, 1995, 237~239쪽). 그러나 김복순은 『60화엄』은 자장이 귀국한 643년 이전에 완전히 전래하였고, 의상이 지엄에게서 전수받아 온 화엄교학을 원효가 취해서 함께 신라에 유통시켰다고 하였다(김복순, 앞의 논문, 1988 ; 앞의 책, 1990, 25~26쪽 및 62쪽).

만 하였던 신분적인 차별에서 어느 정도는 자유로울 수 있었을 것이다. 그의 정치적인 입장은 사륜계인 김춘추에 의해서 전개된 중대 무열왕권과 일찍부터 밀접한 관련을 맺고 연결되었을 것으로 추정된다.

원효는 적극적이고 활달하다 못해 구애됨이 없이 행동하는 성격이었지만, 의상은 차분하고 조용한 성격이었다. 이러한 두 사람의 성격을 현대적인 의미에서 표현한다면 원효는 구애됨이 없이 거침없고 적극적이었던 '돈키호테(Don Quisote)형'이고, 의상은 조용하고 내성적인 '햄릿(Hamlet)형'이라고 할 수 있다.

원효와 의상의 여성관을 가장 잘 보여주는 것은 요석궁 과공주와의 만남과 선묘설화이다. 원효는 거리에서 스스로 인연을 찾는데 적극적이었으며, 또한 여성과 관련된 여러 일화를 남기며 주막이나 기생집에도 들어가고, 여염집에서도 유숙하였다. 그러나 의상은 어떻게 보면 소극적인 -어떤 면에서는 가장 기본적인- 수행자 본연의 모습을 보여주고 있다.

원효와 의상의 여성관의 차이는 두 사람의 깨달음의 과정과 대중교화와 같은 사상적인 부분에서도 살펴볼 수 있다. 원효는 모든 것을 마음의 작용으로 보아 법 자체를 心內에서 구하였지만, 의상은 心外의 보편적인 불법을 구하려고 하였다. 모든 것은 마음에서 비롯된 것으로 생각한 원효는 여성과 관련해서도 마찬가지로 생각하였을 것이다. 원효에게 세속적인 여성과의 관계는 단지 수행의 한 과정일 뿐이었다. 그렇기 때문에 아무런 거침이 없고 구애됨이 없는 자유스러운 모습의 적극적인 여성관을 보이고 있다. 그러나 마음 밖의 보편적인 법을 구하려고 하였던 의상은 여자와 관련해서도 스스로 절제하는 소극적인 여성관의 모습을 보여주고 있다.

이와 같이 자유스럽고 적극적인 원효의 여성관이 가장 잘 반영된 것은 그의 대중교화이다. 원효는 천촌만락을 돌아다니며 간단한 염불·게송·노래 혹은 춤 등으로 대중교화를 전개하였다. 원효의 대중교화는 거침없고 구애됨이 없는 그의 성격과 언행으로 인하여 더 큰 효과를 가져왔으며, 그 과정에서 원효의 자유스럽고 적극적인 여성관 역시 더욱 극대화되었을 것이다. 따라서 원효가 대중교화를 전개하는데 그의 성격과 함께 여성관이 중요한 역할을 하였다. 의상도 정토신앙에 투철하였으며, 신라에 관음신앙을 정착시켰다. 그러나 두 사람 사이에는 화엄신앙에 의한 실천수행에서 일정한 차이를 보이고 있으며, 그 과정에서 두 사람의 여성관의 차이도 확인할 수 있다.

원효와 의상에 대해서는 지금까지의 평가에 대한 선입관에서 벗어나 특별히 주목받지 못하고 있는 부분이나 소홀히 취급되는 부분에 대해서 좀 더 많은 관심을 가지고 연구를 진행하여야 할 것이다. 이것이 원효와 의상에 대하여 새롭게 인식할 수 있는 계기가 될 수 있으며, 앞으로 남은 과제이다.

보 론

제1장 불교 경전의 사상과 한국 전통신앙

1. 머리말

고대사회에서 하늘(태양 포함)·땅(산 포함)·물[水]은 그 사상체계의
형성과정에서 중요한 주제를 구성하고 있다. 이것은 고대인들의 사유관
념이 아직 발달하지 못한 상황에서 나타나는 결과이며, 그만큼 자연현상
에 대한 깊은 외경심의 영향에서 비롯되었다. 그리고 이러한 초자연적인
현상에 대한 두려움을 극복해 나가는 한 방편으로서 이것을 숭배하는 사
상이 발생하였다. 이렇게 발생한 여러 사상들은 각 민족마다 생활하는
지역의 자연환경과 문화의 발달 정도에 따라 차이를 보이며, 그 과정에
서 원시신앙(원시종교)는 이후 보다 발달한 고등신앙(고등종교)에 수용·
통합되는 과정을 거치게 되었다.

이러한 현상은 불교 역시 마찬가지였다. 불교도 그 발상지인 인도에서
부터 다른 지역으로 전래되면서 위와 같은 과정을 거쳤으며, 한국 또한
이 과정에서 예외가 아니었다. 그러나 한국의 전통신앙은[1] 불교와의 접

---

1) 전통신앙이라는 개념은 고등신앙·종교로까지 발전하지 못하고 원시신앙·종교에 머물러
   있었던 경우에 고유한 사유관념이라는 의미로 사용하였다. 이러한 전통신앙은 민간신앙·토
   착신앙·토속신앙 등과 같은 성격과 의미를 갖고 있는 용어로 파악하였으며, 경우에 따라서
   이를 혼용하여 사용하였다.

촉과정에서 일방적으로 통합·수용되지 않았고, 상호 일정한 영향을 받으면서 무불습합의 과정을 거치며 공존하는 모습을 보이고 있다.[2] 즉 전통신앙은 불교의 교리와 경전을 수용하여[3] 사상체계의 확립에 이용하였고, 불교는 그 종교적인 권능과 조직력을 바탕으로 대중들을 포용하며 그 사회에서 공인되는 과정을 거치면서 토착화하였다.[4]

이와 같은 종교의 일반적인 특성을 바탕으로 불교 경전에 수록되어 있는 사상체계와 한국의 전통신앙과의 관계에 대하여 검토할 필요가 있다. 이를 위해서『금강경』등을 비롯하여 여러 경전들에 수록되어 있는 천신(태양), 산신, 수신(용)사상의 자료를 검토하여 여기에는 이러한 사상들이 어떤 모습으로 나타나고 있는지를 알아보고,[5] 또한 불교가 발생하기 이전에 존재하였던 사상이 불교와의 습합과정에서 어떤 모습으로 변화하여 수용되었는지에 대해서도 살펴보고자 한다.

이와 함께『삼국유사』의 기록을 중심으로 불교가 전래되기 이전에 한국 고대사회에서 신앙되었던 천신(태양), 산신, 수신(용)사상 등 한국의

---

2) 무불습합의 관점에서 이루어진 연구성과는 인권환,「불교설화의 발생고 -무불이 융합되는 면을 중심으로-」『국문학』2, 1962 : 유동식,『한국 무교의 역사와 구조』, 연세대 출판부, 1975 : 임기중,「향가의 종교적 성격구명을 위한 전단작업 -관념련합을 중심으로-」『경기대논문집』8, 1980 : 최광식,「무속신앙이 한국불교에 끼친 영향 -산신각과 장생을 중심으로-」『백산학보』26, 1981 ;『한국 고대의 토착신앙과 종교』, 고려대 출판부, 2007 : 장병길,「한국 고대사회에서의 토속신앙고」『한국 고대문화와 인접문화와의 관계』, 한국정신문화연구원, 1981 : 김태곤,『한국민간신앙연구』, 집문당, 1983 : 이종철,「장승과 솟대에 대한 고고민속학적 접근 시고 -장승과 솟대의 성립 및 무불습합을 중심으로-」『윤무병박사회갑기념논총』, 1984 : 홍윤식,『한국불교사의 연구』, 교문사, 1988 : 강영경,「신라 진평왕대의 무불관계에 대한 일고찰」『숙대사론』13·14·15, 1989 : 서영대,『한국 고대 신관념의 사회적 의미』, 서울대 박사학위논문, 1991 : 편무영,「생불화를 통해 본 무불습합론」『비교민속학』13, 1996 : 김종규,「제망매가에 있어서 무불습합에 의한 시적 표현의 현성」『한국언어문학』49, 2002 참조.
3) 임기중, 앞의 논문, 1980, 32쪽.
4) 김태곤, 앞의 책, 1983, 344쪽.
5) 불교 경전에 대한 이해는 불광교학부 엮음,『경전의 세계』, 불광출판부, 1990.

전통신앙에 대해서도 살펴보아야 한다. 이것은 일반적으로 신화의[6] 형태로 전승되었는데, 불교가 전래하면서 이러한 한국의 전통신앙에 어떤 영향을 끼쳤는지에 대해서도 고찰해야 한다.[7] 이와 같은 과정을 통하여 한국 고대사회에서 불교가 전래되었을 때 그 당시까지 신앙되었던 전통신앙이 불교와 어떤 관계를 맺으면서 상호 변화하였는지를 확인할 수 있을 것으로 기대된다.

2. 불교 경전의 사상 검토

1) 천신(태양)사상

천신(태양)사상은 하늘에 대한 외경심에서 하늘 자체를 숭배하였던 믿음과 이보다 한 단계 발전하여 하늘을 직접 주재하는 절대자에 대한 신앙으로 구분할 수 있다. 따라서 천신(태양)사상은 하늘 자체를 신격화하거나 또는 하늘에 있는 초인적인 신격을 믿음으로써 발생한 개념이다.[8]

---

6) 신화에 대한 연구성과는 김열규, 『한국의 신화』, 일조각, 1976 : 김무조, 『한국신화의 원형』, 정음문화사, 1988 참조.
7) 이러한 부분은 주로 산신신앙과 관련하여 이루어졌는데, 이에 대한 연구는 김재경, 「한국 토착고신앙과 불교사에 대한 연구사적 검토 -신라시대를 중심으로-」『경북사학』23, 2000 ; 『신라 토착신앙과 불교의 융합사상사 연구』, 민족사, 2007 : 강영경, 「한국 고대 산신신앙에 나타난 이상인간형」『종교와 문화』7, 2001 : 송봉호, 「신라시대 전통신앙과 불교의 갈등 양상 -독룡퇴치형 창사설화를 중심으로-」『종교문화연구』5, 2003 : 송봉호, 「전통신앙과 불교의 대립에 관한 연구 -구룡관련 창사설화를 중심으로-」『한국무속학』7, 2003 : 장정태, 「삼국유사에 나타난 민간신앙 -산신신앙을 중심으로-」『한국사상과 문화』52, 2010 : 장정태, 『한국불교와 민간신앙의 습합관계 연구 -『삼국유사』를 중심으로-』, 동국대 박사학위 논문, 2011 참조.
8) 한국정신문화연구원, 『한국민족대백과사전』21, 1991, 842쪽.

불교 경전에 수록된 천신(태양)사상도 이와 크게 다르지 않아서 두 가지로 구분할 수 있다. 첫째는 불교가 발생하기 이전부터 숭배되어 오던 자연현상으로서의 성격을 갖는 순수한 의미의 천(태양)이고, 둘째는 이러한 순순한 의미의 천(태양)이 불교에 수용되어 변화된 의미로서의 천신이다. 이러한 천(태양)사상과 관련된 내용은 『법구경』에서 찾을 수 있는데, 이와 관련된 기록은 다음과 같다.

A-1. 평등한 마음으로 보시를 행하고 도를 얻은 이를 받들며 또한 하늘과 사람을 공경하면 이것이 가장 길상이 되느니라.[9]

2. 해를 섬김은 밝음 때문이고, 어버이를 섬김은 은혜 때문이며 임금을 섬김은 힘 때문이다. 많이 들은 까닭에 도인을 섬긴다.[10]

3. 해는 낮을 비추고 달은 밤을 비추며 갑옷과 병기는 군대를 비추고 선정은 도인을 비추며 부처님은 천하에 나와 모든 어두움을 비춘다.[11]

위의 기록은 『법구경』에 수록된 천(태양)사상에 대한 내용이다. 사료 A-1은 천 즉 하늘에 대한 내용이고, A-2·3은 해[日] 즉 태양에 대한 내용이다. 이 기록에서 하늘과 태양은 자연현상으로서의 성격을 갖는 순수한 의미의 천과 태양이라는 공통점을 가지고 있다. 이러한 천(태양)사상

---

9) 이기석 역해, 『신역 법구경』, 홍신문화사, 1983, 제39 길상품 358~365쪽.
10) 이기석 역해, 앞의 책, 1983, 제3 다문품 34~43쪽.
11) 이기석 역해, 앞의 책, 1983, 제35 범지품 305~321쪽.

은 불교가 발생하기 이전에 신앙되었던 하늘과 태양에 대한 초보적인 인식의 모습을 보이고 있다. 이것은 불교 경전에 수용되기 이전부터 신앙되었던 천(태양)사상인데, 선사시대부터 자연현상의 하나로서 외경의 대상으로 숭배되어 오던 오래된 전통의 遺俗이라고 할 수 있다.

한편 불교가 발생하기 이전부터 숭배되어 오던 것이 불교에 수용되어 변화된 의미로서의 천신사상이 있는데, 이에 대한 기록은 다음과 같다.

> B. 나한처럼 깨끗하여 헐뜯을 것이 없으면 사람들이 감탄하여 범
> 천이나 제석이라 일컫는다.[12]

위의 기록은 『법구경』에 수록되어 있는 천신에 대한 내용이다. 위의 사료에 기록된 범천과 제석(천)은 불교의 여러 경전에 수록되어 있는 내용이기 때문에 가장 빈번하게 등장한다는 공통점이 있다.

불교에서의 범천이란 三界의 하나인 欲界 18天 중의 하나인 初禪天을 말하는 것으로, 이 하늘[천]은 욕계의 음욕을 여의어서 항상 깨끗하고 조용한 곳을 의미한다.[13] 또한 제석(천)이란 수미산의 꼭대기에 있는 도리천의 임금으로 불법과 불법에 귀의하는 사람을 보호하며 아수라의 군대를 정벌한다는 하늘의 임금이다.[14] 이러한 범천과 제석천의 사례에서 볼 수 있듯이 선사시대부터 숭배되어 오던 자연현상으로서의 성격을 갖는 순수한 의미의 천(태양)이 불교에 수용되면서 불교 교리를 설명하는 하

---

12) 이기석 역해, 앞의 책, 1983, 제25 분노품 201~211쪽.
13) 운허용하, 『불교사전』, 동국역경원, 1961, 267쪽.
14) 운허용하, 앞의 책, 1961, 788쪽. 불교 경전의 제석에 대한 연구성과는 안지원, 『고려의 국가 불교의례와 문화』, 서울대 출판부, 2005, 226~233쪽.

나의 수단으로 사용되는 것을 확인할 수 있다.

이와는 별도로 같은 불교에 수용된 하늘[천] 가운데서 팔부중의 하나인 '하늘[천]'은 천지만물을 주재하는 신으로 어떤 특정한 신이라기보다는 모든 신적인 존재를 총칭하는 표현이다.[15] 또한 하늘[천]은 하늘사람[천인]을 가리킬 때에도 쓰이고, 또 하늘나라[천계]를 지칭하는 경우에도 사용하였다. 그리고 두 가지 경우를 함께 표현하였기 때문에 선업중생이 상생하는 곳이 하늘이며, 하늘나라의 사람들은 선업을 닦은 인연으로 '하늘[천]'에 태어난다는 사실을 알 수 있다.[16]

한 가지 흥미로운 사실은 『본생경』에 기록된 제석천은 인간의 마음이나 행동을 시험하거나 또는 어려운 일을 당하는 선한 사람들이 기원을 하면 들어 주고 도와주는 역할을 하고 있다는 점이다. 이것은 다른 불교 경전에 기록된 제석천과는 다른 의미를 보이고 있는데, 이에 대한 기록은 다음과 같다.

> C-1. … 이 청년이야말로 실은 유녀가 얼마나 계율을 잘 지키는지를 시험하려고 하늘에서 내려온 제석천의 모습이었다. … [17]
>
> 2. … 한편 이와 같은 왕의 결심이 정말 진실한 것인지를 확인해 보기 위해 제석천은 나이 들어 병들고 눈먼 바라문의 모습으로 왕 앞에 나타났다. … [18]

---

15) 최대림 역해, 『신역 금강경』, 홍신문화사, 1990, 제12 존중정교분 77~80쪽.
16) 김영태, 「신라불교 천신고」『불교학보』15, 1978a ; 『신라불교연구』, 민족문화사, 1987, 424~427쪽.
17) 이미령 역, 『본생경』 2, 1995, 구루국의 지계, 38~63쪽.
18) 이미령 역, 앞의 책 2, 1995, 시비왕의 보시, 64~74쪽.

3. … 그 순간 하늘의 신인 제석천이 사는 궁전이 들썩거렸고 제석천이 앉아 있는 돌의자가 달아올랐다. … [19)]

4. … 그때 제석천의 돌의자가 뜨겁게 달아올랐다. 제석천은 인간 세상에 무슨 일이 일어났는가 의아하여 이리저리 살펴보다가 … [20)]

5. … 그런 행동을 제석천이 보고 있었다. 제석천은 대체 무슨 까닭으로 나이 먹은 여인이 혼자 공동묘지에서 저런 일을 하고 있는가 의아하게 … [21)]

6. … 그래서 제석천은 앵무새왕을 시험해보려고 신통력을 부려서 우담바라나무를 모조리 말라 죽게 하였다. … [22)]

위의 기록은 『본생경』에 수록된 제석천에 대한 내용이다. 『본생경』에 수록되어 있는 제석천의 의미가 다른 불교 경전에 수록된 제석천과 다른 의미를 가지는 이유는 『본생경』이라는 경전의 내용을 살펴봄으로써 찾을 수 있다.

『본생경』은 부처님의 전생에 대하여 전해오는 이야기를 모은 것으로 그 내용은 고대 인도의 민속 중에서 생겨난 '교훈 이야기' 같은 것들이 불교에 채용되어 부처님의 전생을 이야기하려는 의도로 바뀌면서 불교 신자들 사이에서 널리 구전되어 온 것이다. 즉 부처님이 깨달음을 얻는 것은 이 세상에 태어난 이후부터 닦은 수행만으로서 진리를 터득한 것

19) 이미령 역, 앞의 책 2, 1995, 삼브라의 사랑, 85~106쪽.
20) 이미령 역, 앞의 책 2, 1995, 칼라카의 간계, 122~139쪽.
21) 이미령 역, 앞의 책 2, 1995, 시어머니와 며느리, 203~213쪽.
22) 이미령 역, 앞의 책 2, 1995, 앵무새의 숲, 219~223쪽.

이 아니라 먼 과거세부터 수많은 생애를 거쳐 오면서 끊임없이 쌓아온 무수한 선근과 공덕의 힘이기 때문에 한없는 과거와 전생으로 거슬러 올라가 부처님의 선행과 덕행을 그린 이야기들이다.[23] 따라서 그 내용의 많은 부분은 불교에 수용되기 이전의 신앙과 관련된 사실들이 많이 수록되어 있는 것을 쉽게 알 수 있다. 다시 말하면 선사시대부터 숭배되어 오던 천신(태양)사상이 불교가 발생하면서 수용되었지만, 전통신앙의 대상으로서 숭배하여 오던 유속이 『본생경』에 그대로 반영되었다고 할 수 있다.

2) 산신사상

산신사상 역시 선사시대부터 숭배되어 오던 자연현상으로서의 성격을 갖는 것과 불교가 발생한 이후 불교에 수용되면서 그 의미가 변화된 것으로 구분할 수 있다. 불교에서 산(신)을 의미할 때 가장 많이 사용하는 대표적인 표현은 雪山 즉 히말라야(Himalaya)와 수미산이다. 이 두 산도 불교의 수용여부와 관련하여 큰 차이를 보이고 있다. 즉 전자는 불교에 수용되었지만 선사시대부터 숭배되어 오던 전통적인 성격을 보이고 있으며, 후자는 불교 경전에 나타나는 산으로서의 신앙적인 의미를 가지고 있다.

먼저 설산은 히말라야를 의미하는 것으로 『본생경』에 집중되어 나타나고 있는 것이 특징이다. 『본생경』은 부처님의 전생에 대하여 전해오는

---

23) 이미령 역, 『본생경』 1, 1995, 257~258쪽.

이야기이다. 그렇기 때문에 『본생경』에 수록되어 있는 이야기는 불교라는 특정한 종교의 이야기가 아니라 부처님이 태어나기 이전부터 고대 인도사회에서 널리 퍼졌던 민속설화가 불교에 채용된 것이다.

『본생경』에 나오는 설산 즉 히말라야는 고대 인도에서 수행자들이 수행하였던 성스러운 장소였으며, 그렇기 때문에 신성시 되었던 곳이다. 이러한 사실은 설산 즉 히말라야에서 수행하였던 수행자들의 모습을 보여주는 『본생경』의 기록을 통해서 알 수 있는데, 이에 대한 기록은 다음과 같다.

> D-1. … 그는 홀로 설산 기슭에 있는 굼마카라는 산 부근에 암자를 짓고 나뭇잎으로 엮은 오두막집과 다섯 가지 결절을 피한 후에 … 그리고 나라카 도아는 발우를 넣은 자루를 어깨에 메고 설산으로 들어가 수행자의 본분을 다하였다. … [24]
>
> 2. … 이때 설산에서는 벽지불로 존경받는 수행자가 신통력으로 상카의 여행을 지켜보고 있었다. … [25]
>
> 3. … 벽지불은 감사의 마음을 전하고 그대로 무지개를 건너 설산으로 돌아갔다. … [26]
>
> 4. … 그는 자연 그대로 살아가리라 생각하고 있던 터여서 삼림 속의 나무뿌리나 과일을 따 먹으면서 연명하였다. 오래도록 이런 생활을 하며 홀로 설산에 살고 있었다. … [27]

---

24) 이미령 역, 앞의 책 1, 1995, 제1장 오랜 인연 이야기, 127~194쪽.
25) 이미령 역, 앞의 책 2, 1995, 상카의 보시, 75~84쪽.
26) 이미령 역, 앞의 책 2, 1995, 불 속에 핀 연꽃, 107~113쪽.
27) 이미령 역, 앞의 책 2, 1995, 수행자의 소망, 140~146쪽.

5. … 어느 봄에 바라문은 재산과 처자를 모두 버리고 설산의 깊은 산 속으로 들어가 홀로 암자를 짓고 행자로서 생활하기 시작하였다. … 28)

6. … 이 네 명의 수행자는 설산 속의 나다몰라 동굴에 살면서 엄격한 수행으로 깨달음을 얻은 존귀한 벽지불들이었다. … 29)

7. … 두 사람은 모든 재산을 가난한 사람들에게 나누어주고 설산으로 들어갔다. … 30)

위의 기록은 『본생경』에 수록되어 있는 설산 즉 히말라야에 대한 내용이다. 위의 기록을 통해서 설산 즉 히말라야에서 수행자들이 힘들고 어려운 수행을 하면서 생활하는 모습을 확인할 수 있다.

한편 불교 경전에 나타나는 산으로서의 신앙적인 의미를 갖고 있는 수미산은 불교의 우주론인 도리천과 밀접한 관련을 맺고 있다. 수미산은 흔히 妙高山으로 번역되는 이 세계의 山王이자 輪山인데, 이곳의 정상에는 33천의 존재로 인하여 파생된 욕계 제2천인 도리천이 있으며, 이곳에는 『리그베다』의 최대신인 제석천이31) 살고 있다.

이러한 수미산에 대한 일반적인 의미는 상상할 수 없는 높고, 많음을 표현할 때 주로 비유하여 사용되고 있다. 그것은 수미산이 불교의 세계관에서 1만 큰 세계의 중앙에 우뚝 솟은 높은 산[高山]이라는 뜻으로 사용하는 것에서 알 수 있다.32) 이러한 의미에서 표현되는 수미산은 다음

---

28) 이미령 역, 앞의 책 2, 1995, 아기 코끼리의 죽음, 155~160쪽.
29) 이미령 역, 앞의 책 2, 1995, 네 그릇의 죽, 183~194쪽.
30) 이미령 역, 앞의 책 2, 1995, 황금 인형, 248~255쪽.
31) 정승석 역, 『리그베다』, 김영사, 1984, 25쪽.

의 기록을 통해서도 확인할 수 있다.

> E-1. … 또한 범천왕들은 머리를 조아려 부처님께 예배하고, 백천
>   번을 돌며 하늘 꽃을 부처님 위에 뿌렸다. 그 뿌려진 꽃은 수
>   미산과 같았으며, … 33)
>
> 2. … 수미산을 들어올려, 수없는 불국토의 저쪽으로 던지는 일
>   어렵다고 할 수 없으며, … 34)
>
> 3. … 천자들이여, 마치 겁이 끝나면 저 수미산을 태워 다 없애
>   는 것처럼 … 35)
>
> 4. … 보살은 또 밝은 해와 같으니 지혜의 광명이 널리 비추기
>   때문이며, 수미산과 같으니 선근이 높이 솟아나기 때문이며,
>   … 36)

위의 기록은 『법화경』과 『화엄경』에 수록된 수미산에 대한 내용이다. 위의 기록에서와 같이 수미산은 높고, 많음을 비유하는 표현으로 사용되고 있으며, 또한 높은 산[고산]으로서의 의미로도 함께 사용되고 있음을 확인할 수 있다.

한편 산신신앙으로서 설산 즉 히말라야와 수미산 이외에 耆闍堀山(靈鷲山)에 대한 기록도 있다. 이곳은 부처님의 설법지로서 유명한 지역이

---

32) 이미령 역, 앞의 책 1, 1995, 246쪽.
33) 이민수 역해, 『신역 법화경』, 홍신문화사, 1987, 제7 화성유품 155~189쪽.
34) 이민수 역해, 앞의 책, 1987, 제11 견보탑품 224~239쪽.
35) 김지견 역, 『화엄경』, 민족사, 1994, 제30장 불소상광명공덕품 293~300쪽.
36) 김지견 역, 앞의 책, 1994, 제34장 입법계품 339~384쪽.

기 때문에 불교 경전에 나타나는 산신사상으로 파악하는 것이 타당할 것으로 생각된다.

3) 수신(용)사상

수신(용)사상도 천신(태양)사상 및 산신사상과 마찬가지로 선사시대부터 숭배되어 오던 자연현상으로서의 성격을 갖는 수신과 불교가 발생한 이후 불교에 수용되어 그 의미가 변화된 수신으로 구분할 수 있다.

불교에서 물[水]을 나타내는 표현으로는 단연 恒河 즉 갠지스강을 들 수 있다. 불교 경전에서는 셀 수 없이 많은 시간, 수량, 인원을 나타낼 때 恒河沙 즉 갠지스강의 모래라는 표현으로 사용하고, 이것은 부처님을 비유하는 가운데에도 자주 등장한다. 이러한 표현은 여러 경전에서 공통적으로 보이는 현상인데, 이에 대한 기록은 다음과 같다.

> F-1. "수보리야! 항하에 있는 모래의 수와 같이 그렇게 많은 항하가
>   있다고 한다면, 네 생각에 어떠하냐? 이 모든 항하의 모래가
>   얼마나 많다고 하겠느냐?" 수보리가 대답하기를 "매우 많사옵
>   니다. 세존이시여! 단지 모든 항하들만 하여도 그와 같이 많고,
>   이미 헤아릴 수 없이 많사온데, 하물며 그 모래알에 있어서이
>   겠사옵니까?"라고 하였다. … [37)]
>   2. … 문수사리보살이시여! … 항하의 모래와 같이 많은 저 보살

---

37) 최대림 역해, 앞의 책, 1990, 제11 무위복승분 74~75쪽.

들이 가지가지 인연으로 불도를 구하는데, 보시를 행하는 이
는 금과 은과 산호, 진주와 마니, 자거와 마노 보석, 금강석과
값진 보배, 남녀의 종과 수레, 보배로 꾸민 輦을 기꺼이 보시
하며, … 38)

3. … 天女가 답하여 말하기를 "선남자여! … 지나간 세월에 푸
른 연꽃[青蓮華]이라는 뛰어난 劫이 있는데, 나는 그때 항하
의 모래처럼 많은 부처님 여래께 공양하였습니다. 그 여래들
께서 처음 출가할 때부터 내가 받들어 섬기고 공양하여, 절을
짓고 도구들을 마련했습니다. … 또 기억되는 것은 과거에 善
地라는 겁이 있었는데, 나는 그 겁에서 열 항하의 모래알 같
은 부처님 여래께 공양하였습니다. … 이와 같이 항하의 모래
알 겁을 두고 내가 부처님 여래 응공 정등각을 항상 버리지
않았음을 기억하며, … "라고 하였다. … 39)

위의 기록은 여러 경전에 수록된 항하 즉 갠지스강에 대한 기록이다.
갠지스강은 인도의 설산인 히말라야산맥에 근원을 두고 있으며, 하류 쪽
은 매우 비옥하여 옛부터 인도의 여러 나라들이 이 강가에 도읍을 정하
였다. 따라서 이곳은 수천 년을 두고 인도문명의 중심이 되었고 불교를
비롯한 여러 종교·철학이 발생하였는데, 지금도 인도인들은 이 강을 매
우 신성시하고 있다. 이러한 갠지스강을 신성시하는 관념에서 불교가 발
생한 이후에 항하, 또는 항하사라는 표현은 자연스럽게 불교에 수용되었

---

38) 이민수 역해, 앞의 책, 1987, 제1 서품 17~34쪽.
39) 김지견 역, 앞의 책, 1994, 제34장 입법계품 339~384쪽.

다고 보인다.

수(신)사상을 살펴볼 때 주목해야 할 것은 불교 경전에 수록된 용에 대한 기록이다. 용은 고대 인도에서 뱀을 신격화한 개념으로 등장하였는데,[40] 용왕의 관념은 코브라 중에서도 최대의 종류인 킹코브라의 형상에서 생겨난 것이다. 인도에서는 원래 독사의 위험이 많아 그 원주민들은 일찍이 蛇神숭배의 신앙을 가지고 있었다. 아리안족은 인도를 정복한 후에 원주민들의 그러한 신앙을 이어받았고, 그 결과 용은 오랫동안 불교와의 대립투쟁을 거치면서 마침내 불교의 護敎子가 되었다.[41] 다시 말하면 인도에서의 용은 머리가 여러 개의 뱀을 말하며 부처님이 수행할 때 이 뱀이 부처님을 수호하였고, 또한 물짐승이나 육지의 모든 짐승 중의 왕으로서 부처님을 가리키기도 한다.[42]

부처님이 수행할 때 부처님을 수호하였다는 것은 目眞隣陀龍王의 경우에서 볼 수 있다. 즉 목진인타용왕은 부처님이 수행하고 있을 때 자기의 몸으로 부처님의 몸을 감싸서 보호하였다.[43] 또한 부처님이 성불한 후에 가장 먼저 三歸 五戒를 받고 세간에서 최초의 우바새가 된 것도 迦羅(黑色)龍王이었다.[44]

이와 같이 용에 대한 기록은 불교의 여러 경전에서 공통적으로 나타나며, 특히 용과 불교와의 밀접한 관련성을 『법화경』과 『본생경』의 기록에

---

40) 인도의 용신앙에 대한 연구성과는 윤용복, 「인도의 용신앙」, 서영대 엮음, 『용, 그 신화와 문화』 -세계편-, 민속원, 2002 참조.
41) 한국정신문화연구원, 『한국민족대백과사전』 16, 1991, 316쪽.
42) 돈 연 역, 『아함경』 1, 민족사, 1994, 287쪽.
43) 김영태는 용의 불신보호를 불법수호의 한 발단으로 파악하였다(김영태, 「신라불교에 있어서의 용신사상」, 『불교학보』 11, 1974, 137~138쪽).
44) 김영태, 앞의 논문, 1974, 136~137쪽.

서 찾아볼 수 있는데, 이에 대한 기록은 다음과 같다.

G-1. … 말을 마치기도 전에 용녀가 문득 앞에 나타나서 머리를 조
아려 예경하고, … 용과 귀신이 모두 공경하여 모든 중생의
무리 받들어 모시지 않을 이 없네. … [45]

2. … 이 수마나 부처님 때에는 大士는 아툴라라는 이름의 용왕
이었으며, 위대한 신통과 위력을 가지고 있었다. 그는 "부처님
이 세상에 출현하셨다"라는 소식을 듣자 친족들을 거느리고
용의 세계를 떠나 1조 명의 제자가 따르는 세존께 하늘의 음
악을 공양하고 큰 보시를 올린 후 제자 한 사람 한 사람에게
고루 법의를 보시하고 삼귀의하였다. 이 세존도 또한 그에게
"그대는 未來世에 부처가 되리로다."라고 예언하셨다. … [46]

위의 기록은 『법화경』과 『본생경』에 수록된 용에 대한 내용이다. 이
기록에서와 같이 용은 부처님을 공경하였고, 부처님에게 미래세에는 부
처가 되리라는 내용의 예언을 받는 등 불교와 밀접하게 관련되었음을 확
인할 수 있다.

이와 같이 불교에 수용된 용은 팔부중의 하나가 되어 불법을 수호하
는 역할을 담당하였다. 그런데 모든 용이 다 불법을 수호하였던 것은 아
니었다. 용의 세계에도 인간세상의 이익을 위하는 福德龍이 있었고, 세
간을 파괴하고 해롭게 하는 惡毒龍이 있다.[47] 그러나 불교의 용은 대체

---

45) 이민수 역해, 앞의 책, 1987, 제12 제파달다품 240~250쪽.
46) 이미령 역, 앞의 책 1, 1995, 제1장 오랜 인연 이야기, 15~126쪽.

적으로 歸法護法과 佛行護世, 그리고 經典奉安과 같은 역할을 수행하
였다.[48]

3. 한국 전통신앙과의 관계

1) 천신(태양)사상

천신(태양)사상은[49] 천 즉 하늘에 대한 외경심에서 비롯된 것으로 선
사시대부터 숭배되어 오던 신앙이었다. 한국 고대사회에서 천신에 관한
기록은 고조선의 건국과 관련된 단군신화에서 시작하여 이후 점차 발전
된 형태로 나타나는데, 이에 대한 기록은 다음과 같다.

> H-1. 古記의 기록에는 "옛날에 환인<제석을 이른다.>의 서자 환
> 웅이 천하에 자주 뜻을 두고 인간 세상을 탐하여 구하였다.
> 아버지가 아들의 뜻을 알고 삼위태백을 내려다보니 인간 세
> 상을 널리 이롭게 할 만하여 이에 아들에게 천부인 3개를 주

---

47) 김영태는 용왕에는 2종류가 있는데, 法行龍과 非法行龍이라고 하였다(김영태, 앞의 논문,
    1974, 140쪽).
48) 김영태, 앞의 논문, 1974, 136~144쪽.
49) 천신사상에 대한 연구는 이은봉, 『한국고대종교사상』, 집문당, 1984. : 최근영, 「한국고대의
    천신신앙에 대한 고찰」『최영희선생화갑기념 한국사학논총』, 탐구당, 1987 : 熊谷治, 「『三
    國遺事』にみえる神仙思想 －天降り神話を中心にして－」『朝鮮學報』125, 1987 : 서대석,
    「한국신화에 나타난 천신과 수신의 상관관계 －천신과 수신의 갈등과 화해의 양상－」『국
    사관논총』31, 1992 : 조흥윤, 「천신에 관하여」『동방학지』77・78・79, 1993 : 강영경, 「신
    라 천신신앙의 기능과 의미」『숙명한국사론』2, 1996 : 최광식, 「한국 고대의 천신관」『사학
    연구』58・59, 1999 : 국립김해박물관, 『영혼의 전달자』－새, 풍요, 숭배－, 2004 참조.

어 (그곳에) 가서 다스리게 하였다. 환웅은 무리 3천명을 거느리고 태백산 정상<태백은 곧 지금의 묘향산이다.>의 신단수 아래로 내려와 이곳을 신시라 이르고 이분을 환웅천왕으로 불렀다. … 50)

2. 古記에는 "전한 선제 신작 3년 임술 4월 8일에 천제자가 訖升骨城<大遼의 醫州 경계에 있다.>에 오룡거를 타고 내려와서 도읍을 정하여 왕이라 일컫고, 국호를 북부여라 하고, 스스로 이름을 해모수라고 하였다. 아들을 낳아 이름을 부루라 하고 해로써 씨를 삼았다. 왕은 후에 상제의 명령으로 동부여로 도읍을 옮기고 … 51)

3. 북부여왕 해부루의 재상 아란불의 꿈에 천제가 내려와서 이르기를 "장차 내 자손을 시켜 이곳에 나라를 세우려고 하니, 너는 이곳을 피해 가거라<동명이 장차 일어날 조짐을 이른다.>. 동해의 물가에 가섭원이란 곳이 있는데, 땅이 기름지니 왕도를 세울 만하다."라고 하였다. … 52)

4. … 이때 (금와가) 태백산 남쪽 우발수에서 한 여자를 만나 물으니, (그 여자가) 말하기를 "저는 본래 하백의 딸로 이름은 유화입니다. 여러 아우들과 함께 나와 놀았는데, 그때 한 남자가 스스로 천제의 아들 해모수라고 하며, 저를 웅신산 아래 압록수 가의 집으로 꾀어 사통하고 가서는 돌아오지 않았습

---

50) 『삼국유사』 권1, 기이1 고조선.
51) 『삼국유사』 권1, 기이1 북부여.
52) 『삼국유사』 권1, 기이1 동부여.

니다. … (주몽이) 물에 고하기를 "나는 천제의 아들이며, 하백
의 손자다. 오늘 도망하는데 쫓는 자에게 거의 잡히게 되었으
니 어찌하리오?"라고 하였다. … 53)

　위의 기록은 『삼국유사』에 수록된 천신에 대한 내용이다. 천신은 고조
선의 건국과 관련된 단군신화에서는 환인(제석)과 천왕으로 그리고 북부
여, 동부여, 고구려와 관련된 기록에서는 천제 또는 상제로 표현되었
다.54) 천신은 고대국가의 건국과정에서 시조와 연결되어 '我是天帝子'로
표현된 고구려의 주몽을55) 비롯하여 신라의 혁거세와 가야의 수로 등이
하늘에서 내려왔다[天降]는 기록으로 나타난다.
　이러한 의미의 천(신)사상에서 주목되는 것은 태양숭배사상과의56) 관
계이다. 태양숭배사상의 근원은 태양의 광명과 그 창조적 생산력에 대한
외경심에서 비롯되었다. 천(신)사상은 태양숭배사상과도 연결되어 고대
국가의 건국과정에서 시조의 탄생신화와 밀접하게 관련을 맺으면서 나
타나는데, 이에 대한 기록은 다음과 같다.

---

53) 『삼국유사』 권1, 기이1 고구려.
54) 김영태는 이것을 불교적 용어인 천신으로 파악하여 불교가 전래된 이후에 고유한 천신을
　　불교용어로 표현한 것이라고 하였다(김영태, 앞의 논문, 1978 : 앞의 책, 1987, 416쪽).
55) 『삼국사기』 권30, 고구려본기1 시조 동명성왕 및 『삼국유사』 권1, 기이1 고구려.
56) 태양숭배사상에 대한 연구는 손진태, 「조선지나민족의 원시신앙연구 -광명에 관한 신앙과
　　태양숭배의 기인-」 『여시』 1, 2, 1928 ; 『한국민족문화의 연구』, 을유문화사, 1948 : 최근영,
　　「한국 선사·고대인의 태양숭배사상의 일측면」 『천관우선생환력기념 한국사학논총』, 정음
　　문화사, 1985 : 김정숙, 「탄생 모습으로 본 한국문헌신화의 원류분류 -난생설화와 태양숭배
　　에 대한 문제 제기-」 『교남사학』 3, 1987 : 김영규, 「신화로부터 본 우리 민족의 태양숭배사
　　상」, 『다산학보』 13, 1992 : 임세권, 「한국 암각화에 나타난 태양신 숭배」 『한국암각화연구』
　　창간호, 2000 참조.

I-1. … 금와는 이상하게 여겨서 방 안에 가두어 두었는데, 햇빛에
　　 비추어 (유화는) 몸을 당겨 피하였으나 햇빛이 또 쫓아와 비쳤
　　 다. 그래서 임신을 하여 알 하나를 낳았는데, 크기가 다섯 되
　　 쯤 되었다. … 57)

2. … 이에 높은 곳에 올라 남쪽을 바라보니 양산 밑 나정 곁에
　 이상한 기운이 전광처럼 땅에 비치는데, 흰 말 한 마리가 꿇
　 어 앉아 절하는 형상을 하고 있었다. 그곳을 찾아가 살펴보니
　 보랏빛 알 한 개<또는 푸른 큰 알>가 있는데, 말은 사람을
　 보자 길게 말울음을 울고 하늘로 올라가 버렸다. … 58)

3. … 구간들은 그 말대로 모두 기쁘게 노래하고 춤을 추었다.
　 얼마 후 우러러 바라보니 단지 자주색 줄만이 하늘에서 드리
　 워져 땅에 닿아 있었다. 줄 끝을 찾아보니 붉은 보자기로 싸
　 여있는 금합이 보였다. 열어 보니 황금알 6개가 있었는데, 둥
　 글기가 해[日]와 같았다. … 59)

4. … 호공이 밤에 월성의 서쪽 마을을 가다가 시림<또는 구
　 림> 가운데에 큰 밝은 빛을 보았다. … 60)

5. … 이때 신라에서는 해와 달이 광채를 잃게 되자 일관[日者]
　 이 아뢰기를 "일월의 정기가 우리나라에 강림하였던 것이 이
　 제 일본으로 가버렸으므로 이러한 괴변이 일어난 것입니다"
　 라고 하였다. … 61)

---

57) 『삼국사기』 권13, 고구려본기1 시조 동명성왕 및 『삼국유사』 권1, 기이1 고구려.
58) 『삼국유사』 권1, 기이2 신라시조 혁거세왕.
59) 『삼국유사』 권1, 기이2 가락국기.
60) 『삼국유사』 권1, 기이1 김알지 탈해왕대.

위의 기록은 태양숭배사상과 밀접하게 관련을 맺고 있는 각국의 시조 탄생신화에 대한 내용이다. 천(신)사상과 연결된 태양숭배사상은 고대국가의 건국과정에서 시조의 탄생신화에 강하게 반영되어 있다. 이것은 유화가 잉태하는 과정에서 햇살이 비추었다는 주몽의 탄생신화와 혁거세·알지·수로의 탄생신화,[62] 그리고 연오랑·세오녀의 설화 등이 대표적이다. 특히 해모수의 경우 오룡거를 타고 아침에 지상으로 내려와서 정사를 보살피고 저녁에 다시 하늘로 되돌아갔다고[63] 기록되었는데, 이러한 그의 거동은 하루 동안의 태양의 운행과 일치하여 천신을 겸한 태양신의 모습을 보여주고 있어서 주목된다.[64]

천신(태양)사상은 연맹왕국시대에는 하늘에 제사를 지내는 제천행사로 나타나는 것이 일반적이었는데, 이에 대한 기록은 다음과 같다.

J-1. … 殷曆 정월에 지내는 제천행사는 국중대회로 날마다 마시고
　　　먹고 노래하고 춤추는데, 그 이름을 영고라고 하였다. … [65]
　2. … 10월에 지내는 제천행사는 국중대회로 이름하여 동맹이라
　　　고 한다. … [66]

61) 『삼국유사』 권1, 기이1 연오랑 세오녀.
62) 김철준은 이것을 난생설화라고 파악하기도 하였으나 '해[日]' 즉 태양과도 관련된다고 하였다(김철준, 「신라상고세계와 그 기년」, 『역사학보』 17·18, 1962 ; 『한국고대사회연구』, 지식산업사, 1975, 71~75쪽).
63) 이규보, 「동명왕편」.
64) 해모수의 '해'는 '해[日]' 곧 태양의 뜻으로도 파악된다(김철준, 앞의 논문, 1962 ; 앞의 책, 1975, 72쪽).
65) 『삼국지』 권30, 위지30 동이전30 부여.
66) 『삼국지』 권30, 위지30 동이전30 고구려.

3. ··· 해마다 10월이면 하늘에 제사를 지내는데, 밤낮으로 술 마
시며 노래 부르고 춤추니 이를 무천이라고 한다. ··· [67]

4. ··· 해마다 5월이면 씨뿌리기를 마치고 귀신에게 제사를 지낸
다. 떼를 지어 모여서 노래와 춤을 즐기며 술 마시고 노는데
밤낮을 가리지 않는다. ··· 10월에 농사일을 마치고 나서도 이
렇게 한다. ··· [68]

위의 기록은 연맹왕국시대에서 시행되었던 제천행사에 대한 내용이다.
선사시대부터 숭배되었던 천(신) 즉 하늘을 숭배하는 신앙은 부여의 영
고, 고구려의 동맹, 예의 무천, 그리고 삼한의 시월제 등의 제천행사를
통하여 오래된 전통으로 이어져 왔다.

한편 천신은 하늘 자체를 신격화하거나 아니면 하늘에 있는 초인적인
신격을 믿음으로써 생겨난 개념이다.[69] 한국 고대사회에서 이러한 천신
에 해당하는 개념으로는 하늘님·하느님과 도교의 영향을 입은 옥황상
제, 그리고 불교의 영향을 받은 제석 등으로 나타나고 있다. 이러한 천신
(태양)사상은 불교가 전래된 이후에 불교에 수용되는 모습을 볼 수 있다.
불교가 전래하기 이전의 하늘은 명확한 개념이 없이 그 자체가 숭배의
대상이 되었는데, 불교가 전래된 이후에는 하늘에 제석(천)이 존재한다는
이론적인 근거를 가지게 되면서 하늘의 주인[天神]과 제석(천)을 동일시
하게 되었다. 이것은 고유한 천신관념이 불교의 천신관념에 투영된 결과

---

67) 『삼국지』 권30, 위지30 동이전30 예.
68) 『삼국지』 권30, 위지30 동이전30 한.
69) 한국정신문화연구원, 『한국민족대백과사전』 21, 1991, 842쪽.

라고 할 수 있다.

이와 같이 천신(태양)사상은 불교가 전래된 이후에 고유한 사유관념에 영향을 주었고, 무불습합의 과정을 통하여 전통신앙이 불교에 수용되는 과정을 거치면서 토착화되었다. 그러나 이와는 반대로 전통신앙에 불교적인 요소가 수용되기도 하면서 상호 변화되었다.[70]

2) 산신사상

산신사상은[71] 천신(태양)사상과 마찬가지로 선사시대부터 숭배되어 오던 자연현상으로서의 성격을 갖는 산(신)사상으로 나타나고 있는데, 이에 대한 기록은 다음과 같다.

K-1. … 그 나라의 풍속은 산천을 중요시하여 산과 내[川]마다 각기 구분이 있어서 함부로 들어가지 않는다. … [72]

2. … (고기에) 또 기록하기를 "고구려는 항상 3월 3일에 낙랑의

70) 김태곤, 앞의 책, 1983.
71) 산신사상에 대한 연구는 손진태, 「조선 고대산신의 성에 취하여」, 『진단학보』 1, 1934 ; 『민속학논고』, 대광문화사, 1984 : 이경복, 「산신의 변천」, 『명지어문학』 6, 1974 : 依田千百子, 「朝鮮の山神信仰 (1) －狩獵民の山神及朝鮮の狩獵民文化－」, 『朝鮮學報』 75, 1975 : 최래옥, 「한국산신의 성격변화」, 『향토문화연구』 창간호, 1978 : 김영진, 「한국산신의 역사적 고찰 －신격을 중심으로－」, 『인문과학논집』 6, 1987 : 권태효, 「호국여산신 설화의 상반된 신격 인식 양상 연구」, 『한국민속학』 30, 1998 : 손정희, 「산신신앙연구 －문헌설화를 중심으로－」 『한국민족문화』 16, 2000 참조.
72) 『후한서』 권85, 동이전75 예 및 『삼국지』 권30, 위지30 동이전30 예. 예에서는 산신을 중시했다는 사실과 함께 호신숭배의 기록이 있어서 주목된다(김태곤, 앞의 책, 1983 : 서영대, 「동예사회의 호신숭배에 대하여」, 『역사민속학』 2, 1992 : 문창로, 「동예 읍락사회의 호신신앙」 『한국학논총』 30, 2007).

언덕에 모여서 사냥하는데, 돼지와 사슴을 잡아 하늘과 산천
에 제사지냈다"라고 하였다. … [73)]

위의 기록은 연맹왕국시대에 산천을 중요시하여 제사를 지냈다는 내
용이다. 즉 예에서는 산천을 중요시하여 산과 내[川]마다 구분이 있어서
함부로 들어가지 않았고, 고구려에서도 항상 3월 3일에 하늘과 산천에
제사를 지냈다. 이러한 기록을 통해서 연맹왕국시대에도 자연현상으로서
의 성격을 갖는 산(신)에 대하여 숭배하였던 모습을 확인할 수 있다.
산신사상은 고조선의 단군신화에서부터 시조의 출현과 밀접하게 관련
을 맺고 있는데, 이에 대한 기록은 다음과 같다.

L-1. … 환웅은 무리 3천명을 거느리고 태백산 정상<태백산은 곧
지금의 묘향산이다.>의 신단수 아래로 내려와 이곳을 신시라
이르고 이분을 환웅천왕으로 불렀다. … 주 무왕이 왕위에 오
른 기묘에 기자를 조선에 봉하니, 단군은 이에 장당경으로 옮
겼다가 뒤에 돌아와 아사달에 숨어서 산신이 되었으니, 나이
가 1천 9백 8세였다. … [74)]
2. 진한의 땅에 여섯 마을이 있었다. 첫째는 알천 양산촌이니, 그
남쪽은 지금의 담엄사이다. 촌장은 알평이다. 처음에 (하늘에서)
표암봉에 내려오니 이가 급량부 이씨의 조상이 되었다. … [75)]

---

73) 『삼국사기』 권32, 잡지1 제사.
74) 『삼국유사』 권1, 기이1 고조선.
75) 『삼국유사』 권1, 기이1 신라시조 혁거세왕.

3. … 마침 (그때) 후한 세조 광무제 건무 18년 임인년 3월 禊浴
日에 사는 곳의 북쪽 구지<이것은 작은 산봉우리의 이름인
데, 여러 마리의 거북[十朋]이 엎드린 모양과 같으므로 그렇
게 불렀다.>에서 무엇이 수상한 소리로 부르는 기척이 있었
다. … 구간들은 그 말대로 모두 기쁘게 노래하고 춤을 추었
다. 얼마 후 우러러 바라보니 단지 자주색 줄만이 하늘에서
드리워져 땅에 닿아 있었다. 줄 끝을 찾아보니 붉은 보자기로
싸여있는 금합이 보였다. 열어 보니 황금알 6개가 있었는데,
둥글기가 해[日]와 같았다. … [76]

위의 기록은 산신사상과 관련된 시조의 출현에 대한 내용이다. 즉 고
조선의 단군신화에서는 환웅이 태백산의 신단수 아래로 내려왔고, 이후
단군은 아사달에서 산신이 되었다. 그리고 사로 육촌의 촌장들은 하늘에
서 표암봉 등의 산봉우리에 내려왔으며, 가락국의 수로는 구지봉으로 내
려왔다는 기록 등이 대표적이다. 이러한 천강신화는 이후 난생신화와[77]
결합하면서 더욱 발전된 모습으로 변화하였다.

여기에서 주목되는 것은 천신과 산신이 상호 연결되어 있다는 사실이
다. 즉 천신이 하늘에서 내려오는 곳이 산이고, 이 강림한 신이 산신이라
고 믿었으며, 이 산신은 하늘에서 나무를 통하여 내려오고 있다는 점이
다.[78] 이것은 수목신앙과도 연결되는데, 환웅이 내려온 태백산 신단수

---

76) 『삼국유사』권1, 기이2 가락국기.
77) 난생신화에 대한 연구는 김정숙, 앞의 논문, 1987 : 이은봉, 「한국건국신화의 두 유형과 그
종교적 의미 −천신강림과 난생신화의 종교적 해석−」『제5회 국제학술회의논문집』 II, 한
국정신문화연구원, 1988 참조.

와[79] 수로가 내려온 구지봉이 종교행사가 베풀어진 곳이라는 사실을 통해서도 확인할 수 있다. 이러한 산(신)사상은 신라에서는 삼산·오악의[80] 사상으로 발전되었으며, 이후 국가의 중요한 제사체계로 구축됨으로써[81] 산천에 대한 숭배사상이 매우 강하게 이어졌다.

이와 같은 산(신)사상은 이후에도 더욱 다양한 형태로 전승되었는데, 이에 대한 기록은 다음과 같다.

> M-1. … 앞서 부여의 왕 해부루가 늙도록 아들이 없어 산천에 제사를 드려 대를 이을 자식을 구하였는데, 그가 탄 말이 곤연에 이르러 큰 돌을 보고 서로 마주하여 눈물을 흘렸다. … [82]
>
> 2. … 부루가 늙고 아들이 없어서 하루는 산천에 제사를 지내서 후사를 구하였다. … [83]

위의 기록은 산(신)사상의 다양한 형태의 전승에 대한 내용이다. 즉 동부여의 왕 부루는 아들을 얻기 위해서 산천에 제사를 지냈는데, 이러한 기록을 통해서 산(신)사상은 특히 후사를 기원하는 기자신앙으로[84] 변화

---

78) 유동식, 『한국 무교의 역사와 구조』, 연세대 출판부, 1975, 50쪽. 한편 서영대는 이러한 하늘의 신을 우주계, 강림한 산을 우주산, 그 나무를 우주수라고 파악하였다(서영대, 앞의 논문, 1991, 261쪽).

79) 신종원, 「단군신화에 보이는 수목신앙」, 『한국사학사학보』 8, 2003.

80) 삼산·오악에 대한 연구는 이기백, 「신라 오악의 성립과 그 의의」, 『진단학보』 33, 1972 ; 『신라정치사회사연구』, 일조각, 1974 : 홍순창, 「신라 삼산 오악에 대하여」, 『신라문화제학술발표회논문집』 4, 1983 : 문경현, 「신라인의 산악숭배와 산신」, 『신라문화제학술발표회논문집』 12, 1990 참조.

81) 『삼국사기』 권32, 잡지1 제사.

82) 『삼국사기』 권13, 고구려본기1 시조 동명성왕.

83) 『삼국유사』 권1, 기이1 동부여.

84) 기자신앙에 대한 연구는 강재철, 「경주 남산의 '산신당 명문' 및 '산아당 기사'와 기자습속고」

하는 모습을 확인할 수 있다. 아마도 고대사회에서의 산신은 여성으로[85] 인식되었던 것에서 나타난 영향 때문이 아닐까 생각된다.

지금까지 살펴본 산(신)신앙 이외에도 비록 후대의 사실이긴 하지만 민간에 전승된 신앙을 통해서도 산(신)사상에 대한 모습을 찾아볼 수 있다. 즉 민간에서 신앙되고 있는 '서낭당(선왕당 · 천왕당)'이라는 명칭의 어원을 산(신)사상과 관련하여 파악할 수 있다. 먼저 '선왕당'은 산이 없는 평지의 촌락 입구 길가에 산신을 봉안하여 외부로부터의 액을 막아 부락을 방호하게 된 것이 나중에 '서낭당(산왕당 · 선왕당)'이 된 것이다.[86] 또한 '천왕당'은 산신신앙 속에 천신신앙의 요소가 복합되어서 산신신앙과 계통을 같이 하는 '서낭당'을 '천왕당'이라는 명칭으로 불리게 되었다.[87] 이와 같이 민간신앙을 통해서도 산신신앙과 관련된 천신신앙의 일면을 확인할 수가 있다.

불교가 전래된 이후에 산신사상은 변화를 보인다. 즉 무불습합으로 산신사상이 불교에 수용되어 가람수호신의 기능과 산속 생활의 평온을 기원하는 외호신으로 받아들여짐으로써 사찰 내에 산신각으로[88] 나타난다. 이 외에 삼성각, 독성각, 칠성각, 삼신각,[89] 장승,[90] 솟대[91] 등도 습합과

『비교민속학』 14, 1997 참조.

85) 손진태, 앞의 논문, 1934 ; 앞의 책, 1984, 194쪽.

86) 김태곤, 「서낭당 연구」 『이상옥박사회갑기념논문집』, 교문사, 1970, 265~266쪽.

87) 김태곤, 앞의 논문, 1970, 267쪽.

88) 산신각에 대한 연구는 최광식, 앞의 논문, 1981 ; 앞의 책, 2007 참조.

89) 삼신각에 대한 연구는 유동식, 「불교사찰의 삼성각과 삼신신앙에 대하여」 『문화인류학』 6, 1974 참조.

90) 장승에 대한 연구는 손진태, 「장생고」 『시촌박사고희기념 동양논총』, 1933 ; 앞의 책, 1984 ; 최광식, 앞의 논문, 1981 ; 앞의 책, 2007 : 이종철, 「장승의 기원과 변천시고」 『이화사학연구』 13 · 14, 1983 : 이종철, 앞의 논문, 1984 : 김두하, 「장승류의 명칭 고찰」 『한국민속학』 19, 1986 : 강성복, 「장승연구의 회고와 전망 －장승문화 이해의 새로운 지평을 위하여－」 『충청문화연구』 1, 1989 : 박호원, 「장승의 기원과 신앙의 형성」 『생활문물연구』 15, 2004 :

정을 거치면서 불교에 수용되었다.[92]

이와 같은 무불습합과 관련하여 또 하나 주목되는 것은 고대사회에서 신성시되었던 소도와[93] 불교의 가람과의 관계이다. 『삼국유사』에는 신라에 천경림을 비롯한 7개의 신성한 지역이[94] 있었던 것으로 기록되어 있는데, 이러한 신성지역은 삼한시대에 소도로 불리던 지역으로[95] 불교와의 습합과정을 거치면서 이곳에 사찰이 들어서게 되었다.[96]

3) 수신(용)사상

수신(용)사상에 대한 기록은 천신(태양)사상과 산(신)사상보다는 비교적 후대에 나타났다. 한국 고대사회에서 수신(용)사상은 삼국이 건국되기

송화섭, 「장승의 기원과 출현배경」, 『역사민속학』 18, 2004 참조.
91) 솟대에 대한 연구는 이필영, 「마을 공동체와 솟대신앙」, 『손보기박사정년기념 고고인류학논총』, 지식산업사, 1988 : 이필영, 「솟대신앙의 성립에 대하여」, 『두산김택규박사화갑기념 문화인류학논총』, 1989 참조.
92) 최광식, 앞의 논문, 1981 ; 앞의 책, 2007, 274쪽.
93) 소도에 대한 연구는 손진태, 「소도고」 『민속학』 4-4, 1932 ; 앞의 책, 1984 : 손진태, 「소도고속보」, 『민속학』 5-4, 1933 : 손진태, 「소도고정보」 『조선민속』 3, 1940 : 村山正雄, 「魏志韓傳に見える蘇塗の一解釋」 『朝鮮學報』 9, 1956 : 허회숙, 「소도에 관한 연구」 『경희사학』 3, 1972 : 김두진, 「삼한 별읍사회의 소도신앙」 『한국고대의 국가와 사회』, 일조각, 1985 : 김광, 「소도유적의 조사 연구」 『국사관논총』 19, 1990 : 김태곤, 「소도의 종교민속학적 조명 — 호남지역 무의 '단골제'와 '당산신앙과 관련하여—」 『마한·백제문화』 12, 1990 : 송화섭, 「마한 소도의 구조와 기능」 『한국종교』 17, 1992 : 송화섭, 「소도관계 문헌기록의 재검토」, 『진산한기두박사화갑기념 한국종교사상의 재조명』(상), 1993 : 송화섭, 「마한소도의 성립과 역사적 의의」, 『한국고대사연구』 7, 1994 : 송화섭, 「『삼국지』 위지 동이전의 소도와 부도」 『역사민속학』 4, 1994 참조.
94) 『삼국유사』 권3, 흥법3 아도기라.
95) 이기백, 「삼국시대 불교수용과 그 사회적 의의」, 『역사학보』 6, 1954 ; 『신라사상사연구』, 일조각, 1986, 29쪽.
96) 최광식, 앞의 논문, 1981 ; 앞의 책, 2007, 275~276쪽 : 홍윤식, 앞의 책, 1988, 60쪽.

이전의 유화와 알영이 대표적인데, 이와 관련된 기록은 다음과 같다.

N-1. … (그 여자가) 대답하기를 "저는 하백의 딸이며, 이름은 유화
입니다. 여러 동생들과 나가 노는데, 그때 한 남자가 스스로
천제의 아들 해모수라 하고 저를 웅심산 아래 압록수 가의 집
으로 꾀어 사통하고, 곧바로 가서는 돌아오지 않았습니다. …
"라고 하였다. … (주몽이) 물에게 이르기를 "나는 천제의 아
들이고, 하백의 외손이다. 오늘 도망가는데 추격자들이 다가
오니 어찌하면 좋은가?"라고 하였다. … 97)

2. 5년 봄 정월에 용이 알영정에 나타나 오른쪽 옆구리에서 여자
아이를 낳았다. 어떤 할멈[老嫗]이 보고 이상히 여겨서 거두
어 키웠다. 우물의 이름을 따서 (그의) 이름을 지었는데, 자라
면서 덕행과 용모가 뛰어났다. 시조가 이를 듣고서 맞아들여
왕비로 삼으니, 행실이 어질고 안에서 보필을 잘 하였다. 당시
사람들은 (그들을) 두 성인[二聖]이라 일컬었다.98)

3. … 이날 사량리의 알영정<또는 아리영정> 가에 계룡이 나타
나 왼쪽 겨드랑이에서 여자아이를 낳았는데<혹은 용이 나타
나서 죽었는데, 그 배를 갈라서 여자아이를 얻었다고도 하였
다.>, 모습과 얼굴은 유달리 고왔으나 입술이 닭의 부리와 같
았다. … 99)

---

97) 『삼국사기』 권13, 고구려본기1 시조 동명성왕 및 『삼국유사』 권1, 기이1 고구려. 한편 주몽
은 『삼국사기』에는 '하백손'으로, 『삼국유사』에는 '하백외손'으로 기록되었다.
98) 『삼국사기』 권1, 신라본기1 시조 혁거세거서간 5년 봄 정월.
99) 『삼국유사』 권1, 기이1 신라시조 혁거세왕.

위의 기록은 하백의 딸인 유화와 알영정에서 태어난 알영에 대한 내용
이다. 한 가지 주목되는 것은 천신(태양)사상과 산(신)사상과는 달리 수신
(용)사상은 그 주인공이 여자라는 사실이 특징이다. 유화와 알영에 대한
기록은 모두 수신과 관련된 穀神的인 존재의 농업신인데, 수신과 농업신
은 동일한 존재이다.[100] 따라서 유화와 알영은 지모신으로서 농업신이라
는 것을 알 수 있다.[101]

이와 같이 수신은 농업신으로도 이해되고 있기 때문에 농업신의 다른
표현인 용에[102] 대해서 살펴볼 필요가 있다. 용의 어원은 '미리', '미르'로
서[103] 농경이 발달하면서 물이 중요한 요인으로 등장하였다. 또한 물이
가지는 생명력이나 풍요의 원리는 井泉信仰과도[104] 관련을 맺으면서 다
른 한편으로는 용신 또는 용왕이라고[105] 하여 용으로 표상되었다. 그리
고 이러한 용신·용왕은 용으로 관념화된 수신의 성격을 갖게 되었으며,
아울러 풍요를 관장하였으므로 당연히 농경의 신으로 섬겨지게 되었다.
수신으로서의 유화나 알영은 이러한 용의 모습을 잘 보여주고 있는데,

---

100) 유동식, 앞의 책, 1975, 100쪽.
101) 김철준, 「동명왕편에 보이는 신모의 성격」『유홍열박사화갑기념논총』, 탐구당, 1971 ; 앞의
    책, 1975, 40쪽.
102) 용에 대한 연구는 윤열수, 『용 불멸의 신화』, 대원사, 1999 : 강영경, 「한국고대사회에서의
    용의 의미」, 서영대·송화섭 엮음, 『용, 그 신화와 문화』 -한국편-, 민속원, 2002 : 조법종,
    「한국 고대사회와 용」, 서영대·송화섭 엮음, 앞의 책, 2002 참조.
103) 『훈몽자회』에는 '미르 룡'이 있다. '미르'의 어원은 '밀-'로서 '물[水]'의 어원과 같다. 따라
    서 용은 수신이며, 호랑이는 산신이 된다. 또한 황윤석의 『이제유고』에는 "我東方言 呼龍
    爲彌里"라고 하였다(한국문화상징사전편찬위원회, 『한국문화상징사전』, 동아출판사, 1992,
    485쪽).
104) 정천신앙에 대한 연구는 李丙燾, 「韓國古代社會の井泉信仰」『朝鮮學報』49, 1968 ;『한
    국고대사연구』, 박영사, 1976 : 강영경, 「한국 고대의 시와 정에 대한 연구 -시장의 기원과
    관련하여-」『원우논총』2, 1984 : 권태효, 「우물의 민속, 그 신화적 상징과 의미」『생활문물
    연구』16, 2005 : 이필영, 「우물 신앙의 본질과 전개 양상 -민속학 자료를 중심으로-」『역
    사민속학』26, 2008 참조.
105) 강영경, 「신라 용왕신앙의 기능과 의의」, 김태곤 외, 『한국문화의 원본사고』, 민속원, 1997.

특히 알영은 계룡에서 태어났다는 기록을 통해서 가장 확실하게 알 수 있다.

수신과 농업신으로서의 성격을 갖고 있는 용은 기우제와도[106] 관련을 맺고 있는데, 이에 대한 기록은 다음과 같다.

> O-1. 여름에 크게 가물었으므로 시장을 옮기고 용을 그려서 비가
> 내리기를 빌었다.[107]
> 2. 가을과 겨울에 백성들이 굶주려서 자녀를 팔았다.[108]

위의 기록은 용이 기우제와 밀접하게 관련되어 있음을 보여주는 내용이다. 628년(진평왕 50) 여름 신라에서는 심한 가뭄이 들자 시장을 옮기고 용을 그려서 비가 내리기를 기원하는 기우제를 거행하였다. 용은 수신과 농업신이기 때문에 용을 그림으로써 비가 내리기를 기원하였다. 특히 기우제는 농경의례와 밀접하게 관련되었는데,[109] 위의 사료 O-2와 같이 아마도 이때의 가뭄의 결과로 그해 가을과 겨울에는 심한 흉년이 들어 백성들이 굶주려서 자녀를 파는 상황까지 발생하였을 것이다. 그러므로 이러한 기록을 통해서 용은 용왕으로서 수신과 농업신의 성격을 갖고

---

106) 기우제에 대한 연구는 임재해, 「기우제의 주술관행과 주술의 원리」『두산김택규박사화갑기념 문화인류학논총』, 1989 : 최종성, 「국행기우제와 민간기우제의 비교연구 -시체처리와 제물처리를 중심으로-」『종교학연구』16, 1997 : 최종성, 「국행 무당 기우제의 역사적 연구」『진단학보』86, 1998 : 최종성, 「용과 기우제[祈雨祭龍]」, 서영대·송화섭 엮음, 앞의 책, 2002 : 김재호, 「기우제의 제의맥락과 기우권역」『역사민속학』18, 2004 : 하병엄, 「가뭄에 대한 고대인의 사유와 기우제」『박물관연구논집』16, 2010 참조.
107)『삼국사기』권4, 신라본기4 진평왕 50년 여름.
108)『삼국사기』권4, 신라본기4 진평왕 50년 가을 및 겨울.
109) 송화섭, 「용신앙과 농경의례」, 서영대·송화섭 엮음, 앞의 책, 2002.

있었음을 확인할 수 있다.

이와 같이 수신과 농업신의 성격을 갖고 있는 용은 불교가 전래된 이후에 무불습합의 과정을 거치면서 큰 변화를 겪으며 불교의 용신사상으로[110] 나타난다. 즉 불교에서의 용은 팔부중의 하나로서 불법을 수호하는 호법적인 성격인데, 이것이 신라에 전래되면서 독자적인 성격의 호법용·호국용으로 변화하게 된다. 이러한 사실은 황룡사구층탑의 설화와[111] 만파식적의 설화,[112] 그리고 혜통의 설화를[113] 통해서 확인할 수 있고, 문무왕과 관련된 호국용의[114] 설화에서 그 절정에 이르게 된다.

『삼국유사』를 중심으로 용과 관련된 사찰연기설화를[115] 바탕으로 신라에서 호법용·호국용으로 나타나는 용신사상을 정리하면 다음의 <표>와 같다. 이 <표>에서 확인할 수 있듯이 『삼국유사』에는 용과 관련된 사찰연기설화는 모두 12건이 수록되어 있는데, 이 중에서 가야와 관련된 1의 만어사를 제외하면 모두 신라에 대한 기록이다.

---

110) 권상노, 『한국고대신앙의 일련』, 『불교학보』1, 1963 : 김영태, 앞의 논문, 1974 : 김방룡, 「한국불교의 용신앙 수용」, 서영대·송화섭 엮음, 앞의 책, 2002 참조.
111) 『삼국유사』 권3, 탑상4 황룡사구층탑.
112) 『삼국유사』 권2, 기이2 만파식적.
113) 『삼국유사』 권5, 신주6 혜통항룡.
114) 『삼국사기』 권7, 신라본기7 문무왕 21년 가을 7월 1일 및 『삼국유사』 권2, 기이2 문호(무)왕 법민.
115) 사찰연기설화에 대한 연구는 최진원, 「사찰연기설화와 선풍 −향가해석의 일척−」, 『진단학보』 42, 1976 : 武田幸男, 「創寺緣起からみた新羅人の國際觀」, 『中村治兵衛先生古稀紀念東洋史論叢』, 1986 : 김호동, 「삼국시대 동해안 지역 사원 창건연기설화의 역사적 의미」, 『민족문화논총』 29, 2004 : 이준곤, 「한국용신창사설화의 역사민속학적 연구」, 문현, 2010 참조.

〈표〉 용과 관련된 사찰연기설화

순번	사찰명	연 대	전 거
1	만어사	가야 수로왕대	『삼국유사』 권3 탑상4 어산불영
2	황룡사	553년(진흥왕 14)	『삼국유사』 권3, 탑상4 황룡사장육
			『삼국사기』 권4, 신라본기4 진흥왕 14년
3	금광사	신라 선덕왕대	『삼국유사』 권5, 신주6 명랑신인
4	대화사	신라 선덕왕대	『삼국유사』 권3, 탑상4 황룡사구층탑
5	낙산사	신라 문무왕대	『삼국유사』 권3, 탑상4 낙산이대성관음정취조신
6	감은사	신라 신문왕대	『삼국유사』 권2, 기이2 만파식적
7	금산사	신라 경덕왕대	『삼국유사』 권4, 의해5 관동풍악발연수석기
8	분황사	795년(원성왕 11)	『삼국유사』 권2, 기이2 원성대왕
9	동천사	795년(원성왕 11)	『삼국유사』 권2, 기이2 원성대왕
10	망해사	신라 헌강왕대	『삼국유사』 권2, 기이2 처용랑망해사
11	작갑사	신라말	『삼국유사』 권3, 탑상4 전후소장사리
12	해룡왕사	신라말	『삼국유사』 권3, 탑상4 전후소장사리

이와 같이 신라에서는 불교가 전래된 이후에 전 기간을 통하여 용이 사찰의 창건과 관련되어 여러 가지의 연기설화로 기록되었다. 이러한 사실은 수신과 농업신의 성격을 갖고 있는 용이 불교가 전래된 이후에는 불교에 포함된 팔부중의 영향으로 호법용·호국용의 성격을 가진 불교의 용신사상으로 변화하였으며, 사찰의 창건과 관련된 연기설화에도 많은 영향을 주었다.

4. 맺음말

천신(태양)사상, 산신사상, 수신(용)사상은 불교가 발생하기 이전의 선사시대부터 숭배되어 오던 것과 불교가 발생한 이후 불교에 수용되면서 변화된 것으로 구분할 수 있다. 이것은 인도 고대사회의 전통신앙과 불교와의 습합과정에서 나타난 현상이다. 그러나 원시종교인 전통신앙이 불교라는 고등종교에 의해서 수용되었지만, 불교 경전에 그 흔적이 남아 있는 것은 이전부터 신앙되었던 전통신앙의 유속의 결과라고 이해할 수 있다.

이와 같은 모습은 불교가 전래된 이후의 한국 전통신앙에서도 찾을 수 있다. 한국 고대사회에서도 천신(태양)사상, 산신사상, 수신(용)사상이 존재하였으며, 이것은 서로 밀접하게 연결되면서 신앙되었다. 그러나 이것은 불교가 전래된 이후 습합과정을 거치면서 상호 변화되는 모습을 볼 수 있다. 즉 천신은 불교의 제석천으로, 산신은 불교에 수용되면서 사찰 안의 산신각 등으로 나타나고, 수신 즉 농업신의 성격을 갖고 있는 용은 호법용·호국용으로 변화하였다.

중요한 것은 전통신앙이 불교와의 무불습합 과정에서 일방적으로 수용된 것이 아니라는 사실이다. 즉 전통신앙과 불교는 상호 충돌하는 과정을 거치면서도 그 속에서 절충하고 공존하는 등 상호 밀접한 관련을 맺으면서 토착화되었다는 것이다. 이러한 사실은 한국 고대사회뿐만 아니라 다른 지역에서도 그리고 다른 종교에서도 공통적으로 나타나는 보편적이고 일반적인 현상이라고 할 수 있다.

제2장 일제강점기 언론의 신라 인물상 왜곡

1. 머리말

1910년 조선은 한일합방으로 일본 제국주의(이하 일제라고 칭함)에게 강제로 병합당하며 국권을 상실한 이후 1945년 해방될 때까지 약 36년 동안 식민지배를 당하였던 일제강점기의 과정을 겪었다. 일제는 조선을 강제로 병합하며 '완전히 그리고 영구히' 지배할 것을 천명하였으며,[1] 이에 따라 일제의 조선지배에는 제국주의 열강의 '경제적 수탈'이라는 보편적 식민주의와 함께 일제 식민주의의 특질인 '민족말살주의'가 작용하였다.[2]

일제는 조선을 병합한 이후에 조선총독부를 설치하면서 실질적으로 지배하기 시작하였다. 일제가 식민통치를 실시하였던 일제강점기는 3시기로 구분하는데, 대체로 1910~1919년의 무단통치기, 1920~1936년의 문화통치기, 1937~1945년의 전시통제기 등이다.[3] 그리고 일제는 각 시

---

1) 「倂合ノ詔書」(1910. 8. 29)에서 "영구히 한국을 제국에 병합하기로 하였다."라고 천명하였고, 「韓國倂合二關スル條約」(1910. 8. 29)의 제1조에도 "한국 황제폐하는 한국정부에 관한 일체의 통치권을 완전 그리고 영구히 일본국 황제폐하에 양여한다."라고 되어 있다.
2) 강창일, 「일본의 조선지배정책 -식민지 유산문제와 관련하여-」 『역사와 현실』 12, 1994, 39~40쪽.
3) 한국근현대사학회, 『개정판 한국독립운동사강의』, 한울, 2007 : 박찬승 편, 『한국 근현대사

기마다 통치방법을 달리하며 식민지배를 실시하였다.

일제강점기 동안에 일제는 식민지 조선을 지배하기 위하여 여러 가지 다양한 정책들을 실시하였는데, 그 중에는 언론에 대한 정책도 포함되었다. 따라서 이 당시 신문과 잡지 등에 수록된 기사들을 분석한다면 일제가 추구하고자 하였던 정책들의 목적 등을 파악하는데 어느 정도 효율적으로 활용할 수 있을 것이다. 그리고 이러한 연구들이 축적된다면 일제의 식민지배에 대해서 좀 더 구체적으로 이해할 수 있는 계가가 될 것으로 기대된다. 왜냐하면 정책이란 당시의 시대적인 상황을 충실하게 반영하고 있기 때문이다.

이러한 연장선상에서 일제강점기에 발간된 신문과[4) 잡지의[5) 기사를 바탕으로 언론 속에 비쳐진 신라의 인물상에 대해서 검토할 필요성이 제기된다.[6) 이를 위해서 먼저 신문과 잡지에 수록된 기사의 내용을 여러 가지 항목으로 분류하여[7) 언론별·시기별·주제별로 <표>를 작성하고, 이것을 바탕으로 인물 기사의 특징과 의미에 대하여 고찰하였다.

일제강점기를 전후하여 언론에 수록된 특정한 주제, 특히 역사와 관련된 내용을 주제로 하는 기사에 대한 연구 성과는 거의 없는[8) 실정이다.

를 읽는다』, 경인문화사, 2010 : 한국독립운동사연구소 편, 『한국독립운동의 역사』, 독립기념관, 2013 등 참조 연구자들 사이에서도 사용하는 용어에서 약간의 차이가 있지만, 그것이 내포하고 있는 의미는 크게 다르지 않다.

4) 일제강점기 국내에서 발행된 『매일신보』·『조선일보』·『동아일보』·『시대일보』·『중외일보』·『조선중앙일보』·『신한민보』 등 7종을 중심으로 검토하였다.

5) 일제강점기 국내에서 발행된 『조선휘보』·『개벽』·『동광』·『별건곤』·『조선문 조선』·『신흥』·『조선』·『삼천리』·『삼천리문학』·『대동아』 등 10종을 중심으로 검토하였다.

6) 신문과 잡지의 기사는 국사편찬위원회의 한국사데이터베이스와 한국언론진흥재단의 고신문서비스 그리고 한국문화간행회 편, 『한국잡지총서』 1~13, 보림출판사, 1982 등을 참조하였다.

7) 신문과 잡지에 수록된 기사는 내용에 따라서 신화·설화·지리·정치·제도·의례·고적·풍속·문화·예술·종교·인물·기타 등의 항목으로 분류하였다.

그리고 일제강점기 언론에 대한 기존의 연구 성과들은 대체로 어느 하나의 특정 매체를[9] 중심으로 이루어지고 있는 경향이[10] 특징이라고 할 수 있다. 이것은 자료와 관련된 문제 등이 주요 원인일 것으로 생각된다.

여기에서는 신문과 잡지 자료를 주제별로 검토하고, 또 연대별로 상호 비교하여 분석을 시도하였다. 이 방법은 일제강점기 동안에 일제가 실시하였던 통치수단과 지배방법 등을 이해할 수 있는 계기를 마련할 수 있을 것이다. 아울러 일제가 신라의 역사와 인물들을 각 시기별로 어떻게 이해하였으며, 또 어느 부분에서 왜곡하였는지를 규명하는 데에도 일정한 기여를 할 수 있을 것으로 기대된다.

2. 신문의 신라 인물 기사 분석

일제는 1910년 조선을 강제로 병합한 이후 조선총독부를 설치하고

---

8) 최기영, 「『황성신문』의 역사 관련 기사에 대한 검토」, 『한국근대언론과 민족운동』, 위암장지 연선생기념사업회, 2001 : 박홍식, 「일제강점기 신문을 통해 본 실학연구 동향」, 『동북아문화 연구』 14, 2008 : 정소영, 「문화통치기 동아일보에 나타난 국사인식」, 『한국어와 문화』 5, 2009 : 이승윤, 「『삼천리』에 나타난 역사기획물의 특징과 잡지의 방향성」, 『인문학연구』 46, 2013 참조.

9) 그 중에서도 『매일신보』를 가장 많이 활용하고 있는데, 이에 대한 연구 성과는 장석흥, 「일제 의 식민지 언론정책과 총독부 기관지 『매일신보』」, 『한국독립운동사연구』 6, 1992 : 수요역사 연구회 편, 『식민지 조선과 매일신보 ―1910년대―』, 신서원, 2003 : 수요역사연구회 편, 『일제 의 식민지 지배정책과 매일신보 ―1910년대―』, 두리미디어, 2005 : 수요역사연구회 편, 『일제 의 식민지 지배정책과 매일신보 ―1920~30년대―』, 두리미디어, 2007 참조.

10) 일제강점기 언론에 대한 연구성과는 박용규, 「일제강점기 언론에 대한 연구동향과 전망」, 김민환 외, 『일제강점기 언론사 연구』, 나남, 2008 : 박찬승, 「연구동향」, 「언론운동」, 독립 기념관 한국독립운동사연구소, 2009 : 홍순권, 「일제강점기 신문사 연구의 현상과 향후의 과제」, 『석당논총』 52, 2012 참조. 또한 신문과 잡지에 대한 서술은 박찬승의 연구성과를 바탕으로 하였다.

무단적 통치형태인 이른바 '무단통치'를 실시하였다. 일제는 이러한 과정의 하나로 식민지 조선에서 민간 언론이 존재하지 못하게 하는 정책을 추진하였다. 이에 따라 『황성신문』과 『대한매일신보』를 비롯하여 각종 신문들이 폐간되었고, 또한 사회단체와 학회의 잡지 등도 모두 폐간되었다. 그 결과 1910년대 경성에서는 총독부의 기관지인 日文의 『경성일보』와 英文의 The Seoul Press, 그리고 朝鮮文(한글)의 『매일신보』만이 발행되었다.

『경성일보』는 일본인과 조선의 일본거류민을 위해 또는 조선인에 대한 일본어의 보급 및 일제의 식민지정책의 선전을 위한 것이었고, The Seoul Press는 외국인을 대상으로 외국에 대한 조선 내외의 정치선전을 위한 것이었으며, 『매일신보』는 조선의 일반서민과 부녀자들을 설득하기 위한 것이었다.[11] 이러한 사실을 통해서 일제는 조선에서의 식민통치를 위해 국내외의 언론활동에 상당히 적극적이었다는 것을 알 수 있다.

당시에 항일 기사를 가장 빈번하게 수록하여 통감부를 괴롭혔던 『대한매일신보』는 『매일신보』라는 이름으로 바뀌면서 총독부의 기관지로 변화하였다. 1910년대 일제의 식민지 지배정책은 이른바 '동화정책'을 근간으로 하였기 때문에 『매일신보』는 이러한 총독부의 동화정책을 전파하는 역할을 충실하게 수행하였다. 특히 『매일신보』는 이 당시에 한글로 발행되는 유일한 신문이었으므로 조선인들에게 상당한 영향을 끼치고 있었으며,[12] 조선인들을 '일제에 忠良한 臣民'으로 만드는데 일조하는 것을 목적으로 하고 있었다.[13] 이와 같이 항일운동을 하였던 『대한매일

---

11) 이 연, 『일제강점기 조선언론 통제사』, 박영사, 2013, 233~234쪽.
12) 박찬승, 앞의 책, 2009, 18~19쪽.
13) 조성운, 「1910년대 일제의 동화정책과 매일신보」, 수요역사연구회 편, 『일제의 식민지 지배

신보』가 『매일신보』로 이름이 바뀌면서 오히려 적극적인 친일활동을 전개하는 모습으로 탈바꿈하였다.

일제의 폭압적인 무단정치는 조선인들의 적극적인 저항을 불러왔는데, 특히 1919년 3·1운동이 전국적으로 발생하면서 일제는 식민지 지배정책을 전환하였다. 즉 무단통치로 표현되었던 강압적인 통치방식에서 벗어나 외형상으로는 부드러운 이른바 '문화통치'로 지배방식을 전환하였다. 그 영향의 하나로 1920년대 이전에는 원천적으로 금지되었던 언론·집회·출판의 자유를 일부 허용하면서 신문과 잡지 등이 발간되었다. 이때 발간된 대표적인 신문은 『조선일보』·『동아일보』·『시대일보』 등이었고, 잡지는 『개벽』·『신천지』·『신생활』·『조선지광』 등이었으며, 이후에도 다양한 신문과 잡지들이 발간되었다. 이러한 민간신문의 허용은 마치 '문화정치'의 표상인 것처럼 제시되었는데, 이것은 다음의 『매일신보』 사설을 통해서도 확인할 수 있다.

A. 齋藤 총독 부임 이래로 시대의 추세와 세계적 조류에 鑑하야 종래의 방침을 一改하고 문화정치를 표방하야 舊政의 短을 捨하고 新政의 長處를 此에 보충하는 등 착착 新施政을 실행함에 當하야 焦點의 一이던 언론자유를 어느 정도까지 此를 개방하야 朝鮮文 신문의 간행을 許하야서 施政의 방침을 민간에 철저케 하고 상하의 의사를 소통케 하는 편의를 作하며 … [14]

정책과 매일신보—1910년대』, 두리미디어, 2005, 14쪽.
14) 『매일신보』 1921년 3월 9일자 사설 「당국과 언론」.

일제가 언론매체를 허용한 이유는 3·1운동에 대한 외국의 시각 때문이었다. 즉 3·1운동을 통해 일제의 야만성이 폭로되면서 식민지 경영능력은 의심을 받았다. 특히 선교사들에 의해 전달되는 소식이 미국과 영국 등의 신문에 보도되면서 3·1운동의 사후 처리 방식은 국제정치에서 일제의 역량을 제시하는 문제와 직결되었다.[15] 또한 일제는 언론매체의 허용이 부정적인 결과만 가져오지 않으리라는 관측과 더불어 조선인에 의한 민간지의 발간은 여론을 파악하고 민심의 동향을 감지하는 수단이 될 수 있다고 판단하였다. 조선인의 표현 욕구를 어느 정도 충족시키면서 검열을 통해 이를 통제 가능한 범위 안에 두는 것은 피할 수 없는 선택이었다.[16] 이와 함께 3·1운동 이후 지하신문이 꾸준히 발전하여 걷잡을 수 없게 되자 파악하기 어려운 이들 지하신문을 표면화할 필요성도 제기되었다.[17]

이와 같이 총독부는 신문과 잡지의 발간을 허용하면서도 다른 한편으로는 이에 대한 근거인 신문지법과 출판법에 의거하여 신문과 잡지에 대한 철저한 검열과 통제를 실시하는 이중적인 행태를 보였다. 즉 사전검열, 압수, 발매금지, 발행정지 등의 조치 외에도 극단적인 조치로서 일부 신문과 잡지에 대해서는 발행을 금지하는 폐간의 조치를 내리기도 하였다.[18] 그리하여 『동아일보』는 4회에 걸쳐 통산 569일 동안 발행을 정지

15) 대한민국임시정부 옛청사관리처 편, 석원화 외 역, 『중국언론 신보에 그려진 한국근현대사』, 역사공간, 2004, 107~108쪽.
16) 박헌호, 「문화정치기 신문의 위상과 반검열의 내적논리 ―1920년대 민간지를 중심으로―」 『대동문화연구』 50, 2005, 206~209쪽.
17) 이민주, 「1920년대 민간신문·잡지를 통해서 본 언론 상황」 『차세대 인문사회연구』 2, 2006, 201쪽.
18) 조선총독부의 언론검열과 탄압에 대해서는 박찬승, 앞의 책, 2009, 319~334쪽 참조.

시켰고, 『조선일보』는 4회에 240일 동안, 『중외일보』는 1회 42일 동안 발행을 정지시켰다.[19]

총독부의 언론통제는 지속적이고 강력하게 진행되었으며, 결과적으로 언론을 순치시키는데 상당한 효과를 거두었다. 특히 1930년대에는 각 신문과 잡지의 논조가 크게 무뎌졌고, 심지어는 스스로 '자기검열'을 시행하는 등 점차 식민지의 언론환경에 적응하기 시작하였다. 1930년대 초까지만 해도 소극적인 저항을 하던 신문들은 1936년 일장기말소사건 이후 총독부의 강력한 탄압조치를 당하였고, 이것을 계기로 일부 신문과 잡지들은 親日化의 길을 걷기 시작하였다.[20]

1937년 중일전쟁이 발발한 직후 총독부는 한글신문들에 대해 강력한 압력을 행사한 결과 『조선일보』와 『동아일보』의 논조는 계속 변화하였다.[21] 두 신문 중에서 먼저 논조의 변화를 보이기 시작한 것은 『조선일보』였다. 즉 7월 11일 조선일보사 내에서 논쟁을 통해 '민족과 조선'보다는 '기업의 경영'을 위해 시류에 순응할 수밖에 없다는 결론을 내린 것에서 비롯되었는데,[22] '민족과 조선'이라는 '이상'보다는 '기업의 경영'이라는 '현실'을 선택하였던 것이다. 이후 『조선일보』와 『동아일보』의 논조

---

19) 김민환, 『한국언론사』, 사회비평사, 1996, 306쪽.
20) 박찬승, 앞의 책, 2009, 33~34쪽.
21) 『조선일보』와 『동아일보』에 대한 평가는 대체로 세 가지로 구별되는데, 민족운동의 표상으로 보는 견해(최 준, 「식민통치시대의 언론투쟁」, 『한국신문사논고』, 성문사, 1972, 76쪽), 친일적 지주 또는 매판 자본가가 발행한 친일언론으로 규정한 견해(최민지·김민주, 『일제하 민족언론사론』, 일월서각, 1978, 357~358쪽), 타협적이면서도 민족주의적인 양면성을 고려한 견해(김규환, 『일제의 대한언론 선전정책』, 이우출판사, 1978, 349~350쪽) 등이다. 이에 대한 연구는 김민환, 「일제강점기 민영신문의 사회사상」, 『언론사 사회』 4, 1994 ; 김민환 외, 앞의 책 재수록, 2008, 50~51쪽 참조.
22) 장 신, 「1930년대 언론의 상업화와 조선·동아일보의 선택」, 『역사비평』 70, 2005, 185~186쪽.

는 총독부 기관지인『매일신보』의 그것과 크게 다르지 않은 상태가 되었다.[23]

그럼에도 불구하고 총독부는 1939년 무렵부터『조선일보』와『동아일보』의 폐간이 필요하다고 보고, 이를 위한 논리의 개발과 폐간의 구체적인 방법에 대해 검토하였다. 그 결과 총독부는 두 신문을 폐간하고『매일신보』하나만 두는 방법을 선택함으로써 1940년에 두 신문은 폐간되었다.[24]

지금까지 일제강점기 동안에 각 시기별로 신문과 관련된 언론정책에 대하여 살펴보았다. 그리고 이것을 바탕으로『매일신보』를 비롯하여 대표적인 신문의 기사 중에서 신라의 인물에 대한 기사를 검토하고, 이와 관련된 기사를 축출하여 <표>를 만들면 [부록 1]과 같다.

먼저 각 신문의 기사를 살펴보면 7개 신문에서 모두 316건의 기사를 확인할 수 있는데,[25] 『매일신보』113건,『조선일보』92건,『동아일보』66건,『시대일보』2건,『중외일보』35건,『조선중앙일보』6건,『신한민보』2건 등이다. 이것을 시기별로 세분하여 살펴보면『매일신보』는 무단통치기 7건, 문화통치기 81건, 전쟁통제기 25건이다.『조선일보』는 문화통치

---

23) 이 시기의『조선일보』와『동아일보』의 논조에 대해서는 최민지·김민주, 앞의 책, 1978, 225~320쪽 : 박용규,「일제의 지배정책에 대한 신문들의 논조 변화 ―일제말기(1937~1940)를 중심으로―」『한국언론정보학보』28, 2005 ; 김민환 외, 앞의 책 재수록, 2008, 81~115쪽 참조.

24) 박용규,「일제말기(1937~1945)의 언론통제정책과 언론구조변동」『한국언론학보』46-1, 2001 참조. 한편 박찬승은 유럽에서의 제2차 세계대전이 발발한 이후에도『동아일보』가 연합군 측의 편을 드는 방향에서 신문을 제작하였던 것이 폐간이 되는 결정적인 이유가 되었다고 하였다(박찬승, 앞의 책, 2009, 40쪽).

25) 이러한 수치는 필자의 주관적인 관점이 반영된 것이기 때문에 정확한 것은 아니다. 각자 주관적인 관점의 차이를 비롯하여 관련 기사의 미발견 등 여러 가지의 변수를 고려하면 일정한 오차의 개연성은 감안해야 할 것이다.

기 62건, 전쟁통제기 30건이고, 『동아일보』는 문화통제기 16건, 전쟁통제기 50건이다. 그리고 『시대일보』는 문화통제기 2건, 『중외일보』는 문화통제기 35건, 『조선중앙일보』는 문화통제기 6건이고, 『신한민보』는 문화통제기 1건, 전쟁통제기 1건이다. 이 중에서 『매일신보』만이 무단통치기와 전쟁통제기의 1940년대 이후에도 관련 기사가 수록되어 있는데, 이 시기에 『매일신보』가 총독부의 기관지로서 유일하게 존재하였던 사실을 감안하면 이것은 당연한 결과라고 할 것이다. 또한 전쟁통제기에는 『매일신보』보다 『조선일보』와 『동아일보』에 더 많은 기사가 수록되었던 사실을 확인할 수 있다. 이것은 고고학 분야에서는 전시동원체제가 강화되면서 1945년 8월에 해방될 때까지 큰 발굴조사가 없었던[26] 것과는 비교되는데, 아마도 발굴경비 등과 같은 경제적인 문제가 중요한 원인이었을 것으로 추정된다.

시기별로 기사를 검토할 때 공통된 사실은 모든 신문들이 문화통치기에 연재물을 중심으로 많은 기사를 수록하고 있다는 점인데, 전쟁통제기와 비교하면 약 2배 정도의 차이를 보이고 있다. 특히 『매일신보』는 1920년과 1921년에 연재물 위주로 많은 기사가 수록되었는데, 이것은 동일한 시기에 『조선일보』와 『동아일보』에서도 볼 수 없는 현상이다. 아마도 총독부에서 추진하였던 '문화통치'와도 관련을 맺으면서 이에 대한 영향이 일정하게 반영되었을 것으로 생각된다. 이것은 문화통치기가 시작되면서 이전의 무단통치기 때의 제약에서 어느 정도 벗어난 결과로 해석할 수 있다.

---

26) 이한상, 「식민지시기 신라고분 조사 현황」, 황종연 엮음, 『신라의 발견』, 동국대학교출판부, 2008, 311쪽.

이와 함께 문화통치기에 『조선일보』는 역사와 관련된 연재물과 함께 각종 강연회와 기행문 등의 기사가 많이 수록된 것이 특징이다. 『동아일보』는 전쟁통제기에 다른 신문보다 기사가 많다는 것이[27] 특징이고 할 수 있는데, 특히 66건의 기사 중에서 2/3가 넘는 50건의 기사가 이 시기에 수록되어 있다.

이 외에 『시대일보』·『중외일보』·『조선중앙일보』 등은 존재하였던 기간이 짧았기 때문에 기사가 많은 편은 아니지만, 이 중에서도 『중외일보』는 역사에 대한 연재물을 게재함으로써 나름의 활동을 하였음을 알 수 있다. 이와 같이 각 신문의 시기별 기사를 정리하면 아래의 <표 1>과 같다.

〈표 1〉 각 신문의 시기별 기사

순번	시 기	신 문							합계
		매일 신보	조선 일보	동아 일보	시대 일보	중외 일보	조선 중앙일보	신한 민보	
1	무단통치기 (1910~1919)	7	0	0	0	0	0	0	7
2	문화통치기 (1920~1936)	81	62	16	2	35	6	1	203
3	전쟁통제기 (1937~1945)	25	30	50	0	0	0	1	106
	합계	113	92	66	2	35	6	2	316

---

27) 한편 1920년~1931년까지 『동아일보』의 한국사 관련 기사는 약 869개이며, 이 중에서 1면에 실렸던 국사관련 기사는 190개라는 연구가 참조된다(정소영, 앞의 논문, 2009, 162~167쪽).

시기별 기사의 주제는 인물에 대한 기사가 압도적으로 많으며, 고적과 제도 등의 기사가 그 뒤를 따르고 있다. 그러나 문화통치기에는 고적에 대한 기사가 인물에 대한 기사보다 더 많이 나타나고 있다. 이것은 아마도 경주지역으로의 수학여행을 비롯하여 관광 등이 활발하게 이루어졌던 영향이었을 것이다. 그리고 이러한 주제들이 많은 것은 총독부의 정책 등 당시의 여러 가지 상황과도 밀접하게 관련되었을 것으로 생각된다. 이와 같이 시기별 기사의 주제를 정리하면 아래의 <표 2>와 같다.

〈표 2〉 시기별 기사의 주제

순번	시 기	주 제													합계
		신화	설화	지리	정치	제도	의례	고적	풍속	문화	예술	종교	인물	기타	
1	무단통치기 (1910~1919)	0	0	0	0	0	0	6	0	1	0	0	0	0	7
2	문화통치기 (1920~1936)	6	13	12	4	24	9	59	1	12	10	3	45	5	203
3	전쟁통제기 (1937~1945)	1	0	3	2	10	4	20	0	1	5	0	57	3	106
	합계	7	13	15	6	34	13	85	1	14	15	3	102	8	316

신문별 기사의 주제는 시기별 기사의 주제와 같이 인물에 대한 기사가 압도적으로 많고, 고적과 제도 등이 그 다음을 차지하고 있다. 그러

나 『조선일보』는 인물에 대한 기사보다 고적에 대한 기사가 더 많은 비중을 차지하여 다른 신문들과 차이를 보이고 있다. 그리고 시기별 기사의 주제와 같이 이것 역시 총독부의 정책 등 당시의 여러 가지 상황과도 밀접하게 관련되었을 것으로 생각된다. 이와 같이 신문별 기사의 주제를 정리하면 아래의 <표 3>과 같다.

〈표 3〉 신문별 기사의 주제

순번	신 문	주 제													합계
		신화	설화	지리	정치	제도	의례	고적	풍속	문화	예술	종교	인물	기타	
1	매일신보	4	5	12	0	5	7	25	0	8	2	2	36	7	113
2	조선일보	0	5	3	4	21	0	33	1	4	5	1	14	1	92
3	동아일보	1	2	0	1	1	5	19	0	0	3	0	34	0	66
4	시대일보	2	0	0	0	0	0	0	0	0	0	0	0	0	2
5	중외일보	0	1	0	1	2	1	6	0	2	5	0	17	0	35
6	조선중앙일보	0	0	0	0	5	0	1	0	0	0	0	0	0	6
7	신한민보	0	0	0	0	0	0	1	0	0	0	0	1	0	2
	합계	7	13	15	6	34	13	85	1	14	15	3	102	8	316

3. 잡지의 신라 인물 기사 분석

1910년대 일제의 무단통치기에 민간신문은 발행이 어려웠던 것에 비하여 잡지는 극히 제한적으로 이루어졌다. 이 시기에 국내외에서 발행되

었던 국문 잡지는 40여 종이었는데, 그 중에서 가장 큰 비중을 차지하였
던 것은 종교계에서 발행하는 잡지였다. 당시 종교계에서 발행한 잡지는
모두 24종이었는데, 기독교 7종, 천도교 7종, 불교 6종, 시천교 3종, 유교
1종 등이었다. 그리고 일부 중복이 되었지만, 교양종합잡지 5종, 학술잡
지 7종, 문예잡지 5종, 여성잡지 2종, 청년잡지 4종, 소년잡지 2종 등이
었다.[28]

이와 같이 이 시기에 잡지는 극히 제한적으로 발행되었지만, 언론으
로서의 역할을 할 수 있는 시사잡지는 전혀 발행되지 못하였다. 그리
고 교양종합잡지도 5종밖에 없었는데, 그 중에서도 조선인이 발행한
것은 『청춘』과 『공도』 등 2종뿐이었다. 이들은 교양잡지였으므로 시사
적인 글은 게재할 수가 없었기 때문에 언론으로서의 역할은 전혀 하지
못하였다.[29]

잡지 역시 신문과 마찬가지로 1919년 3·1운동 이후 문화통치기에 새
로운 잡지의 발행이 허가되면서 변화를 맞이하였다. 총독부는 신문지법
과 출판법에 의거하여 새로운 잡지의 발행과 함께 『개벽』·『신천지』·
『조선지광』 등 일부 잡지에 대해서도 시사문제를 다룰 수 있도록 허가하
였다.

그러나 일제는 신문과 마찬가지로 잡지에 대해서도 철저한 검열과 통
제를 실시하였다. 이러한 총독부의 '검열난'을 비롯하여 1920년대 당시의
잡지들은 '경영난·원고난·편집난' 등의 이른바 '三難'을 겪고 있었다.
이 '삼난'은 이 당시에 잡지를 발행하기 위해서는 반드시 극복해야 하는

---

28) 김근수, 『한국잡지사』, 청록출판사, 1980, 59~60쪽 : 김영선, 「일제시대 잡지에 나타난 민족
　　의식과 정치사상 −1920년대를 중심으로−」 『전주우석대학논문집』 9, 1987, 127쪽.
29) 박찬승, 앞의 책, 2009, 193~195쪽.

난제였으며,[30] 또한 거의 모든 잡지가 공통적으로 겪는 문제이기도 하였다.[31] 이러한 당시의 상황은 다음의 자료를 통해서도 어느 정도 확인할 수 있다.

> B. 속간한지도 임의 일년이 되엇다. 햇수로도 일년 발행한 호수로 45개. 생각해도 실로 감개가 무량하다. 경영난, 원고난, 편집난 이 삼난이 한번도 한 호도 빠지지안코 우리를 궁박케 해왔다. … 그동안 우리는 이 삼난 중에 자라왓다. 압흐로도 역시 이 삼난! 운명적으로 질머진 이 삼난.[32]

1920년대와는 달리 1930년대는 '잡지 홍수시대'라고[33] 할 만큼 잡지의 발행 수량과 부수가 크게 증가하였다. 1933년 5월 1일 현재 잡지(조선문 계속 발행 출판물)는 서울과 지방을 합하여 조선인 발행이 137종, 외국인 발행이 91종으로 모두 228종이었다.[34] 또 조선인이 발행하는 잡지(계속 출판물)의 출판허가 건수는 1933년 1월부터 12월까지 출원건수는 1,046건, 허가건수는 982건, 허가건수 중에서 삭제건수는 402건, 불허가건수는 64건이었다. 허가건수 982건은 월 평균 81.8건에 해당한다.[35]

---

30) 정진석, 「파인 김동환과 『삼천리』」 『삼천리』(영인본), 한빛, 1995, 6쪽.
31) 김문종, 「일제강점기 사회주의 잡지의 발행과 지국운영에 관한 연구」 『한국언론정보학보』 40, 2007 ; 김민환 외, 앞의 책 재수록, 2008, 168~169쪽. 한편 박찬승은 '삼난을 겪고 있는 여건에서 『조선지광』이 10년 가까이 통권 100호를 발행했다는 것은 거의 기적에 가까운 일 이었다고 하였다(박찬승, 앞의 책, 2009, 215쪽).
32) 권두언 「속간 1주년을 마지며」 『조선지광』 제58호, 1926년 8월호.
33) 愚 石, 「現代朝鮮의 4大狂」 『제일선』 제8호, 1932, 35~36쪽.
34) 김근수, 앞의 책, 1980, 164쪽.
35) 조선총독부 경무국, 『조선출판경찰개요』, 1933, 62~63쪽.

이와 함께 1920년대 잡지가 주로 지식인 위주였다면, 1930년대의 잡지는 일반 대중들을 위주로 하였기 때문에 흔히 '잡지의 대중화시대'라고 한다. 이에 따라 잡지도 크게 지식층 독자를 목표로 하는 잡지와 대중 독자를 목표로 하는 잡지로 분화되기 시작하였는데, 이렇게 양자를 분화시키는 것이 일반적인 추세였다. 그리고 지식층을 목표로 한 잡지의 대표적인 것은 『동광』·『혜성』·『제일선』·『비판』 등이었고, 대중을 목표로 한 잡지의 대표적인 것은 『삼천리』·『별건곤』·『신여성』 등이었으며, 양쪽 모두를 대상으로 한 잡지는 『신동아』·『조광』·『중앙』 등이었다. 한편 1930년대 시사문제를 다룬 시사잡지 중에서 대중잡지를 본격적으로 지향한 것은 『삼천리』와 『별건곤』이었다.[36]

전쟁통제기의 잡지는 새로운 잡지의 창간과 발행되는 잡지의 수가 줄어들었지만, 이 시기에 존재한 잡지의 대다수가 4년 이상 장기간 발행되었다. 그러나 이들 잡지는 대부분 日文으로 되어 있거나 내용면에서 친일적인 성향이었다.[37]

지금까지 일제강점기 동안에 각 시기별로 잡지와 관련된 언론정책에 대하여 살펴보았다. 그리고 이것을 바탕으로 『조선휘보』를 비롯하여 대표적인 잡지의 기사 중에서 신라의 인물에 대한 기사를 검토하고, 먼저 이와 관련된 기사를 축출하여 <표>를 만들면 [부록 2]와 같다.

먼저 각 잡지의 기사를 살펴보면 10개의 잡지에서 모두 54건의 기사를 확인할 수 있는데, 『조선휘보』 2건, 『개벽』 4건, 『동광』 5건, 『별건곤』 13건, 『조선문 조선』 6건, 『신흥』 1건, 『조선』 7건, 『삼천리』 13건,

---

36) 박찬승, 앞의 책, 2009, 228~230쪽.
37) 김봉희, 「일제시대의 출판문화 ―종합잡지를 중심으로―」 『한국문화연구』 14, 2008, 190쪽.

『삼천리문학』1건, 『대동아』2건 등이다. 이것을 시기별로 세분하여 살펴보면 『조선휘보』 문화통치기 2건, 『개벽』 문화통치기 4건, 『동광』 문화통치기 5건, 『별건곤』 문화통치기 13건, 『조선문 조선』 문화통치기 6건, 『신흥』 문화통치기 1건, 『조선』 문화통치기 7건이다. 그리고『삼천리』 문화통치기 8건, 전쟁통제기 5건이고, 『삼천리문학』 전쟁통제기 1건, 『대동아』 전쟁통제기 2건이다.

잡지의 경우는 신문과 달리 무단통치기에도 극히 제한적으로 발행되었음에도 불구하고 이 시기의 기사는 한 건도 확인할 수 없다. 또한 대부분의 기사는 문화통치기에 수록이 되었는데, 『삼천리』만이 전쟁통제기에도 기사가 수록되었다. 이것은 잡지가 신문보다 상대적으로 존속기간이 짧았기 때문에 발생하는 현상이라고 할 수 있다.

<표 4> 각 잡지의 시기별 기사

순번	시 기	잡 지										합계
		조선휘보	개벽	동광	별건곤	조선문조선	신흥	조선	삼천리	삼천리문학	대동아	
1	무단통치기 (1910~1919)	0	0	0	0	0	0	0	0	0	0	0
2	문화통치기 (1920~1936)	2	4	5	13	6	1	7	8	0	0	46
3	전쟁통제기 (1937~1945)	0	0	0	0	0	0	0	5	1	2	8
	합계	2	4	5	13	6	1	7	13	1	2	54

시기별로 기사를 검토할 때 공통된 사실은 신문과 마찬가지로 대상 잡지들이 모두 문화통치기에 많은 기사를 수록하고 있다는 점이다. 그리고 전쟁통제기와 비교하였을 때에는 약 5배 정도의 차이를 보이고 있는데, 신문과 비교하면 큰 차이라고 할 수 있다. 이것은 신문과 마찬가지로 문화통치기가 시작되면서 이전의 무단통치기 때의 제약에서 어느 정도 벗어난 결과로 해석할 수 있다. 이와 같이 각 잡지의 시기별 기사를 정리하면 앞의 <표 4>와 같다.

시기별 기사의 주제는 신문과 마찬가지로 인물에 대한 기사가 압도적으로 많았으며, 고적과 종교 등의 기사가 그 뒤를 따르고 있다. 이러한 주제들이 많은 것은 총독부의 정책 등 당시의 여러 가지 상황과도 밀접하게 관련되었을 것으로 생각된다. 이와 같이 시기별 기사의 주제를 정리하면 아래의 <표 5>와 같다.

<표 5> 시기별 기사의 주제

순번	시기	주제													합계
		신화	설화	지리	정치	제도	의례	고적	풍속	문화	예술	종교	인물	기타	
1	무단통치기 (1910~1919)	0	0	0	0	0	0	0	0	0	0	0	0	0	0
2	문화통치기 (1920~1936)	0	2	0	0	0	0	7	0	1	2	5	29	0	46
3	전쟁통제기 (1937~1945)	0	0	0	0	0	0	1	0	0	2	0	5	0	8
	합계	0	2	0	0	0	0	8	0	1	4	5	34	0	54

잡지별 기사의 주제는 시기별 기사의 주제와 같이 인물에 대한 기사가 압도적으로 많고, 고적과 종교 등이 그 다음을 차지하고 있다. 이것 역시 시기별 기사의 주제와 같이 총독부의 정책 등 당시의 여러 가지 상황과도 밀접하게 관련되었을 것으로 생각된다. 이와 같이 잡지별 기사의 주제를 정리하면 아래의 <표 6>과 같다.

〈표 6〉 잡지별 기사의 주제

순번	잡 지	주 제													합계
		신화	설화	지리	정치	제도	의례	고적	풍속	문화	예술	종교	인물	기타	
1	조선휘보	0	0	0	0	0	0	2	0	0	0	0	0	0	2
2	개벽	0	0	0	0	0	0	0	0	1	0	0	3	0	4
3	동광	0	0	0	0	0	0	0	0	0	0	0	5	0	5
4	별건곤	0	0	0	0	0	0	0	0	0	2	0	11	0	13
5	조선문 조선	0	1	0	0	0	0	3	0	0	0	0	2	0	6
6	신흥	0	1	0	0	0	0	0	0	0	0	0	0	0	1
7	조선	0	0	0	0	0	0	2	0	0	0	5	0	0	7
8	삼천리	0	0	0	0	0	0	1	0	0	1	0	11	0	13
9	삼천리문학	0	0	0	0	0	0	0	0	0	0	0	1	0	1
10	대동아	0	0	0	0	0	0	0	0	0	1	0	1	0	2
	합계	0	2	0	0	0	0	8	0	1	4	5	34	0	54

4. 신라 인물 기사의 특징

일제강점기 신문과 잡지에 수록된 인물에 대한 기사의 특징은 다음과 같이 몇 가지로 구분이 가능할 것이다.

첫째, 신문과 잡지에서 가장 먼저 발견할 수 있는 것은 수록된 기사들 사이에 횟수와 분량의 차이가 크다는 점이다. 이것은 발행시기와 관련된 문제로 생각되는데, 일간으로 발행되는 신문과 주간 또는 월간으로 발행되는 잡지는 분명히 횟수의 차이가 발생할 수밖에 없다. 즉 신문이 한 달에 최대 30회를 수록할 수 있는 반면에 잡지는 1회 또는 4회밖에 수록할 수가 없기 때문에 횟수의 차이가 크게 날 수밖에 없다. 그리고 분량의 차이는 게재지면과도 관련이 있을 것이다. 즉 신문은 1회에 최대 6~7칸 정도의 지면을 사용하지만, 잡지는 보통 1페이지 이상의 지면을 사용이 가능하다. 결국 분량의 차이가 발생하는 것은 이러한 지면의 배당 또는 할애와도 밀접하게 관련된 것이라고 할 수 있다. 따라서 신문의 경우에는 1회로 마무리를 할 수 있는 다소 간단하고 가벼운 내용의 연재물이 중심이었고, 잡지는 많은 지면을 필요로 하는 장편의 논설이 중심을 이루고 있다.

둘째, 시기별 기사들 사이에서도 분량의 차이가 크다는 점이다. 시기별 기사들의 경우에 신문은 무단통치기 7건, 문화통치기 203건, 전쟁통제기 103건이고, 잡지는 무단통치기 0건, 문화통치기 46건, 전쟁통제기 8건이다. 신문과 잡지 모두 다른 시기에 비하여 문화통치기에 많은 기사가 수록되어 있는 것은 총독부에서 추진하였던 '문화통치'와도 밀접한 관련을 맺으면서 이에 대한 영향이 반영된 것이라고 할 수 있다. 그리고 그 결과의 하나로 이 시기에는 신문에 연재되는 역사와 관련된 연재물과 함께 각종 강연회와 기행문 등의 수록이 활발하게 이루어지고 있다.

셋째, 인물에 대한 기사는 한 개인에 대한 단독 기사도 있지만, 대부분이 고적과 제도 등의 주제와 관련되어 있다는 점이다. 이것은 고적과 제도 등을 서술할 때 관련 인물을 같이 언급하는 형식으로 이루어지고 있기 때문에 동일 인물에 대한 기사가 반복적으로 수록되는 경우가 대부분이다. 예를 들면 불국사의 창건은 경덕왕과 김대성, 첨성대는 선덕여왕, 화랑도는 김유신과 관창 등과 같은 경우이다.

넷째, 인물에 대한 기사는 대체로 연재물에 수록되어 있다는 점이다. 대부분의 인물 기사는 단독 기사로 수록되는 경우는 거의 없고, 연재물의 한 구성요소에 포함되어 1회의 내용과 분량으로 수록되어 있다.

다섯째, 같은 시기에 발생한 사건이라고 하더라도 공통적으로 그 시기

〈사진 1〉 진흥왕척경순시비
(『매일신보』 1929년 11월 15일)

〈사진 2〉 신라진흥왕순시비
(『동아일보』 1929년 11월 15일)

에 수록이 되어 있지 않다는 점이다.[38] 예를 들면 1929년 함경남도 이원군에서 발견된 「마운령비」에 대한 기사를 『중외일보』는 1929년 11월 9일에 수록하였고, 『매일신보』와 『동아일보』는 11월 15일에 수록하였지만, 『조선일보』는 그보다 1년 이상이나 더 늦은 1930년 11월 29일과 1931년 6월 14일에 수록하고 있다.

여섯째, 여성 인물 기사는 단연 선덕여왕에 대한 기사가 독보적이라는 점이다. 이것은 선덕여왕에 대한 신라 최초, 한국 최초의 '여왕'이라는 역

〈사진 3〉 신라 선덕여왕의 예지와 정치
(『매일신보』 1934년 10월 12일)

〈사진 4〉 선덕여왕의 예언삼사
(『동아일보』 1937년 11월 18일)

---

38) 당시의 교통과 통신 등 여러 가지 사정들을 감안해야 할 것이다.

사적인 평가가 1920년대 이후 '신여성'에[39] 대한 시대적 상황과 분위기 등이 반영되었던 것 같다.

즉 최초의 '여왕'이라는 평가는 선구적인 의미로 받아들여지면서 당시의 시대적·사회적인 통념에 대항하던 '신여성'의 이미지에 투영된 것이 아닐까 한다. 그런 의미에서 어쩌면 선덕여왕은 이 당시에 '신여성'의 상징적인 존재로서의 이미지를 가지고 있었을 것으로 추정된다.

5. 신라 인물 기사의 의미

일제강점기 신문과 잡지에 수록된 인물에 대한 기사의 의미는 다음과 같이 몇 가지로 구분이 가능할 것이다.

첫째, 일제강점기 신문과 잡지에 수록된 인물에 대한 기사에는 총독부의 식민지 지배정책이 반영되어 있다는 점이다. 일제는 1920년대 문화통치기에 식민지 지배정책의 방법의 하나로 '신라'와 '경주'를 주목하였고, 이것을 적극적으로 활용하였다. 즉 조선에서는 신문과 잡지 등 언론매체를 중심으로 조선역사의 대중화가 활발하게 이루어졌는데, 이 당시에 신라는 단군조선과 함께 조선인들에게 민족의식 또는 국민의식을 함양하는데 유익한 역사상 조선국가의 모범이 되었다. 특히 신라의 수도 경주는 조선인에게 민족으로서의 자각과 긍지를 북돋우는 문명의 사적이었

---

39) '신여성'에 대한 연구는 김경일, 「일제하의 신여성 연구 −성과 사랑의 문제를 중심으로−」 『사회와 역사』 57, 2000 : 이배용, 「일제시기 신여성의 개념과 연구사적 검토」 『난곡이은순 교수정년기념사학논문집』, 2000 : 박용옥, 「1920년대 신여성 연구 −'신여자'와 '신여성'을 중심으로−」 『여성 −역사와 현재−』, 국학자료원, 2001 참조

으며, 조선의 청년학생과 시인묵객들이 마치 성지를 순례하듯이 무리를 지어 경주를 탐방하였다.[40]

일제는 이것을 교묘하게 이용하여 식민지 지배정책의 수단으로 활용하였다. 일제는 '신라'와 '경주'를 통해서 일본의 조선 점령을 합리화하고 그 권위를 강화하려고 하였으며, 조선인의 제국신민화를 부추겨서 조선인을 '일제의 충량한 신민'으로 만드는 역할을 하였다.[41] 또한 사라진 '신라'와 폐허가 된 '경주'를 통하여 식민지로 전락한 당시 조선의 현실을 직시하게 되었고, 이와 동시에 비교할 수도 없는 일제의 커다란 힘을 인정하면서 제국주의의 질서를 승인하게 되었다.[42] 결국 이러한 것이 정체성과 타율성을 주요 내용으로 하는 식민사학이 형성되는데 바탕이 되었다고 할 수 있다.

이러한 정책을 수행하기 위하여 일제는 불국사와 석굴암을 정비함으로써 '경주'를 관광지로 개발하였다. 그리고 1920년대에 접어들면서 많은 관광객과 수학여행단[43] 등이 찾아오면서 이들을 위한 여행안내서가 출판되었고,[44] 또한 신문이나 잡지 등 언론매체를 통하여 여행기나 기행문 등 다양한 형태의 글들이 게재되기 시작하였다.[45] 여기에는 관광지의 역사·지리·신화·유적 등 다양한 자료들이 소개되었으며, 이와 관련된

---

40) 황종연, 「한국 근대소설에 나타난 신라 -현진건의 『무영탑』과 이광수의 『원효대사』를 중심으로-」 『동방학지』 137, 2007 ; (개제) 「신라의 발견 -근대 한국의 민족적 상상물의 식민지적 기원-」, 황종연 엮음, 앞의 책 재수록, 2008, 17쪽 및 29쪽.
41) 황종연, 앞의 논문, 2007 ; 황종연 엮음, 앞의 책 재수록, 2008, 50~51쪽.
42) 허병식, 「식민지 조선과 '신라'의 심상지리」 『비교문학』 41, 2007 ; 황종연 엮음, 앞의 책 재수록, 2008, 131~135쪽.
43) 이중화 편, 『경주기행』, 제일상회, 1922.
44) 김현숙, 「근대 시각문화 속의 신라 -석굴암을 중심으로-」 『한국근대미술사학』 12, 2006 ; (개제) 「근대 시각문화 속의 석굴암」, 황종연 엮음, 앞의 책 재수록, 2008, 90~91쪽.
45) 조성운, 『식민지 근대관광과 일본시찰』, 경인문화사, 2011, 110쪽.

인물에 대한 내용도 포함되었다. 이러한 경주 등의 식민지로의 관광은 위락 · 놀이 · 문화라는 관광의 기본 욕구 이외에 식민지의 이문화 발견, 지배민족으로서의 만족감을 느끼고 국민적 일체감을 경험하는 장으로써 대내외적으로 식민지 통치의 성과를 과시할 수 있는 좋은 소재가 되었다.[46] 그 결과 '경주'는 당대 조선에서 가장 인기 있는 관광탐승지의 하나가 되었는데,[47] 이 당시 경주의 분위기는 다음의 자료를 통해서도 어느 정도 확인할 수 있다.

> C. 慶州로! 慶州로! 新羅의 녯서울 慶州에는 博物館이 잇서서 천년 전에 벌서 세계에 빗나는 그 일홈날니든 新羅文化를 중심으로 널니 任那라든지 百濟란다든지 하는 諸民族의 예술품을 만히 蒐集하여 잇는 바 先人의 이 크다란 말자최를 차즈려고 국내, 국외에서 관광으로 모여드는 뜻잇는 人士의 수가 요지간 몹시 증가하여 잇는 중으로 작년 일년 사이에만 1만2천9백5십4인의 多數에 이르럿고 그 가운데 英米 등 泰西 각국으로부터 온 考古學者 기타만 89명이엇다 한다. 舊蹟을 보는 것은 발분의 기회를 짓자 함이니 될 수 잇는대로 우리들은 이러한 곳곳을 차저 볼 것인가 한다.[48]

---

46) 高媛, 「「二つの近代」の痕迹 ──一九三O年代における「國際觀光」の展開を中心に─」, 吉見俊哉 編, 『一九三O年代のメディアと身體』, 靑弓社, 2002, 129~130쪽 ; 김현숙, 앞의 논문, 2006 ; 황종연 엮음, 앞의 책 재수록, 2008, 92쪽 재인용.
47) 허병식, 앞의 논문, 2007 ; 황종연 엮음, 앞의 책 재수록, 2008, 122쪽.
48) 권두언 「담배한대 피어물고」 『삼천리』 제11호, 1931년 1월 1일자.

한편 1941년 태평양전쟁 발발 이후 1943년 학도지원병제와 1944년 징병제를 실시하면서 조선인을 대동아전쟁에 강제로 끌고 갈 때 활용하였던 대표적인 논리가 신라의 '화랑'이었다.[49] 즉 조선 각계의 명사들은 신문이나 강연에서 학병 출진을 독려하며 조선의 청년들을 '화랑'으로 호명하고 있다.[50]

일본인 학자들은 1920년대 후반부터 신라의 화랑도를 일본의 무사도와 연결시켜서 화랑도를 戰士 집단으로 보거나[51] 또는 武士道와[52] 군사적 기능을[53] 강조하였다. 이러한 신라의 '화랑'은 일본의 '무사도'와 등치되는 민족(국가)정신의 표상이다.[54] 그런 의미에서 화랑도의 세속오계 중에서 '임전무퇴'의 계율을 유독 강조하고 있는데, 이것은 이 계율을 통해 전쟁에 임하고 죽음으로써 천황에 대한 '忠'을 구현하라는 의미이다. 또한 '화랑'의 논리는 출진하는 청년뿐만 아니라 출진자 가족, 그 중에서도 징병의 최대 장애라고 할 수 있는 주부들 즉 출진자의 어머니와 아내에게까지 이어졌다.[55] 이광수는 "당신들의 아들과 오빠와 남편을 출정시키라"고[56] 하고, 사서에 기록된 화랑과 관련된 인물들에 대한 기사들을 신문과 잡지

---

49) 1930년대 후반부터 화랑에 대한 저작들이 많이 등장하고 있는데, 그 중에서 가장 대표적인 것은 三品彰英의 연구이다(三品彰英, 『新羅花郎の硏究』, 三省堂, 1943).
50) 임종국 편, 『친일논설선집』, 실천문학사, 1987 ; 정운현 엮음, 『학도여 성전에 나서라』, 없어지지않는이야기, 1997 참조.
51) 池內宏, 「新羅人の武士的精神について」『史學雜誌』 40-8, 1929 ;『滿鮮史硏究』上世 第2冊, 吉川弘文館, 1960, 492~493쪽.
52) 鮎貝房之進, 「花郎攷」『雜攷』 4, 1932, 42쪽.
53) 조범환, 「일제강점기 일본인 연구자들의 신라 화랑 연구」『신라사학보』 17, 2009, 78쪽.
54) 서희원, 「한국 근대유행가에 표상된 '신라' 담론」『한국문학연구』 33, 2007 ; 황종연 엮음, 앞의 책 재수록, 2008, 169~170쪽.
55) 정종현, 「국민국가와 '화랑도'」『정신문화연구』 105, 2006 ; 황종연 엮음, 앞의 책 재수록, 2008, 234~238쪽.
56) 이광수, 「母 · 妹 · 妻에게」『삼천리』, 1940년 7월호.

〈사진 5〉 조선청년에게
(『매일신보』 1943년 8월 7일)

등에 수록하면서 조선 청년들의 출진을 독려하였다.

그러나 일본인 학자들을 중심으로 전개된 이러한 논리에도 불구하고 신채호는 신라의 화랑도를 우리의 고유한 사상체계인 郎家사상으로 파악하였다.[57] 이와 함께 신라 화랑도의 무사도는 삼국통일에 큰 밑바탕이 되었다고 하거나[58] 고려와 조선의 과거제도보다 더 진보된 인재등용기관으로 이해하였다.[59]

둘째, 인물에 대한 기사는 계몽적인 성격을 강하게 띠고 있다는 점이다. 즉 인물에 대한 기사는 대체로 연재물에 수록되었는데, 이것은 인물에 대한 기사의 특징이기도 하다. 예를 들면 『매일신보』 1932년 2월의 김병곤의 「위인의 소년시대」, 1936년 9월의 「유명한 옛어른의 이애기」와 『조선일보』 1937년 7월의 「역사 이야기」, 『동아일보』 1938년 10월의 「어린이 역사」 등이다.

---

57) 신채호, 「조선역사상일천년래일대사건」, 『조선사연구초』, 단재신채호전집편찬위원회 편, 『단재신채호전집』 제2권, 독립기념관 한국독립운동사연구소, 2007, 298~324쪽 ; 박걸순, 「1920년대 신채호의 역사인식과 역사서술 -조선사연구초를 중심으로-」 『호서사학』 50, 2008, 129~133쪽.
58) 안자산, 「신라의 무사혼 (1)~(4)」 『중외일보』 1928년 6월 11일~14일.
59) 김병곤, 「사해편린 신라의 화랑제」 『중외일보』 1930년 3월 29일.

식민지 지식인들은 신문과 잡지에 주로 역사와 관련된 글들을 수록하여 일반 독자들에게 제공하고, 그 속에서 과거와 현실에 대한 모습을 설명하고 있다. 그리고 때로는 총독부의 식민지 지배정책에 대한 실상을 알리기도 하고, 그에 따른 자신의 주장들을 전개하고 있다. 이러한 행위는 총독부의 식민지 지배정책에 대한 일종의 소극적인 저항이라고도 할 수 있을 것이다. 따라서 인물에 대한 기사는 총독부의 식민지 지배정책의 적극적인 반영과 그것에 대한 식민지 지식인들의 소극적인 저항이 상호 맞물려서 작용하였다고 할 수 있으며, 이러한 현상에 의미를 부여할 수 있을 것이다.

셋째, 인물에 대한 기사는 신라 역사에서 각 계층의 다양한 인물들이 수록되었다는 점이다. 즉 『삼국사기』와 『삼국유사』 등 여러 사서에 기록된 인물들이 대부분 수록되었을 뿐만 아니라 사서에 기록되어 있지 않는 여러 지역의 설화 주인공들도 수록되었다. 그리고 여기에는 최고의 신분인 국왕을 비롯하여 귀족, 무인, 승려, 학자, 예술가 등과 같은 지배층과 함께 피지배층인 일반 백성 등이 모두 포함되었다. 따라서 이러한 것을 바탕으로 신라 역사에서 각 계층의 다양한 인물상을 재조명 할 수 있을 뿐만 아니라 이들의 활동을 통해서 계몽적인 성격을 강하게 띠고 있었음도 확인할 수 있다.

한 가지 특기할 만한 사실은 1935년에 『조광』은 창간호를 발간하면서 신라의 멸망 천년에 대한 특집으로 "新羅滅後一千年"이라는[60] 기사를

---

60) 『조광』 창간호, 1935년 11월 1일. 참고로 여기에 수록된 기사는 「新羅特輯의 辭」: 文一平, 「掌篇 新羅史」: 高裕燮, 「新羅工藝美術」: 李丙燾, 「新羅의 社會制度」: 李泰俊, 「佛國寺」: 宋錫夏, 「神話傳說의 新羅」: 石南山人, 「新羅의 民俗」: 金允經, 「新羅의 文字와 鄕歌」: 朴花城, 「鷄林의 古木등걸」: 權惠奎, 「人物新羅의 偉觀」: 羅衣耕夫, 「新羅의 音

게재하였다는 점이다. 여기에는 당시 관련 분야의 대표적인 학자들이 참여하여 신라의 정치·사회·문화·미술·신화·민속·문학·음악·무용·불교 등 거의 모든 부분을 망라한 기사들이 수록되어 있다. 이것은 이 당시의 '신라'와 '경주'에 대한 이해와도 무관하지 않을 것으로 생각된다. 다시 말하면 천년의 역사를 가진 신라를 재조명하여 '과거'의 찬란한 영광에 대한 회상과 함께 그 멸망에 대한 원인을 고찰함으로써 '현재'의 식민지 상황을 직시하고, 앞으로 '미래'에는 같은 잘못을 반복하지 않으려는 의미로 이해할 수 있을 것이다. 아무튼 이 당시에 이와 같은 기획으로 특집기사를 게재하였다는 사실은 대단히 특별한 것으로 높이 평가해야 할 것이다.

〈사진 6〉"新羅滅後—千年" 표지
(『조광』 창간호 1935년 11월 1일)

樂舞踊」: 李源朝, 「雁鴨池의 暮色」: 權相老, 「新羅의 佛敎文化」 등이다.

6. 맺음말

일제는 1910년 조선을 강제로 병합한 이후에 무단통치를 실시하면서 식민지 조선에서 민간 언론이 존재하지 못하게 하는 정책을 추진하였다. 그 결과 1910년대 경성에서는 총독부의 기관지인 일문의 『경성일보』와 영문의 The Seoul Press, 그리고 조선문(한글)의 『매일신보』만이 발행되었다. 특히 『매일신보』는 이 당시에 한글로 발행되는 유일한 신문이었으므로 조선인들에게 상당한 영향을 끼치고 있었으며, 조선인들을 '일제에 충량한 신민'으로 만드는데 일조하는 것을 목적으로 하고 있었다.

일제의 폭압적인 무단정치는 조선인들의 적극적인 저항을 불러왔는데, 특히 1919년 3·1운동이 발생하면서 일제는 문화통치로 지배정책을 전환하였다. 그 영향의 하나로 언론·집회·출판의 자유를 일부 허용하면서 신문과 잡지 등이 발간되었다. 이때 발간된 대표적인 신문은 『조선일보』·『동아일보』·『시대일보』 등이었고, 잡지는 『개벽』·『신천지』·『신생활』·『조선지광』 등이었다.

총독부는 신문과 잡지의 발간을 허용하면서도 다른 한편으로는 이에 대한 철저한 검열과 통제를 실시하는 이중적인 행태를 보였다. 그리고 1936년 일장기말소사건 이후 신문들은 총독부의 강력한 탄압조치를 당하였고, 이것을 계기로 일부 신문과 잡지들은 친일화의 길을 걷기 시작하다가 이후 1940년에 『조선일보』와 『동아일보』가 폐간되었다.

일제강점기에 『매일신보』 등 7개의 신문에서 신라의 인물에 대한 기사는 모두 316건을 확인할 수 있는데, 『매일신보』 113건, 『조선일보』 92건, 『동아일보』 66건, 『시대일보』 2건, 『중외일보』 35건, 『조선중앙일보』 6건, 『신한민보』 2건 등이다.

시기별로 기사를 검토할 때 공통된 사실은 모든 신문들이 문화통치기에 연재물을 중심으로 많은 기사를 수록하고 있다는 점인데, 전쟁통제기와 비교하면 약 2배 정도의 차이를 보이고 있다. 아마도 총독부에서 추진하였던 '문화통치'와도 관련을 맺으면서 이에 대한 영향이 일정하게 반영되었을 것으로 생각된다. 이것은 문화통치기가 시작되면서 이전의 무단통치기 때의 제약에서 어느 정도 벗어난 결과로 해석할 수 있다.

시기별·신문별 기사의 주제는 인물에 대한 기사가 압도적으로 많으며, 고적과 제도 등의 기사가 그 뒤를 따르고 있다. 그러나 문화통치기에는 고적에 대한 기사가 인물에 대한 기사보다 더 많이 나타나고 있다. 이것은 아마도 경주지역으로의 수학여행을 비롯하여 관광 등이 활발하게 이루어졌던 영향이었을 것이다. 그리고 이러한 주제들이 많은 것은 총독부의 정책 등 당시의 여러 가지 상황과도 밀접하게 관련되었을 것으로 생각된다.

1910년대 일제의 무단통치기에 민간신문은 발행이 어려웠던 것에 비하여 잡지는 극히 제한적으로 이루어졌는데, 이 시기에 국내외에서 발행되었던 국문 잡지는 40여 종이었다. 그러나 언론으로서의 역할을 할 수 있는 시사잡지는 전혀 발행되지 못하였으며, 조선인이 발행한 것은 『청춘』과 『공도』 등 2종뿐이었다.

잡지도 1919년 3·1운동 이후 문화통치기에 새로운 잡지의 발행이 허가되면서 변화를 맞이하여 새로운 잡지의 발행과 함께 『개벽』·『신천지』·『조선지광』 등 일부 잡지에 대해서도 시사문제를 다룰 수 있게 되었다. 그러나 일제는 신문과 마찬가지로 잡지에 대해서도 철저한 검열과 통제를 실시하였다.

1930년대는 잡지의 발행 수량과 부수가 크게 증가하였고, 일반 대중들을 위주로 하였다. 그러나 전쟁통제기의 잡지는 새로운 잡지의 창간과 발행되는 잡지의 수가 줄어들었고, 잡지의 대부분이 일문으로 되어 있거나 내용면에서 친일적인 성향이었다.

일제강점기에 『조선휘보』 등 10개의 잡지에서 신라의 인물에 대한 기사는 모두 54건을 확인할 수 있는데, 『조선휘보』 2건, 『개벽』 4건, 『동광』 5건, 『별건곤』 13건, 『조선문 조선』 6건, 『신흥』 1건, 『조선』 7건, 『삼천리』 13건, 『삼천리문학』 1건, 『대동아』 2건 등이다.

시기별로 기사를 검토할 때 공통된 사실은 신문과 마찬가지로 대상 잡지들이 모두 문화통치기에 많은 기사를 수록하고 있다는 점이다. 그리고 전쟁통제기와 비교하였을 때에는 약 5배 정도의 차이를 보이고 있는데, 신문과 비교하면 큰 차이라고 할 수 있다. 이것은 신문과 마찬가지로 문화통치기가 시작되면서 이전의 무단통치기 때의 제약에서 어느 정도 벗어난 결과로 해석할 수 있다.

시기별·잡지별 기사의 주제는 신문과 마찬가지로 인물에 대한 기사가 압도적으로 많았으며, 고적과 종교 등의 기사가 그 뒤를 따르고 있다. 이러한 주제들이 많은 것은 총독부의 정책 등 당시의 여러 가지 상황과도 밀접하게 관련되었을 것으로 생각된다.

일제강점기 신문과 잡지에 수록된 인물에 대한 기사는 몇 가지의 특징과 의미를 추구할 수 있다. 먼저 인물에 대한 기사의 특징은 첫째, 수록된 기사들 사이에 횟수와 분량의 차이가 크다는 점이다. 둘째, 시기별 기사들 사이에서도 분량의 차이가 크다는 점이다. 셋째, 한 개인에 대한 단독 기사도 있지만, 대부분이 고적과 제도 등의 주제와 관련되어 있다는 점이다. 넷째, 인물에 대한 기사는 대체로 연재물에 수록되어 있다는 점이다. 다섯째, 같은 시기에 발생한 사건이라고 하더라도 공통적으로 수록이 되어 있지 않다는 점이다. 여섯째, 여성 인물 기사는 단연 선덕여왕에 대한 기사가 독보적이라는 점이다.

그리고 인물에 대한 기사의 의미는 첫째, 총독부의 식민지 지배정책이 반영되어 있고, 둘째, 계몽적인 성격을 강하게 띠고 있으며, 셋째, 신라 역사에서 각 계층의 다양한 인물들이 수록되었다는 점이다.

[부록 1] 신문에 수록된 신라 인물 기사

1. 매일신보(1910~1945)

순번	연대	필자	제 목	분류
1	1912.10.31		羅王古墳再興 : 脫解王	고적
2	1912.11.09		慶州郡新羅古蹟 : 太宗武烈王碑	고적
3	1912.11.10	武田生	寺內總督慶州行(1) : 太宗武烈王陵	고적
4	1915.01.05	嵩陽山人	古齋漫筆 如是觀(8) : 訥祇王·慈悲王	문화
5	1915.01.08	槐翁	訪 龍珠寺(2) : 文聖王·廉居禪師	고적
6	1915.09.22		신라舊都의 고적 : 김유신묘·태종무열왕릉·오릉·첨성대	고적
7	1919.08.05		金庾信의 一生을 推仰케 하는 新羅古城址 鵲城이 發見됨	고적
8	1920.01.01	李明載	歷代의 庚申年(1) : 신라 시조왕·祇摩王·阿達羅王·助賁王·基臨王·訥祇王·炤知王·法興王·眞興王·眞平王·圓光·太宗武烈王·文武王·金庾信	기타
9	1920.01.01	李明載	歷代의 庚申年(2) : 金庾信·聖德王·惠恭王·金良相·良品·文聖王·孝恭王·弓裔·王建·甄萱	기타
10	1920.03.09	高橋亨	檀君傳說에 대하여(4) : 赫居世	신화
11	1920.03.28	雪嶽葯蕘 朱翟	朝鮮語와 朝鮮文(2) : 조선어와 조선문이 今日과 같이 불완전 불규칙한 현상을 做出한 2대 원인 : 薛聰	문화
12	1920.04.06	張道斌	佛敎講演 速記(4), 古代 朝鮮佛敎觀(續) : 元曉·惠亮·圓光·貴山·箒項·義湘	종교
13	1920.04.07	張道斌	佛敎講演 速記(5), 古代 朝鮮佛敎觀(續) : 元曉·金庾信·義湘·瑤石·薛聰	종교

14	1920.05.01	勿齋	朝鮮人은 朝鮮의 歷史를 研究하라(3) : 武烈王・文武王・金庾信	문화
15	1920.05.05	幣原坦	日鮮同源史徵(1) : 蘇伐公・朴赫居世・瓠公	신화
16	1920.05.22	勿齋	自卑尊人하는 根性을 타파하라(下) : 朴堤上・金庾信・崔致遠	기타
17	1920.05.26	勿齋	現代 吾人의 死活問題(2) : 朴堤上・竹竹	기타
18	1920.06.02	勿齋	인물과 時機란 者는 何 : 金庾信・文武王	기타
19	1920.06.03		培材 慶州記行 第2信 : 金陽・神武王・太宗武烈王・金庾信・眞興王・眞智王・憲安王・薛聰・	문화
20	1920.11.20	木春生	文苑 展金庾信墓 : 金庾信	예술
21	1921.01.10	景命	朝鮮史譚問答(106) 高麗時代(前項續) : 舜恭	인물
22	1921.01.16	白錦生	槿誌(23) 一名 朝鮮誌 (20)朝鮮沿革大略(續) : 朴赫居世・智證王・太宗武烈王・文武王・敬順王	지리
23	1921.01.18	白錦生	槿誌(24) 一名 朝鮮誌 (20)朝鮮沿革大略(續)・(21) 箕子傳說 : 景德王・弓裔	지리
24	1921.01.20	景命	朝鮮史譚問答(110) 高麗時代 : 李翰	인물
25	1921.02.10	白錦生	槿域誌(42) (29)族制・(30)言語文字 : 薛聰	문화
26	1921.02.14	白錦生	槿域誌(44) (32)戶口・(33)敎育 : 神文王	제도
27	1921.02.26	白錦生	槿域誌(54) (44)京畿道 (1)京城府(漢陽) : 眞興王・景德王	지리
28	1921.02.27	白錦生	槿域誌(55) (43)京畿道 (1)京城府(續)・(2)仁川府 : 景德王	지리
29	1921.02.28	白錦生	槿域誌(56) (44)京畿道 (3)高陽郡・(4)廣州郡 : 景德王	지리
30	1921.03.01	白錦生	槿域誌(56) (43)京畿道 (5)楊州郡・(6)漣川郡 : 景德王	지리
31	1921.03.05	白錦生	槿域誌(60) (43)京畿道 (12)龍仁郡・(13)安城郡 : 景德王	지리
32	1921.03.07	白錦生	槿域誌(61) (43)京畿道 (14)振威郡・(15)水原郡 : 景德王	지리
33	1921.04.10	勿齋	晴窓漫錄 人世輪廻(上) : 文武王・甄萱・弓裔	인물
34	1921.04.15	白錦生	槿域誌(62) (43)京畿道 (16)始興郡・(17)富川郡 : 景德王・元聖王	지리

35	1921.04.17	白錦生	槿域誌(63) (43)京畿道 (18)金浦郡・(19)江華郡 ： 景德王・元聖王	지리
36	1921.04.18	白錦生	槿域誌(64) (43)京畿道 (20)坡州郡・(21)長湍郡：景德王	지리
37	1921.04.20		內鮮人의 結婚 增加와 血統的 融和의 捷徑：瓠公	제도
38	1921.05.10	白錦生	槿域誌[86] (44)名勝古蹟 (1)京畿道 (33)北漢山城 離宮(前回繼續)・(34)山映樓：眞興王	지리
39	1921.08.10		朝鮮製紙事業에 就하여(2)：居柒夫・眞興王	문화
40	1922.04.23	景命生	嶠南 7日 遊記(19)：金庾信 墓와 太宗 武烈王陵	고적
41	1922.10.15		武烈王陵前의 龜像을 御撮影：太宗武烈王・金庾信	문화
42	1923.02.06		光州九十案은 儒敎의 賊(下)：聖德王	문화
43	1923.03.01	松浦淑郎(寄)	傳說 佛國寺 古談(1)：法興王	설화
44	1926.04.18		新羅王陵國享	의례
45	1926.04.19		慶州新羅 三祖國享에 列格 廿八日부터 祭奠擧行	의례
46	1926.04.29		新羅三祖祭典도 無期延期	의례
47	1926.08.21		新羅三祖王陵 秋季享祭난	의례
48	1926.09.26		新羅三祖 王陵秋季享祭 秋雨暴注를 무릅쓰고 壯嚴裡에 擧行	의례
49	1926.09.29		新羅의 先王三姓 爲해 千年만에 祭典再興：朴赫居世・昔脫解王・金味鄒王	의례
50	1927.12.15		新羅始祖陵에 偹葬한 것 發見：朴赫居世	고적
51	1929.02.04		歷史의 古建物 賣却 競爭入札에 붓흔 江陵殿大廳：景德王	고적
52	1929.08.25	崔斗煥	新羅彫刻의 巨匠 藝術을 爲하야 自殺 吐含山에 숨은 哀史(上)：景德王・金大城	설화
53	1929.09.10	金亨起	新羅使臣과 絶代佳人 神魚傳信으로 百年偕老(上)：江陵蓮花寺의 情話：無月郎과 蓮花夫人	설화
54	1929.09.11	金亨起	新羅使臣과 絶代佳人 神魚傳信으로 百年偕老(下)：江陵蓮花寺의 情話：無月郎과 蓮花夫人	설화
55	1929.11.05		城大兩敎授의 眞興王碑 硏究 新羅史의 一新記錄：眞興王	고적

56	1929.11.15		眞興王拓境巡視碑 : 眞興王	고적
57	1930.03.21		泰封王國 遺址調査 貴重品 多數發見 : 弓裔	고적
58	1930.05.30	金命坤	武勇의 朝鮮人(8) 新羅編(1) : 金庾信	인물
59	1930.05.31	金命坤	武勇의 朝鮮人(9) 新羅編(2) : 文武王・元述	인물
60	1930.06.03	金命坤	武勇의 朝鮮人(10) 新羅編(3) : 欽純・盤屈・品日・官昌	인물
61	1930.06.04	金命坤	武勇의 朝鮮人(11) 新羅編(4) : 張保皐・鄭年・金陽・閻長・興德王	인물
62	1930.06.05	金命坤	武勇의 朝鮮人(12) 新羅編(5) : 沈那・素那	인물
63	1930.06.06	金命坤	武勇의 朝鮮人(13) 新羅編(6) : 金庾信・丕寧子・擧眞・合節	인물
64	1931.12.22		新羅朝의 武烈王陵碑 西岳書院樓門附近에서 發見 : 聖德大王神鍾・武烈王陵碑・文興大王	고적
65	1932.02.19	金秉坤	偉人의 少年時代(1) : 新羅를 빗내인 名將 金庾信의 斬馬巷	인물
66	1932.11.15	李有根	伽倻國의 樂師于勤 偶然한 台石上 因緣 : 于勒・眞興王・法知・階古・萬德	고적
67	1932.11.27		新羅眞興王巡狩碑 保存 : 眞興王	고적
68	1933.12.14		新羅金庾信將軍의 影幀閣建立準備 : 金庾信	고적
69	1934.09.27		黃倡郎의 劍舞 金冠의 古典服 : 黃倡郎	예술
70	1934.10.20	柳光烈	農村巡禮記 慶北篇(39) : 大新羅完成者 武烈王陵參拜	고적
71	1934.10.21	柳光烈	農村巡禮記 慶北篇(39) : 卵生의 美童男이 天降天子로 君任	신화
72	1934.10.22	柳光烈	農村巡禮記 慶北篇(44) : 東方 龍城國에서 大卵으로 渡海한 新羅王 昔脫解	신화
73	1934.10.26	柳光烈	農村巡禮記 慶北篇(44) : 九層塔의 意圖는 東方統一의 理想	고적
74	1934.12.24	柳光烈	農村巡禮記 全南篇(28) : 海上의 殷富와 國際巨商 張保皐	인물
75	1935.10.23	金允植	東韻史記 新羅篇(36) : 智證王・朴赫居世	인물
76	1935.12.21	金日坤	一日一文 : 善德女王과 牧丹花	인물

77	1936.02.22		燦然朝鮮文化의 遺産 七十一種을 氶 指定 : 眞德王陵 · 武烈王陵 · 聖德王陵 · 景德王陵 · 憲德王陵 · 興德王陵 · 金庾信墓	고적
78	1936.03.02		羅朝珍品發掘 : 神文王陵	고적
79	1936.04.12	金允植	東韻史記 新羅篇(80) : 聖德王	제도
80	1936.04.16	金允植	東韻史記 新羅篇(83) : 孝成王 · 信忠 · 景德王	제도
81	1936.04.17	金允植	東韻史記 新羅篇(84) : 景德王 · 向德	인물
82	1936.07.22	申瑩澈	傳說(1) 洛花巖 百濟末年 三千宮女殉死悲話 : 金庾信	설화
83	1936.09.15		新羅三殿三陵의 秋季亨祠 擧行 : 始祖王陵 · 脫解王陵 · 味鄒王陵	의례
84	1936.10.04	柳光烈	유명한 옛어른의 이야기 : 少年史話(6) 新羅의 始祖 朴赫居世王	인물
85	1936.10.09		新羅眞興王碑閣 利原郡有志들이 新築코 : 眞興王碑	고적
86	1936.10.14		千三百六十九年前 新羅眞興大王碑 : 眞興大王	고적
87	1936.11.15	柳光烈	유명한 옛어른의 이야기 : 少年史話(11) 압일을 환히 아시든 新羅 善德女王	인물
88	1936.11.22	柳光烈	유명한 옛어른의 이야기 : 少年史話(12) 귀신도 범치 못하든 新羅의 處容	인물
89	1937.01.03		朝鮮社會事業의 考察 新羅儒理王時代부터 仁君善政의 大本으로 : 儒理王	제도
90	1937.05.02	小杉放庵	金庾信陵	고적
91	1937.05.04	六堂學人	朝鮮常識 巫祝篇(5) : 脫解王	인물
92	1937.06.02		新羅昔氏の始祖 : 昔脫解	인물
93	1937.07.08	六堂學人	朝鮮常識 妖怪篇(7) : 憲康大王 · 處容	인물
94	1937.07.20	六堂學人	朝鮮常識 祈禳篇(6) : 處容	인물
95	1937.07.21	六堂學人	朝鮮常識 祈禳篇(7) : 鼻莉郎 · 門排 · 志鬼	인물
96	1937.07.22	六堂學人	朝鮮常識 祈禳篇(8) : 處容	인물

97	1937.07.23	六堂學人	朝鮮常識 祈禳篇(9) : 芻靈處容・假處容・處容岩	인물
98	1938.09.30		歷代名家遺筆眞蹟 九月分(第二幅) 新羅篇 : 眞興王・郎空大師・神行禪師・眞鑑禪師	고적
99	1939.03.04	六堂學人	朝鮮의 神話(13) : 新羅始祖의 出世說話	인물
100	1939.03.06	六堂學人	朝鮮의 神話(14) : 新羅古代의 天子說話	인물
101	1939.03.10	六堂學人	朝鮮의 神話(18) : 新羅째의 政丞 瓠公	인물
102	1939.07.02		昔年今日 五月十六日 : 神文王	인물
103	1939.07.25		昔年今日 六月初九日 : 眞表律師	인물
104	1939.08.14		昔年今日 六月廿九日 : 惠恭王	인물
105	1939.08.15		昔年今日 七月初一日 : 文武王・金庾信	인물
106	1939.08.19		昔年今日 七月初五日 : 憲康王・定康王	인물
107	1939.08.22		昔年今日 七月初八日 : 景文王・崔致遠	인물
108	1939.08.23		昔年今日 七月初九日 : 武烈王・金庾信・文武王	인물
109	1939.08.30		昔年今日 七月十六日 : 儒理王・文武王	인물
110	1939.08.31		昔年今日 七月十七日 : 眞智王	인물
111	1942.10.22		大伽藍의 痕跡歷然 扶餘史蹟發掘로 歷史的重要資料 獲得 : 金庾信	고적
112	1943.08.02		光輝있는 責任을 分擔 半島青年 殉國은 이때 : 脫解王・瓠公	기타
113	1943.08.07	小田淑專	朝鮮青年에게 어머니의 理解와 굿센 覺悟가 必要 : 김유신・진평왕・문무왕・지소부인・태종무열왕・문무왕・원술	기타

2. 조선일보(1920~1940)

순번	연대	필자	제 목	분류
1	1925.11.07		千年古都를 차저서, 慶州見學團隨行記(五) 佛國寺의 歷史 波瀾도 만헛다 : 訥祇王, 法興王, 景德王	고적
2	1925.11.10		二千年傳來하는 昔脫解王의 遺産	고적
3	1926.04.19		崇德殿重修	고적
4	1927.03.09		地方紹介, 慶州郡 其三 넷일을 말하는 鷄林의 老樹 : 탈해왕, 문무왕, 선덕여왕	고적
5	1927.03.10		地方紹介, 慶州郡 其四 流觴曲水의 鮑石亭 : 朴赫居世, 景哀王	고적
6	1927.03.11		地方紹介, 慶州郡 其五 華巧無比의 佛國寺 : 景德王, 文武王	고적
7	1927.03.12		地方紹介, 慶州郡 其六 新羅神文王時 萬波息笛 : 神文王	고적
8	1927.03.24		勿稽子, 新羅 奈解王 때의 사람	인물
9	1927.10.29	李秉岐	가을의 慶州를 차저(四) : 金閼智, 金庾信, 景哀王, 薛聰, 崔致遠	고적
10	1928.11.23		古蹟巡訪, 燦爛한 新羅文化 (6)太宗王과 金庾信	인물
11	1928.12.12	湖岩生	朝鮮歷史講座(九), 이름부터 꽃다운 新羅의 花郎制 : 眞德女王	제도
12	1928.12.13	湖岩生	朝鮮歷史講座(十), 이름부터 꽃다운 新羅의 花郎制(續) : 南毛, 俊貞	제도
13	1930.07.04	文一平	年號와 帝號의 制(二), 朝鮮에 帝號가 있었는가 : 眞興王	제도
14	1930.07.09	文一平	年號와 帝號의 制(四), 新羅國內에선 或稱帝 : 法興王, 眞德王, 眞平王, 善德女王	제도
15	1930.07.11	文一平	年號와 帝號의 制(五), 新羅國內에선 或稱帝 : 元聖王, 照文皇太后, 敬信太王, 金周元	제도
16	1930.11.29		一千五百年前 新羅遺蹟 發見 : 眞興王	고적
17	1930.12.03	鄭鳳得	婦人文藝, 慶州紀行(一) : 法興王, 景德王, 金大城	고적
18	1930.12.04	鄭鳳得	婦人文藝, 慶州紀行(二) : 惠恭王, 文武王	고적
19	1930.12.05	鄭鳳得	婦人文藝, 慶州紀行(完) : 文武王, 景哀王, 甄萱, 麻衣太子, 金閼智, 味鄒王, 善德女王	고적
20	1931.06.14		신라 진흥왕대 고 비석 발견	고적

21	1931.09.26	申采浩	朝鮮史(八六), 제11편 백제의 강성과 신라의 음모 : 龍春, 春秋	정치
22	1932.04.17	金秉坤	력사에 나타난 어진 부인네들(1), 신라 - 총명편 : 선덕여왕	인물
23	1932.04.19	金秉坤	력사에 나타난 어진 부인네들(2), 삼국 신라 : 선덕여왕	인물
24	1933.07.23	李相昊	金剛山 特電(5), 夢見 麻衣太子! 斷俗 入山 眞意를 拜問	인물
25	1933.10.04		節中節, 月中月! 中秋 名節 秋夕節 : 儒理王	풍속
26	1933.10.13	湖岩	『竹祜』一考 : 神文王, 儒禮王	설화
27	1933.10.19	湖岩	史外遺聞(4), 新羅의 東京 : 神行禪師, 憲德王, 金獻貞	설화
28	1934.02.10	朴花城	그립든 옛터를 차저, 新羅 古都의 慶州로(3) 佛國寺와 多寶塔 : 景德王, 金大城	고적
29	1934.02.11	朴花城	그립든 옛터를 차저, 新羅 古都의 慶州로(4) 釋迦塔와 石獅子 : 景德王, 金大城	고적
30	1934.02.14	朴花城	그립든 옛터를 차저, 新羅 古都의 慶州로(6) 蘆花陵과 石佛 : 景德王, 金大城	고적
31	1934.02.15	朴花城	그립든 옛터를 차저, 新羅 古都의 慶州로(7) 閼英井과 蘿井 : 朴赫居世, 智證王	고적
32	1934.02.16	朴花城	그립든 옛터를 차저, 新羅 古都의 慶州로(8) 鮑石亭과 景哀王 : 朴赫居世, 閼英夫人, 景哀王	고적
33	1934.02.17	朴花城	그립든 옛터를 차저, 新羅 古都의 慶州로(9) 鷄林과 瞻星臺 : 金閼智, 善德女王	고적
34	1934.02.18	朴花城	그립든 옛터를 차저, 新羅 古都의 慶州로(10) 臨海殿과 雁鴨池 : 赫居世王, 儒理王, 婆娑王, 慈悲王, 智證王, 眞興王, 眞平王, 文武王	고적
35	1934.02.20	朴花城	그립든 옛터를 차저, 新羅 古都의 慶州로(11) 芬皇寺 三層塔을 보고 : 善德女王	고적
36	1934.02.22	朴花城	그립든 옛터를 차저, 新羅 古都의 慶州로(12) 武烈王陵을 차저 : 武烈王, 文武王, 金庾信	고적
37	1934.06.15	鼎言散人	朝鮮弓道와 射風(9) : 元聖王	제도
38	1934.07.25	申鼎言	朝鮮史上의 水亂, 百五山岳의 崩壞(新羅時代)(1) : 儒理王, 祇摩王, 阿達羅王 등	예술
39	1934.10.24	宋錫夏	黃倡傳說戲化의 復活, 慶州의 今年秋夕行事 : 黃倡	설화
40	1934.11.06	唐珠洞人	朝鮮劇의 面貌인 新羅假面劇과 李朝山臺劇(3) : 品日, 官昌, 黃倡郎	예술

41	1934.11.07	唐珠洞人	朝鮮劇의 面貌인 新羅假面劇과 李朝山臺劇(4) : 官昌, 黃倡郎, 崔致遠, 憲康王, 處容	예술
42	1935.01.01	金台俊	新羅 鄕歌의 解說(上), 民衆藝術로서 歌謠를 말함 : 儒理王, 眞聖女王, 魏弘, 大矩和尙	문화
43	1935.01.03	金台俊	新羅 鄕歌의 解說(中), 民衆藝術로서 歌謠를 말함 : 純貞公, 水路夫人, 善花公主, 良志, 處容	문화
44	1935.01.04	金台俊	新羅 鄕歌의 解說(下), 民衆藝術로서 歌謠를 말함 : 得烏谷, 竹旨郎, 忠談師, 耆婆郎, 月明師 등	문화
45	1935.04.03	李源朝	慶州紀行(1) : 金閼智	고적
46	1935.04.14	山東	春郊名山 二拍子行脚(五), 逍遙山 篇 : 元曉, 瑤石公主, 薛聰, 文武王	설화
47	1935.08.08		慶州 芬皇寺 화재의 상보 : 선덕여왕	고적
48	1935.10.02		望月寺前哨探訪(2) : 善德女主, 海浩禪師, 慧眼法師	설화
49	1936.01.03	文一平	丙子를 通해본 朝鮮(1), 新羅가 半島서 唐兵擊退 : 文武王	정치
50	1936.06.11		小金剛 八景의 一 靑鶴寺이 全燒 : 法興王	고적
51	1936.09.12	湖岩	古事拾綴(2), 新羅僧의 渡[竺]者 :	종교
52	1936.10.16	蒼厓學人	慕學館筆記(二), 新羅의 國號(上) : 脫解王, 基林王, 智證王	제도
53	1936.10.17	蒼厓學人	慕學館筆記(三), 新羅의 國號(下) : 蘇伐公, 儒理王, 脫解王, 崔致遠	제도
54	1936.10.20	蒼厓學人	慕學館筆記(四), 新羅의 王號 : 赫居世, 南解	제도
55	1936.10.21	蒼厓學人	慕學館筆記(五), 新羅의 王號(下) : 儒理, 實聖, 金大問, 奈勿, 智證, 崔致遠	제도
56	1936.10.22	蒼厓學人	慕學館筆記(六), 新羅의 諡號 : 智證王, 法興王, 眞興王, 眞智王, 眞平王, 善德女王, 眞德女王, 武烈王	제도
57	1936.10.23	蒼厓學人	慕學館筆記(七), 朴赫居世와 閼英 : 瓠公	인물
58	1936.10.24		29일 落成式이 거행 될 新羅 眞興王 北省碑閣	고적
59	1936.10.27		新羅 眞興大王의 北省碑閣 落成式	고적
60	1936.10.29	蒼厓學人	慕學館筆記(十一), 新羅의 三質 : 奈勿王, 實聖, 卜好, 未斯欣, 訥祗王	정치

61	1936.12.05	蒼厓	慕學館筆記(上), 新羅의 官位(二) : 儒理王, 元曉	제도
62	1936.12.06	蒼厓	慕學館筆記(中), 新羅의 官位(三) : 祗摩王, 婆娑王, 許婁, 摩帝	제도
63	1937.07.25	文一平	歷史 이야기, 新羅의 三寶 : 眞平王	고적
64	1937.09.12	文一平	歷史 이야기, 新羅文化 : 元曉, 慧超, 率居	문화
65	1937.09.26	文一平	歷史 이야기, 신라무사 : 崔致遠, 金庾信, 官倉	인물
66	1937.10.24	文一平	歷史 이야기, 신라통일시대 : 무렬왕, 김부왕	인물
67	1937.11.21	文一平	歷史 이야기, 신라가 망함 : 진성녀왕, 견헌, 궁예, 왕건, 김부왕, 경순왕, 마의태자	정치
68	1937.12.02		千年國寶 石窟庵 SOS : 景德王	고적
69	1938.01.03	李殷相	新羅文明의 母胎인 '花郞制度와 그 精神(上) : 眞興王, 南毛, 俊貞, 金大問, 崔致遠	제도
70	1938.01.05	李殷相	新羅文明의 母胎인 '花郞制度와 그 精神(下) : 薛原郞, 金庾信, 斯多含, 官倉, 近郞, 劍君	제도
71	1938.01.11		新羅以來의 古俗, 民俗舞踊의 雅趣 : 崔致遠	예술
72	1938.02.12		新羅 彫刻藝術의 極致 十二支神像 發見 : 혁거세왕, 무열왕, 김유신	고적
73	1938.03.10	袋 山生	骨과 品, 新羅의 貴族制度 : 善德女王, 眞德女王	제도
74	1938.07.24	方鍾鉉	新羅古縣인(1) : 欲乃郡의 舊址 : 景德王	지리
75	1938.07.26	方鍾鉉	新羅古利인(2) : 欲乃郡의 舊址 : 景德王	지리
76	1938.07.27	方鍾鉉	新羅古利인 道林寺大伽藍 : 元曉	고적
77	1938.07.28		谷城을 지나 玉果로 가는 길에 : 元曉, 太宗, 宗室寡婦, 薛聰	인물
78	1938.07.30	田夢秀	新羅王號考(1) -學語雜記에서- : 赫居世	제도
79	1938.07.31	田夢秀	新羅王號考(2) -學語雜記에서- : 赫居世, 南解王	제도
80	1938.08.02	田夢秀	新羅王號考(3) -學語雜記에서- : 金大問, 聖德王	제도
81	1938.08.03	田夢秀	新羅王號考(4) -學語雜記에서- : 金大問, 儒理, 實聖	제도
82	1938.09.23	李殷相	智異山探險記, 智異山行 제6일(2) 新羅禪實相寺 : 興德王, 洪陟, 宣康太子, 憲德王, 道義	고적

83	1938.12.16	湖岩	善德女王小傳(1), 統一의 基業	인물
84	1938.12.17	湖岩	善德女王小傳(2), 女中英主	인물
85	1938.12.18	湖岩	善德女王小傳(3), 新羅危機	인물
86	1938.12.22	湖岩	善德女王小傳(5), 三女王	인물
87	1938.12.23	湖岩	善德女王小傳(6), 知機三事	인물
88	1940.01.04	李秉岐	新羅史의 精華 花郎道 : 品釋, 金春秋, 金仁問, 武烈王, 文武王	제도
89	1940.02.19		亞細亞의 奇蹟 네쌍둥이 : 延烏郎 細烏女, 伐休王, 憲德王, 文武王	기타
90	1940.051.01	金亨奎	朝鮮詩歌와 自然, 우리 文學研究에 關한 一試論(中) : 崔致遠	예술
91	1940.07.14	黃義敦	歷史이야기, 新羅 옛 서울 慶州 : 蘇伐公, 벌거쇠임금	지리
92	1940.07.28	黃義敦	歷史이야기, 新羅의 寶物 聖德鐘 : 聖德王, 景德王, 惠恭王, 朴韓味	고적

3. 동아일보(1920~1940)

순번	연대	필자	제 목	분류
1	1926.09.26		朴 昔 金 三姓 新羅王祭祀, 九百九十二年만에 再興	의례
2	1927.09.01		涵碧樓//新羅忠臣竹竹碑	고적
3	1928.07.11		悠久한 歷史를 가진 金山寺 再修繕, 신라 경덕왕 때에 세운 것	고적
4	1929.10.18	玄鎭健	史上의 로만쓰 三國時代篇 現代式 結婚한 春秋公과 文姬(一)	인물
5	1929.10.19	玄鎭健	史上의 로만쓰 三國時代篇 現代式 結婚한 春秋公과 文姬(二)	인물
6	1929.10.20	玄鎭健	史上의 로만쓰 三國時代篇 現代式 結婚한 春秋公과 文姬(三)	인물
7	1929.11.15		新羅眞興王巡視碑 咸南利原에서 發見	고적
8	1930.04.07		新羅偉業의 金字塔 歷然한 史蹟을 無視	고적

9	1932.06.03	金石銖	富山城 깨트린 앙금할머니	설화
10	1932.09.16	崔永斗	新羅政丞과 軍糧里	설화
11	1934.10.12	金瑗根	朝鮮心과 朝鮮色 : 新羅善德女王의 叡知와 政治(一)	인물
12	1934.10.30		浮石寺 : 榮州鳳凰山脈에 位置, 新羅文武王八年에 創建	고적
13	1934.10.30		喜訪寺와 瀑布 : 新羅善德女王 癸卯에 創建	고적
14	1935.01.01		제일 文章家는 新羅憲康朝 崔致遠	인물
15	1935.04.27		조선서 제일 오랜 나무는 新羅敬順王 때 심은 楊平龍門寺의 은행나무	고적
16	1935.04.27		宣川普光寺 門樓마저 燒失, 新羅聖王時創設한 것	고적
17	1937.11.17	竹夫人	閨燈史談(1) : 新羅始祖와 閼英王后	인물
18	1937.11.18	竹夫人	閨燈史談(2) : 女王의 豫言三事	인물
19	1938.05.04	尹星湖	新羅白鷄	신화
20	1938.10.16	李秉岐	어린이 歷史(一) : 성골장군	인물
21	1938.10.23	李秉岐	어린이 歷史(二) : 진훤(甄萱) (上)	인물
22	1938.11.05	石堂	新羅의 三勇士	인물
23	1938.11.06	李秉岐	어린이 歷史(三) : 진훤(甄萱) (下)	인물
24	1938.11.13	李秉岐	어린이 歷史(四) : 고려태조(高麗太組)	인물
25	1939.03.05	金道泰	京釜線編 慶州行(二) : 新羅를 위대하게 건설한 武烈王陵이 잇습니다	고적
26	1939.03.12	金道泰	京釜線編 慶州行(三) : 新羅美術의 극치가 되는 武烈王陵은 世界에 제일	고적
27	1939.04.23	金道泰	京釜線編 慶州行(九) : 신라 임금이 쓰시던 금관과 이차돈의 비가 진열되엇다	고적
28	1939.05.13	崔益翰	北漢山 新羅眞興王碑(上)	고적
29	1939.05.16	崔益翰	北漢山 新羅眞興王碑(中)	고적
30	1939.05.17	崔益翰	北漢山 新羅眞興王碑(下)	고적
31	1939.05.19	崔益翰	北漢山 新羅眞興王碑(四)	고적
32	1939.05.21	金道泰	京釜線編 慶州行(十二) : 善德女王이 만드신 瞻星臺	고적

33	1939.05.28	李秉岐	어린이 歷史(二三) : 仇珍川과 木弩	인물
34	1939.05.28	金道泰	京釜線編 慶州行(十三) : 新羅王 金氏先祖가 降誕한 유서깊은 鷄林金이 잇는 곳	고적
35	1939.06.04	李秉岐	어린이 歷史(二四) : 張弓福과 鄭年	인물
36	1939.06.16	李秉岐	어린이 歷史(二五) : 大世의 큰 뜻	인물
37	1939.06.16	李秉岐	어린이 歷史(二六) : 검은고의 유래	예술
38	1939.06.25	李秉岐	어린이 歷史(二七) : 가야금 내력	예술
39	1939.07.09	李秉岐	어린이 歷史(二九) : 金后稷의 忠諫	인물
40	1939.07.16	李秉岐	어린이 歷史(三十) : 新羅의 花郎	제도
41	1939.07.16	李秉岐	어린이 歷史(三一) : 異斯夫의 智謀	인물
42	1939.07.30	李秉岐	어린이 歷史(三二) : 斯多含의 勇氣	인물
43	1939.07.30	金道泰	京釜線編 慶州行(二二) : 聖人이라구 추앙받으신 新羅 始祖 赫居世의 五陵	고적
44	1939.08.06	李秉岐	어린이 歷史(三三) : 黃山의 싸움	정치
45	1939.08.13	李秉岐	어린이 歷史(三四) : 新羅의 奇士	인물
46	1939.08.20	李秉岐	어린이 歷史(三五) : 膺廉의 대답	인물
47	1939.08.27	李秉岐	어린이 歷史(三六) : 元述의 憤恨	인물
48	1939.09.03	李秉岐	어린이 歷史(三七) : 金將軍의 忿怒	인물
49	1939.09.10	李秉岐	어린이 歷史(三八) : 貴山과 箒項	인물
50	1939.09.27		新羅王國의 建設者 六部村長祭典 擧行	의례
51	1939.10.02		羅代六部村長祭典 論虎藪에서 盛大擧行	의례
52	1939.10.22	李秉岐	어린이 歷史(四三) : 處容의 歌舞	인물
53	1939.10.29	李秉岐	어린이 歷史(四四) : 三女王	인물
54	1939.11.05	李秉岐	어린이 歷史(四五) : 鄕歌	예술
55	1939.11.05	石堂	新羅의 三勇士	인물
56	1939.11.19	李秉岐	어린이 歷史(四七) : 거룩한 忠誠	인물
57	1939.12.10	李秉岐	어린이 歷史(五十) : 孝宗郎	인물

58	1939.12.17	李秉岐	어린이 歷史(五一) : 廉直한 劍君	인물
59	1940.01.01		史乘에 잠긴 龍의 傳說 新羅의 始祖는 龍의 後裔	의례
60	1940.01.28	石堂	帝王秘話(1) : 洪水 덕에 登極 新羅卅八代 元聖大王(上)	인물
61	1940.01.30	石堂	帝王秘話(2) : 洪水 덕에 登極 新羅卅八代 元聖大王(下)	인물
62	1940.02.04	石堂	帝王秘話(6) : 鉢 속에 <임금王>字 <摩震>, 建國者 新羅 王子 弓裔	인물
63	1940.02.16	石堂	帝王秘話(13) : 短刀 갖인 怪僧 新羅 景文王의 結婚揷話(上)	인물
64	1940.02.22	石堂	帝王秘話(14) : 王位와 妻妾의 三喜 新羅 景文王의 結婚 揷話(下)	인물
65	1940.03.31		京慶北部線 楊平－原州間開通試乘記(二) : 九百萬圓工費로 建設 新羅元曉大師創建의 龍門寺	고적
66	1940.04.21		新羅王金氏祖 鷄林輔公 鷄林世廟 奉安大祭	의례

4. 시대일보(1926)

순번	연대	필자	제 목	분류
1	1926.05.20	申采浩	朝鮮史研究 高句麗와 新羅 建國年代에 對하야(一) : 赫居世	신화
2	1926.05.25	申采浩	朝鮮史研究 高句麗와 新羅 建國年代에 對하야(三) : 文武王	신화

5. 중외일보(1926~1931)

순번	연 대	필자	제 목	분류
1	1928.01.02	自笑生	朝鮮史上의 三戊辰(二) : 武烈王 · 文武王 · 眞聖女王	정치

2	1928.06.11	安自山	新羅의 武士魂(一) : 智證王·異斯夫·法興王·圓光· 貴山·箒項	인물
3	1928.06.11	安自山	新羅의 武士魂(二)	인물
4	1928.06.11	安自山	新羅의 武士魂(三)	인물
5	1928.06.11	安自山	新羅의 武士魂(四)	인물
6	1929.11.09		新羅 眞興王의 紀念碑 發見, 利原 摩天嶺 萬德山에서 史學上의 好資料	고적
7	1930.01.06	六堂學人	日史 旧十二月六日 千百二十年前 新羅人 海上執權의 前驅 나타나다 : 張保皐·興德王	인물
8	1930.01.27	六堂學人	日史 旧十二月廿八日 千六百七十年前 新羅沾解王이 薨하다 : 沾解王	인물
9	1930.03.06	金秉坤	史海片鱗 : 三國時代 金庚信과 家庭 : 金庚信·萬明· 舒玄·元述	인물
10	1930.03.29	金秉坤	史海片鱗 : 三國時代 新羅의 花郎制 : 眞興王·南毛· 俊貞·金庚信	제도
11	1930.04.01	金丙坤	史海片鱗 : 三國時代 新羅三寶(一) 眞平王의 玉帶 : 眞平王	인물
12	1930.04.02	金丙坤	史海片鱗 : 三國時代 新羅三寶(二) 皇龍寺丈六尊像 : 眞興王·慈藏	고적
13	1930.04.03	金丙坤	史海片鱗 : 三國時代 新羅三寶(三) 皇龍寺九層塔 : 善德王·慈藏	고적
14	1930.04.08	金丙坤	史海片鱗 : 三國時代 新羅의 鼠馬 : 炤知王	의례
15	1930.04.15	金丙坤	史海片鱗 : 三國時代 眞德女王 : 金春秋·金庚信·閼川	인물
16	1930.04.22	金丙坤	史海片鱗 : 三國時代 新羅의 統一 : 太宗大王·文武大王	인물
17	1930.04.23	金丙坤	史海片鱗 : 新羅朝 文武王의 逸話와 最初의 暗行御史 : 文武王·義相·車得公·安吉	제도
18	1930.04.24	金丙坤	史海片鱗 : 新羅朝 天下太平하든 竹笛 : 文武王·神文王·金庚信·孝昭王·失禮郎	고적
19	1930.04.25	金丙坤	史海片鱗 : 新羅朝 元聖王의 三大奇蹟 : 金周元·金敬信	인물
20	1930.04.26	金丙坤	史海片鱗 : 新羅朝 神物도 侵掠, 水路夫人의 美容 : 聖德王·純貞公·水路夫人	인물
21	1930.04.27	金丙坤	史海片鱗 : 新羅朝 宮庭의 로맨스 : 景德王·表訓·惠恭王·神武王·弓巴·閻長	인물
22	1930.04.29	金丙坤	史海片鱗 : 新羅朝 娶長公主有三美 : 景文王·憲安王·範教師	인물

23	1930.05.01	金丙坤	史海片鱗 : 新羅朝 花一枝變爲佳人 : 眞聖女王・魏弘・鳧好夫人・王居仁・居陁知	인물
24	1930.05.02	金丙坤	史海片鱗 : 新羅朝 大悲像의 傳說 : 崔殷誠・甄萱・敬順王	설화
25	1930.05.03	金丙坤	史海片鱗 : 新羅朝 大悲像과 琴笛 : 神文王・孝昭王・夫禮郎・安常	고적
26	1930.05.04	金丙坤	史海片鱗 : 新羅朝 人生永訣의 悲曲 : 元曉・蛇福	인물
27	1930.05.09	金丙坤	史海片鱗 : 新羅朝 검은고와 百結先生 : 百結・于勒	인물
28	1930.05.10	金丙坤	史海片鱗 : 新羅朝 萬佛山의 價値 : 眞德女王・景德王	고적
29	1930.05.13	金丙坤	史海片鱗 : 新羅朝 當時의 歌謠小考(中) : 眞平王・善化公主	예술
30	1930.05.14	金丙坤	史海片鱗 : 新羅朝 當時의 歌謠小考(下) : 孝昭王・竹旨郎・得烏・益宣・述宗公	예술
31	1930.05.15	金丙坤	史海片鱗 : 新羅朝 當時의 歌謠小考(四) : 景德王・忠談師・耆婆郎・希明・良志	예술
32	1930.05.16	金丙坤	史海片鱗 : 新羅朝 當時의 歌謠小考(五) : 文武王・廣德・嚴莊・景德王・月明師	예술
33	1930.05.17	金丙坤	史海片鱗 : 新羅朝 當時의 歌謠小考(六) : 眞平王・居烈郎・實處郎・寶同郎・融天師・孝成王・信忠・永才	예술
34	1930.05.20	金丙坤	史海片鱗 : 新羅朝 新羅文化總決算 : 元曉・率居・金生・善德女王	문화
35	1930.05.21	金丙坤	史海片鱗 : 新羅朝 新羅文化總決算 : 甄萱・弓裔・王建・景哀王・金傅・敬順王・赫居世	문화

6. 조선중앙일보(1933~1937)

순번	연대	필자	제 목	분류
1	1933.10.22		채벌 금한 거수명목 경기도내만 천 90여 노령 9백년의 양평 있는 은행수와 신라 천년의 전설 : 경순왕	고적
2	1935.08.23	愼星生	新羅 骨別制 考證 : 白南雲氏 著 朝鮮社會經濟史를 읽고	제도
3	1935.08.25	愼星生	新羅 骨別制 考證(二) : 白南雲氏 著 朝鮮社會經濟史를 읽고	제도

4	1935.08.26	愼星生	新羅 骨別制 考證(三) : 白南雲氏 著 朝鮮社會經濟史를 읽고	제도
5	1935.08.29	愼星生	新羅 骨別制 考證(四) : 白南雲氏 著 朝鮮社會經濟史를 읽고	제도
6	1935.08.30	愼星生	新羅 骨別制 考證(五) : 白南雲氏 著 朝鮮社會經濟史를 읽고	제도

7. 신한민보

순번	연대	필자	제 목	분류
1	1936.12.31		진흥왕 비각 락성식	고적
2	1937.06.17		신라 영웅 구진천	인물

[부록 2] 잡지에 수록된 신라 인물 기사

1. 조선휘보

순번	연대	필자	제 목	게재지	분류
1	1920.04.01	小田幹治郎	新羅の名僧元曉の碑	『조선휘보』 1920년 4월	고적
2	1920.06.01	岡井愼吾	新羅の名僧元曉の碑を讀みて	『조선휘보』 1920년 6월	고적

2. 개벽(1920~1926)

순번	연대	필자	제 목	게재지	분류
1	1921.11.01		東方文學의 宗祖인 崔致遠 先生, 朝鮮 十大 偉人 紹介의 其四	『개벽』 17	인물
2	1921.12.01	權悳奎	慶州行	『개벽』 18	문화
3	1922.05.01		新羅의 畵神—率居 先生	『개벽』 23	인물
4	1923.12.01		泰封王 金弓裔는 엇더한 人物인가	『개벽』 42	인물

3. 동광(1926~1933)

순번	연 대	필 자	제 목	게재지	분류
1	1927.03.15		少年史話 : 지은의 효성	『동광』 11	인물
2	1927.03.15	朴在馨	海東續小學	『동광』 11	인물
3	1927.05.01	朴在馨	海東續小學(3)	『동광』 13	인물
4	1927.06.01	朴在馨	海東續小學(4)	『동광』 14	인물
5	1927.07.05	朴在馨	海東續小學(5)	『동광』 15	인물

4. 별건곤(1926~1934)

순번	연대	필자	제 목	게재지	분류
1	1928.05.01		善德女王의 三知	『별건곤』 12 · 13	인물
2	1928.05.01	高義東	世界的으로 자랑할 朝鮮의 十三大 畵家	『별건곤』 12 · 13	예술
3	1928.05.01	風流郎	朝鮮 古樂의 變遷과 歷代 樂壇의 名人物	『별건곤』 12 · 13	예술
4	1928.05.01	壽春學人	國際的으로 알녀진 朝鮮 人物	『별건곤』 12 · 13	인물
5	1928.05.01	차돌이	萬年의 우리 歷史 -縱으로 본 朝鮮의 자랑	『별건곤』 12 · 13	인물
6	1928.05.01	金小春	東西無比 朝鮮人情 美談集 -萬古貞女 薛氏夫人	『별건곤』 12 · 13	인물
7	1929.06.23	李允宰	偉業은 靑春에 잇다, 東西偉人의 靑春時代	『별건곤』 18	인물
8	1930.05.01	壽春山人	歷代偉人의 結婚奇譚	『별건곤』 28	인물
9	1930.06.01	車相瓚	羅末怪傑 泰封王 弓裔 秘史	『별건곤』 29	인물
10	1932.12.30	壽春山人	朝鮮刺客列傳	『별건곤』 59	인물
11	1933.02.01	壽春山人	朝鮮刺客列傳(其二)	『별건곤』 60	인물

12	1934.01.01	壽春山人	4000年 史外史	『별건곤』69	인물
13	1934.02.01	壽春山人	4000년 史外史	『별건곤』70	인물

5. 조선문 조선

순번	연대	필자	제 목	게재지	분류
1	1929.06.15	金建杓	史的傳說의 講話(10) 新羅의 阿達羅·味鄒兩王代의 奇蹟	『조선문조선』140	설화
2	1929.12.15	金建杓	新羅善德女王의 聰慧	『조선문조선』146	인물
3	1930.05.15	末松保和	新羅眞興王의 戊子巡狩碑	『조선문조선』151	고적
4	1930.06.15	裵春岡	善德女王의 智慧	『조선문조선』152	인물
5	1930.11.15	崔南善	新羅眞興王의 在來三碑와 新出現한 磨雲嶺碑	『조선문조선』157	고적
6	1932.04.15	大坂金太郎	新羅武烈王陵碑에 就하야	『조선문조선』140	고적

6. 신흥(1929~1937)

순번	연대	필자	제 목	게재지	분류
1	1929.07.15	金昌均	延烏郎細烏女傳說의 由來	『신흥』1	설화

7. 조선

순번	연대	필자	제목	게재지	분류
1	1930.01.01	末松保和	新羅眞興王の戊子巡狩碑	『조선』 176	고적
2	1931.11.01	大坂金太郎	新羅武烈王陵碑に就て	『조선』 198	고적
3	1932.07.01	末松保和	新羅佛教傳來傳說	『조선』 206	종교
4	1932.12.01	都甲玄卿	佛法の新羅流傳と其の採用說(上)	『조선』 211	종교
5	1933.01.01	都甲玄卿	佛法の新羅流傳と其の採用說(中)	『조선』 212	종교
6	1933.02.01	都甲玄卿	佛法の新羅流傳と其の採用說(下)	『조선』 213	종교
7	1935.07.01	江田俊雄	新羅に於ける佛教の受容に就て	『조선』 242	종교

8. 삼천리(1929~1941)

순번	연대	필자	제목	게재지	분류
1	1932.05.01	崔文鎭	百結先生	『삼천리』 제4권 제5호	인물
2	1934.11.01		"半島英傑"을 論함 -史上의 著名한 英主, 學者, 名將들-	『삼천리』 제6권 제11호	인물
3	1935.01.01	李光洙	嘉實, 半島新文壇 二十年來 名作選集(1)	『삼천리』 제7권 제1호	인물
4	1935.01.01		三王朝의 女性	『삼천리』 제7권 제1호	인물
5	1935.02.01		三王朝의 女性	『삼천리』 제7권 제2호	인물
6	1935.06.01	柳光烈	史話와 野談 -天神이 만든 慶州石佛	『삼천리』 제7권 제5호	인물
7	1935.07.01	金泰洽	高僧逸話, 元曉大師	『삼천리』 제7권 제6호	인물
8	1935.08.01	柳光烈	名將과 此一戰 -百濟 刀比山城戰과 金庾信	『삼천리』 제7권 제7호	인물

9	1939.06.01	李相寅	新羅 畵神 率居의 生涯와 藝術	『삼천리』 제11권 제7호	인물
10	1940.03.01	金太冾	高僧逸話, 元曉大師	『삼천리』 제12권 제3호	인물
11	1940.04.01	朴泰遠	丕寧子	『삼천리』 제12권 제4호	인물
12	1941.04.01	權相老	古刹巡禮記(其一) 名刹梵魚寺	『삼천리』 제13권 제4호	고적
13	1941.04.01	李能和	鄕土藝術과 農村娛樂의 振興策 -朝鮮 鄕土藝術論	『삼천리』 제13권 제4호	예술

9. 삼천리문학(1938)

순번	연 대	필 자	제 목	게재지	분류
1	1938.04.01	李殷相	慈藏律師傳贊	『삼천리문학』 제2호	인물

10. 대동아(1942)

순번	연대	필자	제 목	게재지	분류
1	1942.03.01	朴英鎬	歷史劇 4幕, 異次頓	『대동아』 제14권 제3호	인물
2	1942.03.01	咸世德	歷史劇 5幕, 어밀레鍾	『대동아』 제14권 제3호	예술

▌ 참고문헌

1. 사료

『삼국사기』, 『삼국유사』, 『후한서』, 『삼국지』, 『수서』, 『일본서기』, 『고려사』, 『송고승전』, 『속고승전』, 『해동고승전』, 『파한집』, 「동명왕편」, 『삼국사절요』, 『신증동국여지승람』, 『동경잡기』, 『대동운부군옥』, 『이제유고』, 『허백당시집』, 『봉은본말지』, 『건봉사본말사사적』

2. 저서

고구려연구회 편, 『중원고구려비연구』, 학연문화사, 2000

고영섭, 『원효』, 한길사, 1997

고영섭 편, 『원효』, 예문서원, 2002

국립경주문화재연구소, 『포항 중성리신라비』, 2009

국립창원문화재연구소, 『함안 성산산성』, 1998

국립창원문화재연구소, 『한국의 고대목간』, 2004

김기흥, 『천년의 왕국 신라』, 창작과비평사, 2000

김덕원, 『신라중고정치사연구』, 경인문화사, 2007

김두진, 『외상 -그의 생애와 화엄사상-』, 민음사, 1995

김무조, 『한국신화의 원형』, 정음문화사, 1988

김복순, 『신라화엄종연구』, 민족사, 1990

김복순, 『한국 고대불교사 연구』, 민족사, 2002

김복순, 『신사조로서의 신라 불교와 왕권』, 경인문화사, 2008

김상기, 『동방사논총』, 서울대 출판부, 1974

김상현, 『신라화엄사상사연구』, 민족사, 1991

김상현, 『역사로 읽는 원효』, 고려원, 1994

김상현, 『신라의 사상과 문화』, 일지사, 1999

김상현, 『원효연구』, 민족사, 2000

김열규, 『한국의 신화』, 일조각, 1976

김영태, 『신라불교연구』, 민족문화사, 1987

김영태, 『불교사상사론』, 민족사, 1992

김영하,『한국 고대사회의 군사와 정치』, 고대 민족문화연구원, 2002

김재경,『신라 토착신앙과 불교의 융합사상사 연구』, 민족사, 2007

김정배,『한국고대사의 신조류』, 고려대 출판부, 1980

김종선,『한국 고대국가의 노예와 농민』, 한림대 출판부, 1997

김창겸,『신라 하대 왕위계승 연구』, 경인문화사, 2003

김철준,『한국고대사회연구』, 지식산업사, 1975

김철준,『한국고대사회연구』, 서울대 출판부, 1990

김태곤,『한국민간신앙연구』, 집문당, 1983

남동신,『영원한 새벽 원효』, 새누리, 1999

남무희,『신라 자장 연구』, 서경문화사, 2012

노용필,『진흥왕순수비연구』, 일조각, 1996

노태돈,『고구려사연구』, 사계절, 1999

대구대 박물관,『순흥 읍내리 벽화고분 발굴조사보고서』, 1995

藤能成,『원효의 정토사상 연구』, 민족사, 2001

문안식,『한국 고대사와 말갈』, 혜안, 2003

문화재관리국 문화재연구소,『순흥읍내리벽화고분』, 1986

문화재관리국 문화재연구소,『순흥 읍내리 고분군 발굴조사보고서』, 1994

박남수,『신라 화백제도와 화랑도』, 주류성, 2013

박성봉 편,『고구려 남진 경영사의 연구』, 백산자료원, 1995

백승옥,『가야 각국사 연구』, 혜안, 2003

서영일,『신라 육상교통로 연구』, 학연문화사, 1999

신라사학회 지음,『신라속의 사랑 사랑속의 신라』 -삼국시대편-, 경인문화사, 2006

신종원,『신라초기불교사연구』, 민족사, 1992

신종원,『삼국유사 새로 읽기』(1), 일지사, 2004

신종원,『삼국유사 새로 읽기』(2), 일지사, 2011

신형식,『삼국사기연구』, 일조각, 1981

신형식,『한국고대사의 신연구』, 일조각, 1984

안영훈,『김유신전 연구』, 민속원, 2004

안지원,『고려의 국가 불교의례와 문화』, 서울대 출판부, 2005

양정석,『황룡사의 조영과 왕권』, 서경, 2004

연세대 국학연구원 편,『고구려사연구』Ⅰ, 연세대 출판부, 1987

영남대 민족문화연구소 편,『울릉도·독도의 종합적 연구』, 영남대 출판부, 1998

영남대 민족문화연구소 편,『울릉도·독도 동해안 주민의 생활구조와 그 변천·발전』, 영남대 출판부,

2003

유동식, 『한국 무교의 역사와 구조』, 연세대 출판부, 1975

윤명철, 『한민족의 해양활동과 동아지중해』, 학연문화사, 2002

윤열수, 『용 불멸의 신화』, 대원사, 1999

이기동, 『신라골품제사회와 화랑도』, 일조각, 1984

이기백, 『신라정치사회사연구』, 일조각, 1974

이기백, 『신라사상사연구』, 일조각, 1986

이기백, 『한국사상의 재구성』, 일조각, 1991

이기백, 『한국고대정치사회사연구』, 일조각, 1996

이기백·이기동, 『한국사강좌』 -고대편-, 일조각, 1982

이기영, 『한국불교연구』, 한국불교연구원, 1982

이명식, 『신라정치사연구』, 형설출판사, 1992

이명식, 『신라정치변천사연구』, 형설출판사, 2003

이문기, 『신라병제사연구』, 일조각, 1997

이병도, 『한국사』 -고대편-, 을유문화사, 1959

이병도, 『한국고대사연구』, 박영사, 1976

이병도, 『국역 삼국사기』, 을유문화사, 1977

이부오, 『신라 군·성(촌)제의 기원과 소국집단』, 서경, 2003

이상훈, 『나당전쟁 연구』, 주류성, 2012

이성주, 『신라·가야사회의 기원과 성장』, 학연문화사, 1998

이영무, 『한국의 불교사상』, 민족문화사, 1987

이은봉, 『한국고대종교사상』, 집문당, 1984

이종욱, 『신라상대왕위계승연구』, 영남대 출판부, 1980

이종욱, 『신라국가형성사연구』, 일조각, 1982

이종욱, 『신라골품제연구』, 일조각, 1999

이준곤, 『한국용신창사설화의 역사민속학적 연구』, 문현, 2010

이현혜, 『한국 고대의 생산과 교역』, 일조각, 1998

이형우, 『신라초기국가성장사연구』, 영남대 출판부, 2000

이호영, 『신라삼국통합과 여·제의 패망원인연구』, 서경문화사, 1997

이홍직, 『한국고대사의 연구』, 신구문화사, 1971

이화여대 박물관, 『영주순흥벽화고분발굴조사보고』, 1984

이희덕, 『한국고대 자연관과 왕도정치』, 혜안, 1999

임기환, 『고구려 정치사 연구』, 한나래, 2004

장준식, 『신라중원경연구』, 학연문화사, 1998

장창은, 『신라 상고기 정치변동과 고구려 관계』, 신서원, 2008

전덕재, 『한국고대사회의 왕경인과 지방민』, 태학사, 2002

田村圓澄, 노성환 옮김, 『고대 한국과 일본불교』, 울산대 출판부, 1997

전해주, 『의상화엄사상사연구』, 민족사, 1993

정구복, 『한국고대사학사』, 경인문화사, 2008

정병삼, 『의상 화엄사상 연구』, 서울대 출판부, 1998

정영호, 『선산지구고적조사보고서』, 단국대 출판부, 1968

정영호, 『신라불교초전지역 학술조사보고서』, 한국교원대 박물관, 1997

정효운, 『고대한일정치교섭사 연구』, 학연문화사, 1995

조명기, 『신라불교의 이념과 역사』, 신태양사, 1962

조범환, 『우리 역사의 여왕들』, 책세상, 2000

주보돈, 『신라 지방통치체제의 정비과정과 촌락』, 신서원, 1998

주보돈, 『금석문과 신라사』, 지식산업사, 2002

진성규・이인철, 『신라의 불교사원』, 백산자료원, 2003

천관우, 『고조선사・삼한사연구』, 일조각, 1989

최광식, 『한국 고대의 토착신앙과 불교』, 고려대 출판부, 2007

최원식, 『신라보살계사상사연구』, 민족사, 1999

추만호, 『나말려초 선종사상사 연구』, 이론과 실천, 1992

포항정신문화연구원・한국고대사학회, 『신발견 포항 중성리 신라비에 대한 역사학적 고찰』, 2009

한국고대사회연구소 편, 『역주 한국고대금석문』 I~III, (재)가락국사적개발연구원, 1992

한국교원대 박물관, 『진천김유신장군사적 학술조사보고서』, 1999

홍윤식, 『한국불교사의 연구』, 교문사, 1988

황수영, 『한국의 불교 공예・탑파』, 혜안, 1998

황종연 엮음, 『신라의 발견』, 동국대 출판부, 2008

효성여대 박물관, 『선산 낙산동 고분군 지표조사보고서』, 1989

江田俊雄, 『朝鮮佛教史の研究』, 國書刊行會, 1977

鎌田茂雄, 『新羅佛教史序說』, 東京大 東洋文化研究所, 1988

高寬敏, 『三國史記の原典的研究』, 雄山閣, 1996

末松保和, 『新羅史の諸問題』, 東洋文庫, 1954

木村誠, 『古代朝鮮の國家と社會』, 吉川弘文館, 2004

山尾幸久, 『古代の日韓關係』, 塙書房, 1989

三池賢一, 『古代の日本と朝鮮』, 學生社, 1974

三品彰英, 『新羅花郎の研究』, 三省堂, 1943

三品彰英, 『三品彰英論文集』 6, 平凡社, 1974

井上秀雄, 『新羅史基礎研究』, 東出版, 1974

池内宏, 『滿鮮史研究』 上世 第2冊, 吉川弘文館, 1960

村上四男, 『朝鮮古代史研究』, 開明書院, 1978

蔡印幻, 『新羅佛敎戒律思想硏究』, 國書刊行會, 1977

3. 논문

강봉룡, 「울진 신라 거벌모라비의 재검토」 『역사와 현실』 창간호, 1989

강봉룡, 「6~7세기 신라 정치체제의 재편과정과 그 한계」 『신라문화』 9, 1992

강석준, 「실직국에 대하여」 『력사과학』 1964년 제1호, 1964

강성원, 「신라시대 반역의 역사적 성격 －『삼국사기』를 중심으로－」 『한국사연구』 43, 1983

강영경, 「한국 고대의 市와 井에 대한 연구 －시장의 기원과 관련하여－」 『원우논총』 2, 1984

강영경, 「신라 진평왕대의 무불관계에 대한 일고찰」 『숙대사론』 13·14·15, 1989

강영경, 「신라 선덕왕의 '지기삼사'에 대한 일고찰」 『원우논총』 8, 1990

강영경, 「신라 천신신앙의 기능과 의미」 『숙명한국사론』 2, 1996

강영경, 「신라 용왕신앙의 기능과 의의」, 김태곤 외, 『한국문화의 원본사고』, 민속원, 1997

강영경, 「한국 고대 산신신앙에 나타난 이상인간형」 『종교와 문화』 7, 2001

강영경, 「한국고대사회에서의 용의 의미」, 서영대·송화섭 엮음, 『용, 그 신화와 문화』 －한국편－, 민속원, 2002

고경석, 「삼국 및 통일신라기의 노비에 대한 고찰」 『한국사론』 28, 1992

고경석, 「비담의 난의 성격 문제」 『한국고대사연구』 7, 1994

고익진, 「의상 화엄학의 실천적 성격」 『한국고대불교사상사』, 동국대 출판부, 1989

권덕영, 「삼국시대 신라의 해양진출과 국가발전」 『Strategy 21』 2-2, 1999

길기태, 「백제 사비기의 불교정책과 도승」 『백제연구』 41, 2005

김기섭, 「울진봉평신라비에 보이는 '공치오'의 의미와 계연의 기원」 『한국사연구』 103, 1998

김기흥, 「신라의 '수륙겸종' 농업에 대한 고찰 －'회환농법'과 관련하여－」 『한국사연구』 94, 1996

김덕원, 「신라 진평왕대의 정치개혁 소고」 『명지사론』 4, 1992

김덕원, 「신라 중고기 사륜계의 정치활동」 『백산학보』 52, 1999

김덕원, 「김용춘의 생애와 활동」 『명지사론』 11·12, 2000

김덕원, 「신라 중고기 사륜계의 정치활동 연구」, 명지대 박사학위논문, 2003

김덕원, 「신라 불교의 민간 수용에 대한 일고찰 -일선군 모례를 중심으로-」『신라사학보』창간호, 2004

김덕원, 「신라 선덕왕대 대야성 함락의 의미」『동봉신천식교수정년기념사학논총』, 2005a

김덕원, 「신라 선덕왕대 김춘추의 외교활동과 정국동향」『신라사학보』5, 2005b

김덕원, 「신라의 동해안 진출과 울진봉평비 -사민정책과 '노인'의 관계를 중심으로-」『금석문을 통한 신라사 연구』, 한국학중앙연구원, 2005c

김덕원, 「원효와 의상의 신분적·정치적 차이에 대한 고찰」『덕봉오환일교수정년기념사학논총』, 2006

김덕원, 「신라 진덕왕대 김춘추의 대당외교와 관제정비」『신라문화』29, 2007a

김덕원, 「신라 진평왕대 김유신의 활동」『신라사학보』10, 2007b

김덕원, 「신라 중고기 반란의 원인과 성격」『민족문화논총』38, 2008a

김덕원, 「원효와 의상의 여성관에 대한 고찰」『한국사학보』33, 2008b

김덕원, 「영일냉수리비의 '재(물)'에 대한 재검토」『국학연구』15, 2009

김덕원, 「불교 경전의 사상이 한국 전통신앙에 끼친 영향 -천신(태양)·산신·수신(용)사상을 중심으로-」『한국고대사탐구』12, 2012

김덕원, 「신라 선덕왕대 불교정책에 대한 고찰」『신라사학보』31, 2014

김덕원, 「신라 인물 왜곡상」『일제강점기 언론의 신라상 왜곡』, 한국학중앙연구원 출판부, 2017

김도헌, 「고대의 철제농구와 농업생산력」『울산사학』11, 2004

김두진, 「신라 상고대말 초전불교의 수용」『천관우선생환력기념한국사학논총』, 정음문화사, 1985

김두진, 「삼한 별읍사회의 소도신앙」『한국고대의 국가와 사회』, 일조각, 1985

김두진, 「신라 공인불교의 사상과 그 정치적 의미」『두계이병도박사구순기념한국사학논총』, 지식산업사, 1987

김두진, 「신라 진평왕대의 석가불신앙」『한국학논총』10, 1988

김두진, 「자장의 문수신앙과 계율」『한국학논총』12, 1989

김두진, 「의상의 생애와 정치적 입장」『한국학논총』14, 1991

김두하, 「장승류의 명칭 고찰」『한국민속학』19, 1986

김방룡, 「한국불교의 용신앙 수용」, 서영대·송화섭 엮음,『용, 그 신화와 문화』-한국편-, 민속원, 2002

김병곤, 「신라 중고기의 화랑도 -골품제를 뒷받침하는 화랑도의 역할에 대하여-」『동국사학』30, 1996

김병곤, 「신라 중대로의 전환기 알천의 역할과 위상」『신라문화』40, 2012

김병주, 「나제동맹에 관한 연구」『한국사연구』46, 1984

김복순, 「신라 중대 화엄종과 왕권」『한국사연구』63, 1988

김복순, 「의상과 황복사」, 『신라문화제학술발표회논문집』 17, 1996

김복순, 「의상의 행적 연구 －수학과 활동을 중심으로－」, 『경주사학』 22, 2003

김복순, 「삼국의 불교와 사상교류」, 『신라문화』 24, 2004

김복순, 「신라 중대의 불교」, 『신라문화』 25, 2005

김복순, 「수·당의 교체 정국과 신라 불교계의 추이」, 『한국고대사연구』 43, 2006

김복순, 「원광법사의 행적에 관한 종합적 고찰」, 『신라문화』 28, 2006

김복순, 「신라의 백고좌법회」, 『신라문화』 36, 2010

김복순, 「『삼국유사』 '명랑신인'조의 구성과 신인종 성립의 문제」, 『신라문화제학술논문집』 32, 2011

김상현, 「신라중대 전제왕권과 화엄종」, 『동방학지』 44, 1984

김상현, 「황룡사구층탑고」, 『중재장충식박사화갑기념논총』 －역사학편－, 1992

김상현, 「『금강삼매경론』의 연기설화고」, 『가산이지관스님화갑기념논총』, 가산불교문화진흥원, 1992

김상현, 「삼국유사 원효 관계 기록의 검토」, 『신라문화제학술발표회논문집』 14, 1993

김상현, 「삼국유사 의상 관계 기록의 검토」, 『사학지』 28, 1995

김상현, 「자장의 정치외교적 역할」, 『불교문화연구』 4, 1995

김상현, 「신라인의 통일의지」, 『신라의 사상과 문화』, 일지사, 1999

김상현, 「통일 전야 신라사회의 기풍」, 『신라의 사상과 문화』, 일지사, 1999

김선주, 「선덕여왕의 즉위 배경과 통치적 특징」, 『패미니즘연구』 제9권 2호, 2009

김수태, 「신라 신문왕대 전제왕권의 확립과 김흠돌난」, 『신라문화』 9, 1992

김연민, 「신라 문무왕대 명랑의 밀교사상과 의미」, 『한국학논총』 30, 2008

김연민, 「밀본의 『약사경』신앙과 그 의미」, 『한국고대사연구』 65, 2012

김열규, 「무속적 영웅고 －김유신전을 중심으로－」, 『진단학보』 43, 1977

김영만, 「냉수리 신라비의 내용고찰」, 『냉수리 신라비 발굴연구』, 모산학술재단, 1989

김영만, 「영일냉수리신라비의 어문학적 고찰」, 『한국고대사연구』 3, 1990

김영미, 「원효의 여래장사상과 중생관」, 『선사와 고대』 3, 1992

김영미, 「자장의 불국토사상」, 『한국사시민강좌』 10, 1992

김영미, 「신라불교사에 나타난 여성의 신앙생활과 승려들의 여성관」, 『여성신학논집』 1, 1995

김영미, 「신라 중고기 삼강제의 시행과 그 기능 －자장의 활동과 관련하여－」, 『한국고대사연구』 72, 2013

김영태, 「신라 불교대중화의 역사와 그 사상연구」, 『불교학보』 6, 1968

김영태, 「신라불교에 있어서의 용신사상」, 『불교학보』 11, 1974

김영태, 「신라불교 천신고」, 『불교학보』 15, 1978

김영태, 「신라 불교 초전자고」, 『동국대논문집』 17, 1978

김영태, 「전기와 설화를 통한 원효연구」, 『불교학보』 17, 1980a

김영태, 「원효의 소명 서당에 대하여」 『한국불교학』 5, 1980b

김영태, 「삼국유사 소전의 관음신앙」 『신라문화제학술발표회논문집』 1, 1980c

김영태, 「설화를 통해 본 신라 의상」 『불교학보』 18 1981

김영태, 「김유신의 통일의지와 미륵신앙 -용화향도와 난승노인을 중심으로-」 『한국불교학』 14, 1989a

김영태, 「삼국시대의 미륵사상」 『한국미륵사상연구』, 동국대 출판부, 1989b

김영태, 「분황사와 원효의 관계사적 고찰」 『원효학연구』 1, 1996

김영하, 「신라시대 순수의 성격」 『민족문화연구』 14, 1979

김영하, 「신라 중고기의 중국인식」 『고대한중관계사의 연구』, 삼지원, 1987

김영하, 「신라 중고기 정치과정 시론 -중대왕권 성립의 이해를 위한 전제-」 『태동고전연구』 4, 1988

김영하, 「삼국과 남북국시대의 동해안지방」 『한국고대사회와 울진지방』, 울진군·한국고대사학회, 1999

김용선, 「박제상소고」 『전해종박사화갑기념사학논총』, 일조각, 1979

김운학, 「일본에 미친 의상선묘설화」 『불교학보』 13, 1978

김원룡, 「순흥 벽화고분의 성격」 『순흥읍내리벽화고분』, 문화재관리국 문화재연구소, 1986

김재경, 「신라 아미타신앙의 성립과 그 배경」 『한국학보』 29, 1982

김재경, 「한국 토착고신앙과 불교사에 대한 연구사적 검토 -신라시대를 중심으로-」 『경북사학』 23, 2000

김재홍, 「신라 중고기의 촌제 지방사회 구조」 『한국사연구』 72, 1991

김재홍, 「신라 중고기의 저습지 개발과 촌락구조의 재편」 『한국고대사논총』 7, 1995

김재홍, 「살포와 鐵鋤를 통해서 본 4~6세기 농업기술의 변화」 『과기고고연구』 2, 1997

김재홍, 「농업생산력의 발전단계와 전쟁의 양상 -철제농기구의 발달과 소유를 중심으로-」 『백제사상의 전쟁』, 서경문화사, 2000

김재홍, 「신라 중고기 촌제의 성립과 지방사회구조」, 서울대 박사학위논문, 2001

김정배, 「불교전입 전의 한국상대 사회상」 『숭산박길진박사화갑기념한국불교사상사』, 1975

김정배, 「고구려와 신라의 영역문제 -순흥지역의 고고학자료와 관련하여-」 『한국사연구』 61·62, 1988

김정숙, 「탄생 모습으로 본 한국문헌신화의 원류분류 -난생설화와 태양숭배에 대한 문제 제기-」 『교남사학』 3, 1987

김정숙, 「고대 각국의 동해안 운영과 방어체계 -신라를 중심으로-」 『전근대 동해안 지역사회의 운용과 양상』, 경인문화사, 2005

김종선, 「삼국시대의 전쟁포로에 관하여 -특히 그 처리문제에 관한 그리스·로마와의 비교학적 고찰-」 『역사학보』 136, 1992

김종선, 「전쟁포로의 처리문제에 대한 제 학설과 노예제사회」 『한국 고대국가의 노예와 농민』, 한림대 출판부, 1997

김준영, 「분황사의 창건시기와 배경에 대한 재검토」 『민족문화논총』 42, 2009

김진영, 「문헌소재 김유신 설화고」(Ⅰ)『한국소설문학의 탐구』, 일조각, 1982

김창겸, 「신라 하대 왕위찬탈형 반역에 대한 일고찰」『한국상고사학보』17, 1994

김창호, 「울진봉평신라비의 검토」『제31회 전국역사학대회 발표요지(별쇄)』, 1988

김창호, 「울진봉평신라염제천비의 재검토」『가야통신』18, 1988

김창호, 「울진봉평염제비의 검토」『향토문화』4, 1988

김창호, 「순흥 기미명 벽화고분의 축조」『연보』11, 부산시립박물관, 1989

김창호, 「영일냉수리신라비의 건립 연대」『한국고대사연구』3, 1990

김철준, 「신라상대사회의 Dual Organization」(상)『역사학보』1, 1952

김철준, 「신라상대사회의 Dual Organization」(하)『역사학보』2, 1952

김철준, 「고구려 · 신라의 관계조직의 성립과정」『이병도박사화갑기념논총』, 1956

김철준, 「신라 상고세계와 그 기년」『역사학보』17 · 18, 1962

김철준, 「동명왕편에 보이는 신모의 성격」『유홍열박사화갑기념논총』, 탐구당, 1971

김태식, 「월경과 폭무, 두 키워드로 본 '모략가' 김유신」『백산학보』70, 2004

김현숙, 「광개토왕비를 통해 본 고구려수묘인의 사회적 성격」『한국사연구』65, 1989

김현숙, 「4~6세기경 소백산맥 이동지역의 영역향방 −『삼국사기』지리지의 경북지역 '고구려군현'을
   중심으로−」『한국고대사연구』26, 2002

김호동, 「삼국시대 신라의 동해안 제해권 확보의 의미」『대구사학』65, 2001

김호동, 「삼국시대 동해안 지역 사원 창건연기설화의 역사적 의미」『민족문화논총』29, 2004

김호동, 「고 · 중세 동해안 지역 통치 운영상에 있어서의 사원 역할」『전근대 동해안 지역사회의 운용과
   양상』, 경인문화사, 2005

김홍철, 「송고승전 소재 의상전고 −선묘설화를 중심으로−」『인문과학논집』3, 1984

김희만, 「울진봉평비와 신라의 관등제」『경주사학』10, 1991

남동신, 「자장의 불교사상과 불교치국책」『한국사연구』76, 1992

남동신, 「자장정율과 사분율」『불교문화연구』4, 1995

남동신, 「원효의 대중교화와 사상체계」, 서울대 박사학위논문, 1995

남동신, 「원효와 분황사 관계의 사적 고찰」『신라문화제학술발표회논문집』20, 1999

남무희, 「자장의 생애 복원」『한국학논총』32, 2009

남재우, 「신라 상고기의 '국인'층」『한국상고사학보』10, 1992

남풍현, 「울진봉평신라비에 대한 어학적 고찰」『한국고대사연구』2, 1989

남희숙, 「신라 법흥왕대 불교수용과 그 주도세력」『한국사론』25, 1991

노중국, 「고구려 · 백제 · 신라사이의 역관계 변화에 대한 일고찰」『동방학지』28, 1981

노중국, 「고대 울진의 역사 개관」『한국고대사회와 울진지방』, 울진군 · 한국고대사학회, 1999

노태돈, 「고구려의 한수유역 상실의 원인에 대하여」『한국사연구』13, 1976

노태돈, 「5~6세기 동아시아의 국제정세와 고구려의 대외관계」 『동방학지』 44, 1984

노태돈, 「울진봉평신라비와 신라의 관등제」 『한국고대사연구』 2, 1989

도동렬·정재교, 「6세기 신라의 율령·육부문제에 대한 일고찰 -신발견 봉평비를 중심으로-」 『동의 공전논문집』 15, 1989

문경현, 「소위 중악석굴에 대하여」 『동양문화연구』 7, 1980

문경현, 「신라인의 산악숭배와 산신」 『신라문화제학술발표회논문집』 12, 1990

문경현, 「영일냉수리신라비에 보이는 부의 성격과 정치운영문제」 『한국고대사연구』 3, 1990

문경현, 「거벌모라 남미지비의 새 검토」 『수촌박영석교수화갑기념한국사학논총』 (상), 1992

문경현, 「신라 불교 조행고」 『신라문화제학술발표회논문집』 14, 1993

문경현, 「시왕설과 선덕여왕」 『백산학보』 52, 1999

문명대, 「신라 신인종의 연구 -신라밀교와 통일신라사회-」 『진단학보』 41, 1976

문안식, 「『삼국사기』 신라본기에 보이는 낙랑·말갈사료에 관한 검토 -동해안로를 통한 신라의 동북 방 진출과 토착세력의 재지기반의 운동력을 중심으로-」 『전통문화연구』 5, 1997

문창로, 「신라와 낙랑의 관계 -신라사에 보이는 '낙랑'의 실체와 그 역사적 의미를 중심으로-」 『한국 고대사연구』 34, 2004

문창로, 「동예 읍락사회의 호신신앙」 『한국학논총』 30, 2007

박남수, 「통일주도세력의 형성과 정치개혁」 『통일기의 신라사회 연구』, 동국대 신라문화연구소, 1987

박남수, 「진전사원의 기원과 신라 성전사원의 성격」 『한국사상사학』 41, 2012a

박남수, 「신라 진전사원의 조영과 그 사상적 배경」 『신라문화』 40, 2012b

박대남, 「사찰구조와 출토유물로 본 분황사 성격 고찰」 『한국고대사탐구』 3, 2009

박대복, 「김유신 열전의 천관념 연구」 『어문연구』 134, 2007

박미선, 「신라승려들의 중생관에 대한 일고찰」 『한국사의 구조와 전개』, 혜안, 2000

박미선, 「'자장정율'조로 본 자장의 생애와 '정율'의 의미」 『신라문화제학술논문집』 33, 2012

박순교, 「선덕왕대 정치운영과 비담의 난 (1) -선덕 16년간의 대내외정을 중심으로-」 『청계사학』 14, 1998

박순교, 『김춘추의 집권과정 연구』, 경북대 박사학위논문, 1999

박용국, 「신라 중대 지배세력의 형성과정과 그 성격」 『경상사학』 12, 1996

박용국, 「선덕왕대 초의 정치적 실상」 『경북사학』 23, 2000

박용국, 「통일전쟁기 신라 정치세력의 구성과 변화」, 경북대 박사학위논문, 2005

박해현, 「신라 진평왕대 정치세력의 추이 -왕권강화와 관련하여-」 『전남사학』 2, 1988

박향미, 「영일냉수리비를 통해 본 5~6세기 신라의 재산상속」 『경북사학』 17·18, 1995

방용안, 「실직국에 대한 고찰」 『강원사학』 3, 1987

백두현, 「울진봉평신라비의 지명에 대한 어학적 고찰」 『한국고대사회와 울진지방』, 울진군·한국고대

사학회, 1999

백승옥, 「신라・백제 각축기의 비사벌가야」『부대사학』15・16, 1992

변태섭, 「신라 관등의 성격」『역사교육』1, 1956

변태섭, 「단양진흥왕척경비의 건립연대와 성격」『사학지』12, 1978

福士慈稔, 「저술을 통해서 본 원효의 사상」『신라문화제학술발표회논문집』20, 1999

山本孝文, 「남한강 상류지역의 삼국 영역변천 −고고학자료로 본 '영역−」『삼국의 접점을 찾아서』, 한국상고사학회, 2002

서대석, 「한국신화에 나타난 천신과 수신의 상관관계 −천신과 수신의 갈등과 화해의 양상−」『국사관논총』31, 1992

서영대, 「고구려 평양천도의 동기」『한국문화』2, 1981

서영대, 「한국 고대 신관념의 사회적 의미」, 서울대 박사학위논문, 1991

서영대, 「동예사회의 호신숭배에 대하여」『역사민속학』2, 1992

서영일, 「5~6세기의 고구려 동남경 고찰」『사학지』24, 1991

서영일, 「사로국의 실직국 병합과 동해 해상권의 장악」『신라문화』21, 2003

선석열, 「영일냉수리신라비에 보이는 관등・관직 문제」『한국고대사연구』3, 1990

선석열, 「박제상의 출자와 관등 내마」『경대사론』10, 1997

선석열, 「신라사 속의 가야인들 −김해김씨와 경주김씨−」『한국고대사 속의 가야』, 혜안, 2001

송봉호, 「신라시대 전통신앙과 불교의 갈등 양상 −독룡퇴치형 창사설화를 중심으로−」『종교문화연구』5, 2003

송봉호, 「전통신앙과 불교의 대립에 관한 연구 −구룡관련 창사설화를 중심으로−」『한국무속학』7, 2003

송화섭, 「마한 소도의 구조와 기능」『한국종교』17, 1992

송화섭, 「소도관계문헌기록의 재검토」『진산한기두박사화갑기념 한국종교사상의 재조명』(상), 1993

송화섭, 「마한소도의 성립과 역사적 의의」『한국고대사연구』7, 1994

신동하, 「신라 골품제의 형성과정」『한국사론』5, 1979

신선혜, 「신라 중고기 불교계의 동향과 승정」『한국사학보』26, 2006

신선혜, 「신라의 불교 전래와 교단의 확립」『불교연구』33, 2010

신선혜, 「『삼국유사』'이혜동진'조와 신라 중고기 불교계」『신라문화제학술논문집』33, 2012

신종원, 「신라 불교의 전래와 수용에 대한 재검토」『백산학보』22, 1977

신종원, 「신라 오대산사적과 성덕왕의 즉위배경」『최영희선생화갑기념한국사학논총』, 탐구당, 1987

신종원, 「6세기 초 신라의 희생례 −영일냉수비와 울진봉평비의 비문을 중심으로−」『진단학보』70, 1990

신종원, 「삼국유사 '양지사석'조 역주」『고문화』40・41, 1992

신종원, 「안홍과 신라불국토설」, 『신라초기불교사연구』, 민족사, 1992

신종원, 「자장과 중고시대 사회의 사상적 과제」, 『신라초기불교사연구』, 민족사, 1992

신종원, 「신라 불교전래의 제상」, 『가산이지관스님화갑기념한국불교문화사상사』 (상), 1992

신종원, 「삼국유사 '아도기라'조 역주」, 『송갑호교수정년퇴임기념논문집』, 1993

신종원, 「불교의 전래와 토착화 과정」, 『한국불교사의 재조명』, 불교시대사, 1994

신종원, 「『삼국유사』 선덕왕지기삼사의 몇 가지 문제」, 『신라문화제학술발표회논문집』 17, 1996

신종원, 「『삼국유사』에 실린 분황사관음보살 설화 역주」, 『신라문화제학술발표회논문집』 20, 1999

신형식, 「신라왕위계승고」, 『유홍렬박사화갑기념논총』, 탐구당, 1971

신형식, 「신라군주고」, 『백산학보』 19, 1975

신형식, 「무열왕계의 성립과 활동」, 『한국사논총』 2, 1977

신형식, 「김유신가문의 성립과 활동」, 『이화사학연구』 13·14, 1983

신형식, 「삼국시대 전쟁의 정치적 의미 ―『삼국사기』 전쟁기록의 종합적 검토―」, 『한국사연구』 43, 1983

신형식, 「한국고대에 있어서 한강유역의 정치·군사적 성격」, 『향토서울』 41, 1983

안병우, 「영일냉수리신라비와 5~6세기 신라의 사회경제상」, 『한국고대사연구』 3, 1990

안지원, 「신라 진평왕대의 제석신앙과 왕권」, 『역사교육』 63, 1997

양기석, 「고구려의 충주지역 진출과 경영」, 『중원문화논총』 6, 2002

양정석, 「신라 마립간기 왕권강화과정과 지방정책」, 『한국사학보』 창간호, 1996

엄기영, 「지귀 설화의 형성 배경과 역사적 의미」, 『민족문화연구』 47, 2007

여성구, 「신라인의 출가와 도승」, 『진단학보』 101, 2006

염중섭, 「선덕왕의 전륜성왕적인 측면 고찰」, 『사학연구』 93, 2009

옥나영, 「『관정경』과 7세기 신라 밀교」, 『역사와 현실』 63, 2007

우선정, 「마립간 시기 신라의 대고구려 관계」, 『경북사학』 23, 2000

위 영, 「신라 초기불교의 전개과정 검토」, 『신라문화』 20, 2002

유영철, 「신라 중대 왕권의 성격 ―태종무열왕을 중심으로―」, 『교남사학』 4, 1989

윤선태, 「신라의 성전사원과 금하신」, 『한국사연구』 108, 2000

윤선태, 「신라 중대의 성전사원과 국가의례」, 『신라문화제학술발표회논문집』 23, 2002

윤천근, 「신라에서의 불교수용과 그 정치사회적인 의미에 대하여」, 『신라문화제학술발표회논문집』 12,
1991

이강래, 「신라 날이군고」, 『신라문화』 13, 1996

이경섭, 「함안 성산산성 목간의 연구현황과 과제」, 『신라문화』 23, 2004

이근직, 「경주 천관사지 소고」, 『경주사학』 20, 2001

이근직, 「신라 왕경의 형성과정과 사원」, 『동악미술사학』 11, 2010

이기동, 「신라 내물왕계의 혈연의식」, 『역사학보』 53·54, 1972

이기동, 「신라화랑도의 기원에 대한 일고찰」『역사학보』 69, 1976

이기동, 「김유신 —'지성'으로 이룩한 삼국통일의 위업—」『한국사시민강좌』 30, 2002

이기백, 「삼국시대 불교 수용과 그 사회적 의의」『역사학보』 6, 1954

이기백, 「신라 혜공왕대의 정치적 변혁」『사회과학』 2, 1958

이기백, 「상대등고」『역사학보』 19, 1962

이기백, 「영천 청제비 정원수치기의 고찰」『고고미술』 102, 1969

이기백, 「영천 청제비의 병진축제기」『고고미술』 106·107, 1970

이기백, 「신라 육두품 연구」『성곡논총』 2, 1971

이기백, 「신라 오악의 성립과 그 의의」『진단학보』 33, 1972

이기백, 「신라 초기불교와 귀족세력」『진단학보』 40, 1975

이기백, 「황룡사와 그 창건」『신라시대의 국가불교와 유교』, 한국연구원, 1978

이기백, 「신라 정토신앙의 기원」『학술원논문집』(인문사회과학) 19, 1980

이기백, 「김대문과 김장청」『한국사시민강좌』 1, 1987

이기백, 「울진 거벌모라비에 대한 고찰」『아시아문화』 4, 1988

이기백, 「삼국시대 불교 수용의 실제 —불교 '하사설' 비판—」『백제연구』 29, 1999

이기영, 「인왕반야경과 호국불교 —그 본질과 역사적 전개—」『동양학』 5, 1975

이기영, 「원효의 윤리관 —보살영락본업경소를 중심으로—」『원효연구논총』, 국토통일원, 1987

이도학, 「고구려의 낙동강유역 진출과 신라·가야 경영」『국학연구』 2, 1988

이도학, 「영락 6년 광개토왕의 남정과 국원성」『손보기박사정년기념사학논총』, 지식산업사, 1988

이명식, 「신라 중대왕권의 전제화과정」『대구사학』 38, 1989

이명식, 「울진지방의 역사·지리적 환경과 봉평신라비」『한국고대사연구』 2, 1989

이명식, 「신라 중고기의 왕권강화과정」『역사교육논집』 13·14, 1990

이명식, 「5세기 신라의 대고구려관계」, 『대구사학』 69, 2002

이명식, 「신라 중고기의 장수 이사부고」『신라문화제학술논문집』 25, 2004

이문기, 「신라 시위부의 성립과 성격」『역사교육논집』 9, 1986

이문기, 「울진봉평신라비와 중고기 육부 문제」『한국고대사연구』 2, 1989

이문기, 「영일냉수리비와 울진봉평비」『한국고대사 연구의 새동향』, 서경문화사, 2007

이병도, 「신라불교의 침투과정과 이차돈 순교 문제의 신고찰」『학술원논문집』 11, 1975

이상수, 「영동지방 신라고분에 대한 일고찰 —북평지역 고분군을 중심으로—」『한국상고사학보』 18,
　　1995

이상훈, 「나당전쟁기 문두루비법과 해전」『신라문화』 37, 2011

이수훈, 「신라 촌락의 성격 —6세기 금석문을 통한 행정촌·자연촌 문제의 검토—」『한국문화연구』 6,
　　1993

이수훈, 「함안 성산산성 출토 목간의 패석과 부」『지역과 역사』 15, 2004

이영호, 「신라중대 왕실사원의 관사적 기능」『한국사연구』 43, 1983

이영호, 「신라 성전사원의 성립」『신라문화제학술발표회논문집』 14, 1993

이영호, 「울진봉평신라비의 내용과 성격」『한국고대사회와 울진지방』, 울진군·한국고대사학회, 1999

이우태, 「신라의 촌과 촌주」『한국사론』 7, 1981

이우태, 「울진봉평신라비를 통해 본 지방통치체제」『한국고대사연구』 2, 1989

이우태, 「울진봉평신라비의 재검토 -비문의 판독과 해석을 중심으로-」『이원순교수정년기념역사학
논총』, 1991

이우태, 「신라 중고기의 지방세력 연구」, 서울대 박사학위논문, 1991

이우태, 「영일냉수리비의 재검토 -재의 성격을 중심으로-」『신라문화』 9, 1992

이우태, 「단양 신라 적성비 건립의 배경 -야이차의 공적과 은전의 성격을 중심으로-」『태동고전연구』
8, 1992

이인철, 「분황사 창건의 정치·경제적 배경」『신라문화제학술발표회논문집』 20, 1999

이인철, 「신라상대의 불사조영과 그 사회·경제적 기반」『백산학보』 52, 1999

이정숙, 「신라 진평왕대의 정치적 성격 -소위 전제왕권의 성립과 관련하여-」『한국사연구』 52, 1986

이정숙, 「신라 진평왕대의 왕권 연구」, 이화여대 박사학위논문, 1995

이정숙, 「진평왕 말기의 정국과 선덕왕의 즉위」『백산학보』 52, 1999

이종욱, 「신라중고시대의 성골」『진단학보』 50, 1980

이종욱, 「영일냉수리비를 통하여 본 신라의 통치체제」『이기백선생고희기념한국사학논총』(상), 일조각,
1994

이종익, 「신라불교와 원효사상」『동방사상논총』, 보연각, 1975

이한상, 「5~6세기 신라의 변경지배방식」『한국사론』 33, 1995

이한상, 「동해안지역의 5~6세기대 신라분묘 확산양상」『영남고고학』 32, 2003

이한상, 「읍내리분묘군의 편년을 통해 본 5세기대 순흥지역의 위상」『역사문화연구』 19, 2003

이현혜, 「삼국시대의 농업생산과 사회발전」『한국상고사학보』 8, 1991

이현혜, 「한국고대의 犁耕에 대하여」『국사관논총』 37, 1992

이현혜, 「한국 고대의 밭농사」『진단학보』 84, 1997

이형기, 「멸망 이후 대가야 유민의 동향 -동해시 추암동고분군 출토품을 중심으로-」『한국상고사학
보』 38, 2002

이형우, 「사로국의 동해안 진출」『건대사학』 8, 1993

이희관, 「한성시대 백제의 전투원포로 처리에 대한 몇 가지 문제 -사회경제적 측면을 중심으로-」『백
제사상의 전쟁』, 서경문화사, 2000

이희돈, 「순흥 기미년명 벽화분에 대하여」『두산김택규박사화갑기념문화인류학논총』, 1989

임기환, 「6·7세기 고구려 정치세력의 동향」 『한국고대사연구』 5, 1992

임세권, 「울진봉평신라비의 금석학적 고찰」 『한국고대사연구』 2, 1989

임세권, 「한국 고대 금석문과 울진봉평신라비」 『한국고대사회와 울진지방』, 울진군·한국고대사학회, 1999

임창순, 「무술오작비소고」 『사학연구』 1, 1958

임창순, 「울진봉평신라고비 조사연구」 『울진봉평신라비조사보고서』, 문화재관리국, 1988

장정태, 『한국불교와 민간신앙의 습합관계 연구 -『삼국유사』를 중심으로-』, 동국대 박사학위논문, 2011

장지훈, 「자장과 분황사」 『신라문화제학술발표회논문집』 20, 1999

장창은, 「신라 눌지왕대 고구려세력의 축출과 그 배경」 『한국고대사연구』 33, 2004

장창은, 「신라 박씨왕실의 분기와 석씨족의 집권과정」 『신라사학보』 창간호, 2004

장창은, 「신라 자비~소지왕대 축성·교전지역의 검토와 그 의미 -소백산맥 일대 신라·고구려의 영역향방과 관련하여-」 『신라사학보』 2, 2004

전덕재, 「4~6세기 농업생산력의 발달과 사회변동」 『역사와 현실』 4, 1990

전미희, 「원효의 신분과 그의 활동」 『한국사연구』 63, 1988

정구복, 「단양신라적성비 내용에 대한 일고」 『사학지』 12, 1978

정구복, 「김유신(595~673)의 정신세계」 『유산강인구교수정년기념 동북아고문화논총』, 민창문화사, 2002

정병삼, 「통일신라 관음신앙」 『한국사론』 8, 1982

정병삼, 「의상 화엄사상 연구」, 서울대 박사학위논문, 1991

정영호, 「김유신의 백제 공격로 연구」 『사학지』 6, 1972

정용숙, 「신라의 여왕들」 『한국사시민강좌』 15, 1994a

정용숙, 「신라 선덕왕대의 정국동향과 비담의 난」 『이기백선생고희기념 한국사학논총』 (상), 일조각, 1994b

정운용, 「5세기 고구려 세력권의 남한」 『사총』 35, 1989

정운용, 「5~6세기 신라·고구려 관계의 추이 -유적·유물의 해석과 관련하여-」 『신라문화제학술발표회논문집』 15, 1994

정운용, 「5~6세기 신라 대외관계사 연구」, 고려대 박사학위논문, 1996

정운용, 「순흥 읍내리벽화고분의 신라사적 의의」 『백산학보』 52, 1999

정운용, 「6세기 신라의 가야 병합과 그 의미」 『사총』 52, 2000

정운용, 「『삼국사기』 사다함전을 통해 본 신라 사회상」 『신라문화제학술논문집』 25, 2004

정중환, 「신라의 불교전래와 그 현세사상」 『조명기박사화갑기념불교사학논총』, 1965

정중환, 「비담·염종난의 원인고 -신라정치사회의 전환기에 관한 일시고-」 『동아논총』 14, 1977

정중환, 「김유신(595~673)론」『역사와 인간의 대응』 -한국사편-, 한울, 1984

조범환, 「영일냉수리비를 통하여 본 신라 촌과 촌주」『금석문을 통한 신라사 연구』, 한국학중앙연구원, 2005

조범환, 「일제강점기 일본인 연구자들의 신라 화랑 연구」『신라사학보』 17, 2009

조법종, 「한국고대 노비의 발생 및 존재양태에 대한 고찰」『백제문화』 22, 1992

조법종, 「삼국시대 신분제연구」, 고려대 박사학위논문, 1995

조법종, 「울진봉평비에 나타난 '노인'의 성격검토 -신라의 대복속민 파악방식의 내용을 중심으로-」 『신라문화』 13, 1996

조원숙, 「신라의 도승 시행」『신라사학보』 19, 2010

조원영, 「신라 중고기 불교의 밀교적 성격과『약사경』」『부대사학』 23, 1999

조원영, 「신라 중대 신인종의 성립과 그 미술」『부산사학』 40·41, 2001

조익현, 「진천지역의 김유신사적에 대한 재검토」『고문화』 55, 2000

주보돈, 「신라 중고의 지방통치조직에 대하여」『한국사연구』 23, 1979

주보돈, 「단양신라적성비의 재검토 -비문의 복원과 분석을 중심으로-」『경북사학』 7, 1984

주보돈, 「신라시대의 연좌제」『대구사학』 25, 1984

주보돈, 「울진봉평신라비와 법흥왕대 율령」『한국고대사연구』 2, 1989

주보돈, 「영일냉수리신라비에 대한 기초적 검토」『신라문화』 6, 1989

주보돈, 「김춘추의 외교활동과 신라내정」『한국학논집』 20, 1993

주보돈, 「비담의 난과 선덕왕대 정치운영」『이기백선생고희기념한국사학논총』 (상), 일조각, 1994

주보돈, 「신라 국호의 확정과 민의식의 성장」『구곡황종동교수정년기념사학논총』, 1994

주보돈, 「마립간시대 신라의 지방통치」『영남고고학』 19, 1996

주보돈, 「신라 화랑도 연구의 현황과 과제」『계명사학』 8, 1997

주보돈, 「6세기 신라 지방통치체제의 정비과정」『한국고대사연구』 11, 1997

주보돈, 「박제상과 5세기 초 신라의 정치 동향」『경북사학』 21, 1998

주보돈, 「가야인, 신라에서 빛나다」『가야, 잊혀진 이름 빛나는 유산』, 혜안, 2004

주보돈, 「5~6세기 중엽 고구려와 신라의 관계 -신라의 한강유역 진출과 관련하여-」『북방사논총』 11, 2006

진홍섭, 「어숙술간묘와 신발견 기미명벽화고분」『순흥읍내리벽화고분』, 문화재관리국 문화재연구소, 1986

채상식, 「신라통일기의 성전사원의 구조와 기능」『부산사학』 8, 1984

천관우, 「삼한의 성립과정 -「삼한고」 제1부-」『사학연구』 26, 1975

천관우, 「삼한의 국가형성 -「삼한고」 제3부-」(상)『한국학보』 2, 1976

최광식, 「무속신앙이 한국불교에 끼친 영향 -산신각과 장생을 중심으로-」『백산학보』 26, 1981

최광식, 「삼국사기 소재 노구의 성격」 『사총』 25, 1981

최광식, 「울진봉평신라비의 석문과 내용」 『한국고대사연구』 2, 1989

최광식, 「영일냉수리신라비의 석문과 내용분석」 『신라문화제학술발표회논문집』 11, 1990

최광식, 「신라의 불교 전래, 수용 및 공인」 『신라문화제학술발표회논문집』 12, 1991

최광식, 「한국 고대의 천신관」 『사학연구』 58·59, 1999

최근영, 「한국고대의 천신신앙에 대한 고찰」 『최영희선생화갑기념한국사학논총』, 탐구당, 1987

최병운, 「서기 2세기경 신라의 영역확대」 『전북사학』 6, 1982

최병헌, 「신라하대 선종구산파의 성립 -최치원의 사산비명을 중심으로-」 『한국사연구』 7, 1972

최원식, 「신라의 보살계 수용과 그 유포」 『국사관논총』 29, 1991

최홍조, 「신문왕대 김흠돌 난의 재검토」 『대구사학』 58, 1999

최희준, 「『삼국유사』 황룡사구층목탑조에 대한 재검토와 아비의 출자」 『한국학논총』 36, 2011

추만호, 「나말 선사들과 사회제세력과의 관계 -진성여왕대의 농민반란에 주목하여-」 『사총』 30, 1986

피영희, 「Double Descent 이론 적용을 통해서 본 신라왕의 신분관념」 『한국사론』 5, 1979

하일식, 「6세기 신라의 지방지배와 외위제」 『학림』 12·13, 1991

河田 貞, 「芬皇寺塔藏置佛舍利莊嚴具の諸相 -日本 飛鳥寺(法興寺)塔址出土遺物との關連性
   -」 『신라문화제학술발표회논문집』 20, 1999

한국불교연구원, 「천관사지」 『신라의 폐사』 Ⅰ, 일지사, 1974

허인욱, 「『삼국유사』 황룡사구층탑조의 편년 검토」 『사학연구』 113, 201

홍순창, 「신라 삼산 오악에 대하여」 『신라문화제학술발표회논문집』 4, 1983

홍순창, 「김제상설화에 대한 일고찰 -4~5세기 한일관계사 재조명을 위한 시론-」 『한국전통문화연구』
   2, 1986

황상주, 「『삼국사기』 기사와 사지로 본 신라 성전사원의 수에 대한 의문」 『신라문화』 25, 2005

황수영, 「선산 출토의 금동관」 『고고미술』 2-9, 1961

황수영, 「신라 신선사와 송화방」 『개성』, 1970

葛城末治, 「新羅誓幢和尙塔碑に就いて」 『靑丘學叢』 5, 1931

江田俊雄, 「新羅に於ける佛敎の受容に就いつ」 『朝鮮』 242, 1935

江田俊雄, 「新羅の佛敎受容に關する諸問題」 『文化』 2-8, 1935

高寬敏, 「新羅の堤上奈麻と奈勿王三子」 『東アジア研究』 9, 1995

都甲玄卿, 「佛法の新羅流傳と其の採用說 -異次頓の斬首白乳湧出等を論ず-」 (上)·(中)·(下)
   『朝鮮』 12월~2월, 1932~1933

東 潮, 「朝鮮三國時代の農耕」 『橿原考古學研究』 4, 1979

末松保和, 「新羅佛敎傳來傳說考」 『朝鮮』 206, 1932

末松保和,「新羅三代考」『新羅史の諸問題』, 東洋文庫, 1954

木村城,「新羅郡縣制の確立過程と村主制」『朝鮮史研究會論文集』13, 1976

武田幸男,「眞興王代における新羅の赤城經營」『朝鮮學報』93, 1979

武田幸男,「新羅'毗曇の亂'の一視覺」『三上次男博士喜壽紀念論文集』, 平凡社, 1985

武田幸男,「創寺緣起からみた新羅人の國際觀」『中村治兵衛先生古稀紀念 東洋史論叢』, 1986

武田幸男,「新羅・蔚珍鳳坪碑の「敎事」主体と奴人法」『朝鮮學報』187, 2003

武田幸男,「新羅・蔚珍鳳坪碑の「敎事」執行階層と受刑者」『朝鮮學報』191, 2004

白南雲,「部曲制の歷史的意義」『朝鮮社會經濟史』, 改造社, 1933

本井信雄,「新羅元曉の傳記について」『大谷學報』41-1, 1961

濱田耕策,「新羅の寺院成典と皇龍寺の歷史」『學習院大學文學部研究年報』28, 1981

三池賢一,「『日本書紀』'金春秋の來朝記事'について」『駒澤史學』13, 1966

三池賢一,「金春秋小傳」(2)『駒澤史學』16, 1969

松田甲,「朝鮮の部曲について」『朝鮮』1930-7

松田甲,『續日鮮史話』2, 1931

李丙燾,「韓國古代社會の井泉信仰」『朝鮮學報』49, 1968

熊谷治,「『三國遺事』にみえる神仙思想 −天降り神話を中心にして−」『朝鮮學報』125, 1987

依田千百子,「朝鮮の山神信仰 (1) −狩獵民の山神及朝鮮の狩獵民文化−」『朝鮮學報』75, 1975

李成市,「新羅僧慈藏の政治・外交上の役割」『日本史學會八十三會大會發表要旨』, 1985

李成市,「蔚珍鳳坪新羅碑の基礎的檢討」『史學雜誌』98-6, 1989

田村圓澄,「漢譯佛敎圈の佛敎傳來」『古代朝鮮佛敎と日本佛敎』, 吉川弘文館, 1980

鮎貝房之進,「花郎攷」『雜攷』4, 1932

定森秀夫・白井克也,「韓國江原道溟州下詩洞古墳群出土遺物 −東京大學工學部建築史研究室所
　　藏資料の紹介−」『京都文化博物館研究紀要 朱雀』11, 1999

井上秀雄,「新羅政治體制の變遷過程」『古代史講座』4, 1962

井上秀雄,「新羅王權と地方勢力」『朝鮮史研究會會報』7, 1964

池內宏,「新羅人の武士的精神について」『史學雜誌』40-8, 1929

村山正雄,「魏志韓傳に見える蘇塗の一解釋」『朝鮮學報』9, 1956

村上四男,「金官國の世系と率支公」『朝鮮學報』21・22, 1961

村上四男,「新羅國の衰亡 −農民反亂を招いた貴族の腐敗−」『朝鮮古代史研究』, 開明書院, 1978

八百谷孝保,「新羅僧元曉傳攷」『大正大學學報』38, 1952

蒲生京子,「新羅末期の張保皐の擡頭と反亂」『朝鮮史研究會論文集』16, 1979

저자 **김덕원**

명지대학교 대학원 사학과 졸업(문학박사). 명지대·국민대·방통대·유한대·신구대 등에서 강의. 주요 논저로「신라 중고기 사륜계의 정치활동」,「신라 국학의 설립과 그 주도세력」,「칠중성의 영유권 변천과 전략적 역할」,「7세기 중엽 한·중 사서의 교류 기사 검토」,「신라 중대 초 당제의 수용과 정비」,『신라중고정치사연구』,『금석문을 통한 신라사 연구』(공저),『한국고전사 -고대편-』(공저),『흥무대왕 김유신 연구』(공저),『일제강점기 언론의 신라상 왜곡』(공저) 외 다수.

문헌인문학총서 **5**

신라 상대 정치와 불교

2021년 2월 10일 초판인쇄
2021년 2월 20일 초판발행

지은이 김 덕 원
펴낸이 한 신 규
편   집 김 영 이
표   지 이 미 옥
펴낸곳 **문현**출판
주   소 05827 서울특별시 송파구 동남로 11길 19(가락동)
전   화 Tel.02-443-0211   Fax.02-443-0212
E-mail mun2009@naver.com
등   록 2009년 2월 24일(제2009-000014호)

ⓒ 김덕원, 2021
ⓒ 문현출판, 2021, printed in Korea

ISBN   979-11-87505-10-5 93910   **정가** 32,000원